Martin Weiss

URCHUCHI

www.rotpunktverlag.ch
www.urchuchi.ch

Layoutkonzept und Umschlag: Barbara Willi.
Umschlagfotos: Appenzell (oben), Heusuppe (unten).
Fotos: Martin Weiss und Paul Gmür
Herstellung: Patrizia Grab
Übersichtskarte: Christian Näf und Patrizia Grab
Bildbearbeitung: photolitho AG, Gossau ZH
Druck und Bindung: fgb · freiburger graphische betriebe · www.fgb.de
ISBN 3-85869-302-2

Martin Weiss

URCHUCHI

Schweizer Restaurants mit Geschichten und Gerichten

Deutschschweiz und Graubünden

2004
2003
2004

INHALTSVERZEICHNIS

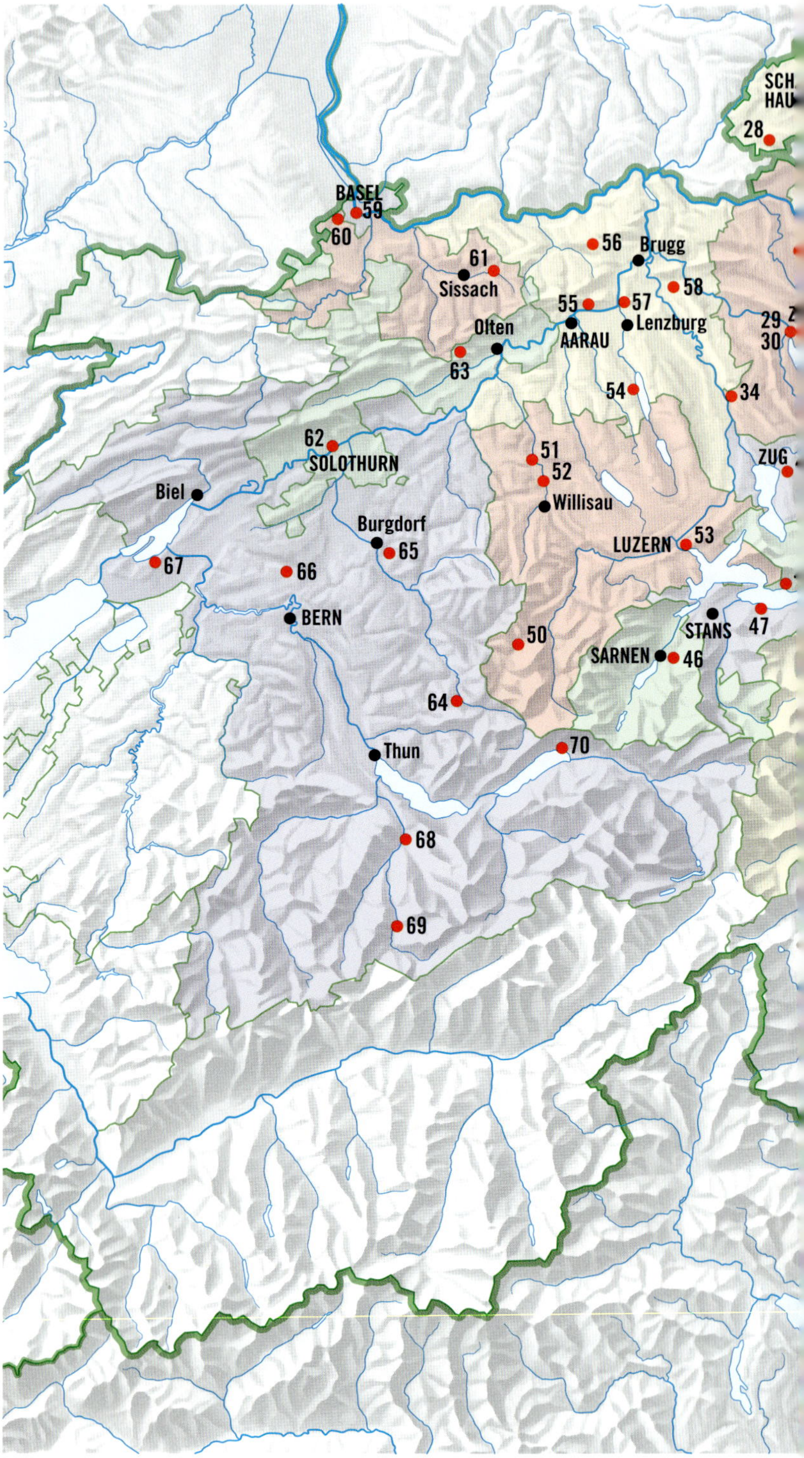

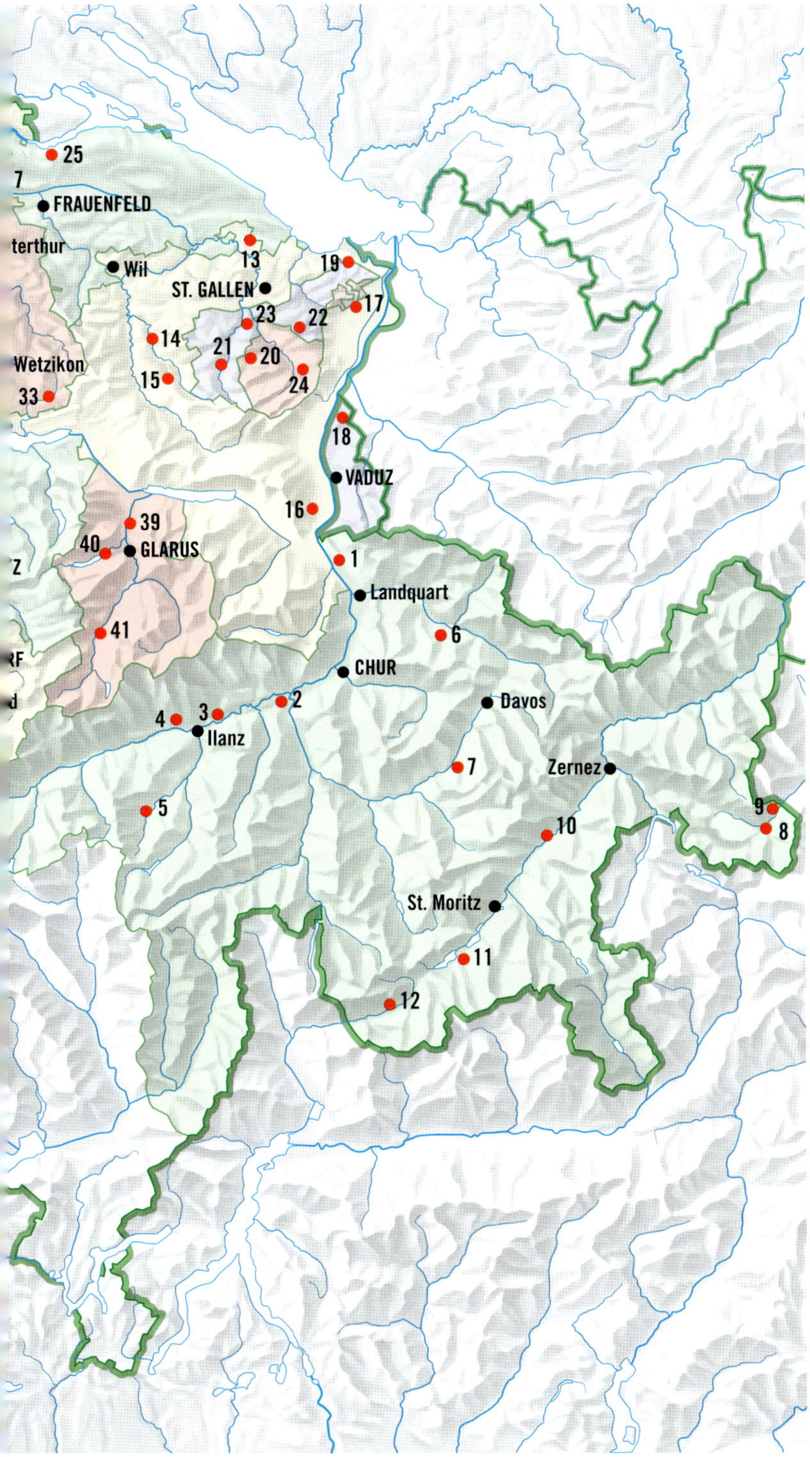
25
FRAUENFELD
terthur
Wil
13
19
ST. GALLEN
23
22
17
14
21
20
Wetzikon
15
24
33
18
VADUZ
16
39
40
GLARUS
1
Landquart
41
6
CHUR
2
Davos
4
3
Ilanz
7
Zernez
5
10
9
8
St. Moritz
11
12

Einleitung

Die Sensation des Authentischen

Wenn wir alles richtig gemacht haben, dürfte Ihnen dieses Buch ganz schön auf die Nerven gehen: auf die Geschmacksnerven natürlich. Denn es enthält eine Sammlung von Düften und Geschmacksnoten, die Sie längst vergessen glaubten: Hacktätschli mit frischem Kartoffelstock, Spätzli mit saurem Käse, Fenz, Chügelipastete, Grick, Zigerhörnli, sogar Fotzelschnitten und Vogelheu, diese einfallsreichen Restengerichte aus Urgrossmutters Tagen, erleben in der *Urchuchi* ihre Renaissance. Nicht zu vergessen die Desserts aus den «guten alten Zeiten»: Bränntí Crème, Öpfelbeggli, Haselbeizonne oder die Reichenbacher Liebescrème. Auch den kulinarischen Auslöser für dieses Buch werden wir Ihnen nicht vorenthalten: Geröstete Dörrkastanien mit Speck und Schlagrahm, zubereitet von Giulia, einer jungen Köchin im Bergell. Als ich das Gericht, das im Bergell «Lac milach e panzéta» heisst, zum ersten Mal gegessen habe, vibrierten alle meine Sensoren, die Augen der Leute am Tisch leuchteten, das Gericht war – im wahrsten Sinne des Wortes – eine «Sensation». Hier, bei dieser erdverbundenen Küche im Bergell, und später auch im Winzerdörfchen Onnens, wo Michael Kunz seit Jahrzehnten seine selbst gemachten Bratwürste mit Rösti macht, ist die Idee zur *Urchuchi* entstanden – zu einem Restaurantführer, der die «Sensation des Authentischen» sammelt und in Text und Bild präsentiert.

Ein Schaufenster der Schweizer Esskultur

Die *Urchuchi* ist kein nostalgischer Blick zurück. Natürlich röhren die Hirsche und blasen die Alphörner in mancher Beiz. Aber oft mit einem ironischen Augenzwinkern wie in der Alpenrose in Zürich: als witzig inszenierte Ikonografie des Anspruchs, ganz einfach gut zu kochen – frisch, saisonal und mit einem klaren Bezug zur Region. Von diesem Anspruch aus sind in den letzten Jahren viele spannende, neue Urgerichte entstanden: Die Steinsuppe von Stefan Wiesner. Die Heusuppe von Peter Jörimann. Thuri Maags Blumenküche. Oder Oskar Martis Kräuterküche mit Düften und Geschmacksnoten aus dem Urbauch von Mutter Natur. Denn die Schweizer Urküche lebt, sie entwickelt sich und folgt einem klar erkennbaren Trend: Zurück zu den Ursprüngen – zurück zum Authentischen, zum Einfachen und Ehrlichen. Selbst in den hoch dekorierten Gault-Millau-Tempeln stehen wieder Hörnli und Gehacktes, Polenta nera oder Suure Mocke auf der Menükarte. Es geht zurück zum guten Geschmack, nach vorn ins Universum der unverfälschten Essgenüsse. Immer mehr Menschen haben genug von globalisiertem Schmeckt-nach-fast-nichts-Food, genug von maschinell gewürfelten Karotten oder eingestampftem Pouletfleisch. Genug aber auch von der «Mariage» von vietnamesischen Scampi mit feinem Avocadoschaum. Nichts gegen hochstehende Gourmetküche,

nichts gegen gutes chinesisches Essen oder eine brasilianische Feijoada. Doch bei genauerem Hinsehen liegt genau so viel Exotik in unserer einheimischen Küche. In der *Urchuchi* kann man sie entdecken: Über 70 Restaurants sind zwischen diesen beiden Buchdeckeln versammelt. Ein kleiner, überraschender Ausschnitt aus dem kulinarischen Erbe der Schweiz.

Das kulinarische Erbe der Schweiz

Natürlich gibt es «die» Schweizer Küche nicht. Es gibt eine Berner Küche. Oder eine St.-Galler-Rheintal-Küche mit dem Törggeribel. Jede Region hat ihre «Nationalspeise». Selbst beim grössten gemeinsamen kulinarischen Nenner, der Rösti, können sich die Schweizer nicht auf eine Version einigen: Fast jeder Kanton pflegt eine andere Zubereitungsart. Bei den Wurstspezialitäten ist es nicht anders: Von der Appezeller Siedwurst über den Salsiz bis zur Walliser «Saucisse Fratse» gibt es über 300 Wurstspezialitäten in der Schweiz, die bezogen auf die Fläche damit den Weltrekord bei den Kreationen zwischen zwei Zipfeln hält. Es ist dieser unglaubliche Variationsreichtum, der unsere Esskultur prägt: die kulinarische Vielfalt einer jahrhundertealten Crossover-Küche. Das multikulturelle Völklein, angesiedelt im Fadenkreuz unzähliger Säumerpfade, war stets offen für alles, was an Ideen über den Alpenriegel kam. Vieles wurde eingedampft, umgewurstet, weiterentwickelt. So entstanden die Meringues – erfunden von einem zugewanderten italienischen Zuckerbäcker. So wurde aus italienischen Pastaröhren die Innerschweizer Älplermagronen. Und selbst die Capuns sind wahrscheinlich durch einen äusseren Einfluss entstanden: Die Russen sollen es gewesen sein, die während des Suworow-Feldzugs den Bauern zeigten, wie man Fleisch in Mangold wickelt.

Die zweite Qualität der Schweizer Küche: Sie ist erfinderisch. Vieles entstand aus einfachsten Zutaten, war Improvisations- und bisweilen schlicht Überlebenskunst. Und manchmal hat auch der Zufall mitgespielt: So soll ein irrtümlich ans Feuer gehaltener Käse zum Raclette geführt haben. Die Saucisson aux choux entstand, weil im Dörfchen Orbe zu wenig Fleisch vorhanden war – also streckten die Leute die Würste mit Kabis. Selbst das älteste Markenprodukt der Schweiz erblickte das Licht der Welt eher aus einem Notstand heraus: Weil den Klosterfrauen zu Säckingen der Magermilchkäse aus dem Glarnerland zu fade war, würzten ihn die verwöhnten Damen mit Hornklee – der Glarner Schabziger war geboren!

REZEPTSAMMLUNG

Im Anhang des Buches finden Sie eine umfangreiche Rezeptsammlung (rund 150 Rezepte); alle in der *Urchuchi* aufgeführten Restaurants haben das eine oder andere beigesteuert, und nicht wenige der Rezepte wurden in den Familien seit Generationen weitergegeben und besser gehütet als das Bankgeheimnis. Entstanden ist ein einzigartiger Querschnitt durch die Schweizer Küche, der von den Roten Teufelsschwänzchen – einem Rezept einer Bauersfrau in Vrin – über uralte Sennengerichte wie Fenz bis zu den Gourmet-Rezepten renommierter Schweizer Spitzenköche reicht.
Zur Nachahmung wärmstens empfohlen!

Das Salz in der Ursuppe

In der *Urchuchi* finden Sie einige dieser Legenden, die sich rund um unser Essen ranken – etwa die vom verliebten Käser, der die Löcher erfunden hat. Oder die Geschichte der Bernerplatte, die als Dankeschön für den Sieg gegen die Franzosen das Licht der Welt erblickt haben soll. Alle diese Geschichten sind das Salz in der Ursuppe, der erzählerische Kitt, mit dem wir uns in den Dörfern und Talschaften Identität verschaffen. Und ein Körnchen Wahrheit ist bei allen dabei: Kochen war schon immer ein alchimistischer Vorgang, bei dem vermischt, fusioniert und auch gestohlen wurde – kombiniert mit der Freude am Experimentieren. Und das machen die Schweizer gern: Einer der jüngsten Beweise ist die Heusuppe, die in der Schweiz erfunden wurde. Ihre Entstehungsgeschichte ist in der *Urchuchi* dokumentiert – bis hin zum Bauern Reto Camichel, der das Heu von der Alp hoch über Zuoz in Peter Jörimanns Küche brachte.

Die kulinarischen Schätze der Schweiz

Seit Anfang 2005 wird unter dem Patronat des Bundes ein «Inventar des kulinarischen Erbes der Schweiz» erstellt. Wie Archäologen, die nach den Zeugen alter Kulturen graben, sind die Forscher unterwegs, um die kulinarischen Schätze unseres Landes zu erfassen. Denn das Essen repräsentiert ein wichtiges Stück Kultur, von dem wir immer noch viel zu wenig wissen. Anders als die Franzosen, die Italiener und die Deutschen, die ihr kulinarisches Erbe bereits vor Jahren aufgearbeitet haben, beginnen wir erst jetzt, diesen wichtigen Schatz aufzuarbeiten. Denn bei aller Varietät gibt es «die Schweizer Küche» eben doch. Halt eine pluralistische, breit gefächerte. Aber das ist bei der chinesischen Küche genau so. Und auch die italienische besteht ja bekanntlich nicht nur aus Pasta! Wir sollten halt endlich den Mut haben, das Label «Schweizer Küche» zu gebrauchen und auch gezielt zu vermarkten. Denn das hat indirekt auch eine wirtschaftliche Komponente: Wenn alle, die Bauern, die Verteiler, die Profis am Herd und nicht zuletzt die Konsumenten all diese regionalen Schätze stützen, können sie wachsen und sich weiterentwickeln. Die Küche ist das Herz eines Volkes. Ich wünsche Ihnen viele spannende Entdeckungen!

Martin Weiss
www.urchuchi.ch

AUSWAHLKRITERIEN

Nur Restaurants mit frischer, saisonaler Küche kamen für die *Urchuchi* in Frage. Das war nicht einfach. Nicht immer sind die «hausgemachten» Älplermagronen wirklich hausgemacht und bedeutet «frisch» auch tatsächlich «auf kürzestem Weg vom Produktionsort in die Pfanne». In vielen Restaurants werden die Menükarten nach industriellen Fast-Food-Regeln und dem Muster «Spaghetti, Chnusperli, Coupe Maison» zusammengestellt. Das spart zwar Arbeit, trägt aber entscheidend zur kulinarischen Verödnung bei.
Anders die Restaurants in der *Urchuchi:* Jedes steht für absolute Frischküche, für Qualität und Kreativität – und damit auch für eine hohe Wertvorstellung gegenüber Natur und Mensch. Deshalb arbeiten viele aufgeführten Restaurants mit Bioprodukten, machen beim Culinarium-Konzept «Regional schmeckts besser!» mit oder sind Mitglied bei Slow Food, einer in Italien entwickelten Bewegung, die sich auch in der Schweiz für originäre Produkte und Freude beim Essen einsetzt. All diese «Labels» haben letztlich dasselbe Ziel: den guten Geschmack zu fördern und dem Einheitsbrei eine starke Qualität entgegenzusetzen. Deshalb haben die *Urchuchi*-Restaurants gute Überlebenschancen: Wenn es jagdfrisches Wild gibt im Adler im Muotatal, sind die Tische schon Wochen vorher ausgebucht. Wenn die Spargeln schiessen im zürcherischen Flaachtal, arbeitet die Obermühle fast rund um die Uhr. Selbst im Grossraum Zürich ist die Alpenküche erfolgreich, wie die Alpenrose, das Münsterhöfli oder die Chäsalp zeigen.

Die in der *Urchuchi* vorgestellten Restaurants wurden nach folgenden Kriterien ausgewählt:

1. Saisonale Frischküche (keine Fertigmenüs)
2. Regionale Spezialitäten, traditionell-innovativ zubereitet
3. Restaurants mit Charme

Die Auswahl der Restaurant ist subjektiv und keineswegs lückenlos. Ich hoffe sogar, dass Sie selber weitere Restaurants entdecken, die in Zukunft in der *Urchuchi* Platz finden können: Die *Urchuchi* soll ein Restaurantführer sein, der wächst und das Thema weiter vertieft. Wir haben – um es kulinarisch auszudrücken – eben erst mit dem Rüsten begonnen, in Zukunft heisst es abschmecken und verfeinern! Tipps und Anregungen bitte an: mail@urchuchi.ch.

VERWENDETE BEGRIFFE

GM Die von Gault Millau durchgeführte alljährliche Benotung von Restaurants auf einer Skala von 12 bis 20. Auch in Buchform erhältlich (Reiseführer für Geniesser).
Bis 16 GM erwartet den Gast ein normales Preisniveau, danach beginnt der Gourmetlevel, wobei heute viele hoch bewertete Restaurants ein Duo-Konzept mit einem preiswerten Bereich anwenden.

M Michelin-Sterne, Bewertungsskale, die nur Spitzenrestaurants vorbehalten ist. Skala von 1 bis 3. Verbunden mit dem «Guide Michelin».

Culinarium Restaurants in der Ostschweiz, die ausschliesslich regionale Produkte verwenden und einheimische Spezialitäten zubereiten. Motto: Regional schmeckts besser! Die Culinarium-Betriebe werden regelmässig kontrolliert. Viele machen bei der «Semaine du Goût» mit und bieten jeweils Mitte September besondere Essgenüsse oder Geschmacksevents an.
www.culinarium.com

Goût Mieux ist ein Konzept des WWF, bei dem rund 70 Restaurants in der deutschen Schweiz mitmachen. Sie legen Wert auf frische, natürliche Küche. Auf der Karte stehen nebst Fleisch immer auch vegetarische Gerichte. Die verwendeten Zutaten stammen konsequent aus biologischer, tier- und naturgerechter Produktion und fairem Handel.
www.goutmieux.ch

Bio-Knospe Auf biologisch produzierte Nahrungsmittel ausgerichtete Betriebe, die regelmässig kontrolliert werden. Das Knospe-Konzept ist ein Erfolgskonzept, das derzeit in der gesamten Schweiz rund 2000 landwirtschaftliche Betriebe und zahlreiche Restaurants umfasst. www.bio-suisse.ch

Slow Food setzt sich ein für eine ökologisch sinnvolle, auf Qualität ausgerichtete und lustvolle Esskultur. Im Projekt «Arche des Geschmacks» werden Produkte und Produktionsmethoden unterstützt, die zu verschwinden drohen, wie beispielsweise der Tessiner Frischkäse Zincarlin, der im Valle di Muggio von drei Frauen produziert wird, und den wir im *Urchuchi*-Band 2 (Tessin) vorstellen werden. www.slowfood.ch

GRAUBÜNDEN

Das alpine Schlemmerparadies

Der grösste Kanton der Schweiz ist kulinarisch einer der vielfältigsten. Obwohl das Essen in jeder der 150 Talschaften anders ist, zeigt sich eine erstaunliche Einheit: Capuns, Maluns und Pizokels bilden die «heilige Trias». Und wenn ein Gericht zum Wahrzeichen geworden ist, dann sind es die Capuns. Vielleicht auch deshalb, weil sich die Bündner selbst nach 200 Jahren Mangold-Wickel-Geschichte immer noch nicht einig sind, was denn genau ins Kraut gepackt werden darf und was nicht …

RESTAURANT **1**

Mühle
Fläsch

RESTAURANT: **Mühle**

ADRESSE: **7306 Fläsch**

GASTGEBER: **Martin und Bernadette Herrmann**

TELEFON: **081 330 77 70**

INTERNET: **www.muehle-flaesch.ch**

RUHETAGE: **So., Mo.**

BETRIEBSFERIEN: **2 Wochen Juli, 3 Wochen Jan.**

WEGBESCHRIEB: **Von Maienfeld oder Landquart nach Fläsch. Bus ab Landquart oder Bad Ragaz.**

SPEZIELL: **15 GM**

Um die Jahrhundertwende wurde das Haus als Mühle erbaut und genutzt, erst seit 1963 bietet der Riegelbau den Rahmen für lukullische Genüsse – stets auf hohem Niveau.

Bergheugeist, Topinambur und Completer

Dionysos, feuchtfröhlicher Gott des Weins, war Grieche, bevor er von den Römern eingebürgert und in Bacchus umgetauft wurde. Kein Grund also, den Jungen mit dem Babyspeck und den Trauben im Haar nicht auch noch zum Bündner zu machen. In der Herrschaft, dem grössten Weingebiet des Kantons, wäre er bestens aufgehoben: An jeder Ecke locken Weinkeller, Torkel und Winzerstuben. Die Spitzengastronomie, von jeher symbiotisch mit dem Saft aller Säfte verbunden, ist in der Weinkammer dicht vertreten. Und wenn der eingebürgerte Weingott irgendwo sein Glas heben würde, dann wäre das Restaurant Mühle in Fläsch wohl eine der besten Adressen: Im Keller des Restaurants lagern Raritäten wie Completer, Syrah und Blauburgunder Barrique. «Neunzig Prozent unserer Weine sind aus der Bündner Herrschaft», sagt Martin Herrmann, der über das grösste Weinsortiment aller Restaurants in der Region verfügt.

Weil zum gutem Wein auch gutes Essen gehört, kocht der Chef des Hauses auch bacchantisch gut. Klassiker der Bündner Küche stehen auf der Menükarte: Capuns, Quarkpizokels, Chruutchräpfli oder saisonal zum Beispiel Spargelunkraut (ein Eintopf mit Morcheln, Frühlingsspinat und Kräutern). Bei schönem Wetter kann man unter dem Lindenbaum im Garten tafeln – sonst bieten sich die altehrwürdige Gaststube oder das edle Gourmetstübli an.

Grossmutterküche. Der Begriff passt zur Philosophie des Hauses. Allerdings präsentiert sich die «alte Dame» in der Mühle ausgesprochen jung und innovativ: Das zeigt bereits die Selleriesuppe mit Randenklösschen, die wir zum Auftakt geniessen: «Zwei Gemüse, zwei Geschmacksnoten, die sich ideal ergänzen», sagt Martin Herrmann und serviert uns gleich noch eine weitere verblüffende Geschmackskombination: Bindenfleisch-Carpaccio mit Randenbrand! Der Geist der Roten Rübe verleiht dem Trockenfleisch eine erdig-weiche Note. Es ist nicht der einzige Brand, den Herrmann dezent in seinen Gerichten einsetzt: Salat würzt er mit Bergheugeist, Karotten mit Rüeblibrand, Kartoffelstock mit Häpiara (Kartoffelschnaps). Die Destillerie Kunz-Keller in Maienfeld produziert die originellen Geister. «Eine Schnapsküche sind wir deswegen noch lange nicht», lacht Martin, «das geschieht in homöopathischen Dosen.»

Topinambur, auch das ein Gemüse mit besonderer Geschmacksnote, ist auf der Menükarte in der Mühle oft anzutreffen, zum Beispiel kombiniert mit Zwetschgen und Tomaten – eine spannende Kombination. Leider waren zur Zeit unseres Besuchs keine dieser urchigen Knollenkartoffeln erntereif zu haben, also servierte uns Martin ein saftiges Stück Wild aus der St. Galler Sommerjagd: Hirschroulade, gefüllt mit Wirz und Pilzen – eine Delikatesse! Ein grosser Wildliebhaber, so will es der Mythos, war der Gott des Weines auch. Ein weiterer Grund, den griechischen Römer endlich zum Bündner zu machen …

– Bronze-Katze von der Bündner Künstlerin Sonja Knapp.

– Martin Herrmann setzt auf Weine aus der Bündner Herrschaft.

– Weinbaugebiet bei Fläsch.

– Hirschroulade mit Pilzen und Kartoffelsotto (Kartoffeln, gekocht wie Risotto).
– Selleriesuppe mit Randenklösschen.
– Zander auf Gerstengemüse.
– Sauser-Mousse, Zwetschgenterrine, süss-saure Zwetschgen.

Rezepte von **Martin Herrmann** im Anhang

— **Hirsch-Roulade mit Topinambur-Lasagne,** S. 408
— **Steinpilzterrine im Hirschbinden-Mantel, Nüsslisalat-Bouquet mit Rüeblibrand,** S. 400

Schnaps als Gewürz

Martin Herrmann setzt nicht ohne Grund alkoholische Duftnoten in der Küche ein: Nur wenige Kilometer vom Restaurant entfernt befindet sich eine der innovativsten Brennereien der Region. Margrit und Martin Kunz-Keller produzieren Geist aus Kürbis, Spargeln, Randen oder Bärlauch, selbst Vogelbeeren werden in der kleinen Brennerei vergeistigt. Besonders stolz ist der Familienbetrieb auf seine jüngste Schnapsidee: Bergheuschnaps. «Wir haben intensive Versuchsreihen durchgeführt», sagt Martin Kunz-Keller, der hauptberuflich Winzer ist. «Ungedüngtes Bergheu aus alpinen Hochlagen liefert die besten Resultate, da sind über hundert Kräuter drin. Und die duften im Destillat so intensiv, dass man sich auf einer Alpwiese wähnt.» Seit kurzem gibt es den Bergeist auch in handlichen Flaschen mit Zerstäuber. «Viele Köche sprayen Heugeist über den Salat, auch zu Weichkäse passt Heuduft ausgezeichnet», sagt Margrit, die für das Marketing zuständig ist: «Schnaps kann man als flüssiges Gewürz betrachten!»

Wurstsalat mit Bärlauchduft? Kartoffelstock mit Häpiara? Oder doch lieber Wolfsbarsch mit Spargelgeist …? Konservativen Geistern wie mir schmecken die Brände nach wie vor aus dem Glas am besten: Draussen, im Garten der Destillerie, teste ich sämtliche Kunz-Kreationen von A wie Absinth bis Z wie Zitronenschnaps. Zum Abschluss offeriert mir Martin Kunz noch ein Glas Maienfelder. Die sympathische Familie produziert nämlich auch Weine: Blauburgunder, Schiller und Federweisser sind die Hauptsorten. Fazit meiner Herrschaftstour: Egal welchen Geist die Kunz-Kellers aus der Flasche lassen, er ist hochwertig.

Kleine Schnapskunde

Was Fruchtzucker enthält (Kirschen, Karotten, Randen usw.), wird nach dem Gärprozess destilliert und darf sich «Brand» nennen. Was Stärke enthält (Kartoffen), muss zuerst «verzuckert» werden. Und was weder Zucker noch Stärke enthält (Blumen, Bärlauch oder Heu), wird in reinem Alkohol eingelegt und darf sich nach dem Brennen «Geist» nennen.

Margrit und Martin Kunz-Keller, Fläscherstrasse 2, 7304 Maienfeld, Tel. 081 330 15 55, www.kunz-keller.ch.

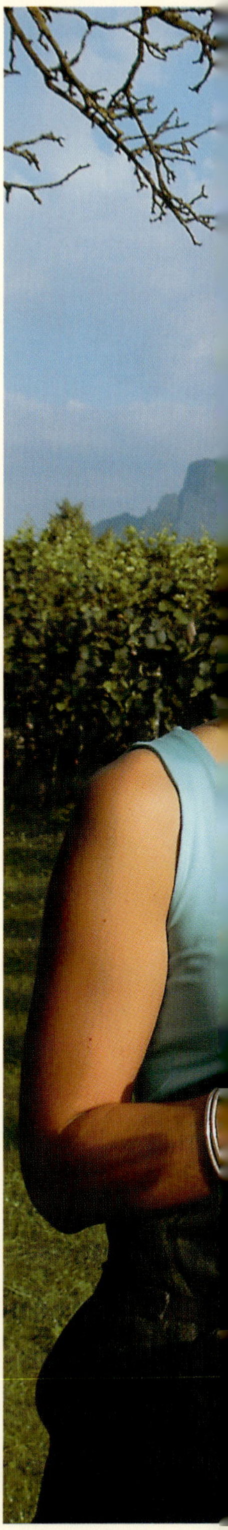

– Martin Kunz in seiner Brennerei.
– Teststation für neue Geister: Die Familie Kunz an der mobilen Duftbar.

RESTAURANT **2**

Schlosshotel Adler Reichenau

RESTAURANT: **Schlosshotel Adler**

ADRESSE: **7015 Reichenau-Tamins**

GASTGEBER: **Andreas und Monika Stump**

TELEFON: **081 641 10 44**

INTERNET: **www.adlerreichenau.ch**

RUHETAGE: **So. ab 18 Uhr, Mo. ganzer Tag**

BETRIEBSFERIEN: **Ende Jan.–Anf. Feb.**

WEGBESCHRIEB: **Von Chur Richtung Disentis/ Thusis. Zugsverbindung.**

SPEZIELL: **Terrassenrestaurant, Weindegustation im Schlosskeller**

Zur Domäne der Familie Gian-Battista von Tscharner gehören Rebgüter bei Chur und in der Bündner Herrschaft. Die Familie residiert auf dem Schloss Reichenau, beim Zusammenfluss von Vorder- und Hinterrhein. Der eigene Gutsbetrieb liefert einen grossen Teil der Ausgangsprodukte für die Küche des Schlossrestaurants. Dazu gehören die bekannten Reichenauer Spargeln, Rohschinken, Coppa, Käse und Frischgemüse. Im Schlosskeller kann man auf Voranmeldung die edlen Tropfen des Schlossherrn degustieren (siehe Reportage auf der übernächsten Seite).

Fürstlich essen im Schloss-Restaurant

Das Schlosshotel Adler gehört zur Domäne des Weinproduzenten Gian-Battista von Tscharner: Trotz adligem Titel werden in seinem Restaurant urchige Gerichte aufgetragen wie Hirschsalsiz, Waldpilz-Capuns oder Savogniner Alpschweinsteak. «Es ist unsere Philosophie, eine originäre, mit der Landschaft verbundene Küche anzubieten», sagt Andreas Stump, der den Hotel- und Restaurantbetrieb führt. Viele Ausgangsprodukte stammen vom schlosseigenen Gutshof, der nicht nur für seinen Rohschinken, die Coppa oder den aromatischen Käse bekannt ist, sondern auch für die Spargeln: Der Schlossherr kümmert sich persönlich um die «Reichenauer», die hier seit Generationen angebaut werden. Eine Delikatesse! Das zeigt das Spargel-Bavaroise: Der Auftakt, begleitet von getrocknetem Schinken vom Gutshof, schmeckt hervorragend.

Gleiches gilt für das Savogniner Milchlamm mit Frühlingsgemüse und für die Tages-Dessertkreation: Rharbarber-Küchlein mit hausgemachtem Estragon-Eis. Selbstverständlich empfiehlt der Gastgeber die passenden Weine aus eigener Produktion: Zuerst einen Jeninser Pinot gris (optimal abgestimmt mit seiner leichten Restsüsse), zum Hauptgang einen Churer Blauburgunder Barrique «Gian-Battista» und zum Abschluss die legendäre «Beerenauslese».

«Wir versuchen, die Angebote unserer Wein- und Hofproduktion für den Gast immer wieder neu und auf

überraschende Art umzusetzen», sagt Stump, der auch an den Service hohe Ansprüche stellt: «Die Domäne Reichenau war früher eine klassische Relais- und Pferdewechselstation, wir sind es gewohnt, Gäste aus nah und fern zu verwöhnen. Dies setzt heute eine hohe Flexibilität in der Küche und beim Service voraus.» Wer im Adler zu Gast war, kann bestätigen: Im Schlosshotel isst man fürstlich und wird wie ein König bedient.

– Wein, Salami, Coppa, Bindenfleisch – alles aus der schlosseigenen Produktion.

– Ob auf der Terrasse, in der gemütlichen Bünderstube oder im eleganten Gourmetteil: Im Schlosshotel Adler geniesst man eine hochstehende Bündnerküche, im Frühling mit Schwerpunkt Spargeln, im Herbst mit Wild.

– Spargel-Bavaroise mit knusprigem Rohschinken vom Gutshof.
– Savogniner Milchlamm mit Frühlingsgemüse.
– Rhabarber-Küchlein mit Estragon-Eis.

Rezept von **Patrick Zenklusen** im Anhang.

— Spargel-Bavaroise mit knusprigem Rohschinken, S. 400

Tour de Vin im Schlosskeller

Es ist längst kein Geheimnis mehr: In der Schweiz werden Spitzenweine gekeltert! Einige dieser edlen Tropfen sind in der «Mémoire des Vins Suisses» eingelagert, einer von Stefan Keller initiierten Sammlung herausragender Schweizer Weine: Zwei Dutzend Produzenten haben bis heute jeweils 60 Flaschen ihres besten Weins aus jedem Jahrgang in die Schatzkammer gelegt. Darunter auch Gian-Battista von Tscharner, Weinproduzent auf Schloss Reichenau bei Tamins.

Bei Gian-Battista Wein degustieren ist ein Erlebnis: Der Bündner mit dem dröhnenden Bariton ist ein Urgestein, und seine Weine sind so charaktervoll wie ihr Erzeuger. 13 Tropfen setzt uns der Weinproduzent in seinem Keller zur Probe vor – stilgerecht auf Schloss Reichenau, wo die von Tscharners residieren. Ihre Rebberge liegen in Chur und in der Bündner Herrschaft und liefern einige der edelsten Säfte der Region.

Als Erstes degustieren wir einen Pinot gris aus dem «Waisenhaus Wingert»: «Das ist die Königin der Weissweintrauben in unserem Gebiet», sagt Gian-Battista und verweist mit ironischen Zwinkern auf die satten 15 Volumenprozente. Bereits schwenkt er den nächsten Wein, einen Churer Schiller «Lochert». Auch bei diesem fruchtigen Rosé füllt der Schlossherr eloquent unsere Wissenslücken: Bis weit ins Mittelalter, so erfahren wir, wurden in der Schweiz nur Weissweine produziert, es gab nicht viel mehr als 30 Sorten. Sämtliche Rotweine wurden aus dem Veltlin oder Chiavenna importiert. Dass es Duc de Rohan war, der den Blauburgunder in die Herrschaft brachte, hält von Tscharner für ein Märchen. «Rohan war ein Hugenotte, und die waren Antialkoholiker», sagt er und stellt eine andere These auf: «Bündner Bauernsöhne, die in Frankreich Kriegsdienst leisteten, brachten die Pinottrauben aus dem Burgund mit – hier sind sie auch viel besser aufgehoben. Die Bündner Herrschaft ist hartes und darum ideales Pinot-Terroir.»

Ob Reisläufer oder Hugenotten – unser nächster Proband ist ein Wunder-Blauburgunder: Jeninser «Mariafeld» 2001, mit Gold ausgezeichnet an der Vinea 2004. «Der hat den ganzen Charakter der Region», sagt von Tscharner, als würde er von einem menschlichen Wesen sprechen. «Die Trauben müssen kämpfen in der Bündner Herrschaft, das macht die Weine rund, aromatisch und trotzdem spritzig und nervig.» Dieses herrschaftliche Temperament zeigt auch der Jeninser Completer, den uns Gian-Battista als Nächstes zelebriert: «Honig, Nussblätter, Walnuss, rund, genial», lobt der Produzent den einstigen Klerustrank. Die älteste Weinsorte Graubündens wurde bereits 926 erwähnt und wird seither als Rarität gepflegt. Der Name «Completer» kommt daher, dass die Chorherren des Stifts Chur den edlen Tropfen jeweils nach dem «Completorium», dem Abendgebet, genossen haben. Zwei Gläser standen jedem Stiftsherrn zu. Noch nie habe ich die Mönche so gut verstanden …

Drei Stunden haben wir auf Schloss Reichenau degustiert. Selten habe ich auf derart lehrreiche Art Wein genossen. Meine Erkenntnis nach dieser Tour de Vin: Unglaublich, wie viel Varietät in diesen Beeren steckt. In einem kleinen Gebiet von wenigen Hektaren entwickelt sich jeder Wein anders und hat doch den unverwechselbaren «Goût du terroir». Am ausgeprägtesten vielleicht die «Jeninser Beerenauslese», die wir am Schluss noch testen: Diese Melange von im harten Terrain gereiften Beeren hat einen überraschend weichen, süssen Kern – nicht viel anders als der Mann, der seine Erzeugnisse wie seine Kinder hegt und pflegt.

Kellerbesichtigungen und Degustationen:
Gian-Battista von Tscharner, Schloss Reichenau, 7015 Reichenau, Tel. 081 641 11 95 und 079 681 75 89, vontscharner@dtc.ch

RESTAURANT **3**

Da Veraguth Carnetg Sagogn

RESTAURANT: **Da Veraguth Carnetg**

ADRESSE: **7152 Sagogn**

GASTGEBER: **Klaus und Barbara Ziegler**

TELEFON: **081 921 64 64**

INTERNET: **www.daveraguth.ch**

RUHETAGE: **Mo., Di.**

BETRIEBSFERIEN: **10. April–15. Mai sowie Nov.**

WEGBESCHRIEB: **Von Chur Richtung Disentis, kurz nach Laax Abzweigung links. Zug nach Ilanz. Bus Ilanz–Sagogn Posta.**

SPEZIELL: **16 GM, 1 M, Terrasse und Garten**

Die legendären Capuns da Sagogn

Es gibt Mangold-Wickel, die sind so prall gefüllt, dass sie beim Herunterfallen glatt in Neuseeland landen würden. Und es gibt leichte, luftige wie die Capuns vom Restaurant Da Veraguth Carnetg in Sagogn. Kreiert hat sie eine der grossen Köchinnen der Schweizer Spitzengastronomie, Hilda Veraguth. «Das Urrezept zu den Capuns stammt aus meiner Jugendzeit. Immer wenn wir im Sommer vom Feld heimkamen, stand eine grosse Schüssel dieser speziellen Wickel auf dem Tisch – als Hauptgericht, das einen leeren Magen so richtig zu füllen vermochte.» Im Jahr 2003 hat sich Hilda aus der Gastroszene zurückgezogen und das Haus verpachtet. Heute wird das Restaurant von ihrem ehemaligen Sous-Chef Klaus Ziegler und seiner Frau Barbara geführt. Sie kommt aus dem Bieler Seeland, er stammt aus Lindau am Bodensee. Was Klaus mit Präzision in der Küche leistet, ergänzt Barbara im Gastbereich mit Charme und Liebe zum Detail. Im Eingang stehen Konfitüren (Rhabarber, Kirschen, Johannisbeer-Gelee), Birnenbrot und Holundersirup – alles hausgemacht. Der Garten mit den Apfelbäumen ist eine gepflegte Oase in der Natur: «Wir wollen, dass sich unsere Gäste wohl fühlen», sagt Barbara, «das Haus hat Geschichte, und die wollen wir zum Ausdruck bringen.»

Die beiden verstehen es, ihre Gäste auf hohem Niveau zu verwöhnen: zum Beispiel mit rosa gebratenen Forellenfilets, begleitet von Arviuls (rätoromanisch für Ravioli mit Rösti-Speck-Füllung). Weiter gehts mit Fleischtörtchen aus der Surselva mit einem wunderbar luftigen Blätterteig. Auch die legendären Capuns da Sagogn lassen wir uns nicht entgehen – sie sind wirklich schwebend leicht.

Saisonale Momentaufnahmen. Zum Abschluss verwöhnt uns das Wirtepaar mit einer Aprikosen-Tartelette mit Amaretto-Glace und Zuckermandel-Bisquit. Was bei allen Gerichten auffällt: Klaus Ziegler interpretiert die Bündner Spezialitäten auf moderne Art, er kocht leicht und weiss die Gerichte auch optisch gut in Szene zu setzen – ohne unnötige Dekorpirouetten. Alles, was wir gegessen haben, war zudem eine saisonale Momentaufnahme. «Wir passen die Gerichte den Jahreszeiten an, die Karte wechselt laufend», sagt Klaus. Dass sein Restaurant zu den festen Werten der Bündner Spitzengastronomie zählt, liegt am Anspruch, den sich Klaus selber stellt: «Beim Kochen musst du ehrgeizig sein, ständig ausprobieren, kombinieren, verfeinern. Es gibt keine qualitativen Grenzen, jeder Tag ist für mich eine kreative Herausforderung.»

Spitzenküche zu fairen Preisen. Natürlich steht im Da Veraguth auch Hummer mit geschmolzenen Tomaten auf der Menükarte. Sympathisch jedoch ist: Hier kann man Gourmetgerichte wie die Capuns da Sagogn oder die Arviuls auch als Tellermenüs zu äusserst moderaten Preisen kosten. Unser Geheimtipp: Gehen Sie auch einmal ausserhalb der Spitzenzeiten ins Da Veraguth, dann können Sie die Terrasse und den Garten mit einem hausgemachten Sorbet oder einem Bündnerplättli geniessen. Inklusive Aussicht in die imposante Landschaft der Surselva. Nicht weit vom Restaurant fliesst der Vorderrhein durch die Flimserschlucht. Sagogn ist ein idealer Ausgangspunkt für Wanderungen hinunter in den «Canyon» mit den weissen Kalksteinfelsen – zum Beispiel zur RhB-Station Versam mit ihrem Bahnhöfli. Hier landen Sie kulinarisch zwar nicht ganz in Neuseeland, aber garantiert auf einem anderen Planeten!

– Die Rheinschlucht mit ihren ausgewaschenen Felsen aus Kalkstein. In der letzten Eiszeit stürzten einige Kubikkilometer Kalkstein ins damalige Flussbett (Flimser Bergsturz) und bildeten eine Barriere, durch die sich der Fluss seither seine Bahn gräbt.

– Das Bergdörfchen Sagogn liegt auf der Ebene, die durch den Bergsturz vor rund 10 000 Jahren entstanden ist.

– Capuns da Sagogn in Schaumsuppe mit Speckstreifen.
– Rosa gebratene Forellenfilets mit Arviuls (Ravioli mit Rösti-Speck-Füllung).
– Fleischtörtchen aus der Surselva.
– Aprikosen-Tartelette mit Amaretto-Glace und Zuckermandel-Bisquit.

Rezepte von **Klaus Ziegler** im Anhang.

— **Capuns da Sagogn,** S. 415
— **Arviuls (Ravioli mit Rösti),** S. 415

RESTAURANT **4**

Stiva Veglia
Schnaus

RESTAURANT: **Stiva Veglia**

ADRESSE: **7130 Schnaus/Ilanz**

GASTGEBER: **Toni und Imelda Darms-Hutter**

TELEFON: **081 925 41 21**

INTERNET: **www.stiva-veglia.ch**

RUHETAGE: **Winter: Mi.-Mittag und Do., übrige Zeit: Mi., Do.**

BETRIEBSFERIEN: **keine**

WEGBESCHRIEB: **2 km nach Ilanz Richtung Disentis, erste Ausfahrt rechts. Busverbindung ab Ilanz.**

SPEZIELL: **Sonnenterrasse**

Rustikales Ambiente im Bergdörfchen Schnaus: Im ehemaligen Bauernhaus, aussen und innen ganz in Holz, wird die traditionelle Surselva-Küche auf moderne, innovative Art gepflegt. Ausschliesslich regionale Produkte kommen frisch auf den Tisch. Auch Kunstliebhaber werden verwöhnt: An den Wänden hängen die urwüchsigen Bilder des Churer Malers Robert Indermauer.

Schmaus in Schnaus

Wer kurz nach Ilanz die Strasse verlässt, landet in einem Bilderbuch. Es ist, als hätte der Herrgott hier die Capuns erfunden. Und die Pizokels. Und die Siedfleischterrine. Und das strahlende Wirtepaar, das diese Köstlichkeiten in einem der schönsten Restaurants der Surselva auf den Tisch zaubert. «Wir haben uns auf traditionelle Bündner Gerichte spezialisiert», sagt Toni Darms, «zurück zu einfachen Gerichten, aber gut und innovativ zubereitet.» Das Konzept überzeugt. Auch die Einheimischen essen in der Stiva Veglia, denn Toni kocht mit Leidenschaft, aber zu fairen Preisen. «Als Bub bin ich oft in der Küche des Hotels Segnes in Flims gestanden, als dort noch eine Brigade von zwanzig Köchen gewirkt hat», sagt Toni mit leuchtenden Augen. Das hat ihn so fasziniert, dass er im Segnes die Kochlehre machte. Verfeinert hat er sein Können später im Hof Ragaz, im Romantikhotel Stern in Chur und zuletzt in Ilanz.

Das 200-jährige Bauernhaus mit altem Täfer und Specksteinofen bildet den stilvollen Rahmen für die Kochkunst des Ruscheiners. Dass hier auch Slow-Food-Geniesser gerne tafeln, ist kein Zufall: Toni achtet auf beste Rohstoffe aus der Region. So verwendet er Gran-Alpin-Mehl aus Berggetreide, tischt alte Kartoffelsorten auf wie die Blauen Waltensburger oder verwendet Fleisch von Rhätischem Grauvieh, einer feingliedrigen Rinderrasse, die seit kurzem wieder auf den

surselvischen Wiesen grast. «Vor allem die Haxen liefern besonders zartes Fleisch», erklärt Toni. Beliebt sind im Herbst die Wildgerichte: Da reicht die Menge, die der Jäger Venanzi Schmed aus Breil/Brigels liefern kann, selten aus. Eine besondere Rarität hat Toni vor kurzem entdeckt: frische Truner Trockenwurst. «Das ist eine Kombination zwischen Blut- und Kartoffelwurst, die so kaum mehr produziert wird», erklärt Toni. In der Stiva Veglia ist sie zu haben – allerdings nur im Herbst und auf Vorbestellung.

Alte Gerichte, neu interpretiert. Wir probieren Siedfleischterrine vom Rätischen Grauvieh, dann Pizokels Gran Alpin mit Zwetschgen, gefolgt von einem Bio-Kalbsfilet mit frischen Eierschwämmen und Bohnen (aus dem Garten der Nachbarin) – und zum Dessert einen feinen Dörrobst-Salat mit hausgemachter Apfelglace. Alles vom Feinsten, leicht und frisch. Imelda Darms empfiehlt uns einheimische Tropfen aus der Herrschaft: «Auch das gehört zur Linie. Wir können nicht Capuns mit einem Wein aus Kalifornien anbieten», sagt die Gastgeberin, die aus dem st.-gallischen Diepoldsau stammt. Dass sie sich nicht nur in Toni und die Berge verliebt hat, sondern auch in das Wirten, spürt man: Die Stiva Veglia ist ein gastlicher Ort, an dem man sich schnell zuhause fühlt.

Capuns nach Mumma-Art. Natürlich testen wir auch die Capuns – kreiert nach einem alten Rezept von Mutter Darms: «Genau so habe ich die Capuns als Kind gegessen», sagt Toni und verrät uns das Geheimnis: Ich nehme Krauseminze aus dem Garten, die ist feiner als gewöhnliche Pfefferminze – und es muss unbedingt Landjäger rein. Probiert es aus! Nur die Luft, die wir in Schnaus noch in die Capuns reinpacken, die kann ich euch nicht mitliefern!»

– Bei Toni Darms kommen oft Pro-Specie-Rara-Bioprodukte auf den Teller wie die Blauen Waltensburger, eine uralte Kartoffelsorte, die in der Surselva wieder angebaut wird. Auch andere alte Sorten wie Dinkel, weisse Erdbeeren oder die Küttiger Karotten werden in der Gastronomie und in den privaten Küchen zunehmend eingesetzt. Einige dieser besonders schmackhaften und gesunden Oldies sind im Detailhandel erhältlich (siehe: www.prospecierara.ch)

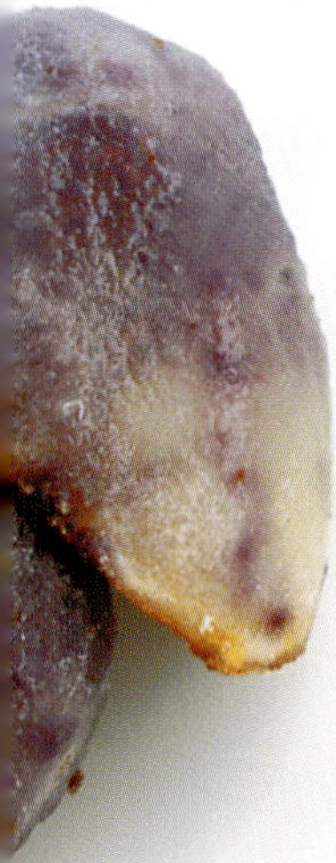

– Bio-Kalbsfilet mit Blauen Waltensburger Kartoffeln, Eierschwämmen und Bohnen.
– Pizokels Gran Alpin mit Zwetschgen.
– Capuns sursilvans.
– Dörrobst-Salat mit Apfelglace.

Rezepte von **Toni Darms** im Anhang.

— **Capuns sursilvans,** S. 415
— **Pizokels Gran Alpin,** S. 415
— **Tatsch mit Dörrobst-Kompott,** S. 416

Capuns – so viele Rezepte wie Täler

Mit Bündnerfleisch, Landjäger oder Salsiz? Mit oder ohne Brot? Mit normaler Pfefferminze oder Krauseminze? Mit Käse bestreut und mit geschmolzener Butter übergossen? In Milch oder doch in einer Bouillon …? Fast jede Bündner Familie hat ihre Capuns-Philosophie, jeder Spitzenkoch sein «Geheimrezept». Und noch immer werden neue Rezepte kreiert oder uralte ausgegraben. Eine der originellsten Entdeckungen der «Capuns-Archäologen» (siehe Buchtipp) sind die Capuns cun olma aus dem Dörfchen Flond bei Ilanz: Ein Stückchen Butter wird in die Mitte des Wickels eingerollt. Wenn die Butter schmilzt, entsteht im Innern ein Loch – das ist die Olma, die Seele des Capuns. Und die schmeckt besonders gut. In beiden Restaurants in Flond ist diese Capuns-Version allerdings unbekannt. In der Posta Veglia setzt man auf Cordon bleu, in der Casa Nova auf Älplermagronen. Selbst die Gemeindekanzlei weiss nichts davon. Die Capuns «mit dem Loch», so scheint es, sind selber in einem schwarzen Loch verschwunden.

BUCHTIPP

Evelyn Lengler/Charly Bieler: *Capuns*, 288 S., Desertina-Verlag, Chur 1999. Über 100, zum Teil nur mündlich überlieferte Rezepte haben die Autoren zusammengetragen. Von den einfachen Capuns sursilvans bis zu den aufwendigen Kreationen preisgekrönter Spitzenköche. Bestellung direkt via Autor: carl.bieler@limmatdruck.ch.

Der Name Capuns kommt vom Kapaun, dem gemästeten kastrierten Hähnchen, im Rätoromanischen «capun» oder «chapun». Bereits 1742 beschrieb der Bündner Pfarrer Nicolin Sererhard aus Zernez die «Krautkapaunen» als «eine gute veste Speiss und des ganzen Landvolks tägliche Nahrung». Die Geschichte des Krautwickels ist jedoch viel älter: Seit die Menschen kochen, wickeln sie ihre Speisen in Kraut, und zwar nicht nur in Graubünden und nicht nur in Mangold. Die Chinesen verwenden Lotus- und Bambusblätter, die Indianer Maisblätter, in Afrika und Indien sind Bananenblätter das Verpackungsmaterial – und in der Schweiz Krautstiel, Spinat, Lattich, Wirz oder eben Mangold.

130000 Capuns im Jahr

Weltrekordhalter in Sachen Capuns dürfte das Restaurant Alpsu in Disentis/Mustér sein: Der Familienbetrieb in der vierten Generation serviert stattliche 130000 Capuns pro Jahr. Gewickelt werden sie von Maria Decurtins, einer langjährigen Mitarbeiterin des Hauses. Die routinierte «Capunserin» schafft in Spitzenzeiten 3000 Krautwickel pro Tag! «Im Sommer und Winter brauchen wir extrem viele Capuns, sogar die Einheimischen kommen, um unsere Mangold-Wickel zu essen», sagt die Gastgeberin des Hauses, Stephanie Sialm. Das Geheimrezept ihrer Erfolgs-Capuns will sie uns nicht herausgeben – dafür aber eines mit Wild (siehe Rezeptsammlung im Anhang).

– Rezept von Martin Sialm im Anhang: Wilde Capuns mit Gäms- und Hirschwurst, Seite 415.

Hotel Restaurant Alpsu, Stephanie und Martin Sialm, Via Alpsu, 7180 Disentis/Mustér, Tel. 081 947 51 17, www.hotelalpsu.ch

RESTAURANT **5**

Usteria della Posta
Vrin

RESTAURANT: **Usteria della Posta**

ADRESSE: **7149 Vrin**

GASTGEBER: **Lorenza Caminada**

TELEFON: **081 931 12 22 oder bei Lorenzas Tochter Pierina: 081 931 31 48**

INTERNET: –

RUHETAGE: **Mi.**

BETRIEBSFERIEN: **Okt., 2 Wochen**

WEGBESCHRIEB: **Von Ilanz ins Lugnez Richtung Vrin (Dorfmitte bei der Post). Busverbindung ab Ilanz.**

SPEZIELL: **Amplius auf Voranmeldung, 2 bis 3 Tage vorher anrufen**

Drei Generationen: Grossmutter Lorenza, ihre Tochter Pierina und Corfin, der Jüngste der Familie. Die zu Urgrossvaters Zeiten aus Italien zugewanderten Caminadas pflegen das kulinarische Erbe des Tals: Grossmutter Lorenza ist die Einzige, die noch weiss, wie man Amplius und Teufelsschwänzchen zubereitet. Tochter Lorenza hat zahlreiche alte Rezepte des Tals gesammelt und im Buch *Deletgs culinars* zusammengefasst. Bereits sitzt der Jüngste am Tisch, der das kulinarische Erbe fortführen dürfte. Tipp: Da die Traditionsgerichte in der Zubereitung äusserst aufwendig sind, empfiehlt es sich, Lorenza oder Pierina ein bis zwei Tage vorher anzurufen.

Vom lieben Gott und roten Teufelsschwänzchen

Weit hinten im Val Lumnezia (Lugnez), einem Seitental der Surselva, liegt das Dörfchen Vrin. Von hier geht es nur noch zu Fuss weiter über die Hochebene der Greina ins Tessin. Auf dem alten Säumerpfad trieben die Lugnezer früher ihr Vieh zum Verkauf nach Lugano und Mailand. In umgekehrter Richtung wanderten Esswaren ins abgelegene Bergtal, darunter Maisgriess, mit dem die Lugnezer ein besonderes Gericht zubereiteten: Amplius, faustgrosse Maiskugeln mit schwarzen Rosinen, serviert mit Sauerkraut, Speck und Siedwürsten. Die Surselva-Knödel sind heute eine Rarität: Zubereitet werden sie nur noch in einem einzigen Restaurant im Tal.

Zeit für den Kirchgang. Amplius (rätoromanisch für gross, dick) ist Slow Food im wörtlichen Sinn: Eine halbe Stunde muss die Bramata (Bündner Polenta) vorgekocht werden. Danach werden die Maiskugeln mit Speck und Siedwurst in einer Gerstensuppe nochmals eineinhalb Stunden gekocht. Früher überbrückten die Frauen die lange Kochzeit mit einem Besuch der Messe – in der Lumnezia ein nahe liegender Zeitvertrieb: Das Tal ist voll von Kirchen und Kapellen, die einst von den heimgekehrten Reisläufern gestiftet wurden. Während der Messe brutzelten die «grossen Dicken» auf dem Herd – nach der Predigt, seelisch gestärkt, genoss die Familie die deftigen Knödelscheiben,

die oft noch mit Zuckerwasser übergossen oder mit Reibkäse und Butter überschmolzen wurden. Nach dieser Kalorienbombe dürfte so mancher zum Mittagsschläfchen ins Himmelbett gesunken sein – vor allem, wenn er auch noch den teuflischen Dessert genossen hatte: Giavalets cun cua. Das sind frittierte Dörrbirnen mit Rotweinsauce. Wegen der Farbe und dem Stiel der Birne, der keck aus dem Gebäck herausragt, haben die Lugnezer diese süsse Versuchung «Teufelsschwänzchen» getauft. Eine kleine Sünde sind die Gehörnten auf jeden Fall wert …

Deletgs culinars. Heute werden Amplius und «Teufelsschwänzchen» nur noch an einem einzigen Ort in der Schweiz serviert: im Stübli der Usteria della Posta in Vrin. Lorenza Caminada, über 70-jährig, ist die sympathische Köchin und Gastgeberin. «Schon meine Grossmutter hat Amplius gekocht», sagt Lorenza, «das Rezept wurde jeweils an die Töchter weitergegeben.» Das Kochen liegt offenbar in der Familie: Tochter Pierina Cabalzar-Caminada hat der surselvischen Küche ein Buch gewidmet: *Deletgs culinars* heisst ihre Rezeptsammlung – eine Fundgrube für alte Lugnezer Spezialitäten mit klingenden Namen wie Egls bov, Truffels cun taschagrun oder Tatsch cun paun (Eigenverlag, Vrin 1998, erhältlich direkt in der Usteria della Posta).

– Das Dörfchen Vrin, zuhinterst im Val Lumnezia. Einige Kilometer weiter geht es nur zu Fuss weiter – über die Hochebene der Greina ins Tessin und ins Piemont.

– Dorfkirche in Vrin. Bei Ausgrabungen wurden unter der Kirche noch intakte Totenschädel gefunden und an diesem Ort als «Memento mori» verewigt.

– Fava da prèrs cun truffels, ein Gericht aus Mehl, Eiern, gekochten Kartoffeln und Rosinen. Das frittierte Gebäck wurde früher als Mahlzeit aufs Feld mitgenommen.

– Amplius (Maisknödel) mit Sauerkraut und Speck.
– Giavalets cun cua (Teufelsschwänzchen).

Rezepte von **Lorenza Caminada** im Anhang.

— **Amplius (Maisknödel)**, S. 416
— **Giavalets cun cua (Teufelsschwänzchen)**, S. 421

RESTAURANT **6**

Zum Platz Fideris

RESTAURANT: **Zum Platz**

ADRESSE: **7235 Fideris**

GASTGEBER: **Paula und Urs Vetter-Niggli**

TELEFON: **081 332 15 01**

INTERNET: **www.platz-fideris.ch**

RUHETAGE: **Mo., Di.**

BETRIEBSFERIEN: **keine**

WEGBESCHRIEB: **Landquart Richtung Klosters, nach Jenaz Abzweigung Fideris. Bahn Landquart–Klosters bis Jenaz, Postauto Jenaz–Fideris.**

SPEZIELL: **Sonnenterrassen, 13 GM**

Das Hotel und Restaurant Zum Platz in Fideris: Überraschend ist der Hausteil, der von aussen nicht zu sehen ist – unter dem Boden liegt ein nochmals so grosser, dreistöckiger Keller! Hier werden unter optimalen Bedingungen Früchte, Gemüse, Eingemachtes und vor allem edle Tropfen gelagert, die vornehmlich aus der Bündner Herrschaft stammen. Im Innern des 500-jährigen Patrizierhauses wartet eine gemütliche Gaststube mit einem historischen Rundkachelofen. Vor und hinter dem Haus befinden sich zwei Sonnenterrassen.

Unter den Heubergen gibt es frischen Zopf

Für Schlittelfans ist «Fideris» ein Zauberwort: Die sieben Buchstaben im dreisilbigen Walzertakt lösen in Sekundenbruchteilen strahlende Gesichter aus. Eine 12 Kilometer lange Schlittelbahn führt von den 2000 Meter hohen Heubergen durch Wälder und Felder hinunter auf die Sonnenterrasse, auf der das Dorf liegt. Nicht weit vom Ziel liegt die kulinarisch beste Anlaufstelle: das Gasthaus zum Platz, geführt von Paula und Urs Vetter. Bündner Spezialitäten, gekocht mit Liebe und Niveau, lassen sich in der Gaststube des über 500-jährigen Patrizierhauses oder draussen auf einer der beiden Terrassen geniessen. Wir entscheiden uns für Letzteres und starten mit der Prättigauer Hochzeitssuppe mit Gemüsestreifen und Rohschinkenwürfeln. Dann folgt das Fideriser Jungrindsteak mit Steinpilzen, Kartoffel-Pizokel und Kohlräbli. Das Fleisch stammt aus Mutterkuhhaltung und ist entsprechend würzig und zart. Als krönenden Abschluss serviert uns Paula einen doppelten Festtagsdessert: Gebrannte Crème mit frischen Nüssen und – «nur zum Probieren», wie sie sagt – einen hausgemachten Beerengratin.

Bei sämtlichen Gerichten zeigt sich die Philosophie des Hauses. «Wir sprechen qualitätsbewusste Gäste an, und die wollen genau wissen, woher die Produkte kommen», sagt Paula und liefert mir gleich die «Ursprungsdeklaration»: Die Steinpilze hat eine Frau aus dem Dorf am Morgen gesucht, die Beeren stammen

aus Nachbars Garten, das Fleisch kommt vom Bruder, der im Dorf Jungrinder züchtet, und von der Metzgerei Mark in Lunden. Die Trockenfleisch-Spezialitäten sind Hausproduktion: Elvira Niggli, die langjährige Servicemitarbeiterin, salzt und räuchert das Trockenfleisch nach eigenen Rezepten.

Wer keine Ideen hat, serviert Kebab oder Hamburger. Die Arbeitsteilung im Gasthaus zum Platz funktioniert klassisch: Urs wirkt in der Küche, kreiert, erfindet, optimiert und ist kein Freund grosser Worte. Dafür ist alles, was auf den Tisch kommt, eine Gaumenfreude. Paula übernimmt die Arbeit an der Front, berät die Gäste, kommuniziert charmant und eloquent – und spricht, wenn es sein darf (wie bei uns), auch Klartext: «Chicken-Nuggets, Hamburger, Pizza findest du heute an jeder Ecke, fantasielose Massenküche. Wir versuchen das Gegenteil: eine Küche im Takt der Natur, mit Ideen und mit Abwechslung. Die Gäste schätzen das, und wenn es gut gemacht ist, dann darf es auch etwas kosten.» Sie spricht mir aus dem Herzen, die engagierte Gastgeberin, wobei zu präzisieren ist: Auch das Preis-Leistungs-Verhältnis ist im Gasthaus zum Platz hervorragend. Ich habe selten ein derart gutes «Plättli» für Fr. 22.– genossen. Und auch das Bergfrühstück ist äusserst fair kalkuliert (Fr. 15.–) – wohlverstanden mit hausgemachtem Brot und hausgemachter Konfitüre, Fideriser Bienenhonig, würzigem Alpkäse, einer schönen Portion Schinken, Birchermüesli mit frischen Früchten und Nüssen – und erst noch serviert bis 11 Uhr.

Das Gasthaus zum Platz ist auch ein kinderfreundliches Haus. Das zeigt sich daran, dass Paula und Urs Kochkurse für die Prättigauer Miniköche durchführen: Einmal im Monat dürfen 10- bis 12-jährige Kinder – die «Stars von morgen» – für die Gäste kochen!

– Das Bündner Plättli mit Coppa, Rohschinken, Rinds- und Hirsch-Bindenfleisch. Das Trockenfleisch wird im Gasthaus auch über die Gasse verkauft.

– Täglich backen die Mitarbeiter frischen Zopf für die Gäste.

– Brännti Crème mit hauseigenem Gebäck und Beeren.
– Prättigauer Hochzeitssuppe mit Gemüsestreifen und Rohschinkenwürfeln.
– Fideriser Jungrindsteak mit Steinpilzen, Kartoffel-Pizokel und Frischgemüse.

Rezepte von **Urs Vetter** im Anhang.

— **Prättigauer Hochzeitssuppe,** S. 403
— **Prättigauer Fleisch-Chnödli,** S. 409
— **Fideriser Torte,** S. 427

RESTAURANT **7**

Veltlinerstübli Monstein-Davos

RESTAURANT: **Veltlinerstübli**

ADRESSE: **7278 Monstein-Davos, Seeflechsenstrasse 1**

GASTGEBER: **Karl und Uschi Flury**

TELEFON: **081 401 11 52**

INTERNET: **www.davos-monstein.ch**

RUHETAGE: **Mo. (in der Zwischensaison)**

BETRIEBSFERIEN: **keine**

WEGBESCHRIEB: **Von Davos Richtung Filisur, bei Glaris Abzweigung links. Busverbindung ab Davos bzw. Glaris.**

SPEZIELL: **Garten**

Die beiden Gastgeber setzen auf eine kleine, aber feine Karte mit hervorragenden Ausgangsprodukten. Im Herbst wird das Veltlinerstübli mit Hirschleber und Rehrücken auf Vorbestellung zum Mekka der Wildliebhaber.

In Monstein kann man auch die höchstgelegene Brauerei Europas besuchen: Die Biervision Monstein, eine eigenständige Brauerei, produziert das Monsteiner Wätterguoge-Bier, aber auch Malztreberbrot und Brauerchäs. Zudem liefert die Brauerei den Treber für die Bioschweine- und Rinderbetriebe in Monstein, die besonders zartes, schmackhaftes Fleisch produzieren.
Biervision Monstein, Andreas Aegerter, 7278 Monstein-Davos, Tel. 081 420 30 60, www.biervision-monstein.ch.

Born to be Beizer

Karl Flury ist durch und durch Wirt: Er steht am liebsten selber in der Küche, liebt das Hausgemachte, fährt gerne Motorrad – und trinkt auch öfter mal ein Bier. Kein Problem in Monstein: Im romantischen Walserdorf, 1620 Meter über Meer, befindet sich die höchstgelegene Bierbrauerei Europas. «Hier wird unter anderem das Wätterguoge-Bier (walserisch benannt nach dem Alpensalamander) gebraut, dunkles Bier, nach alten Rezepten», sagt Karl Flury, der so standhaft mit dem 180-Seelen-Dorf verbunden ist wie die Brauerei: Seit dreieinhalb Jahrzehnten führt er zusammen mit seiner Frau Uschi das Veltlinerstübli, in dem schon seine Mutter zwei Dekaden lang gewirtet hat. «Keine zehn Steinböcke würden mich von diesem Paradies wegbringen!», sagt der Bündner, der hier in Monstein aufgewachsen ist. Kein Wunder: Das Veltlinerstübli, 1717 erbaut, passt zum Beizer – die Decken hängen tief, Decken und Wände sind aus Holz, die Tische auch, überall sind die Spuren der Zeit eingraviert, und genauso wertorientiert ist auch das kulinarische Angebot.

Als Erstes serviert uns Uschi einen Klassiker des Hauses: das Monsteiner Plättli mit Bindenfleisch, Rohschinken, Hirschsalsiz und Treberkäse. Das Bindenfleisch stammt von Kälbern, die von Ammenkühen gesäugt werden, mehrere Biobauern produzieren in Monstein das zarte Fleisch. Darauf folgt eine von Karls

Spezialitäten: Prättigauer Fleisch-Chnödli mit Rösti. Die Knödel werden mit zwei Sorten Hackfleisch gemacht, ein altes Rezept aus Küblis. Das zweite Hauptgericht ist der Stolz des Küchenchefs: Trebersteak vom Jungrind mit frischen Eierschwämmen und Rösti. Das Fleisch ist nicht ohne Grund weitherum berühmt: Es schmeckt hervorragend, was ebenfalls der Brauerei zu verdanken ist.

Monsteiner Treberfleisch. Der gute Geschmack kommt vom Biertreber, einem Abfallprodukt der Brauerei: Er wird den Monsteiner Jungrindern verfüttert, was den Tieren besonders gut schmeckt: Sie setzen rosafarbenes Fleisch an, würzig und zart. Am beliebtesten sind die Treberfilets von den Charolet-Jungrindern: Nur gerade sechs Filetstücke werden pro Jahr im Veltlinerstübli zubereitet. «Man muss Glück haben», sagt Karl, der im Ohr eine Adlerfeder trägt, ein Geschenk von Uschis Sohn, der in Kanada als Steinmetz arbeitet. Doch auch ohne Treberfleisch – es gibt saisonal auch Treberbraten und Treberwürste – kommt man im Veltlinerstübli auf die Rechnung: Die Capuns (mit reinem Rahm zubereitet), die urchige Rösti oder Karls hausgemachter Heidelbeerkuchen lohnen den Besuch – besonders wenn das Wetter stimmt. Dann kann man auf der lauschigen Gartenterrasse sitzen und zuhören, wie der Hopfen wächst.

– Hier kocht der Chef: Karl Flury mit der Adlerfeder im Ohr.

– Das Restaurant befindet sich in einem alten Walserhaus, gedeckt mit Lärchenschindeln. Im kleinen Bergdorf leben rund 175 Nachfahren der einst aus dem Wallis zugewanderten Walser. Ein Grossteil betreibt Landwirtschaft. Berühmt ist Monstein für das hochwertige Fleisch, das von Biobauern wie Hansjörg Wilhelm produziert wird. Der Züchter hält Angus-Kühe, die mit ihren Kälbern fast das ganze Jahr draussen sind. Das Fleisch im Veltlinerstübli stammt zum grössten Teil aus dieser Bioproduktion.

– Trebersteak vom Jungrind mit Gemüse.
– Prättigauer Fleisch-Chnödli mit frischer Rösti.
– Monsteiner Plättli mit Treberkäse.
– Zimt-Parfait.

Rezepte von **Karl Flury** im Anhang.

— Chäs-Getschäder, S. 416
— Heidelbeerkuchen «Monstein», S. 427

RESTAURANT **8**

Piz Umbrail
Sta. Maria i. M.

RESTAURANT: **Piz Umbrail**

ADRESSE: **7536 Sta. Maria i. M., Hauptstrasse 41**

GASTGEBER: **Ladina und Rudolf Wanninger-Lemm**

TELEFON: **081 858 55 05**

INTERNET: **www.pizumbrail.ch, www.kochakademie.ch**

RUHETAGE: **keine**

BETRIEBSFERIEN: **aktuelle Betriebsferien jeweils auf der Homepage**

WEGBESCHRIEB: **Von Zuoz über den Ofenpass ins Val Müstair bis Sta. Maria. Busverbindung.**

SPEZIELL: **16 GM, 1 M**

Das Piz Umbrail zeigt die für das Val Müstair typische Mischung aus Engadiner und Tiroler Baukunst, mit tief liegenden Fenstern und bemalten Fassaden. Im Innern des schön renovierten Hauses befindet sich die «Cuschina Naira», die ehemalige Räucherkammer des Hauses – heute ein beliebter Ort, um die hervorragende Küche des Hauses zu geniessen. Bekannt sind die beiden Gastgeber auch für ihre Kochkurse, die sie regelmässig durchführen.

Schneebälle und Alpenkaviar im Val Müstair

In der Startphase der Swiss servierten die Flightattendants den Passagieren einen besonderen Leckerbissen: eine geeiste Nusstorte aus dem Münstertal, mit viel Nüssen, Honig und Bergkräutern drin. Kreiert hat sie Ruedi Wanninger, der Spitzenkoch vom Piz Umbrail. Heute zählt das Haus zu den besten Adressen Graubündens. Doch Schwellenangst ist unbegründet: In der arvengetäferten «Stüva» oder in der rauchgeschwärzten «Cuschina naira», der ehemaligen Rauchküche im Engadiner-Tirolerhaus, kann man auch im Wander- oder Bikertenue dinieren. «Wir wollen kein Nobelrestaurant sein», sagt Ladina Wanninger, die uns mit strahlendem Gesicht und Kompetenz betreut. Ihr Mann gehört zu den Mitbegründern der Gourmet-Bikertouren und betreibt damit bestes Standortmarketing: Der Nationalpark ist nicht weit, gleich um die Ecke gehts über den Umbrailpass ins italienische Bormio; das Münstertal ist ein Velo- und Wanderparadies und das Piz Umbrail die beste kulinarische Anlaufstelle.
Als Amuse-Bouche probieren wir Münstertaler Heusuppe mit Bindenfleisch-Streifen: «Das Geheimnis ist frisches, würziges Heu und ein guter Fond», sagt Ruedi, der bei den «Jeunes Restaurateurs d'Europe» mitmacht – einer Vereinigung von 400 jungen Wirten (in der Schweiz sind es 31). Dann gibt es Gersten-Risotto, gespickt mit feinen Karottenwürfeln. Das zarte Hummerstück, das den Risotto krönt, ist zwar nicht gerade

Schweizer *Urchuchi,* schmeckt aber trotzdem ausgezeichnet. Der Hauptgang ist dann wieder ganz schweizerisch: Sommerwild mit Kräuterkruste. Das Wild stammt aus der st.-gallischen Revierjagd und ist weniger «wildig» als das Fleisch von der Septemberjagd. Dazu trinken wir einen italienischen Merlot «Alto Adige» von Elena Walch. Auch er kommt zwar nicht aus der Schweiz, ist aber einen Sprung über die Grenze wert, genau wie die edlen Tropfen aus dem Südtirol: «Die Weingebiete des Südtirols, des Veltlins und der Bündner Herrschaft sind nicht weit», sagt Ladina. «Wir kennen viele Winzer persönlich, besuchen sie regelmässig und kaufen ganz gezielt ein.»

Kochen heisst auch forschen und entwickeln. «Ich wollte schon immer eine kreative Küche machen», sagt Ruedi Wanninger. «Deshalb probiere ich viel aus. Von hundert Gerichten, die ich erfinde, sind zwei bis drei gut und kommen dann tatsächlich auf die Karte.» Die Mozzarella-Mousse mit Tomatengelee hat diesen harten Test überstanden. Oder die Kräuterkruste, in sich ein kulinarisches Kunstwerk: Butter, Bergkräuter, fein geriebene Baumnüsse, Nussöl und Knoblauch bilden die Zutaten, alles aus der Region: «Wir müssen die Küche wieder regionalisieren», sagt Ruedi, «kurze Beschaffungswege, alles frisch, direkt von den Landwirten. Deshalb bin ich eigentlich gegen die Fusionsküche – auch wenn ich ab und zu mal einen Hummer auf ein Gersten-Risotto setze. Wir haben hervorragende Produkte im Tal, die den ‹goût du terroir›, wie die Franzosen so schön sagen, auf den Teller tragen.» Zum Beweis serviert er uns eine Entdeckung, auf die er besonders stolz ist: Ziegenfrischkäse vom Hof Guad, den er als einer der wenigen Restaurateure anbietet. Sonst gibts die «Schneebälle» nur noch im Klosterladen in Müstair oder direkt ab Hof (siehe S. 58).

ALPENKAVIAR

Eine besondere Wildspezialität gibt es im Piz Umbrail ab Mitte September: Murmeltierfleisch, auch «Alpenkaviar» genannt. Auch die Marmottas werden im Val Müstair gejagt. Bis daraus ein gutes Wildgericht entsteht, braucht es allerdings viel Arbeit: Man muss die Talgdrüsen und das Fett komplett entfernen, nur so ist das Fleisch geniessbar. Dann muss es zum Neutralisieren in Milch eingelegt werden. Aus dem Fett entsteht das Munggenöl, «das ist gut gegen Rheuma», sagt Ladina. Die Fans pilgern im Herbst in Scharen ins Münstertal, um den Alpenkaviar zu kosten. Eine Warteliste bestimmt, wer die Rarität geniessen darf. «Es braucht Glück», lacht Ruedi, der mit seiner Frau nebst dem Wirten noch eine andere Leidenschaft teilt: Die beiden führen in den Wintermonaten eine Kochakademie.

– Sommerwild mit Kräuterkruste, Gemüse und Pilzen.
– Münstertaler Heusuppe mit Bindenfleisch-Streifen.
– Rollgersten-Risotto mit Karottenwürfeln und Hummer.
– Aprikosen-Sorbet und Aprikosen-Terrine.

Rezepte von **Rudolf Wanninger** im Anhang.

— **Rollgersten-Risotto,** S. 416
— **Plain in pigna (Ofenrösti),** S. 417

RESTAURANT **9**

Chasa Chalavaina
Müstair

RESTAURANT: **Chasa Chalavaina**

ADRESSE: **7537 Müstair**

GASTGEBER: **Jon Fasser**

TELEFON: **081 858 54 68**

INTERNET: **www.chalavaina.ch**

RUHETAGE: **keine**

BETRIEBSFERIEN: **keine**

WEGBESCHRIEB: **Von Zernez über den Ofenpass nach Müstair. Busverbindung.**

Die Chasa Chalavaina wurde um 1300 erbaut und ist das älteste Haus im Dorf Müstair, wenn nicht sogar im ganzen Münstertal. Hier hat auch der Bündner Kriegsheld Benedikt Fontana seine berühmte Rede vor der Schlacht an der Calven gehalten. Seit Generationen wird das Haus von der Familie Fasser geführt – heute von Jon Fasser und seiner Schwester Ottavia.

BUCHTIPP

Christoph Simonett: *Die Bauernhäuser des Kantons Graubünden.* Bd. 1: *Wohnbauten,* hrsg. von der Schweizerischen Gesellschaft für Volkskunde, Basel 1983 (2. Aufl.).

In der Chasa Chalavaina atmet jeder Stein Geschichte

Alpenkaviar gibt es im Herbst auch in der Chasa Chalavaina in Müstair. Jon Fasser und seine Schwester Ottavia führen das über 700-jährige Haus am Dorfplatz. Kulinarisch ist die Chasa Chalavaina auf Bündner Gerichte und Selbstversorgung ausgerichtet: Gemüse, Salat und Beeren kommen aus dem eigenen Garten, der Fisch aus den Gewässern der Region. Und mit etwas Glück kann man im Chalavaina eine Pilzrarität geniessen, die es in dieser Grösse nur im Münstertal gibt: Riesenbovisten, bis 50 Zentimeter gross. «Eine Delikatesse!», sagt Jon – wir müssen ihm glauben, denn soeben hat er den letzten «Superbovisten» einem Gast verkauft …

Jons grosse Leidenschaft ist das Wild. «Anfang November, wenn der erste Schnee fällt, kommen die Hirsche und Rehe in grossen Herden aus dem Nationalpark die Talhänge herab, wie die Rentiere in Finnland. Das ist ein grosser Moment», erzählt der passionierte Jäger. «Braunwild und Gämsen haben wir im Münstertal genug, bei den Murmeltieren ist das Angebot knapp, weil höchstens acht Tiere pro Jäger geschossen werden dürfen.» Den Marmottapfeffer esse ich mit gemischten Gefühlen, wenn ich an die scheuen Tiere in der freien Wildbahn denke. Sachlich betrachtet ist das Fleisch mit Reh oder Hirsch vergleichbar, wenn auch deutlich würziger und fester in der Konsistenz.

Die schwarze Küche. Essen kann man in der Chasa Chalavaina in der grossen Arvenstube oder in der «Cuschina naira», der schwarzen Küche: Hier wurde jahrhundertelang auf dem offenen Feuer gekocht. Rauch und Russ haben ihre Spuren hinterlassen, der Raum ist rabenschwarz. Das gesamte Haus atmet Geschichte: In den Hotelzimmern stehen uralte Holzbetten mit später angebrachten Verlängerungen. «Früher waren die Leute wesentlich kleiner», sagt Jon, der das längste Bett des Hauses hat: Der stämmige Bünder misst 1 Meter 82.

Vollends historisches Parkett betritt man auf der Laube der Chasa Chalavaina: Hier soll der Bündner Kriegsheld Benedikt Fontana während des so genannten Schwabenkrieges am 21. Mai 1499, vor der Schlacht an der Calven, seine letzte Rede gehalten haben. Die Bündner besiegten die Habsburg-Österreicher, Fontana fiel als Held. Diesem historischen Ereignis verdankt die Chasa Chalavaina ihren Namen: Die romanischen Wörter bedeuten Calven-Haus. Zwei gekreuzte Schwerter im Wirtshausschild erinnern noch heute an den Sieg.

Aufgrund der Lichtscharten in den Grundmauern datierte der Historiker Christoph Simonett die Entstehung der Chasa Chalavaina in die Ritterzeit. Das Haus wurde vor 1300 gebaut und ist damit das älteste Haus im Dorf, wenn nicht sogar im ganzen Münstertal.

– Ottavia Fasser mit Kruzifix in der Küche.
– Das Benediktinerinnenkloster St. Johann in Müstair, erbaut im 8. Jahrhundert von Karl dem Grossen.
– Die Jagdutensilien Jons.
– Jon mit Riesenbovist in der «Cuschina naira».

- Alpenkaviar (Murmeltierpfeffer) mit Polenta.
- Bachforelle, gebacken mit Kartoffeln.
- Wild aus eigener Jagd mit Spätzli.
- Rahmput. Eine kulinarische Rarität, die nur noch in der Chalavaina zubereitet wird. Rahmput ist eine Art Pfannkuchen aus Rahm, Mehl und Salz, der in früheren Zeiten von den Sennen als Festessen zubereitet wurde.

Rezept von **Ottavia Fasser** im Anhang.

— **Rahmput,** S. 421

Schneebälle vom Hof Guad

Der schneeweisse, kugelrunde Ziegenkäse, der im Piz Umbrail serviert wird, kommt vom Bauernhof Guad hinter Sta. Maria. Schon als Kind hat Urs Hartmann Ziegen gehütet. Auch Kathrin, gelernte Floristin, war in jungen Jahren Sennerin im Unterengadin. Sie produziert den Käse in einem Gewölbekeller mit 1200-jährigen Kalksteinmauern: «Der Keller ist so alt wie das Kloster in Müstair», sagt Kathrin, die auf ökologische Produktionsmethoden Wert legt. «Wir versuchen geschlossene Kreisläufe zu schaffen: kein Kunstdünger, kein Kraftfutter, alles Natur pur», sagt Kathrin.

Kathrin und Urs Hartmann, Hof Guad, 7537 Müstair, Tel. 081 858 55 30, guad@bluewin.ch. Wegbeschrieb: In Sta. Maria dem Wegweiser «Aua da pisch» (Wasserfall) folgen. Der Weg führt zum Hof Guad und weiter zum Wasserfall (schöne, kurze Wanderung).

– Die Bauernfamilie Hartmann mit Grossmutter Silvia und den vier Kindern Lucian, Gian, Laura und Luca.
– Die Ziegen vom Hof Guad in Sta. Maria.
– Die «Schneebälle», Frischkäse aus Ziegenmilch.

Wandertipp

Von einer Beiz zur anderen

Eine schöne Wanderung führt von Fuldera hinauf nach Lü zum Hirschen: Im Bergrestaurant mit dem legendären Blumengarten gibt es hausgemachten Apfelstrudel mit Vanillesauce, Gerstensuppe und Fondue. Im Sommer ist Lü ein Geheimtipp für Pflanzenfreunde. Im Sumpfgebiet beim Dörfchen gedeihen seltene Orchis-Arten, Braunwurzgewächse, Hyazinthen und Heilkräuter, umschwärmt von Hunderten von Schmetterlingen.

Familie Glauninger-Felix, 7534 Lü, Tel. 081 858 51 81

Arvengeist aus Sta. Maria

Ramun Schweizer, Hotelier und Koch in der Chasa de Capol in Sta. Maria, ist ein Dufttüftler: Jahrelang hat er experimentiert, bis er mit seinem Arvengeist zufrieden war. Das Alter der Arven, die Lage, die Erntezeit – alles hat er in seine Versuchsreihen einbezogen. Mit Wasserdampf holt er die ätherischen Substanzen heraus. «Das ist die Essenz des Arvendufts», sagt Ramun, «so bleibt der würzige Duft erhalten.» Das Resultat ist hochwertig und kostbar zugleich: Pro Jahr stellt Ramun nur kleine Mengen seines Arvengeists her und verkauft ihn ausschliesslich in der Chasa de Capol. «Es soll eine Rarität bleiben, keine Massenware», sagt Ramun, der auch hervorragend kocht: Auf dem alten Holzherd brutzelt Polenta, daneben Pelmeni (selbst gemachte Ravioli): «Ich habe ein Flair für alte rätische Rezepte», sagt der Dufttüftler von Sta. Maria. Das Haus, in dem er wirkt, ist nicht minder spannend: In den barocken Räumen befinden sich nicht nur edle Gaststuben, sondern auch eine Kapelle und ein Theater.

Chasa Capol, Ramun Schweizer, 7536 Sta. Maria, Tel. 081 858 57 28, www.chasa-capol.ch.

RESTAURANT **10**

Dorta
Zuoz

Essen im Stall oder auf dem Heuboden

RESTAURANT: **Dorta**

ADRESSE: **7524 Zuoz**

GASTGEBER: **Xavier Christen und Elisabeth Ammann**

TELEFON: **081 854 20 40, privat: 078 797 55 54**

INTERNET: **www.dorta.ch**

RUHETAGE: **Mo. und Di., sonst täglich ab 18 Uhr geöffnet, in der Hochsaison auch am Di.-Abend**

BETRIEBSFERIEN: **Mai und Nov.**

WEGBESCHRIEB: **Etwas unterhalb des Dorfs Zuoz, ca. 5 Fahrminuten von Samedan. Zugsverbindung von Samedan oder Sagliains**

SPEZIELL: **Sonnenterrasse**

Bereits in den 1970er-Jahren war das Dorta das beste Haus am Platz: Farah Diba und andere Prominente haben hier Capuns und Maluns genossen.

Menschen mit einer Phobia urbanis (einer städtischen Betonphobie) können im Dorta in Zuoz aufatmen: Holz ist im uralten Engadiner Haus am Dorfrand das prägende Baumaterial – vom Keller bis zum Heuboden. Denn das Dorta war einst ein Bauernhaus mit Sulèr; der älteste Teil stammt aus dem 11. Jahrhundert! Im unteren Teil befand sich damals der Schweine- und Kuhstall, in den oberen Räumen wurde geschlafen. Während des Schwabenkrieges, am 6. Juli 1499, zündeten die Bewohner im Oberengadin ihre Häuser an. Mit der Taktik der «verbrannten Erde» zwangen sie die Österreicher zum Rückzug. Danach wurde das Dorta mit dem Wohnturm, Stübli, Chadafö, der Chamineda und den Schlafkammern wieder aufgebaut. Heute ist das Dorta nicht nur eines der schönsten historischen Häuser des Engadins, sondern auch ein besonders urchiges Restaurant.

Lammhäxli und Hexenpolenta. «In diesem Haus kannst du nicht Pizza und Pasta anbieten», sagt Xavier Christen, der das Dorta im Mai 1999 übernommen hat und mit seiner Partnerin Elisabeth Ammann führt. «Das wurde von einigen Vorgängern versucht, hatte aber keine Chance.» Erfolgreich setzen die Wirte auf «regional und hausgemacht»: Das Brot kommt aus dem eigenen Holzofen. Bindenfleisch und Rohschinken werden frisch an der Theke zugeschnitten. Die Menükarte enthält klassische Bündner Spezialitäten wie Pi-

zokel, Capuns und Maluns, aber auch Lammhäxli, Forelle oder Fondue. Auch beim Käse und bei den Desserts setzt das Dorta auf regionale Produkte: vom würzigen Ziegenkäse von der Alp Grevasalvas bis zum hausgemachten Parfait aus Bündner Berghonig. Zum Auftakt essen wir Caponetti a la pusc'ciavina (aus Holzofenbrot hergestellte Spinat-Gnocchi mit Tomatensauce) – ein altes Puschlaver Gericht. Dann gibt es Rehschnitzel mit Spätzli – absolut saisongerecht. Eben haben die Jäger einen stattlichen Hirsch ins Dorf gebracht (am 9. September beginnt in Graubünden die Jagd). «So langsam kommt Jagdstimmung auf», sagt Xavier. «Die Leute sind verrückt nach Rehschnitzel, Marroni und Rotkraut!» Auch mit anderen Fleischsorten weiss der Küchenchef umzugehen: Das Bündner Lammhäxli hat er zwei Stunden geschmort. Es kommt mit selbstgemachtem Jus und einer Polenta taragna auf den Tisch (halb Buchweizen, halb Mais). Den krönenden Abschluss bildet die klassische Engadiner Nusstorte, für die Elisabeth zuständig ist. Sie verrät uns den wichtigsten Teil ihres Geheimrezepts: «Viel Butter, viel Rahm und viele, viele Nüsse, und zwar richtige Nussstückli und keine Brösel – das ist das Entscheidende.» Elisabeth weiss, wovon sie spricht: Die Nüsse stammen vom Grosi aus dem Thurgau. «Da kennen wir beinahe jede Nuss und jede Biene», lacht Elisabeth.

Spitzenweine. Xaviers grosse Leidenschaft sind die Weine. In seinem Keller lagern Hunderte von guten Tropfen aus der Bündner Herrschaft und dem Veltlin. Zwei Spitzenweine aus der Herrschaft entkorkt der Gastgeber zu Ehren des Journalistenteams: einen weissen Malanser Cuvé blanc und einen Jeninser «Mariafeld» von der Domäne Reichenau. Zum Schluss geniessen wir noch einen «Grappa Dorta» und die Bündner Sonne, auf der gemütlichen Dorta-Terrasse – die ist natürlich auch aus Holz.

– Im Dorta isst man im umgebauten Stall oder auf dem Heuboden.
– Das im Holzofen gebackene Brot wird auch über die Gasse verkauft, desgleichen Bindenfleisch, Rohschinken und der hauseigene Grappa Dorta.
– Dorta-Plättli mit Blick in die Engadiner Traumlandschaft.

KLEINE POLENTA-TERMINOLOGIE

Bramata: die gelbe Polenta

Nera: aus 100 Prozent Buchweizen

Taragna: halb Buchweizen, halb Mais

– Schoppa da fain (Heusuppe). Xavier Christen hat das Rezept vom Heusuppen-Erfinder Peter Jörimann übernommen.
– Bündner Lammhaxe mit Polenta taragna (Hexenpolenta).
– Engadiner Nusstorte «Elisabeth».
– Caponetti a la pusc'ciavina (Spinat-Gnocchi mit Tomatensauce).
– Rehschnitzel mit Spätzli und den klassischen Wildbeilagen.

Rezepte von **Xavier und Elisabeth Christen** im Anhang.

— **Caponetti a la pusc'ciavina,** S. 417
— **Hexenpolenta (Polenta taragna) mit Weinbeeren,** S. 417
— **Engadiner Nusstorte «Elisabeth»,** S. 427

Die Heusuppe wurde in Zuoz erfunden

Alles begann damit, dass Reto Camichel, Landwirt in Zuoz, Bergheu in die Küche des Restaurants Crusch Alva brachte: «Ich dachte, die spinnen», erinnert sich Camichel: «Man kann doch nicht mit Heu kochen!» Der Mann hat sich gründlich geirrt!

Die Heusuppe ist eine der jüngsten kulinarischen Erfindungen der Schweiz. Entstanden ist sie – typisch für die meisten Innovationen am Herd – aus Zufall. Peter Jörimann, in den 80er-Jahren Küchenchef im Crusch Alva in Zuoz, erinnert sich: «Bergheu hat man in der Küche schon immer verwendet, weil es viele aromatische Kräuter enthält – ein ideales Gewürz für den Sud von Lammgigot oder von Rindfleisch. Kein Mensch dachte je daran, diesen Sud als Suppe zu servieren. Bis mich 1989 zwei Gäste im Crusch Alva baten, den Sud nicht wegzuschmeissen, sondern als Suppe zu servieren. Das Experiment misslang! Die Suppe schmeckte fürchterlich, viel zu streng und zu scharf. Doch von diesem Moment an liess mich die Sache nicht mehr los: Ich habe tagelang getüftelt, bis die Heusuppe endlich geniessbar war.»

Der historische Tathergang ist verbürgt: Publiziert wurde Jörimanns Heusuppe erstmals am 27. Januar 1991 im *Sonntagsblick* – ein Rezept mit Linsenkeimlingen und Lachsroulade (siehe Rezept S. 404). Heute ist die Heusuppe in fast jeder Bergbeiz zu finden – in Hunderten von Variationen. Auch andere Schweizer Spitzenköche haben zum Aufstieg der alpinen Kräutersuppe beigetragen, darunter Stefan Wiesner vom Rössli in Escholzmatt oder Chrüter-Oski von der Moospinte in Münchenbuchsee. Einmal mehr dürften die «morphogenetischen Felder» im Spiel gewesen sein: Es war einfach Zeit für die Heusuppe, also wurde sie fast zeitgleich an verschiedenen Orten erfunden.

KULINARISCHE ARCHÄOLOGIE

Peter Jörimann rekonstruiert für uns den magischen Moment der Erfindung – mit einem Rindsfilet, weil kein geeignetes Lammgigot aufzutreiben war: «Die Heusuppe gelingt am besten mit Bergheu aus hohen Lagen und vom letzten Schnitt, weil dann die Bergkräuter ihre ganze Kraft entfalten.»

Der Heusuppen-Erfinder

Peter Jörimann zählt zu den innovativsten Köchen der Schweiz. Bis vor wenigen Jahren führte er das Refugium in St. Moritz, heute hat er sich vom Herd zurückgezogen und leitet das Hotel-Restaurant Krone in Grüsch (Vorderprättigau). In der Küche des Hauses steht Jutta Ines Stergner, seine Partnerin. Die Heusuppe steht nur noch selten auf der Menükarte, dafür gibt es Fenchelterrine, Kürbis-Gnocchi mit Prättigauer Alpkäse und andere regionale Gaumenfreuden. Auch das Ambiente in der Krone ist ein Genuss: Das sorgfältig renovierte Bündner Patrizierhaus hat Räume mit viel Holz und Charme.

Hotel Krone, Peter Jörimann und Jutta Stergner, 7214 Grüsch, Ruhetage: Mo., Di., Tel. 081 300 11 22, www.krone-gruesch.ch.

Rezept vom **Heusuppen-Erfinder Peter Jörimann** im Anhang.

— **Heusuppe mit Linsenkeimlingen und Rauchlachsrollen,** S. 404

RESTAURANT **11**

Chesa Pool
Fextal

RESTAURANT: **Chesa Pool**

ADRESSE: **Fex Platta, 7514 Sils-Maria**

GASTGEBER: **Rosemarie Vogt, Angela Degiacomi**

TELEFON: **081 838 59 00**

INTERNET: **www.chesapool.ch**

RUHETAGE: **keine**

BETRIEBSFERIEN: **Ende Okt. bis Weihnachten, nach Ostern bis 10. Juni**

WEGBESCHRIEB: **Von Sils-Maria ins Fextal. Autofahrverbot. Regelmässiger Pferdekutschenbetrieb. Zu Fuss 20 Min.**

SPEZIELL: **Sonnenterrassen vor und hinter dem Haus**

Sogar Prinz Charles soll hier gegessen und übernachtet haben, steht im Gästebuch. Ein nicht ganz ernst gemeinter Eintrag eines ungenannten Gastes.

Essen in einer Traumwelt

Wer hier Ferien macht, ist über dem Berg, ist im Internet zu lesen. Tatsächlich liegt die Chesa Pool in einem Naturparadies: Im Fextal auf fast 2000 Meter Höhe kann man glasklare Luft und die Weite eines intakten alpinen Hochtals geniessen. «Wir sind in einer landschaftlichen Traumwelt und verstehen das als Verpflichtung», sagt Rosemarie Vogt, die zusammen mit Angela Degiacomi die Chesa Pool führt. «Die Milch, das Fleisch, das Gemüse, so viel wie möglich kommt aus dem Tal, auch wenn die Produkte hier teurer sind. Wir kochen saisonal und zum Teil biologisch. Es sollen wiedererkennbare, geschmackvolle Gerichte sein.» Die ökologische Denkweise wird in der Küche konsequent umgesetzt: Jede Sauce, jeder Fond ist hausgemacht. Immer wieder gehen die Mitarbeiter auch selber in die Wiesen und Wälder und pflücken, was Mutter Natur bietet. Das war auch bei der Sauerampfersuppe so, die wir als Erstes probierten. Zehn Kilo Sauerampfer haben die Mitarbeiter der Chesa Pool am Morgen in den Wiesen gesammelt. Frisch und nach alten Rezepten wurde die Suppe zubereitet. «Ein typisches Grossmuttergericht», sagt Rosemarie, «an jedem Hochzeitsessen wurde sie früher serviert.» Als Nächstes geniessen wir Linsenmousse, verfeinert mit Zitrone und einem Gurkensalat. Der Hauptgang besteht aus Crêpes mit Gemüsefüllung, und Zitronenmascarpone überbacken. Dazu trinken wir einen Nino Negri Riser-

va, Valtellina Superiore (1997) mit satten 13 Volumenprozenten. Das meiste auf der Karte ist vegetarisch, es gibt aber auch Fleischgerichte (z.B. Kalbsbraten, gefüllt mit Dörraprikosen), Kartoffelgratin und Gemüse oder in Kräuter marinierte Saiblingfilets mit Kartoffeln und Salat. Nach dem Dessert – einer Variation von Erdbeer-Rharbarber-Schokoladen-Mousse mit Ofenküchlein – offeriert uns Rosemarie eine Rarität: Edelkastanienlikör, gebrannt aus Bergeller Castagnas! Nur wenige Flaschen dieses edlen Safts werden von den Produzenten verkauft (siehe S. 83).

Raum und Zeit. Das Fextal ist autofrei. Das ist gut so, denn das romantische Hochtal ist ein ideales Wandergebiet. Bereits der Aufstieg von Sils Maria durch die Föhren- und Lärchenwälder ist ein Erlebnis. Als Alternative bieten sich Pferdekutschen an. Die Chesa Pool ist fast ein halbes Jahrtausend alt: 1585 wurde das Haus in Platta, auf dem Plateau im Fextal, von der Familie von Salis erbaut. 1998 wurde es renoviert. Moderne Gastlichkeit hat sich zu der alten Behaglichkeit gesellt. Immer noch dringt das Rauschen des Fexbaches durch das Fenster, morgens blinzelt man vom Bett aus ins weite Tal. Als Kleinod gilt die 400-jährige Arvenstube, die heute als Aufenthaltsraum dient. Von der Sonnenterrasse ist die Sicht frei bis hin zum ewigen Schnee des Tremoggia.

– Das Fextal gehört zu den höchstgelegenen bewohnten Tälern der Schweiz. Der Name leitet sich von «feda» (Schaf) ab. In früheren Zeiten weideten hier grosse Schafherden.
– Pferdekutschen und Schlitten sind im autofreien Hochtal häufig anzutreffen.
– Im Keller der Chesa Pool lagern edle Tropfen, darunter auch einige aus dem Veltlin wie der Nino Negri Riserva, Jahrgang 1997.

– Überbackene Crêpes mit Gemüsefüllung und Zitronenmascarpone.
– Linsenmousse mit Blattsalat.
– Erdbeer-Rhabarber-Schokoladen-Mousse mit Ofenküchlein.

Rezepte von **Chesa Pool** im Anhang.

— **Sauerampfersuppe,** S. 404
— **Brotpudding mit Apfelkompott,** S. 421

RESTAURANT **12**

Piz Cam
Vicosoprano

RESTAURANT: **Piz Cam**

ADRESSE: **7603 Vicosoprano, in der Dorfmitte**

GASTGEBER: **Valeria und Emanuele Tognetti**

TELEFON: **081 822 12 80**

INTERNET: **–**

RUHETAGE: **Mo.**

BETRIEBSFERIEN: **keine**

WEGBESCHRIEB: **St. Moritz via Maloja Richtung Chiavenna. Busverbindung.**

SPEZIELL: **Nichtraucherhotel, Gartenrestaurant**

Im Piz Cam in Vicosoprano stehen Bergeller und Veltiner Traditionsgerichte im Mittelpunkt. Das Hotel und Restaurant am Dorfplatz gehört Valeria und Emanuele Tognetti. Sie stammt aus dem Veltlin, er aus dem nahe gelegenen Chiavenna. Mit grossem Aufwand und Engagement haben die beiden das Haus renoviert und zu einer der besten Adressen im Tal gemacht. Das gesamte Haus ist rauchfrei.

Bergeller Küche mit Italianità

Der kulinarische Schatz des Val Bregaglia (Bergell) prägt die Landschaft bis auf 900 Meter Höhe: Bis nach Soglio dehnen sich die Selven mit den mächtigen Kastanienbäumen aus – lichte Wälder, in denen das glänzende «braune Gold» des Grenzlandes reift. An allen Ecken kann man braune Nudeln kaufen. Kaum ein Restaurant, das nicht Kastaniengerichte auf der Karte hätte. Ein sinnvoller Trend: Kastanien sind fettarm, haben einen hohen Nährwert und sind reich an Eiweiss und Vitaminen.

Gekochte Dörrkastanien und Taroz. Lac milach e panzéta (Kastanien mit Rauchspeck und Schlagrahm): Das ist eines der Gerichte, die für mich die «Sensation des Authentischen» verkörpern; ehrliche, in Jahrhunderten gewachsene «Cucina povera», die den Geschmack der Landschaft auf den Gaumen trägt. Im Restaurant Piz Cam in Vicosoprano steht das Kastaniengericht prominent auf der Menükarte. «Es ist ein altes Bergeller Rezept», sagt Valeria, die im kleinen Restaurant in der Dorfmitte kocht: «Viele Bergeller sind damit aufgewachsen.» Doch wer jetzt an Marroni denkt, hat noch nie Valerias «Castégnas» probiert! Gekocht mit einem Schuss Rotwein und einem saftigen Stück Rauchspeck, entfalten die gerösteten Edelkastanien ihren würzigen, moschusartigen Geschmack.

Doch bei Valeria gibt es kulinarisch noch weit mehr zu entdecken. Etwa den «Bresaola con caprino», Ziegen-

käse aus dem Bergell mit Rucola, Baumnüssen und Fleisch, genannt «Rose di Valtellina». Oder ein Pizokel-Rezept, das sie aus ihrer Heimat, dem Veltlin, mitgebracht hat: Anders als im Puschlav, werden die Pizzoccheri ohne Rüebli gemacht und sind deshalb weniger süsslich. Doch auch bei der Veltliner Variante gehören Kartoffeln, grüne Bohnen, Wirz und drei verschiedene Käsesorten dazu. Das Essen «ennet dem Hag» schmeckt vorzüglich, die Portionen sind reichlich. Trotzdem lassen wir uns eine weitere Valeria-Spezialität nicht entgehen: Taroz a la Malenca (grüne Bohnen, Kartoffelstock und Käse). «Der Taroz braucht frische Bohnen, damit er wirklich schmeckt», erklärt Valeria, «im Sommer gab es früher in den Tälern so viele Bohnen und Kartoffeln, dass die Bauern daraus einen Eintopf machten und ihn mit Käse, Zwiebeln und Butter verfeinerten.» Ein Leckerbissen! Zum Schluss grüsst nochmals das Bergell: Ich geniesse einen wunderbar leichten Kastanien-Pudding mit Schokolade-Creme. Die Edelkastanien, das zeigt sich hier noch einmal deutlich, sind ein ausgesprochen variationsreiches Produkt.

Valeria stammt aus Torre di Santa Maria im Veltlin, ihr Mann Emanuele kommt aus dem Grenzstädtchen Chiavenna. 1994 haben die beiden die einstige Dorfbeiz gekauft und viel in den Umbau investiert. Es hat sich gelohnt: Das Piz Cam ist ein gemütliches Restaurant, und wer im Hotel übernachten will, schläft in Betten mit dicken Duvets und in heimeligen Arvenzimmern. Das Haus hat seinen Namen vom Hausberg auf der Nordseite des Dorfs, der – wie zahlreiche andere in der Region – Wanderer und Bergsteiger magisch anzieht: Ein Netz von alten Saumpfaden und Plattenwegen verbindet Monti (Maiensässe) und Alpen. Wer urwüchsige Natur geniessen will, kommt im Bergell auf seine Rechnung.

HOMMAGE AN ZWEI JUNGE ENTHUSIASTEN

Sie habens versucht – mit Enthusiasmus, mit Charme und einer fantastischen Küche: Giulia Maurizio und ihr Partner Thomas, das junge Wirtepaar im Stampa in Casaccia, ganz oben im Bergell. Doch jetzt hängt das Schild «Geschlossen» an der Tür. Das Grenzland ist um ein Restaurant ärmer, das ein Leitbild für unsere *Urchuchi* war: So frisch und innovativ muss man sich regionale Spezialitätenküche vorstellen. «Doch von zwei verkauften Menüs im Tag kannst du nicht leben», sagt Thomas, und Giulia meint: «Ich liebe das Kochen, irgendwann werde ich sicher wieder ein eigenes Restaurant führen.» Das Talent hat sie, die junge Malojerin. Das hat sie mit ihren «Bergampferchnuschperli» bewiesen: frischem Kräuterkäse, umwickelt mit Bergampfer. Oder mit ihrem Semifreddo dente di leone (Löwenzahn-Parfait). Bleibt zu hoffen, dass das Stampa im Bergell bald neue, ebenso innovative Wirte findet. Denn mit Giulia und Thomas war dieses gemütliche Restaurant – man erlaube mir den Superlativ – eine kleine Sensation.

Rezepte von **Giulia Maurizio** im Anhang.

— **Löwenzahnhonig,** S. 421
— **Löwenzahn-Parfait,** S. 421

– Kastanien nach Bergeller Art mit Rauchspeck und Schlagrahm.
– Rose di Valtellina mit Bindenfleisch, Ziegenfrischkäse, Baumnüssen und Rucola.
– Bergeller Kastaniennudeln mit gerösteten Kastanien.
– Taroz a la malenca (Kartoffelstock mit Käse und grünen Bohnen).
– Pizzoccheri Valtellina (Pizokel mit Nudeln, Kartoffeln, Bohnen, Wirz und drei Käsesorten).
– Kastanien-Pudding mit Schokolade-Crème.

Rezepte von **Valeria Tognetti** im Anhang.

— **Taroz a la malenca,** S. 416
— **Kastanien nach Bergeller Art,** S. 409

Die Renaissance der Edelkastanie

Rauch kommt aus den «cascine», den alten Holzhütten in den Bergeller Wäldern. Auf grossen Rosten schmoren die Edelkastanien über dem mottenden Feuer. Fünf Wochen lang dauert der Dörrprozess, bis die Früchte der Selven den rauchigen Geschmack angenommen haben. Im Spätherbst, am Tag der Pastä lan castégna, werden sie in Castasegna von den Schalen getrennt und gelangen in die Mühlen von Promontogno.

Kastanien sind raue Lebensbedingungen gewohnt: Sie stammen ursprünglich aus dem Kaukasus, dem gebirgigen Gebiet zwischen dem Kaspischen und dem Schwarzen Meer. Die alten Armenier haben die Früche mit «kasutah» bezeichnet, dem persischen Wort für trockene Frucht. Homer bezeichnete sie als «maraon», die Römer als «castanea». Erst der englische Botaniker Miller gab ihr 1759 den wissenschaftlichen Namen: Castanea sattiva, «die Sättigende». Tatsächlich sind Edelkastanien wahre Nährwertwunder: Sie enthalten doppelt so viele Kalorien wie Getreide, sind jedoch ausgesprochen fettarm (2 Prozent) und gleichzeitig basisch (gut gegen Übersäuerung). Ein Mensch, so lautet die alte Bauernregel im Tal, kann sich ein Jahr lang von einem Kastanienbaum ernähren.

Vom Kastanienmehl bis zum Badezusatz. Teigwaren, Brot, Puddings: Auf Schritt und Tritt begegnen wir im Bergell Kastanienprodukten. Ähnlich wie beim Hanf sind dem Erfindungsreichtum kaum Grenzen gesetzt. Selbst Badezusatz und Hautcrème sind mit Castégna-Duftnote zu haben. Jüngste Innovation ist ein Kastanienbrand, dessen Herstellung so aufwendig ist, dass eine 3,5-dl-Flasche 85 Franken kostet. Dafür ist jede Flasche ein Unikat und der Inhalt hochprozentig (45 Prozent). Der fassgereifte Brand ist das einzige Produkt der Schnaps.ch von René Zimmermann und Stefan Keller. Ende der 90er-Jahre haben die beiden mit der Forschungsanstalt Wädenswil die ersten Versuche gestartet. Erst rauchgedörrte Kastanien und ein Ausbau in Holzfässern brachten nach jahrelangem Tüfteln das gewünschte Resultat. Im aargauischen Stetten wird der «baumstarke Brand» von Lorenz Humbel destilliert. Wer am Glas riecht, fühlt sich in ein Dörrhäuschen versetzt: Würzig, nussig und hocharomatisch mundet das Destillat, das in einer nummerierten Auflage von 185 Flaschen erhältlich ist (siehe S. 83).

LEHRPFAD IN CASTASEGNA

In Castasegna führt ein Kastanien-Lehrpfad mitten duch die Selven. Die Gemeinde, die eine Kastanie im Wappen trägt, gehört zu den Vorreitern der wiederentdeckten Kastanienkultur. Führungen: info@castagneto.ch.

BUCHTIPP

Ursula Bauer/Jürg Frischknecht: *Grenzland Bergell. Wege und Geschichten zwischen Maloja und Chiavenna,* Rotpunktverlag, Zürich, 2. Aufl. 2004.

– Romeo Gianotti, einer der Initianten des Kastanien-Lehrpfads, führt uns durch die Selven. Er hat sich intensiv mit den Edelkastanien befasst und fördert die «Marroni»-Tradition im Bergell.

Multikulti am Alpenriegel

Kaum jemand hat sich so intensiv mit den Wurzeln der Kochkunst Graubündens befasst wie Roland Jöhri, der heutige Gourmetkoch im Talvo in Champfèr: In den 1960er-Jahren zog er durch die Täler, stöberte in Archiven, befragte Gross- und Urgrossmütter und entdeckte ein reiches, fast vergessenes Kulturgut. «Das war, wie wenn Archäologen bei den Pyramiden nach vergessenen Schätzen graben», erinnert sich Jöhri. «Plötzlich lagen uralte Rezepte vor mir, die waren so perfekt, dass ich beschloss, die traditionelle Bündner Küche neu zu beleben.» Jöhri, der in den 80er-Jahren das Restaurant Paradies in Ftan berühmt machte, war nicht der Einzige, der genug hatte von der Stroganoff- und Rahmschnitzel-Zeit. Auch andere setzten Bündner Gerichte wie Gerstensuppe, Pizokels und Tatsch auf die Gourmetkarten: Wie der Phönix aus der Asche tauchte die Bündner Kochkunst – verfeinert und modernisiert – aus der Versenkung auf. Eine Renaissance, die weitergeht: Was heute in den Bündner Küchen brutzelt, schmort und gart, ist ein Kulturgut, das von innovativen Köchen immer wieder neu herausgeputzt wird – wie ein wertvolles, historisches Bauwerk.

Schürft man noch tiefer in der kulinarischen Geschichte Graubündens landet man in einem Biotop: Aus allen Himmelsrichtungen strömten die kulinarischen Einflüsse über die Säumerpfade in die Täler. Vor allem aus dem angrenzenden Süden und Osten kam die Inspiration: der Maisgriess zum Beispiel. Oder Wein und Zucker. Schon früh gingen die Bündner auch selber auf Wanderschaft. In Venedig, so will es die Legende, haben Engadiner Zuckerbäcker die Idee für die Nusstorte entwickelt. Die Bündner Dessert-Profis waren bereits 1493 so erfolgreich, dass die Venezianer von einer «ruinösen Invasion» sprachen. Die Serenissima wehrte sich schliesslich und untersagte den Bündnern 1766 das Betreiben jeglichen Gewerbes in ihrem Hoheitsgebiet. Auch andere Bündner Gerichte entstanden durch «Sampling» und Kulturaustausch. Suworows Truppen sollen es gewesen sein, die den Bündnern die Krautwickeltechnik beibrachten und nebenei noch die «Russers» erfanden – ein deftiges Gericht aus Kartoffeln, Ziger und Butter. Richtig erforscht sind diese Legenden nicht und werden es wahrscheinlich auch nie sein. Gesichert ist nur, dass der multikulturelle Fusionsprozess am Alpenriegel die einzigartige Vielfalt der Bündner Küche ermöglichte. Ein Prozess, der multikulturell weitergeht: Auf dem Risotto von Rudolf Wanninger sitzt ein Stück Hummer aus der Bretagne, in mancher Gerstensuppe schwimmt thailändisches Zitronengras, und selbst der kulinarische Archäologe Roland Jöhri arbeitet grenzüberschreitend. Jeden Morgen um 4 Uhr fährt ein Mitarbeiter des Tavlo nach Mailand, um fangfrischen Meerfisch nach Champfèr zu holen.

– Ein Urbündner Klassiker: die Gerstensuppe (Rezept von Anna Simmen-Luzi, Jenaz, im Anhang S. 406).

– Renato Giovanoli in seiner Räucherkammer.

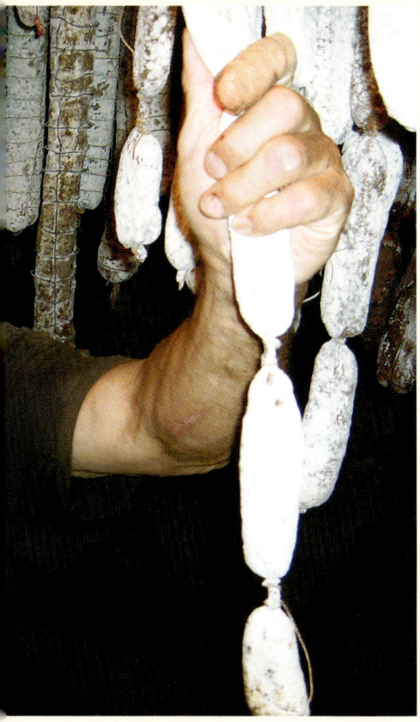

Wenn am 9. September die Jagd beginnt, herrscht in den Metzgereien und «Sechentarias» Hochbetrieb. Wer dann durch die Täler streift, entdeckt Raritäten wie Stotzen vom Steinbock, Lebersalsiz oder die rauchigen Trockenwürste von Trun. Die Bündner Fleischspezialitäten mit Kunstwerken zu vergleichen, scheint wenig opportun. Und doch gibt es einige Produzenten, die Meisterwerke schaffen: Roman Brenn in Stierva bei Tiefencastel gehört dazu, Riccardo Laudenbacher in La Punt oder Ludwig Hatecke in Scuol, von dem man sagt, er sei der «Designer» unter den Fleischproduzenten. Wenn sie die Botticelli sind, ist Renato Giovanoli in Maloja der da Vinci. Auf der Alp Pila hat er seine Räucherkammer. Hier produziert er Salami, Speck, Rauchschinken, alles nach alten Rezepten, satt gewürzt und gut gelagert. Variationsreiches Kunsthandwerk, zu dem auch die legendäre Giovanoli-Trockenwurst gehört. Knoblauch ist da drin, Merlot und Renatos geheime Gewürzmischung: «Das Gewürz und das Trocknen geben den Würsten ihre Haltbarkeit – mehr braucht es nicht», sagt der Bergeller, der auch sein Ausgangsprodukt liebevoll hegt und pflegt: Auf der Alp Pila weiden 40 bis 50 Schweine und die dürfen sich Zeit lassen, um gesundes Fleisch anzusetzen.

Renato Giovanoli, 7516 Pila-Maloja, Tel. 081 824 31 13. Eingangs Maloja rechts hinauf nach Pila (ca. 5 Minuten zu Fuss). Es empfiehlt sich, vorher anzurufen.

Die schwarze Truner Trockenwurst

Die Sechentaria Punteglias im Dorfzentrum von Trun ist ein Geheimtipp. Denn nebst den gängigen Bündner Fleischspezialitäten stellen Mario Rothmund und Jürg Guldimann auch eine Rarität her: die schwarze Truner Trockenwurst. «Zwei Sorten Fleisch, Schwein und Rind, Kartoffeln und etwas flüssiges Blut», so erklärt Mario die Basisrezeptur der Wurst, die nur von Oktober bis Ende Mai produziert wird: «Das Blut gibt den guten Geschmack und die Farbe – der Rest ist Salz, Pfeffer und viel Zeit.» Tatsächlich haben die Truner Trockenwürste in der Sechenteria Punteglias mehr Zeit, um zu reifen, als in jeder anderen Metzgerei der Region. «Nur so entwickeln sie den vollen, würzigen Geschmack», erklärt Mario. Schon sein Vater hat «die Schwarze» hergestellt, die als Kandidat für die Slow-Food-«Arche des Geschmacks» vorgemerkt ist. In diesem Inventar, das die Tessinerin Meret Bissegger koordiniert, werden aussergewöhnliche Produkte erfasst und gezielt gefördert (siehe «Slow Food», S. 335).

Adresse: Sechentaria Punteglias, 7166 Trun, Mario Rothmund und Jürg Guldimann, Tel. 081 943 19 03 (49) und 079 363 51 59 und (Guldimann): 076 459 83 58.

Churer Beinwurst

Ab Mitte Oktober rauchts aus dem Kamin der Schiesser-Metzgerei in der Churer Altstadt. Ein untrügliches Zeichen: Es ist Beinwurst-Zeit. «Rund zwei Tonnen verlassen bis im Februar unsere Metzgerei», erklärt Fabia Schiesser und lädt mich ein, die mit Sägemehl geräuchte «Wurst aller Würste» zu probieren. «Die ist mit nichts zu vergleichen!», schwärmt sie. Was ich bestätigen kann: Das pralle Ding, gefüllt mit magerem Fleisch, Schwarten und Schweineschwänzchen und ist nicht irgendeine Wurst! Bereits 1879 wurde sie vom Churer Männerchor an einem «Beinwurstabend» aktenkundig gefeiert und gehört seither zum kulinarischen Stolz der Bischofsstadt. Auch die Churer Beinwurst ist für die Slow-Food-Arche vorgemerkt.

Beinwurst-Adresse: Metzgerei Schiesser, Obere Gasse 22, 7000 Chur, Tel. 081 252 35 43, schiessermetzg@bluewin.ch.

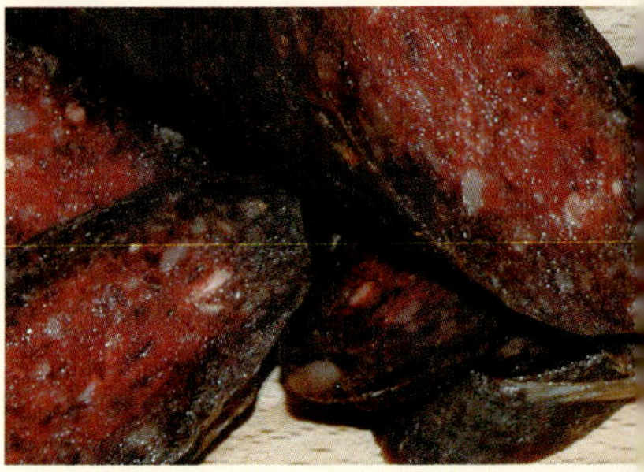

– Diverse Bündner Fleischspezialitäten der Sechentaria Punteglias.
– Truner Trockenwurst.
– Mario Rothmund von der Sechentaria Punteglias.

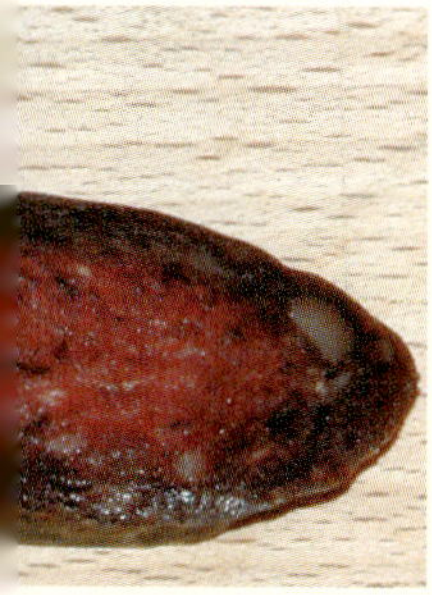

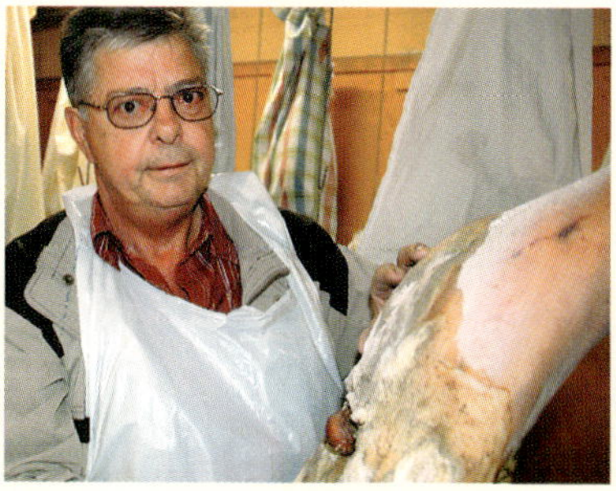

Einkaufstipps Graubünden

Wer weiss besser, wo im Land der 150 Täler die besten Produkte zu finden sind, als die Bündner Spitzenköche? Ich habe mich bei den Kochprofis umgehört. Hier einige Geheimtipps.

Bündner Schaf-Camembert

Weiss-Schimmel-Weichkäse aus Schafmilch vom Mai bis im Oktober. *Daniela und Guido Stirnimann, Hof «Untere Cavadura» in 7213 Valzeina, Tel. 081 325 23 19.*

Alpkäse, direkt vom Produzenten

Am Julierpass auf der Alp d'Err (oberhalb von Tinizong) und der Alp Flix (oberhalb von Sur). Hervorragender Schafkäse. *Claudia Cotti, Funtanga Nova, 7456 Sur, Tel. 081 684 53 04, www.flixer.ch.*

Käsespezialitäten

Sennerei Pontresina, Familie Wüthrich, gute Fonduemischungen, im Sommer Schaukäserei unterhalb der Morteratsch-Bahnstation, *www.alp-schaukäserei.ch.*

Ziegenkäse

Romana Gini, 7610 Soglio, Tel. 081 822 18 02.

Käse von «Mister Schweiz»

Der Geschäftsführer der Talina AG ist der Biobauer Renzo Blumenthal aus Vella, der verschiedene Käsespezialitäten produziert. *La Talina Lumnezia, 7144 Vella, Tel. 081 931 18 44, www.lumnezia.ch.*

Bündner Gitzi und Jungrindfleisch

Bündner Gitzi und Jungrindfleisch. Die Gitzi werden auf dem Biohof mit Heu und Milch gefüttert, das Fleisch ist rosa. Da die Tiere lange draussen sind, ist «mehr Fleisch am Knochen», sagt Frau Tanner: «Das Fleisch ist würziger und saftiger.» *Familie Tanner, Hof Gü in 7213 Valzeina, Tel. 081 325 13 52, gion-tumasch@bluewin.ch.*

Bioprodukte

Verschiedene Spezialitäten wie Natura-Beef, Bienenhonig, Eier, Salsiz, Bauernwürste und Bündnerfleisch. Verkauf am Samstagsmarkt in Chur von Mai bis Oktober, auf Voranmeldung auf dem Biohof in Donat oder im Online-Shop. *Romana und Paul Nicca, 7433 Donat, Tel. 081 661 22 68, www.biowurst.ch.*

Alpschwein und frische Beeren

Im Herbst Himbeeren, fast immer Alpkäse, Alpschwein und Rindfleisch ab Hof. Die Alpschweine sind auf der Alp bis im September, dann ist Metzgete. Beste Einkaufszeit ist im Oktober. *Hanspeter Beck-Egli, Sanangga-Hof 7214 Grüsch, Tel. 081 325 34 10, elisaegli@bluewin.ch.*

Wild

Metzgerei Venanzi Schmed, Breil/Brigels (Wild aus eigener Jagd im Herbst). *Metzgerei Venanzi Schmed, 7165 Breil/Brigels Tel. 081 941 15 77.*

Wachteleier und Wachteln

Die Produktion der gelernten Biologin gilt als die höchste Wachtelzucht in Europa und als besonders tiergerecht. *Imelda Schmid, Islas, 7525 S-chanf, Bestellformular auf: www.wachtelei.ch.*

Churer Röteli

Der Röteli bringt Glück – glauben die Bündner. In vielen Familien stösst man mit einem Glas Röteli zum Jahreswechsel an. In manchen Dörfern ziehen die Bewohner mit dem Röteli sogar von Haus zu Haus. Hergestellt wird der glücksbringende Saft von einigen wenigen Produzenten, darunter Hans Ullius in Chur. Obstbranntwein und Saft von schwarzen Bergkirschen sind Bestandteil seines Rezepts, dazu kommen Gewürze wie Zimt, Zimtblüten, Nelken und Vanilleschoten. Da der Likör ordentlich hochprozentig ist (28 Prozent), empfiehlt Hans Ullius, ihn «gläschenweise» zu geniessen. *Drogerie Ullius, Obere Gasse 53, 7000 Chur, Tel. 081 252 87 17, www.roeteli.ch.*

Gran-Alpin-Mehl und Nudeln

Gran Alpin ist eine auf biologischen Getreideanbau ausgerichtete Genossenschaft. Das Gran-Alpin-Berggetreide reift später ab als im Flachland und speichert damit mehr Sonnenenergie. Gleichzeitig werden die lokalen Bergbauern unterstützt, die auch alte Sorten wie Dinkel und Braugerste anpflanzen. Die Produkte sind bei Globus, bei Coop und Migros, in zahlreichen Läden sowie direkt bei der Berggetreideorganisation Gran Alpin erhältlich. *Gran Alpin, 7450 Tiefencastel, Tel. 081 637 03 07, www.granalpin.ch.*

Anbieter von Edelkastanienprodukten

Castasegna: Pasticceria Salis, Tel. 081 822 18 86 und Negozio Da Rosanna, Tel. 081 822 16 48.
Promontogno: Negozio Scartazzini, Tel. 081 822 11 16.
Soglio: Negozio Scartazzini, Tel. 081 822 12 02.
Vicosoprano: Negozio Gonzalez Jorge, Tel. 081 822 11 85.

Kastanienbrand «Val Bregaglia»

Edelkastanienbrand aus Bergeller Kastanien. *Stefan Keller: info@stefan.keller.ch.*

Blaue Kartoffeln

Familie Giger, Bauernhof Staziun, 7158 Waltensburg/Vuorz, Tel. 081 941 33 12.

BUCHTIPPS

Amaranth, Kerbelrüben, Knollenziest, Topinambur, Kardonen, Rauke, Portulak: Diese uralten Getreide- und Gemüsesorten erleben eine Renaissance, nicht zuletzt dank Bündner Spitzenköchen. In ihrem Buch *Amaranth, Dinkel & Co.* stellen Peter Jörimann und Werner Scheidegger überraschende Kochideen für die «Oldies» vor (Midena Verlag, München 1993).

Weitere spannende Rezepte finden sich in: *Wiederentdeckte Gemüsesorten. 95 Rezepte für Geniesser,* von Elisabeth Scotto/Christine Fleurent, Christian Verlag, München 2002.

Weitere Restaurants in Graubünden

INNOVATIV

Sommerfeld, Pragg-Jenaz

Die Bertolis sind Ausnahmetalente: Mit Freude und einem ausgeprägten Tüftler-Gen kreieren Bruno und Anita Tomatenterrine im Zucchettimantel, Schweinsröllchen mit blauen Kartoffeln oder Beerenmillefeuille mit Aprikosenmousse. «Die Kochkunst beginnt in der Natur», ist der Leitspruch des Hauses. 14 GM-Punkte 2005. *Hotel-Restaurant Sommerfeld, Bruno und Anita Bertoli, 7231 Pragg-Jenaz, Ruhetage Restaurant: Di., Mi., Tel. 081 332 13 12, www.sommerfeld.ch.*

Hotel-Restaurant Ucliva, Vuorz/Waltensburg

Gourmet-Restaurant in urchigem Bauerndorf. Das erste Ökohotel der Schweiz. Pionier für regionale Saisonküche mit biologischen Produkten, ausgezeichnet mit dem Label «Gout Mieux». *Hotel Ucliva, 7158 Waltensburg, ganzjährig, täglich geöffnet, Tel. 081 941 22 42, www.ucliva.ch.*

SCHÖNE AUSSICHT

Crusch Alba, S-charl

Atemberaubende Landschaft am Rand des Nationalparks, Sonnenterrasse, urchige Bündner Küche, am Mittwochabend gibt es jeweils ausschliesslich Engadiner Spezialitäten. *Jon Duri Sutter, S-charl, 7550 Scuol, Ruhetage: Mo. und Di., Tel. 081 864 14 05, www.cruschalba.ch.*

Alp Nuova, Schaukäserei Morteratsch

Urchige Käserei bei der Bahnstation Morteratsch (Pontresina). Legendär sind der Alpbrunch und das Gletscherfondue. Offen von Juli bis Sept., täglich 9–17 Uhr, *Alpkäserei Morteratsch, Tel. 081 842 62 73, www.alp-schaukaeserei.ch.*

Restaurant Campell, Sils im Domleschg

Das Hotel-Restaurant Campell liegt ganz hinten im Tal der Burgen und Schlösser. Capuns, Maluns, Pizokel, Churer Beinwurst, Nusstorte, Röteli, im Herbst Wildspezialitäten und im November Metzgete mit Würsten nach alter Domleschger Art. *Restaurant Campell, Daniela Walliser, 7411 Sils im Domleschg, ganzjährig, täglich geöffnet, Tel. 081 651 30 20, www.hotel-campell.ch.*

Hotel-Restaurant Roseg Gletscher, Rosegtal

Von Pontresina aus zu Fuss (ca. 2 Std.) oder mit Pferdekutsche (1 Std.). Bündner Spezialitäten, schöne Terrasse mit Aussicht ins Bernina-Massiv, guter Service und legendäres Dessertbuffet. *Restaurant Roseg Gletscher, Patrick und Tiziana Schraemli, Val Roseg, 7504 Pontresina, keine Ruhetage, Betriebsferien im Nov., Tel. 081 842 64 45, www.roseggletscher.ch.*

Stüa Granda, Soglio

Zuvorkommende Gastgeberinnen, schönes Ambiente und gute Küche: Der Profikoch hat zuvor in Chiavenna gekocht, bietet aber vieles mit Bergeller Note. *Stüa Granda, Franca Iseppi-Pool und Regula Pool, 7610 Soglio, ganzjährig, täglich geöffnet, Tel. 081 822 19 88, www.stua-granda.ch.*

Walserhuus, Davos-Sertig

Schönes Berggasthaus im Sertigtal, geführt von der Familie J. Biäsch-Conrad. Capuns, Pizokel und weitere Bündner Spezialitäten, zubereitet auf dem Niveau von 12 GM-Punkten. *Walserhuus, 7272 Davos-Sertig, ganzjährig, täglich geöffnet, Tel. 081 410 60 30, www.walserhuus.ch.*

ÜBERRASCHEND

Hansi's Städtli-Beiz, Ilanz

In der «kleinsten Küche Europas» kocht Hansi Derungs Bündner Spezialitäten auf 16-GM-Niveau. Sporadisch lässt er in seiner «Katakombe» auch Prominenz an den Herd. Das Mini-Restaurant in der Ilanzer Altstadt ist offen ab 13 Uhr. *Hansi's Städtli-Beiz, Hansjörg und Marlis Derungs, Rosmaringässli 1, 7130 Ilanz, Ruhetage: So. und Mo., Tel. 081 921 64 64, www.hansis-staedtlibeiz.ch.*

Bellavista, Maloja

Aussen unscheinbar, innen winzig, dafür kulinarisch gross: Je nach Saison gibt es zum Beispiel Bergeller Lamm, Wild, Pilzgerichte. *Bellavista, Rudolf und Franca-Frei, 7516 Maloja, Tel. 081 824 31 95.*

SPITZE

In keinem Schweizer Kanton ist die Spitzengastronomie so dicht vertreten wie im Bündnerland. Die meisten Gourmetrestaurants pflegen allerdings eine internationale Küche mit wenig *Urchuchi*-Touch. Stellvertretend einige Adressen, in denen ausgesuchte Bündner Spezialitäten anzutreffen sind.

Hotel Engiadina in Scuol

Haus mit Charme und Tradition im alten Dorfkern von Scuol, gemäss «Kassensturz» von SF DRS «das klassenbeste Drei-Stern-Hotel». Chefkoch Heribert Dietrich verwöhnt mit kreativer Kochkunst und Produkten aus der Bergwelt. *Hotel Engiadina, Silvia und Heribert Dietrich, 7550 Scuol, Ruhetage: So, Mo., Betriebsferien von Ende April bis Mitte Juni und 24. Okt. bis Mitte Dez., Tel. 081 864 14 21, www.engiadina-scuol.ch.*

Jöhri's Talvo, Champfèr

Alpine Spitzengastronomie. Der Mann, der zwei Kochbücher herausgegeben hat, darunter *Die Kochkunst Graubündens. Traditionelle Rezepte – neu kreiert* (AT-Verlag, Baden 2001), ist einer der Besten seines Fachs. *Jöhri's Talvo, Roland und Brigitte Jöhri, Via Gunels 15, 7512 St. Moritz-Champfèr, Ruhetage: Hochsaison Mo., Di., sonst Mo., Tel. 081 833 44 55, www.talvo.ch.*

Ristorante Palazzo Salis, Soglio

Der Palazzo wird seinem Namen gerecht: In der stilvoll eleganten Sala und im Ristorante werden Köstlichkeiten aus Küche und Keller mit Bergeller Note aufgetragen. In der Cucina Vecchia erfreuen Spezialitäten vom offenen Feuer und von der Plotta die Gäste. Kastaniensuppe und Gitzi sind die Hausspezialitäten. Im Herbst gibts Wild, zum Beispiel Hirsch-Saltimbocca mit Risotto. *Ristorante Palazzo Salis, Monica und Philippe Cicognani, 7610 Soglio, ganzjährig, täglich geöffnet, Tel. 081 822 12 08, www.palazzosalis.ch.*

ÜBER DIE GRENZE

Lanterna Verde, Villa di Chiavenna (Italien)

Direkt jenseits der Landesgrenze bei Castasegna (Bergell) liegt das einzige Restaurant der Region mit Michelin-Stern. Hervorragend, charmant, gemütlich. Aber aufgepasst, die «grüne Laterne» steht bisweilen auf Rot: vorher anrufen. *Lanterna Verde, Antonio und Andrea Tonola, I-23029 Villa di Chiavenna, Ruhetage: Mi., Do.-Mittag (Juli/Aug. nur Mi.), Betriebsferien: Ende Juni und Nov., Tel. 0039 0343 28588.*

Regional schmeckts besser!

In der Ostschweiz sind regionale Spezialitäten stark im Aufwind. Interessengemeinschaften wie das Culinarium fördern einheimische Produkte wie den Ribelmais, die Toggenburger Sennenwurst oder den Werdenberger Sauerkäse.

RESTAURANT **13**

Thuri's Blumenau Lömmenschwil

RESTAURANT: **Thuri's Blumenau**

ADRESSE: **9308 Lömmenschwil, Romanshornerstrasse 2**

GASTGEBER: **Thuri Maag**

TELEFON: **071 298 35 70**

INTERNET: **www.thurisblumenau.ch**

RUHETAGE: **So., Mo.**

BETRIEBSFERIEN: **keine**

WEGBESCHRIEB: **Region Romanshorn, Bus ab Wittenbach Bahnhof**

SPEZIELL: **17 GM + 1 M**

In Thuri's Blumenau wartet kulinarische Spitzenkunst zu vergleichsweise moderaten Preisen auf den Gast. Die Weinkarte ist betont schweizerisch: Die besten Winzer unseres Landes sind mit ihren Spitzenprodukten vertreten.

Gänseblümchen, die wie Kapern schmecken

Auch Thuri Maag kocht nur mit Wasser. Doch bereits das Grundelement aller Kochkunst scheint in Lömmenschwil besondere Ingredienzen zu besitzen. Karotten, nur kurz und mit wenig Salz gekocht, kommen bei Thuri knackig und mit vollem Aroma auf den Tisch. Pilze verströmen Duftnoten, die man längst vergessen glaubte. Wer in der Blumenau am Tisch sitzt – nach Wahl in der eleganten Gaststube oder auf der Sonnenterrasse – erlebt die Werke eines Ausnahmetalents.

Waldmeister-Champagner. Als Auftakt serviert Thuri ein prickelndes Apérogetränk, das er am Vortag aus Maiblumen angesetzt hat. Dazu gibt es Kartoffel-Schaum mit Sommertrüffeln. Dann folgt ein kurz gebratenes Tartar vom fangfrischen Zander aus dem Bodensee mit Tomaten-Thymianblüten-Gelee. Und schliesslich ein saftiges Thurgauer Milchkalbsteak mit Pilzen – die grosse Spezialität des Hauses. Mehrmals pro Woche geht Thuri in den Wald, holt Spitzmorcheln, Pfifferlinge, Steinpilze, aber auch Exoten wie violette Rötelritterlinge, flockenstielige Hexenröhrlinge oder kaffeebraune Gabeltrichterlinge. Auch Totentrompeten sind dabei, die er – schwarz wie die Nacht – zu kunstvollen Beilagen oder Füllungen verarbeitet: «Ich habe mich schon als Kind für Pilze interessiert», sagt Thuri, der als einer der grossen Pilz-Gurus der Schweiz gilt. «Pilze, die biologisch gesehen näher bei den Tieren als bei den Pflanzen sind, verfügen über eine unglaublichen Varietät an Geschmacksnuancen.» Diese legen auch seine Dessert-Kreationen an den Tag: Da werden Kostbarkeiten aufgetragen wie Millefeuille aus Toggenburger Rohmilchvacherin oder eine Beerentrilogie mit Vanilleschaum, die man nicht löffelt, sondern schlürft. Serviert wird das Trio nämlich in Reagenzgläsern – eine Erfindung Thuris.

Alchemistenküche. Köche wie Thuri kombinieren Aromen und Gerüche, experimentieren mit Farben und Formen, mischen, amalgamieren und erforschen das Universum der Genüsse immer wieder neu. Dabei hat Thuri eine zweite Leidenschaft: Blumen. Die hegt und pflegt er im eigenen Garten und setzt sie gezielt in der Küche ein. Die Blüten der Nachtkerze zum Beispiel kombiniert er mit Frischkäse. Gänseblümchen legt er in Essig ein, danach schmecken sie wie Kapern. Rosmarin- und Lavendelblüten löscht Thuri mit Weisswein ab und fügt sie zu Bratensaucen. Auch ungekocht wecken Blumen die Geschmacksknospen aus dem Dornröschenschlaf: Sonnenblumen schmecken bitter-süss. Dahlien leicht säuerlich. Löwenzahn hat eine feine Honignote. «Blumen ermöglichen ein ganz neues Geschmackserlebnis», sagt Thuri, der sich damit in bester Gesellschaft befindet: Vom Franzosen Michel Bras über den spanischen Spitzenkoch Ferran Adrià bis zum Berner Oskar Marti in Münchenbuchsee haben Kochkünstler die Blumenküche neu entdeckt.

Die Blumenküche gehört zu den Urküchen. Bereits Marcus Gavius Apicus führt im 1. Jahrhundert v. Chr. in seinem Kochbuch der Römer Rezepte für Rosenpüree, Malvenblüten-Gemüse und Veilchenwein auf. Seit Urzeiten sind Orangenblüten in der arabischen Küche zu finden. In China haben gedämpfte Glyzinien Tradition. In Japan sind es mit Kamelienblüten gefüllte Krapfen. Sogar die Deutschen waren kulinarische Blumenkinder: Max Rumpolt, Leibkoch des Mainzer Kurfürsten, veröffentlichte 1581 sein *Neues Kochbuch,* in dem er Sonnenblumenknospen als Artischockenersatz und Alpenveilchen als Gemüse pries. Die Feld-, Wald- und Wiesenküche zeigt, was Kochen schon immer war: Liebe zur Natur, zur Kunst, zur Poesie – kombiniert mit einer grossen Lust am Experimentieren und Riskieren. «Der Koch ist ein Alchemist», sagt Thuri. «Er überträgt die Dinge von einem Daseinszustand in einen anderen.»

– Die Blumenau ist ein Haus der Kunst – auf dem Teller und im Garten. Dabei sind die Blumen in Thuri Maags Küche mehr als nur kunstvoll platzierte Dekoration. Der Spitzenkoch geht den Geschmacksnoten auf den Grund und weckt neue Geschmackserlebnisse. Die Zubereitung von Blumen ist oft nur eine Sache von Sekunden: Nur kurz erhitzen (fast nie anbraten), damit die feinen, ätherischen Duftstoffe sich nicht verflüchtigen oder ins Bittere kippen.

– Beerentrilogie mit Vanilleschaum, serviert in Reagenzgläsern, Beerengratin und Wildrosen-Sauerrahmeis.
– Carpaccio von der Bodenseeforelle mit Blüten-Kräutersalat.
– Ragout von frischen Waldpilzen.
– Gemüse-Frikassee mit falschen Froschschenkeln (Pouletflügeli).

Rezepte von **Thuri Maag** im Anhang.

— **Thuris Rosenblütenbowle,** S. 422
— **Carpaccio von der Bodenseeforelle mit Blüten-Kräutersalat,** S. 401

RESTAURANT **14**

Rössli Mogelsberg

RESTAURANT: **Rössli**

ADRESSE: **9122 Mogelsberg, Dorfstrasse 16**

GASTGEBER: **Sabina Bertin**

TELEFON: **071 374 15 11, P: 071 374 10 94**

INTERNET: **www.roessli-mogelsberg.ch**

RUHETAGE: **Mo., Di.**

BETRIEBSFERIEN: **Ende Juli–Anfang Aug., Ende Jan.–Anfang Feb.**

WEGBESCHRIEB: **Von Wil oder Wattwil im Toggenburg über Lichtensteig. S-Bahn ab St. Gallen oder Uznach.**

SPEZIELL: **Culinarium**

Kreative, biologische Gourmet-Küche: Das Rössli in Mogelsberg macht eine Urküche, die tiefer schürft und aus alltäglichen Ausgangsprodukten überraschende Kreationen zaubert. Zum Beispiel Beinwellblätter gefüllt mit Ziegenkäse (siehe Rezept).

Hier lächelt die Venus, und der Stier sieht rot

Natürlich gibt es im Rössli Eierschwämmli an Rahmsauce, Neckertaler Lammrückenfilet oder Schlorzifladen – ganz klassisches, wunderbar frisches, gutes Essen. Schliesslich gehört das stattliche Haus in Mogelsberg zu den besten Adressen im Toggenburg und macht beim Culinarium-Konzept mit: Alles kommt aus der Region und aus biologischer Produktion. Doch im Rössli wird «gutes Essen» auch als kreativer Akt verstanden: «Bei unseren Gerichten ist immer eine Idee dabei», sagt Sabina Bertin, die sich als Chefköchin des Hauses auch mit dem Symbolgehalt und den Wirkungen des Essens befasst hat. «Jedes Kräutlein, jede Karotte, jede Erdbeere enthält Substanzen, die auf Körper, Seele und Geist wirken. Viele dieser Stoffe, etwa Vitamine, Eisen, Kohlehydrate, sind lebensnotwenig, einige sind gefährlich und manche ausgesprochen stimulierend.» Auch die formale Sprache der Kulinarik interessiert die ehemalige Phil-I-Studentin: «Eine Spargel hat einen anderen Symbolgehalt als eine Muschel oder eine Morchel. Im Essen schwingt sehr viel mehr mit, da steckt jahrtausendealtes Wissen drin, Kunst, Magie, Erotik, Lust und Freude – und genau das wollen wir vermitteln.»

Lust auf Lust? Neben der täglich neu zusammengestellten Menükarte bietet das Rössli auch thematische Gerichte wie das Venus-Menü. «Da gibt es keine Zitronen, keine sauren Salatsaucen», erklärt Sabina», dafür feurige Gewürze, saftiges Fleisch, Pilze, Sellerie.» Der aphrodisische Mehrgänger strotzt nur so von phallischen Spargeln und Karotten, von rotwangigen Äpfeln, rubensförmigen Aprikosen und Tomaten, letztere aus bester Pro-Specie-Rara-Produktion und deshalb besonders fleischig und knackig. Das knallrote Nachtschattengewächs wurde schon früher als Liebesapfel bezeichnet, während die Aprikose sogar in der Weltliteratur zu erotischen Ehren kam – nachzulesen in Shakespeares *Sommernachtstraum*. Da das Rössli auch ein Hotel ist, kann man die Wirkung vor Ort testen – kombiniert mit Astrologie: Jedes der zwölf Zimmer ist einem Sternzeichen gewidmet und entsprechend eingerichtet – das Löwen-Zimmer besonders prächtig und mächtig, das Steinbock-Zimmer karg, mit nur einem Bett …

Sternzeichen-Menüs. Genauso witzig und frei von esoterischem Überbau sind die Gourmetmenüs, die zu den Hotelzimmern passen. Beim Krebs-Menü gibt es viel aus dem Wasser. Beim Stier steht rotes Fleisch im Mittelpunkt, kombiniert mit Saucen und viel Rahm. Im Erntemonat September (Jungfrau) geht es betont naturverbunden zu und her, mit Kalbsbraten im Heu und fruchtigen Desserts. Und beim Zwilling gibt es alles im Doppelpack. «Die können sich nicht entscheiden», erklärt Sabina, die das gedankliche Modell der Astrologie spannend findet: «Die Sternzeichen lassen sich auf überraschende Art kulinarisch umsetzen, mit einem direkten Bezug zu den Jahreszeiten, der Natur, zum Leben.» Da der Autor dieses Buches Steinbock ist, hat ihn das Wintermenü besonders interessiert: «Das ist eher karg und steinig», lacht Sabina, die selber im Fisch geboren wurde, mit dem Aszendenten in der Waage. Und die steht für genau das, was das Rössli auszeichnet: Geselligkeit, Kreativität, Sinn für Schönheit und Harmonie.

Intelligent und gut ist die Rössli-Küche. Und gastfreundlich das Team: Am Tag meines Besuchs war das Restaurant randvoll, trotzdem wurden die Gäste nicht als «Material», sondern als Individuen mit persönlichen Wünschen ernst genommen. Eine ältere Frau mit Gehörproblemen durfte ins etwas stillere, elegante Gourmet-Säli, während vorne in der urchigen Gaststube schon fast Chaos herrschte. «Das setzt Adrenalin frei», lacht Sabina, die ursprünglich aus Zürich kommt, «aber ich brauche das, sonst wird es mir langweilig hier im Toggenburg!» Seit 28 Jahren ist sie im Rössli dabei. Als 68er-Idee mit basisdemokratischen Strukturen hat das Ganze angefangen. Der Geist der Veränderung, des «Etwas-anders-Seins» und «Nicht-im-Mainstream-Schwimmens» prägt das Rössli noch heute. Das weiträumige Haus ist eine bekannte Kulturbeiz mit Jazz-Konzerten und literarischen Lesungen. Für die Gesamtleistung wurde das Team 2005 als drittbester Kleinbetriebe des Kantons St. Gallen ausgezeichnet. Die Lorbeeren sind verdient. Lorbeeren? Durchaus denkbar, dass auch die aphrodisisch wirken. Wenn nicht, passen sie garantiert zum Steinbock-Menü.

– Engagiertes Küchenteam, das auch grossen Anstürmen gewachsen ist.
– Zu einer guten Küche gehört ein schönes Wirtshausschild.

– Mit Ziegenkäse gefüllte Beinwellblätter an Frühlingszwiebelsauce.
– Zweifarbige Suppe aus frischem Blattspinat und Berner-Rosen-Tomaten.
– Brennnessel-Timbale mit Blattsalat.
– Rosa gebratenes Neckertaler Lammrückenfilet an Thymianjus mit Kürbis-Kartoffel-Stock und Frischgemüse.
– Dessertteller mit Panna cotta, Toggenburger Schlorzifladen, Holunderblüten-Sorbet, Erdbeer-Sorbet, Melonen-Sorbet, Rhabarber-Parfait.

Rezepte von **Sabina Bertin** im Anhang.

— **Spinat-Timbale,** S. 400
— **Gefüllte Beinwellblätter,** S. 401

RESTAURANT **15**

Chapf
Hemberg

RESTAURANT: **Chapf**

ADRESSE: **9633 Bächli (Hemberg, SG), Postadresse: Nürig, 9107 Urnäsch**

GASTGEBER: **Familie Jakob Frei**

TELEFON: **071 377 13 04 oder 079 740 96 30**

INTERNET: –

RUHETAGE: **keine**

BETRIEBSFERIEN: **keine**

WEGBESCHRIEB: **Urnäsch Richtung Höchalp, nur zu Fuss**

SPEZIELL: **der Köbi und sein Käse**

Hoch über allen Dingen liegt der Bauernhof der Familie Frei auf dem Chapf im Toggenburg, genannt «Köbis autonome Alpenrepublik». Hier kann man einem der letzten noch echten Vollblutkäser und Sennen zusehen und die Produkte in der Bauernstube oder draussen an den Holztischen auch gleich verköstigen. Wer beim Käsen dabei sein will, muss allerdings früh aufstehen: Um 5 Uhr morgens wird der Holzofen angeheizt.

Der Chapf-Köbi und seine autonome Alpenrepublik

Hosenträger, wilder Backenbart, listige Äuglein und ein ausgeprägter Hang zur Schürzenjagd: Jakob Frei, besser bekannt als Chapf-Köbi, ist ein Original wie aus dem Bilderbuch. Auf dem Chapf, auf 1100 Meter Höhe, produziert er mit seiner Familie Käse, hält Schweine und Dutzende von Katzen – wie viele es sind, weiss niemand genau. Zwei Stunden muss man wandern (oder mehrere Fahrverbote missachten), um zu diesem «alpinen Gourmettempel» zu gelangen. Nur von Urnäsch aus ist die Alp auf einer Strasse erreichbar, postalisch gehört die Bergspitze zur Gemeinde Hemberg im Toggenburg. Auch kulinarisch operiert der Senn in seiner autonomen Alpenrepublik im Grenzbereich: Er macht zwar den besten Appenzeller weit und breit, darf ihn aber nicht Appenzeller nennen, weil er nicht auf Appenzeller Boden gemacht wird – und «nicht ganz so ‹appenzöllerisch›, wie das die hohen Herren in Bern gerne hätten», wie er sagt. Die «Milchbüebli» sieht er ohnehin nicht gern. Denn die sehen es ihrerseits nicht gern, wie der Köbi seinen Käse macht: auf dem Holzofen in einem uralten Kupferchessi. Doch das kümmert den 1 Meter 58 grossen Jakob wenig: «Früher ist es so gegangen, also geht es heute auch.»

Ein kleiner Rebell. Den Strom produziert er selber. Einen Fernseher will er nicht. Und auch beruflich legt er sich nicht fest, denn er ist gleichzeitig alles – Senn, Käser, Schweinezüchter, Beizer, Zimmermann, Schrei-

ner (das Haus hat er selber gebaut) und Vater von vier Kindern. Monika, die Älteste, versteht das Käsen inzwischen genauso gut wie der Vater, der sich vermehrt um den Stall und gemeinsam mit seiner Frau Ruth um die Gäste kümmern kann. Die Familie führt ein urgemütliches Bergbeizli, kulinarisch auf den eigenen Käse ausgerichtet. Daneben gibt es noch Speck, Pantli, Schinken im Sulz und Brot. All das muss man wieder einmal «i dä Schnörre gha ha», wie der Chapf-Köbi sagt, um zu wissen, was wirklich gut ist.

Wer das Sennenleben noch länger verfolgen will, kann auf dem Chapf übernachten: Eine kleine Kammer im Holzhaus ist für die Gäste reserviert – allerdings gibt es nur ein einziges, dafür fast zimmerfüllendes Bett, selbstverständlich mit heimeligen Decken und viel Stallgeruch. «Das mit dem Stallgeruch schreibst du besser nicht», sagt Monika, «sonst kommen die Leute nicht.»

– Das Hauptprodukt der «autonomen Alpenrepublik» ist Käse. Köbi produziert Bergkäse von mild über räss bis rezent, Pfefferkäse, Kümmelkäse und – sehr zu empfehlen – charaktervollen, würzigen Ziegenkäse. Der milde Bergkäse liegt geschmacklich am nächsten beim klassischen Appenzeller.

– Der Chapf-Köbi kann nicht nur gut käsen und melken, er flirtet auch gern – und «die Hübschen aus dem Tal» lassen sich gerne mit dem urchigen Senn fotografieren.

RESTAURANT **16**

Mühle Oberschan

RESTAURANT: **Mühle**

ADRESSE: **9479 Oberschan, Grossbünt 2**

GASTGEBER: **Marianne und Christian Birchmeier**

TELEFON: **081 783 19 04**

INTERNET: **www.restaurantmuehle.ch**

RUHETAGE: **Di., Mi.**

BETRIEBSFERIEN: **letzte Woche Juli, 1. Woche Aug.**

WEGBESCHRIEB: **Bei Trübbach Richtung Azmoos nach Oberschan. Bus ab Trübbach.**

SPEZIELL: **historische Mühlenanlage, Garten**

Die Mühle am rauschenden Bach: Vor allem in der Romantik war die Mühle ein beliebtes Sehnsuchtsmotiv und ein Sinnbild für den ewigen Lauf der Zeit.

Essen in der alten Mühle

Ausgediente Fabriken, alte Mühlen: Sanft renoviert bilden sie das ideale Dekor für gastronomische Betriebe. Die Mühle in Oberschan im St. Galler Rheintal ist ein gelungenes Beispiel: Bereits 1483 wurde die Mühle erstmals urkundlich erwähnt. 700 Jahre lang wurden hier Korn und später der einheimische Mais, der «Törgge», gemahlen. Die dazugehörende Bäckerei war berühmt für ihre Törggen-Brötchen. Noch immer schwebt die Patina der vorindustriellen Geschichte durch die Räume. Alte Mehlsäcke, riesige Mahlsteine und die intakte Mühle-Anlage sind im rustikal-modernen Restaurant zu bewundern. Auf Wunsch lässt Christian Birchmeier die alte Mühle für die Gäste laufen – dann ist die multimediale Zeitreise perfekt: Es rattert und knattert, der Bach rauscht, und aus der Küche duftet es nach hausgemachtem Brot. Das knusprige Mühle-Brot aus Ruch- und Zehn-Korn-Mehl wird von den Birchmeiers täglich frisch gebacken. Und genauso traditionsbewusst ist das gesamte kulinarische Konzept des Hauses: Es gibt Knoblischaum-Suppe, Emmentaler Carpaccio, Bramata mit Kaninchenkeule. Auch Capuns sind auf der Karte, denn Oberschan liegt genau auf dem Capuns-Graben, erklärt mir der Chef des Hauses. Also trägt er beiden Kulturen Rechnung – der südlichen, unter anderem mit Bündner Salsiz, Hirschbindenfleisch und edlen Tropfen aus der Bündner Herrschaft, und der nördlichen mit Schmorbraten

nach Grossmutter-Art, rotem Wartauer im Offenausschank und weiteren edlen Weinen in 7-dl-Qualität. Eine Woche lang hat die Rindshuft in der Marinade gelegen. Mit Quark-Pizokel und viel Bratensauce aus selber gemachtem Fond wird das Gericht serviert.

Gebrannte Crème im Einmachglas. «Es gibt Stammgäste, die kommen nur wegen dem Schmorbraten, weil der so schöne Erinnerungen weckt», sagt Marianne. «Andere schwören auf unsere Gebrannte Crème, die wir im Einmachglas servieren.» Das ist typisch für die Mühle: Authentisch soll es sein, vom Kochstil her modern, aber aufgebaut auf den überlieferten Werten: «Die Leute suchen bei uns keine Häubchen-Küche mit Kaviar und Scampis», sagt Christian. «Das ist ein Haus mit Geschichte, eingebettet in die Region und das bäuerliche Leben von einst.» Der Erfolg gibt den beiden Recht: 1997 kauften die Birchmeiers die Mühle, heute gehört sie zu den festen Werten der Region. «Es war Liebe auf den ersten Blick», verrät mir Christian. «Ich kam am Abend nachhause und sagte zu Marianne: Jetzt haben wir unser Restaurant gefunden, eine alte Mühle».

Nur eines passt nicht ganz ins so nostalgische Schweizer Bild: Dass in der Mühle auch italienische Pasta auf der Karte stehen. «Das ist tatsächlich ein kleiner Schönheitsfehler», sagt Christian, «doch wir haben hier sehr viele Wanderer und Biker – und die wollen am liebsten Pasta, aber auch die sind bei uns hausgemacht.» Akzeptiert! Denn erstens ist Christians Pasta wirklich gut, zum Beispiel mit getrockneten Tomaten oder mit Kräutern und Peperoncini. Und dann ist Oberschan tatsächlich ein ideales Wandergebiet: Von hier aus geht es nach Wildhaus oder auf die Alp Palfries, auf 1600 Meter Höhe, und von dort weiter bis zum Walenstadterberg.

– Auf Wunsch lässt der Herr des Hauses die alte Mühle laufen. Hier wurde 700 Jahre lang der einheimische Mais, genannt Törgge, gemahlen. Die Gastgeber haben das Haus stilvoll renoviert und auch einige Überbleibsel aus den alten Mühlezeiten gerettet. Das Dörfchen Oberschan freuts: Die Mühle zieht «Gut- und Gernesser» weit über die Region hinaus an und bietet sich als idealer Ausgangs- oder Schlusspunkt von Wanderungen an.

– Gebrannte Crème im Einmachglas.
– Vorspeise-Türmchen mit Tomaten und Auberginen, gebackener Brie im Frühlingsrollen-Mantel.
– Rindsschmorbraten nach Grossmutterart, mit Frischgemüse und Quark-Pizokel.

Rezepte von **Christian Birchmeier** im Anhang.

— Rindsschmorbraten mit Bratensauce, S. 409
— Gebrannte Crème, S. 422

RESTAURANT **17**

Schloss Weinstein Marbach

RESTAURANT: **Schloss Weinstein**

ADRESSE: **9437 Marbach**

GASTGEBER: **Käthy und Alfred Herzog**

TELEFON: **071 777 11 07**

INTERNET: **www.schlossweinstein.ch**

RUHETAGE: **Mo., Di**

BETRIEBSFERIEN: **Ende Jan.–Mitte Feb., 2 Wochen im Juli**

WEGBESCHRIEB: **Im Rheintal, im Dorf Marbach, die Strasse hinauf Richtung «Schloss». Bus ab Heerbrugg bzw. Altstätten (SG).**

SPEZIELL: **Culinarium**

Das Schloss Weinstein thront hoch über Marbach mit weitem Blick über das St. Galler Rheintal. Märchenhaft ist auch die Geschichte der beiden Gastgeber, die das Anwesen mit dem grossen Rebberg und eigener Weinproduktion seit 1984 besitzen.

Hier kocht der Schlossherr

Es war einmal eine hübsche Metzgerstochter. Käthy hiess die junge Dame. Täglich brachte sie Würste und andere Fleischspezialitäten auf das Schloss Bottmingen im Baselland. Alfred, der dortige Koch und ein nicht minder hübscher Geselle, verliebte sich in die junge Frau. Eine Tages lud er die Angebetete ins Cabaret Faulteuil in Basel ein, und es kam, wie es in allen Märchen kommen muss: Die beiden waren fortan ein glückliches Paar …

Was Käthy damals nicht wissen konnte: Die Familie ihres «Prinzen» besass selber ein Schloss, genannt Weinstein. Und das fiel den jungen Eheleuten 1984 zu. Worauf sie daselbst ein Restaurant eröffneten, das im ganzen Land berühmt wurde, nicht zuletzt wegen seines sagenhaften Weins.

Ein Märchen? Nein. Denn genau so hat sich die Geschichte der beiden Gastgeber auf Schloss Weinstein abgespielt. Mitten in den Rebhügeln, hoch über dem Dorf Marbach, führen die beiden heute eines der schönsten Restaurants der Region. Auch die märchenhafte Weinqualität ist Realität: Zwei Hektaren Reben gehören zum Schloss-Besitz. 4000 Liter Pinot noir, Riesling x Sylvaner und Gamaret entstehen aus eigenem Anbau jedes Jahr. Gekeltert werden die Schlossweine in Berneck von Schmid-Wettli: 111 Öchslegrade haben die Önologen beim Pinot noir «Schloss Weinstein» 2003 gemessen. «Das war ein Jahrhundertwein», sagt Alfred Herzog, heute Vater von zwei Kindern. Auch die Ernte, die wir im Herbst 2004 mitverfolgten, verspricht ähnliche Rekordwerte. «Das ist wie im Lotto», sagt Käthy, «wir warten gespannt auf die Ergebnisse.» Inzwischen liegen sie vor: 108 Öchslegrade (pro 8 Grad entsteht ca. 1 Volumenprozent Alkohol) sind es beim Pinot noir 2004, der damit erneut nahe am magischen Wert einer Beerenauslese liegt.

Wild und Wein. Und auch das ist kein Märchen: Man isst hervorragend auf Schloss Weinstein. Denn hier kocht der Schlossherr, und der hat sein Handwerk gelernt. Unter anderem im Schloss Bottmingen, im Palace in St. Moritz, auf dem Bürgenstock und – zwei Jahre in San Juan auf Puerto Rico! «Ich wollte zuerst noch hinaus in die grosse Welt», lacht Herzog, «aber ich kam schnell wieder zurück!» Gut so, sonst müssten die Geniesser auf Wild und Wein verzichten – so heisst das Konzept der Schlossküche, die jeweils im Herbst an der «Semaine du goût» mitmacht und mit besonderen Wild- und Wein-Delikatessen aufwartet. Zum Beispiel mit hausgemachter Wildpastete, hervorragend assortiert mit Reh, Kalbsleber, Speck, Pilzen und Äpfeln. Oder mit einer erlesenen Riesling-x-Sylvaner-Suppe – natürlich mit schlosseigenem Wein, angesetzt mit frischen Zwiebeln und Lauch. Das Meisterstück ist der wilde Hauptgang: Rehschnitzel mit Törgge-Bramata und Marroni. Zwölf Stunden hat Herzog die Bramata im Niedertemperaturofen gekocht, dann mit Sbrinz und Rahm verfeinert und in kaltgepresstem Olivenöl gebraten. «Auf die Bramata bin ich besonders stolz», sagt Alfred. Erst nach langem Zureden rückt er das Rezept heraus, das bislang noch nie publiziert wurde (siehe Anhang): «Wichtig ist, dass kein gewöhnlicher Mais, sondern griessartiges Ribelmaismehl und grobkörnige Ribel-Bramata verwendet werden. Das sind urchige, unbestrahlte Naturprodukte, die eine ganz besondere Geschmacksnote aufweisen.»

Culinarium. Nicht ohne Grund macht das Schloss Weinstein auch beim Ostschweizer Qualitätslabel Culinarium mit: Sämtliche Produkte stammen aus der Region, alles wird frisch zubereitet, keine Mikrowelle, kein Convenience-Food – «nur das Mineralwasser kommt nicht aus den schlosseigenen Quellen», lacht Käthy. Sie betreut in den eleganten Räumen des 600-jährigen Hauses die Gäste. Und zwar so zuvorkommend, dass man gerne länger bleibt. Vor allem, wenn Alfred zum Abschluss noch einen regionalen Dessert auftischt: Törggeribel-Chöpfli mit Kirschen aus dem schlosseigenen Baumbestand – begleitet von einem eisgekühlten Süsswein. Nur 100 Flaschen werden davon jährlich gekeltert. Ein märchenhafter Tropfen, gerade richtig, um auf der Schlossterrasse noch ein wenig zu träumen: von Prinzessinnen und Prinzen, von schönen Schlössern, erlesenem Wein und gutem Essen …

– 4000 Liter Pinot noir, Riesling x Sylvaner und Gamaret liefert der schlosseigene Rebberg jedes Jahr. Die Jahrgänge 2003 und 2004 waren Jahrhundertweine mit 111 bzw. 108 Öchslegraden beim Pinot noir.

– Rehschnitzel mit Törgge-Bramata und Marroni.
– Riesling-Suppe «Schloss Weinstein».
– Wildterrine mit Rehfleisch, Kalbsleber, Speck, Pilzen und Äpfeln.
– Dessertkreation, u.a. mit Rotwein-Birne, Trauben-Sorbet, Marroni-Mousse, Knusperkörbchen mit Trauben.
– Törggeribel-Chöpfli mit Kirschen aus dem Schlossgarten.

Rezepte von **Alfred Herzog** im Anhang.

— **Törgge-Bramata,** S. 417
— **Süsses Törggeribel-Chöpfli mit Kirschensuppe,** S. 418
— **Riesling-Suppe «Schloss Weinstein»,** S. 404

RESTAURANT **18**

Löwen
Schellenberg, FL

Käseknöpfli im Ländle

RESTAURANT: **Wirtschaft zum Löwen**

ADRESSE: **9488 Schellenberg, Winkel 5, Fürstentum Liechtenstein**

GASTGEBER: **Ursula und Siegfried Biedermann**

TELEFON: **00423 373 11 62**

INTERNET: **www.loewen.li**

RUHETAGE: **Mi., Do.**

BETRIEBSFERIEN: **1 Woche im Winter, 3 Wochen im Sommer**

WEGBESCHRIEB: **Bus ab Schaan, Haltestelle Hinterschellenberg**

Der Löwen liegt auf dem Schellenberg, einer markanten Erhebung mitten im Rheintal. Von der Terrasse geniesst man bei schönem Wetter eine beeindruckende Sicht ins Alpsteingebirge und bis weit über den Bodensee ins süddeutsche Allgäu.

Die Erinnerung ist ein eigenwilliger Hund, sagt der niederländische Schriftsteller Ces Noteboom: Sie kommt und geht, wie sie will. Auch was unser Gedächtnis speichert, erfolgt nach rätselhaften Gesetzen. Mal ist es ein schönes Erlebnis, dann ein Schicksalsschlag oder auch nur ein Duft oder ein gutes Essen. Frage also: Warum haben sich ausgerechnet diese «Knöpfli mit saurem Käse» in meinen Gehirnwindungen eingegraben? Gegessen habe ich sie nur ein einziges Mal, und das vor zwei (!) Jahrzehnten. Doch meine Neuronen waren von diesem Ereignis offenbar derart beeindruckt, dass sie das Gericht fotografisch genau ablegten: goldgelb, dampfend, mit einer Menge knuspriger Zwiebelringe! Auch an den leicht säuerlichen Geschmack erinnere ich mich genau – und an den Holztisch, auf dem das Gericht in einer grossen Schüssel serviert wurde.

Das Geheimnis ist der saure Käse. Vor kurzem habe ich die Knöpfli wieder gegessen – genau gleich wie damals, genauso gut und bei den gleichen Wirten im gleichen Gasthaus! Ein Kompliment an Ursula und Siegfried Biedermann, die eine derart unglaubliche Konstanz in dieses eine, erinnerungswürdige Gericht einbringen! Wobei der Trick mit dem sauren Käse kein Liechtensteiner Patent ist. Auch die Rheintaler kennen gut gereiften Käse, der jahrzehntelang im Gedächtnis haften bleibt. Doch im Ländle sind die Käseknöpfli

schlicht die besten, sagt meine inzwischen verdoppelte Erinnerung!

Synapsenschwinget. Natürlich gibt es in der Wirtschaft zum Löwen noch andere erinnerungswürdige Darbietungen: Schwartenmagen zum Beispiel oder Kutteln und ganz klassisches, gutes Essen. Im November ist Metzgete mit Siegis Krautwurst, dem Kesselfleisch und dem Sulzbraten – alles hausgemacht. Das Wirtepaar pflegt alte Rezepte, die seit fünf Generationen in der Familie weitervererbt werden. Die Biedermanns sind damit so etwas wie das «kulinarische Gedächtnis» der Region. Das wissen sie auch. Vielleicht haben sich deshalb ihre «sauren Knöpfli» so tief in meiner Seele eingegraben: Die wollten in die *Urchuchi*. Und da gehören sie auch hin.

– Gasthaus mit Weitblick ins St. Galler Rheintal und auf den Alpstein.
– Ursula in der Knöpfli-Küche. Seit Jahrzehnten wird die Hausspezialität genau gleich zubereitet, mit saurem Käse.
– Der Eingang in den Löwen.

– Käseknöpfli mit saurem Käse und gebratenen Zwiebeln.
– Schwartenmagen mit Zwiebelringen und Senfsauce.
– Törggeribel mit Milchkaffee.
– Apfelküchlein im Bierteig.

Rezepte von **Siegfried Biedermann** im Anhang.

— **Käseknöpfli mit saurem Käse,** S. 418
— **Ofenmus aus Türkenmehl,** S. 418

RESTAURANT **19**

Schiff
Thal-Buriet

RESTAURANT: **Schiff**
ADRESSE: **9425 Thal am Bodensee, Burietstrasse 1**
GASTGEBER: **Ella und Hanspeter Trachsel**
TELEFON: **071 888 47 77**
INTERNET: **www.schiff-buriet.ch**
RUHETAGE: **keine, So. ab 22 Uhr**
BETRIEBSFERIEN: **1 Woche Dez.**
WEGBESCHRIEB: **Zwischen Rorschach und Rheineck. Bus ab Bahnhof Rheineck bzw. Rorschach.**

1698 wurde das Schiff im Rebdörfchen Thal-Buriet erstmals erwähnt und war in späteren Zeiten eine beliebte Anlaufstelle der Fürsten von Hohenzollern-Sigmaringen. Seit hundert Jahren führt die Familie Trachsel das Hotel-Restaurant, heute sind es Ella und Hanspeter Trachsel.

Der Ribelmais-Tüftler von Thal

Hanspeter Trachsel, Chefkoch und Inhaber des Restaurants Schiff in Thal, hat sich intensiv um die Renaissance des Ribelmaises bemüht. Die uralte Maissorte – im Rheintal auch «Törgge» genannt – wäre nämlich um ein Haar ausgestorben! Doch jetzt ist sie wieder im Aufwind, nicht zuletzt dank Spitzenköchen wie Hampi Trachsel in Thal.

Da ist nichts getörggt. Uralte Rezepte hat der Kochprofi ausgegraben und modernisiert und Dutzende von Ribelmais-Gerichten neu erfunden. Von der Ribel-Suppe über Nudeln aus Ribelmais, Spätzli bis zu Brot und Ribel-Mousse gibt es so ziemlich alles mit Ribelmais – einige der überraschenden Kreationen kann man im Schiff geniessen. Ribel-Waffeln zum Beispiel, die im Schiff als Apérogebäck serviert werden. Oder Ribel-Croquetten, eine luftig-leichte Beilage zu Fisch und frischen Pilzen. Und dann vor allem die gebratenen Ribelspitzen: körnig, leicht süss und von der Konsistenz her vergleichbar mit Vollkornbrot. Im Schiff werden sie zu Kalbfleischwürfeln und Rheintaler Frischgemüse begleitet – ein Klassiker. Das alles schmeckt nicht nur gut, es sieht auch attraktiv aus. Speziell die Ribelmais-Käsekugeln, die nach einem alten Rezept des Klosters St. Gallen mit Ribel, Bier und Klosterkäse zubereitet werden: «Ursprünglich wurden die Käsekugeln mit Mehl gemacht», sagt Hampi, «ich musste lange pröbeln, bis ich die Kugeln mit Ribelmais hingekriegt ha-

be.» Das liegt vor allem daran, dass Ribelmais wenig Eiweiss hat, das beim Kochen als Klebstoff wirkt. Wenn man mit Ribelmais einen Teig machen will, muss man deshalb Eiweiss dazugeben. Doch Hampi hat alle Zubereitungsprobleme gelöst – nachzulesen im *Ribel-Buch,* in dem gegen zwei Dutzend Ribelmais-Rezepte – auch von anderen Tüftlern – aufgeführt sind (siehe Buchtipp). Dazu gehört als krönender Abschluss Hampis süsser Ribel-Kuchen mit Mandeln, Rosinen und Himbeerkonfitüre. Er beweist vollends: Der gute alte «Törgge» ist ein überraschender Alleskönner! **Nussartiger Geschmack.** Der Duft von Torf, von sedimentiertem Holz oder Laub, schwingt beim Ribelmais als typische Geschmacksnote mit. Wie beim Wein gibt es feine Nuancen, welche die professionellen Geschmackstester auf der Zunge spüren. Sie können sogar den Ribelmais aus dem unteren, dem mittleren und dem oberen Rheintal unterscheiden. Vor allem aber sehen sie auf den ersten Blick, ob «gewöhnlicher» Mais oder richtiger Törggeribel auf den Tisch kommt: Der Ribel ist heller, eher beige und griessiger. Hier beginnt die Ribelmais-Kunst, die nur wenige so virtuos beherrschen wie der Ribelmais-Tüftler aus Thal: Zu Fisch passt ein möglichst trockener Ribel, zu Fleischgerichten braucht es dagegen einen eher saftig-fruchtigen. Für den Gast entscheidend ist letztlich, dass es schmeckt. Und das tut es auf jeden Fall im Schiff. Auch wenn man nicht Ribelmais isst: Das auf Fischspezialitäten ausgerichtete Haus mit dem gemütlichen Ambiente überzeugt in allen kulinarischen Bereichen.

– Noch ist der Ribelmais kein ernsthafter Konkurrent der Pommes frites. Doch das kann noch werden. Spätestens seit Hampi Trachsel den nussartigen Urmais neu rezeptiert hat, ist er im Aufwärtstrend. Immer mehr Restaurants bieten heute in der Ostschweiz Gerichte mit Ribelmais an.

- Kalbfleischwürfel mit Ribelspitzen und Frischgemüse.
- Salzige Ribel-Käsewaffeln und Ribelmais-Kugeln, gefüllt mit Bier und St. Galler Klosterkäse.
- Ribel-Taschen (Ravioli), gefüllt mit Gemüsewürfeln, mit Pilzen.
- Fischfilets mit Ribel-Stängeln, Pilzen und Gemüse.
- Ribel-Kuchen mit Mandeln, Rosinen und Himbeerkonfitüre.

Rezepte von **Hanspeter Trachsel** im Anhang.

— **Original Rheintaler Ribel,** S. 418
— **Gebratene Ribelspitzen,** S. 418

Der Duft des Rheintals

Der Duft des Rheintals ist der Ribelmais! Generationen von Rheintalern sind mit dieser alten Maissorte aufgewachsen. Nur hier, im Schwemmland-Boden des Rheins, umschmeichelt von warmen Föhnwinden und genährt von viel Sonnenschein, konnte dieser urwüchsige Mais mit seinen grossen Körnern so prächtig gedeihen. Hier hat er auch seinen eigenen Namen erhalten: Törgge, abgeleitet von «Türken-Korn». Denn der Mais – einst von Kolumbus aus Mexiko importiert – gelangte erst nach langen Umwegen über Spanien, Italien und das Osmanische Reich schliesslich auch ins Rheintal.

Das Nationalgericht des Rheintals. Jahrhundertelang war der Ribelmais das wichtigste Nahrungsmittel der Region. Vor allem gerösteter, grob geriebelter Mais wurde zubereitet, den man früher aus einer grossen Schüssel löffelte und in den Kaffee tunkte. Auch das Törggenbrot, ist eine Spezialität der Region, die sonst nirgends hergestellt wird. Der Ribel hat die Kultur im Rheintal wesentlich geprägt: Viele Flurnamen zeugen davon, alte Bräuche und Feste ranken sich um den Törgge, etwa die «Usschellete» oder der «Hültschet», die jeweils nach der Maisernte stattfanden und jetzt wieder aufleben.

Fast wäre das genetische Material verschwunden. Ab Mitte des letzten Jahrhunderts war der Ribelmais plötzlich nicht mehr modern. Nur gerade vier Hektaren wurden 1997 noch angebaut! Dann nahm sich der Verein Rheintaler Ribelmais, ein Zusammenschluss von Landwirten, Gastronomen und weiteren Interessierten, der kostbaren Maissorte an. In Rekordzeit erteilte das Bundesamt für Landwirtschaft dem Rheintaler Ribel – als bisher einzigem Produkt der Ostschweiz – die geschützte Ursprungsbezeichnung AOC. Auch das Culinarium Ostschweiz, das den Absatz regionaler Produkte fördert, setzte sich für den Törgge ein. Heute werden wieder gegen 20 Hektaren angebaut. Der «Duft des Rheintals» ist gerettet!

Ein wertvolles Urprodukt. Hans-Peter Bosshard in St. Margrethen gehört

Kleine Maisgeschichte

Der Mais ist fast 7000 Jahre alt und stammt ursprünglich aus Mexiko. Kolumbus hat ihn 1492 in Kuba und Haiti entdeckt, wo ihn die Einheimischen «mais» oder «mahiz» nannten. Wenig später trafen die ersten Maiskörner in Spanien ein. Bereits 1525 pflanzten die Bauern Andalusiens Mais an, der sich dann schnell – über Italien in den Nahen Osten, dann weiter nach Südostasien, Indien, China und Japan – verbreitete. Vermutlich waren es portugiesische Händler, die den Mais auch nach Afrika brachten, um ihn kurze Zeit später mit afrikanischen Sklaven wiederum nach Amerika zu verfrachten. In die Schweiz kam der Mais erst über den Umweg des Vorderen Orients, und weil die Schweizer die genaue Herkunft nicht kannten, wurde er «Türkisch Korn», «Türkischer Weizen» oder eben im Rheintal «Törgge» genannt. Der deutsche Naturforscher Hieronymus Bock, der den Mais 1542 in sein *New Kreuterbuch* aufnahm, nannte ihn schlicht «fremdes Korn».

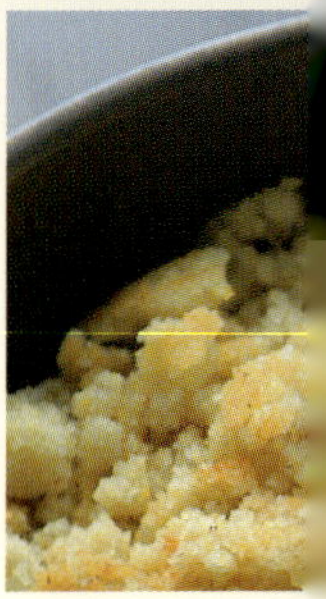

Die Ribelmais-Kolben sind länger als beim gewöhnlichen Mais, auch die Abstände zwischen den Pflanzen sind grösser. Damit der Ribelmais sortenrein bleibt, müssen mindestens 200 Meter Abstand zu andern Maisfeldern eingehalten werden.

zu den Ribelmais-Pionieren: «Nicht zu viel Dünger, nur sieben Pflanzen pro Quadratmeter: Das ist das Entscheidende», erklärt der Bauer. Er musste sich das Wissen von Grund auf erarbeiten. Auch die Mahltechnik musste neu erfunden werden. Anders als beim gewöhnlichen Mais, wird nur der äusserste Teil der Schale weggetrennt, der Keimling bleibt komplett erhalten – eine Art Vollkornmahlung. Sämtliche Mineralstoffe, die wertvollen Aminosäuren und auch die Geschmacksstoffe bleiben damit drin. «Das gibt dem Ribel den typischen nussigen Geschmack», sagt Hans Oppliger vom landwirtschaftlichen Zentrum Rheinhof in Salez. «Der Ribelmais ist deshalb wesentlich geschmacksvoller als gewöhnlicher Mais, ist aber auch härter und muss deshalb länger gekocht werden!» Mit ein Grund, warum diese kulinarische Rarität fast ausgestorben wäre. «Heute liegen die Akzente zum Glück wieder anders», sagt Rolf Künzler, Präsident des Vereins Rheintaler Ribelmais: «Die Rheintaler haben den Wert ihres Nationalgerichts erkannt. Vom Bodensee bis ins Churer Rheintal, grenzüberschreitend auch im Fürstentum Liechtenstein, ist der Ribelmais zum kulinarischen Wappen der Region geworden.» Inzwischen führen Migros und Coop das Produkt im Sortiment, vorläufig vor allem in der Ostschweiz. Aber das kann sich ändern. «Ich bin überzeugt», meint Hanspeter Trachsel, «dass der Rheintaler Ribelmais eines Tages so bekannt sein wird wie Sbrinz oder Glarner Schabziger.»

Einkaufstipps «Ribelmais»

Ribelmais kaufen
Migros, Coop, weitere Lebensmittelläden in der Ostschweiz oder in 500-g-Packungen direkt bei: *Perter Eugster, Gehrenhof, 9450 Lüchingen, Tel. 071 755 28 09, eugster-gehrenhof@bluewin.ch.*

Ribelmais-Whisky
Der erste und einzige Whisky aus Rheintaler Ribelmais, genannt «Corn & Barley Whisky». Seinen milden Charakter erhält der Ribelmais-Gersten-Whisky durch die dreijährige Lagerung im Holzfass. *Mosterei Ruedi Kobelt, Staatsstrasse 21, 9437 Marbach, Tel. 071 777 28 46 oder 071 777 12 20, www.mostereikobelt.ch.*

Ribelmais-Bier
Das Bier aus Rheintaler Ribelmais und einheimischer Braugerste, abgefüllt in Bügelverschlussflaschen, ist heute die bekannteste Rheintaler Bierspezialität. *Sonnenbräu AG, 9445 Rebstein, Tel. 071 775 81 11, www.sonnenbraeu.ch.*

Ribelmais-Brot (Törggebrot)
Das traditionelle Ribelmais-Brot, das im Rheintal Törggebrot heisst, wird in der Bäckerei Berger noch immer hergestellt – nach Rezepten, die seit Generationen in der Familie weitervererbt wurden. *Bäckerei-Konditorei Hansuli Berger, Hauptstrasse, 9465 Salez, Tel. 081 757 11 67.*

BUCHTIPP

Das Ribel-Buch, Verein Rheintaler Ribelmais, Salez 2003, erhältlich bei: Verein Rheintaler Ribelmais, Rheinhof, 9465 Salez, Tel. 081 758 13 11, www.ribelmais.ch.

St. Galler Bratwurst und Co.

Nach einem Monat Mongolei, täglich drei Mal Schaffleisch (sogar der Tee wurde mit Schaffleischfett serviert), träumte ich von zwei Dingen: einem Erdbeertörtchen und einer gut gebratenen Kalbsbratwurst! Zürcher wissen, welche ich meine (die vom Bellevue mit dem knusprigen Bürli, klar!). «Ein Biss ins Pralle und wir sind wieder zu Hause!», beschreibt auch Andreas Heller, Journalist und St. Galler, seine Heimatwurst. Sie sei eben feiner im Brät, dezenter in der Würze und knackiger. Ob dies am Fleisch, an den Gewürzen oder an der frischen Milch liegt, die bei der Herstellung zugefügt wird – darüber streiten sich die Geister. Tatsache ist: Unter den zahlreichen Schweizer Wurstspezialitäten gehört die St. Galler Bratwurst zu den traditionsreichsten. Bereits 1438 hielt die Metzgerzunft der Klosterstadt die Rezeptur fest. Die ist heute zwar etwas anders (unter anderem ohne Ochsenfleisch und Kalbszunge), geblieben aber ist das Qualitätsbewusstsein.

Was reinkommt, ist nicht Wurst. «Nur erstklassiges, frisches Kalbfleisch kommt in die Verarbeitung», sagt Oscar Peter, der eine der besten St. Galler Bratwürste produziert. «Dazu wenig Speck und Schweinshals als Geschmacksträger. Und genau das ist der Unterschied! In so mancher Kalbsbratwurst ist mehr Schweinefleisch und fetter Speck drin, als man glaubt. Bis zu 50 Prozent mindere Fleischsorten sind gesetzlich erlaubt, trotzdem dürfen solche industriellen Billigwürste als Kalbsbratwürste verkauft werden.» Nur leicht gewürzt und in beste Schweinsdärme gestossen gehts ins heisse Wasser. Bei genau 74 Grad werden die Würste eine Stunde erhitzt. Am nächsten Tag essen die Metzger stichprobenartig einige Exemplare, und zwar bereits um 5 Uhr morgens, weil dann die neue Produktion beginnt. Natürlich ohne Senf! Denn wahre Bratwurstkenner geniessen die «Wurst aller Würste» erwellt, das heisst aus dem – nicht zu – heissen Wasser gezogen. «Eine gute Wurst braucht keinen Senf», sagt Oscar Peter, der seine Kalbsbratwurst sogar bei Blinddegustationen erkennt. «Die Kalbsbratwurst lebt vom feinen, reinen Fleischaroma. Deshalb würzen wir die Masse nur sehr dezent.» Und deshalb sollte man seine Qualitätswürste eigentlich auch nicht grillen. «Eine Wurst, die keinen Geschmack hat, verdient es nicht besser, als angekohlt zu werden», lacht Oscar Peter, der allerdings ganz genau weiss: Vor allem die Zürcher lieben seine Superwürste noch immer am liebsten gegrillt, begleitet von einem knackigen Bürli und natürlich mit etwas Senf.

Die Schweizer haben immer eine Extrawurst. Über 400 verschiedene Wurstsorten werden in der Schweiz produziert, die damit eine der grössten Varietäten weltweit aufweist. Dazu gehören Brühwürste (gefüllt mit Brät aus Rind, Kalb oder Schwein unter Beigabe von Speck) wie die Kalbs- und Schweinsbratwürste, Cervelats, Wienerli, Schüblige, Aufschnittwürste, Fleischkäse und natürlich die St. Galler Bratwurst! Rohwürste werden aus Muskelfleisch und Speck hergestellt. Sie werden luftgetrocknet oder kalt geräuchert und in der Regel auch kalt gegessen. Dazu gehören Salsiz, Salami, Landjäger, Bauernschüblige und Pantli. Kochwürste (unter anderem Blut- und Leberwürste) werden aus vorgekochtem Fleisch und Innereien hergestellt. Dazu zählen Produkte, die neben Fleischteilen auch Sulz enthalten, wie etwa der Schwartenmagen.

Einkaufstipps Kanton St. Gallen

St. Galler Kalbsbratwurst
Man sagt, der Oscar Peter produziere die besten St. Galler Kalbsbratwürste. Daneben gibt es in der traditionsreichen Metzgerei in der St. Galler Innenstadt auch Olma-Bratwürste, Thurgauer Würste, Appenzeller Siedwüste und feinsten Fleischkäse. Die Produkte werden auch per Post geschickt (Bestellformular im Internet). *Metzgerei Schmid, Inhaber Oscar Peter, St. Jakobstrasse 48, 9001 St. Gallen, Tel. 071 244 81 32, www.metzgereischmid.ch.*

St. Galler Klosterkäse

Der Halbhartkäse, der ausschliesslich in der Ostschweiz hergestellt wird, ist ein Klassiker für die Zubereitung von Käsekugeln. Versand auch per Post (nur ganze Laibe). *Rutz Käse AG, Marco und Ralph Rutz, 9303 Wittenbach (SG), Hofstetstrasse 14, Tel. 071 292 32 32, www.rutzkaese.ch.*

Werdenberger Sauerkäse
Dieser fettlose «Saure» ist eine Rarität und der Richtige, um die sauren Käseknöpfli zu machen. *Molkerei Grabs, Ruedi Alder, Dorfstrasse 10, 9472 Grabs, Tel. 081 771 38 28.*

Biogemüse
Ein Tipp von Sabina Bertin vom Rössli in Mogelsberg. Biogemüse, frisch, saisonal, produziert nach Richtlinien der Bio-Knospe. *Familie Ackermann, Haslen, 9244 Niederuzwil, Tel. 071 952 61 81, pbackermann@bluewin.ch.*

Toggenburger Sennenwurst
Die mit der Goldmedaille ausgezeichnete Wurst aus Fleisch und Käse ist eine Toggenburger Spezialität mit einem einzigartigen Geschmack. *Metzgerei Schweiwiller, Bruno Scheiwiller, Sidwaldstrasse 26, 9652 Neu St. Johann, Tel. 071 994 24 51.*

Weitere Restaurants im Kanton St. Gallen

SCHÖNE AUSSICHT

Restaurant Burg-Strahlegg, Betlis (SG)

Theres und ihr Gugelhopf: Die sympathische Gastgeberin auf der Strahlegg stellt den Gugelhopf nach einem gut 100-jährigen Familienrezept her. Täglich gibt es selbstgemachte, frische Wähen und warme Gerichte. Meine Favoriten sind der saftige Buureschüblig und der Rauchspeck des Hauses, das über einen schönen Garten mit über 80-jährigen Nussbäumen verfügt. Erreichbar von Weesen aus zu Fuss oder mit dem Schiff. *Restaurant Burg-Strahlegg, Fam. A. Zahner-Böni, Untere Betlisstrasse 4, 8872 Betlis, Ruhetage: Do., keine Betriebsferien, Tel. 055 611 11 82.*

Berggasthaus Eggwald, Kunkel-Vättis

Bergbeizli mit einer aufgestellten Wirtin auf der Kantonsgrenze St. Gallen/Graubünden. Lucia Koller kocht frisch, biologisch und mit Liebe, z. B. Bio-Bratwürste, Gehacktes mit Hörnli usw. Von Mai bis Okt. bis 18 Uhr, von Jan. bis März auch an sonnigen Wochenenden. *Bergrestaurant Eggwald, Lucia Koller, 7315 Vättis, Ruhetage: Mo., Di., Tel. 081 641 11 19, www.eggwald.ch.*

SICHERE WERTE

Schwarzer Adler, St. Gallen

Eine der «Grandes dames» der St. Galler Gastroszene. Eva ist stadtbekannt, die Terrasse ihres typischen Erststock-Beizlis eine der schönsten der Stadt und das Essen schlicht perfekt: Siedfleisch, flacher Güggel (Mistkratzerli auf dem Bauch), täglich frische Leber, Pflaumen im Portwein mit Zimtglace. Alles frisch und hausgemacht. *Schwarzer Adler, Eva Wittwer, Marktplatz 12, 9000 St. Gallen, Ruhetage: Sa., So., keine Betriebsferien, Tel. 071 222 75 07.*

Krone, Mosnang

Ein Toggenburger Gastrobetrieb mit schnörkelloser Küche, z. B. Knöpfli mit Bloderkäse, mit Bergkäse gefülltes Schweinsfilet, Schweinssteak mit Äpfeln und Bratkartoffeln, Toggenburger Schlorzifladen, Birnen-Gratin. *Restaurant Krone, Bruno und Rita Schneider, Unterdorf 20, 9607 Mosnang, Ruhetage: Mo. ab 14 Uhr und Di., Betriebsferien Ende Juli 2 Wochen, Weihnachten, Tel. 071 983 28 47, www.kronemosnang.ch.*

ÜBERRASCHEND

Restaurant Sagibeiz, Murg

Die Sagibeiz ist ein ungewöhnliches Restaurant: In einer alten Sägerei, direkt am See mit Blick auf die Churfirsten, betreiben junge Gatsronomen eine frische, saisonale Küche, u.a. extragrosses Cordon bleu, Lammrückenfilet, Wurst-Käse-Salat. Dazu gibt es kulinarische Events und zahlreiche Kulturanlässe. *Restaurant Sagibeiz, Dieter von Ziegler, 8877 Murg, keine Ruhetage, Tel. 081 710 30 60, www.sagibeiz.ch.*

RESTAURANTS MIT CULINARIUM-LABEL

Restaurant Kreuz, Zuzwil

Der Gasthof von Patrick Züger, mit persönlicher Atmosphäre und einem schönen «Gade». Konsequent marktfrische Küche mit Produkten aus der Region, innovativ zubereitet. *Restaurant Kreuz, Patrick Züger, Oberdorfstrasse 16, 9524 Zuzwil, Ruhetage: Mo. ab 14 Uhr, Di., Tel. 071 944 15 21.*

Stumps Alpenrose, Wildhaus

Was Annagret Stump auf die Teller zaubert, ist mal ganz klassisch toggenburgerisch, mal geheimnisvoll-magisch, mal charmant-kunstvoll, aber immer frisch und mit der Region verbunden. *Stumps Alpenrose, am Schwendisee, 9658 Wildhaus, keine Ruhetage, Tel. 071 998 52 52, www.stumps-alpenrose.ch.*

Gasthof Rössli, Werdenberg (SG)

Culinarium-Betrieb, mitten im spätmittelalterlichen Städtchen mit dem Schloss Werdenberg. Marcel Senn hat die Rheintaler Törggeribel-Suppe kreiert (Rezept im *Ribel-Buch*). *Gasthof Rössli, 9470 Werdenberg, Ruhetage: So.-Abend, Mo., Tel. 081 771 26 56, www.roessli-werdenberg.ch.*

Culinarium

Rössli, Wil
Einheimische Augen- und Gaumenfreuden auf Gourmetniveau, z. B. Kalbshuft, Appenzeller Milchkalbfilet mit Sommertrüffel, Ostschweizer Lammrücken, Chriesigratin. *Gasthaus Rössli, Karin und Ruedi Geissbühler, Toggenburgerstrasse 59, 9500 Wil, Ruhetage: So., Mo., Tel. 071 913 97 50, www.roessli-wil.ch.*

Weitere Restaurants mit dem Culinarium-Gütesiegel finden Sie unter: www.culinarium.com.

SPITZE
Schlüssel, Mels
Das Reich von Seppi Kalberer mit seinen legendären geschmorten Kalbsbäggli mit Pommes purées! Prächtiges Restaurant im Biedermeierstil, im Parterre mit Tellerservice. *Restaurant Schlüssel, Seppi Kalberer, Oberdorfstrasse 5, 8887 Mels, Ruhetage: So., Mo., Betriebsferien Mitte Juli bis erste Woche Aug., Tel. 081 723 12 38, www.schlussel.grandestables.ch.*

Jägerhof, St, Gallen

Hier kocht Vreni Giger, Köchin des Jahres 2003 (17-GM-Niveau, 1 Michelin-Stern), im ersten Voll-Bio-Restaurant der Schweiz. «Wir kochen, was wir selber gerne essen», sagt Vreni, zum Beispiel rosa gebratenen Lammrücken aus dem Appenzell, Wirsingroulade, Kürbis-Risotto, gefüllte Peperoni. Speziell: Man kann auch in der Küche essen! *Restaurant Jägerhof, Brühlbleichestrasse 11, 9000 St. Gallen, Ruhetage: Sa.-Mittag, So., Betriebsferien: über Weihnachten und Mitte Juli–Mitte Aug., Tel. 071 245 50 22, www.jaegerhof.ch.*

Regional schmeckts besser! Unter diesem Motto hat sich der Trägerverein Culinarium, geleitet von Andreas Allenspach, dem Ziel verschrieben, regionale Produkte und einheimische Spezialitäten zu fördern und damit gewachsene Produktions- und Handelsstrukturen zu unterstützen. Für den Gast heisst das: Da, wo die Culinarium-Krone strahlt, ist das Essen frisch, innovativ und besteht ausschliesslich aus regionalen Produkten.
Die Marke «Culinarium» ist ein Gütesiegel, hinter dem heute mehr als 50 Gastronomen und 200 Produzenten stehen, die über 700 regionale Spezialitäten herstellen. Dazu gehören die Appenzeller Mostbröckli, Getränke wie Apfelsaft, Schorle, Appenzeller Käse, Bio-Berghofkäse, Altstätter Federweiss, Syrah Barrique sowie Früchte und Gemüse wie die Blauen St. Galler (Kartoffelsorte) oder der Rheintaler Ribelmais. Eine wichtige Rolle spielen die Genuss- und Degustationsanlässe, die von den Culinarium-Produzenten und Restaurants durchgeführt werden. Dazu gehört die Partizipation an der gesamtschweizerischen «Woche der Genüsse» (Semaine du Goût), die jeweils Mitte September stattfindet. An Hunderten von Veranstaltungen dreht sich alles um den guten Geschmack: «Die Genusswochen sind ein Fest für die Sinne und sollen vor allem auch Kinder und Jugendliche für Qualität und regionale Spezialitäten sensibilisieren», sagt Andreas Allenspach. Alljährlich wird eine kulinarische Hauptstadt gewählt. 2004 war dies Rapperswil, 2005 ist es das Städtchen Bulle mit dem Spitzenkoch Fredy Girardet als Botschafter der Genusswoche. Informationen zu den Anlässen der Semaine du goût findet man im Internet unter: www.gout.ch.

Weitere Informationen zum Culinarium bei: Trägerverein Culinarium, Davidstr. 35, 9001 St. Gallen, Tel. 071 229 35 50, www.culinarium.com.

Klein, aber oho

Appenzeller Käse, Siedwürste und Mostbröckli: Wie kaum eine andere Schweizer Region hat es das Appenzellerland verstanden, sich als kulinarische Marke zu etablieren. Nebst den altbekannten Spezialitäten warten auch kulinarische Innovationen auf «gwundrege Müüler» wie Flauder, Wonder und Kabier.

RESTAURANT **20**

Bären
Gonten, AI

RESTAURANT: **Bären**

ADRESSE: **9108 Gonten**

GASTGEBER: **Familie Silvia und Charly Gmünder**

TELEFON: **071 795 40 10**

INTERNET: **www.hotel-baeren-gonten.ch**

RUHETAGE: **So.-Abend, Mo.**

BETRIEBSFERIEN: **keine**

WEGBESCHRIEB: **Zwischen Appenzell und Urnäsch. Bahn ab Gossau (SG) via Herisau.**

SPEZIELL: **15 GM**

ÜBERSETZUNGSHILFE INKLUSIVE

Wer als Nicht-Appenzeller im Bären die Menükarte studiert, versteht oft nur Bahnhof. Dabei stellen «neui Hedepfel» (neue Kartoffeln) oder «Söödwöschtli» (Siedwürste) noch die kleinsten Übersetzungsprobleme. Deutlich schwieriger wird es beim «Chöngelirogge» (Kaninchenrücken) oder den «Tögge-Chüechli» (Maisküchlein). Und spätestens bei der «Häselbei-Zonne» (Heidelbeer-Kompott), dem «Chäs-Schoope» (geröstete Brotwürfel, umhüllt von Käse) oder «Fenz» (Milch-Butter-Brei) verstehen Uneingeweihte nichts mehr. Doch Charly, der den Bären in der vierten Generation führt, erklärt den Gästen immer wieder gerne und genau, was da auf den Teller kommt. Und das ist in jedem Fall hervorragend – egal, wie es heisst.

Fenz, Chäs-Schoope und Häselbei-Zonne

Beim «Fenz» handelt es sich nicht um einen neuen Modetanz, «Schoope» ist keine Parfümmarke und «Häselbei» kein Begriff aus der Anatomie: Alle diese Begriffe stammen aus dem Universum der Kulinarik, und zwar aus dem tiefsten Appenzeller Urgestein, da wo – bildhaft gesprochen – die Dinosaurier auf ihre Entdecker warten. Charly Gmünder vom Bären in Gonten hat die Appenzeller Urküche jahrzehntelang erforscht, uralte Rezepte ausgegraben, verfeinert und modernisiert – und damit in den 70er-Jahren eine kleine Revolution im Appenzellerland ausgelöst: Plötzlich waren die Bauerngerichte wieder in jeder Bergbeiz und in den besten Gourmet-Restaurants zu finden. Und natürlich sind die Resultate von Charlys Archäologenarbeit auch in seinem eigenen Restaurant – gewissermassen aus der Hand des Meisters – zu entdecken. Und Retrophile – auf gut Appenzellerisch «gwunderege Müüler» – gibt es viele.

Kulinarische Archäologenarbeit. Von weit her kommen die Leute, um Fenz, Chemi-Suppe, Rahm-Zonne und andere Traditionsgerichte auszuprobieren. Nicht wenige Gäste schmunzeln und lachen, manche jauchzen sogar, wenn die optisch ungewohnten, zum Teil breiähnlichen Speisen auf den Tisch kommen. Dass man sie zum Teil gemeinsam aus der gleichen Schüssel isst, gehört zur Wiederentdeckerlust. «Das ist wie früher bei der Kappeler Milchsuppe», sagt Charly Gmünder, «da ist das Eintauchen der Gabeln und Löffel in den gemeinsamen Topf ein wichtiges soziales Element.» Vor allem jüngere Leute stehen auf die Uraltgerichte: «Vielleicht hat die Pommes- und Hamburger-Generation genug vom globalen Einheitsbrei und entdeckt jetzt die Qualitäten der einfachen, gute Küche», meint Charly.

Trend, neuer lifestyle oder «retro»? Spannend ist die Bären-Küche auf jeden Fall! Als Erstes esse ich Chäs-Schoope – das sind geröstete Brotwürfel, umhüllt von gebratenem Käse. Entdeckt hat Charly das Gericht bei Emma Kölbener, einer Bauersfrau aus Brand bei Appenzell. 1972 hat Emma im Bären ausgeholfen und Charly das Rezept gezeigt. Selbst der weit gereiste Kochprofi staunte ob der genialen Einfachheit des Gerichts: «Die Menschen hatten früher nur wenige Ausgangsprodukte und mussten erfinderisch sein», erklärt Charly, der allerdings lange tüfteln musste, um das Brot-Käse-Gericht in die heutige, knackige Form zu bringen. Die überzeugte dann sogar die Swissair: «Die Schweizer Airline führte damals das Hotel Drake in Manhattan, und da wurden meine Chäs-Schoope während der Appenzeller Wochen serviert», sagt Charly und lacht: «Kein schlechter Karrieresprung für ein Gericht, das eigentlich nur aus Brot und gebratenem Käse besteht!»

Noch älter ist der Fenz, eine Art Milch-Butter-Brei, der aussieht wie Kartoffelstock und mit Brot gegessen wird. «Das ist eine Mahlzeit, die schon fast aus der Zeit des kulinarischen Urknalls stammt», erklärt Charly. «Man muss sich die alten Bauersleute vorstellen: keine Zähne mehr, kein Geld, nur ein paar Geissen. Dann kochten sie eben Fenz, tunkten etwas Brot hinein und tranken Milchkaffee dazu.» Obwohl das Grundrezept äusserst einfach ist, brauchte Gmünder fast ein Jahrzehnt, um den Fenz so luftig und leicht hinzukriegen, wie man ihn heute im Bären geniessen kann. Über ein Dutzend Appenzeller Gerichte hat der Kochprofi ausgegraben und neu rezeptiert. Nicht wenige sind heute in den Restaurants rund um den Alpstein anzutreffen.

Biberfladen-Parfait mit Alpsteinbitter. Nicht nur die Uraltgerichte beherrscht Charly Gmünder virtuos. Das beweist das zart gebratene Kaninchen, begleitet von Linsen und frittierten Küchlein aus Ribelmais. Oder das halbgefrorene Biberfladen-Parfait, serviert mit Alpsteinbitter – eine jüngere Erfindung des Bären-Wirts. Gegessen und getrunken habe ich stilvoll an einem schweren, hexagonal geformten Schiefertisch. «Falsch!», sagt Charly, «das sieht aus wie Schiefer, ist aber genageltes Leder, und die Dellen am Tischrand sind von den Ellbogen all der Gäste, die hier schon getafelt haben.» Das müssen einige gewesen sein. Der Tisch stammt aus dem 17. Jahrhundert und hätte sicher noch viele spannende Episoden zu erzählen. Doch das ist eine andere Geschichte …

– Charly Gmünder im Gewölbekeller des 350-jährigen Gasthauses. Getreu dem Motto des Hauses, «lihämisch isch guät», lagern hier vor allem regionale Provenienzen aus dem Appenzell, der Bodenseeregion, dem Rheintal und der Bündner Herrschaft. Auch ein kristallklarer Kräuter aus dem Appenzell, mit feinem Anisgeschmack, steht hier abrufbereit.

– Brot, Milchkaffee und Fenz – eine uralte Bauernmahlzeit.
– Chäs-Schoope (geröstete Brotwürfel, umhüllt von Käse).
– Kaninchen mit Linsen und frittierten Küchlein aus Ribelmais.
– Halbgefrorenes Biberfladen-Parfait mit Alpsteinbitter.

Rezepte von **Charly Gmünder** im Anhang.

— **Fenz,** S. 401

— **Chäs-Schoope,** S. 419

RESTAURANT **21**

Sonne
Urnäsch, AR

RESTAURANT: **Sonne**

ADRESSE: **9107 Urnäsch, Schwägalpstrasse 60**

GASTGEBER: **Familie Sandra und Hansueli Diesterbeck**

TELEFON: **071 364 11 05**

INTERNET: **www.sonne-urnaesch.ch**

RUHETAGE: **Mo., Di.**

BETRIEBSFERIEN: **2 Wochen im Juli, 2 Wochen im Winter**

WEGBESCHRIEB: **An der Schwägalpstrasse, 20 Min. von Herisau. Bus ab Urnäsch Bahnhof.**

SPEZIELL: **15 GM**

Die Sonne Urnäsch gehört zu den Traditionshäusern im gastlichen Appenzell. Früher war das Haus Drehscheibe des politischen Lebens und grosser Festlichkeiten des Dorfs. Davon zeugt der rund 200-jährige Jugendstilsaal im oberen Stock, mit Malereien vom Heidener Maler Gutlehner und symmetrisch angelegtem Krallentäfer an der Decke. Sandra und Hansueli Diesterbeck setzen die Tradition fort. Kulinarisch strahlt die Sonne weit über die Region hinaus: mit hervorragend zubereiteten Appenzeller Traditionsgerichten, modern und bekömmlich zubereitet von einem jungen Team.

In der Sonne jauchzen die Sinne

Ich gestehe es, die Pelargonien, diese knallroten Dauerblüher, obligate Zierde aller Balkongärten, gehörten nie zu meinen Lieblingsblumen. Das liegt weniger an den Blumen selber als an der uninspirierten Darreichung in normierten Kistchen und Töpfchen. Natur, degradiert zum Dekor. Doch das war, bevor ich die Geranienpracht beim Restaurant Sonne zu Gesicht bekam! Zwar knallt auch hier eine geballte Ladung Rot-Grün auf die Netzhaut. Doch die ist wild und archaisch, die Pflanzen wuchern umgebremst und frei. Wen wunderts da, dass der Gast auch im Innern durchatmen kann? Kein schwülstiger Appenzeller Barock (trotz Kachelofen und Holztischen). Keine stilblütentreibende «Kunstküche». Locker und inspiriert geht es in Hansueli und Sandra Diesterbecks schönem Restaurant zu und her – besonders in der Küche. Ob Appenzeller Mostbröckli mit frischem Meerrettichschaum, Siedfleisch-Tafelspitz vom Urnäscher Rind oder Chässpätzli mit Zwiebelschweissi: Die Darbietungen in der Sonne gehören zur Sparte «lustvolle Gastronomie» und zählen zu den besten im Appenzellerland. **Chümibrotsuppe.** Das zeigt sich selbst bei einem vergleichsweise banalen Gericht wie der Chümibrotsuppe, die früher mit Brotresten zubereitet wurde: Mit einer Fleischbrühe veredelt und mit Rahm verfeinert kommt sie in der Sonne als Delikatesse auf den Tisch. Auch der Hackbraten, nach einem alten Hausrezept mit Brät, Brot und geschnittenem Lauch und Zwiebeln gemacht, ist Grossmutter-Küche auf Gourmet-Niveau. Desgleichen das Biberfladen-Parfait mit Dörrzwetschgen, denen man anmerkt, dass sie zwei Tage lang in hochprozentigem Pflümli liegen durften. Auch beim Wein ist Qualität die Devise: Zum Hauptgang empfiehlt Sandra einen Winzergold-Pinot-noir «Spätlese», mit 14,3 Volumenprozenten, ein schwerer, aber äusserst süffiger Wein aus der Bündner Herrschaft. Auch regionale Weinspezialitäten wie der Wienachstwy stehen auf der Karte. «Der Trend in Küche und Keller geht klar zum Regionalen», sagt Hansueli Diesterbeck, der früher bei Roland Jöhri im Talvo in Champfèr (siehe S. 85) und in anderen renommierten Betrieben am Herd stand. «Frische Produkte aus der Region, hochstehend zubereitet und optisch schön präsentiert, heisst das Erfolgsrezept – und das lässt sich sehr gut messen: Ich spüre sofort, ob meine Kreationen bei den Gästen ankommen.» Den harten Test bestanden haben auch Hansuelis Ravioli, die ein Stück Italianità ins Appenzeller Ambiente zaubern – gefüllt, wie sichs gehört, mit Brasato, zubereitet aus bestem Kalbfleisch aus der Region.

Doppelter Silvester. Auch architektonisch ist die Sonne eine Reise wert: Der grosse Saal mit den Jugendstil-Malereien zeugt von der grossen gesellschaftlichen Tradition des Hauses. Auch heute finden hier immer wieder Anlässe statt wie die Sonnengala (Wine and Dine, im März), der Streichmusiktag (letzter Samstag im April) oder das Silvesterchlausen (am 31. Dezember und – noch wilder und urchiger – am 13. Januar). Auch im Herbst ist die Sonne oft randvoll: Ab Oktober stehen Rehpfeffer und andere Wildspezialitäten auf der Karte, im November ist die Hausmetzgete, und im Dezember finden grosse Bankette statt. – Nur etwas passt nicht ganz ins sonnige Dekor: die Körpergrösse des Chefkochs. Mit 1 Meter 83 muss Hansueli Diesterbeck im niedrig gebauten Appenzellerhaus den Kopf permanent etwas einziehen. Einige seiner sympathischen jungen Köchinnen und Köche übrigens auch …

– Der Jugendstilsaal mit Krallentäfer.
– Das junge Diesterbeck-Team.
– Der Chef in der Sonne-Küche.

– Hackbraten mit Spätzli.
– Siedfleisch-Tafelspitz mit Fleisch von Ammenrindern und Gemüse-Vinaigrette.
– Chümibrotsuppe (Kümmelbrotsuppe), wie sie im Appenzeller Hinterland zubereitet wurde.
– Biberfladen-Parfait mit Zwetschgen.

Rezepte von **Hansueli Diesterbeck** im Anhang.

— **Biberfladen-Parfait mit warmen Zwetschgen,** S. 422

— **Urnäscher Chümibrotsuppe,** S. 404

RESTAURANT **22**

Traube
Gais, AR

RESTAURANT: **Traube**

ADRESSE: **9056 Gais, Rotenwies 9**

GASTGEBER: **Silvia und Thomas Manser-Mösli**

TELEFON: **071 793 11 80**

INTERNET: **www.truube.ch**

RUHETAGE: **Di., Mi.**

BETRIEBSFERIEN: **Mitte Juli–Mitte Aug., Ende März 1 Woche**

WEGBESCHRIEB: **In Gais Richtung Gäbris. Vom Bahnhof zu Fuss 15 Min.**

SPEZIELL: **das familiäre Ambiente**

2001 haben Silvia und Thomas den Betrieb von Silvias Eltern übernommen. «Das war früher eine richtige Dorfbeiz, hier wurde geraucht, politisiert, gefestet», erinnert sich Silvia, «vor allem an der Chilbi war jeweils viel los – und im Herbst, während der Jagsaison, denn mein Vater ist ein passionierter Jäger.»

Bitte nicht weitersagen!

Frisch und kreativ: So steht es im Internet. Und für einmal ist dies nicht übertrieben: Die Traube, eine kleine, feine Wirtschaft am Fusse des Gäbris, ist ein Geheimtipp, den man am besten für sich behält. Denn es wäre schade, wenn die verschleckten «Agglos» gleich scharenweise dieses gemütliche Restaurant stürmen würden. Dann wären Silvias Apfeltörtchen zu schnell verkauft. Oder die Kalbskopfbäggli mit dem frischen Kartoffelstock. Oder die Chratzete, eine Art Omelette, die Silvia mit viel Butter à la minute zubereitet. Und der gute Thomas, sonst kaum aus der Ruhe zu bringen, hätte beim Ansturm kaum mehr Zeit, um die Flasche «Cuvée Altstätten» mit einem derart sympathischen Lächeln zu entkorken – einen wunderbaren Rotwein aus dem Rheintal und ebenfalls ein Geheimtipp!
Geniessen Sie also einen der letzten Flecken auf der Schweizer Gastrokarte, wo man noch Einheimische trifft, die ihr Tabakpfeifchen rauchen. Oder zwei Jäger, die am Morgen einen stattlichen Hirsch geschossen haben. Und wo man vor allem sehr gut und sehr preiswert isst.
Silvia Manser ist ein Ausnahmetalent. Bei Hansueli Diesterbeck in der Sonne hat sie die Kochlehre gemacht, mit Note 5,9 die Ausbildung abgeschlossen – als Beste ihres Jahrgangs in der ganzen Schweiz. Als Shootingstar sieht sie sich trotzdem nicht: «Ich koche

so, wie ich selber gerne essen würde», sagt die Appenzellerin und Mutter von zwei Kindern. «Es fasziniert mich, aus wenig Zutaten etwas Gutes zu machen!» Die Freude am Handwerk spürt man. Zum Beispiel bei den Apfeltörtchen, zubereitet mit einem luftig-leichten Blätterteig und saftigen Äpfeln aus der Region: «Am besten werden die Törtchen mit leicht säuerlichen Äpfeln», empfiehlt Silvia, die am Morgen fast eine Stunde lang an den kleinen Köstlichkeiten gearbeitet hat. Auch die Kalbskopfbäggli, die am Tag meines Besuchs auf der Karte stehen – mit Kartoffelstock und viel Sauce, versteht sich –, sind mit hohem Zeitaufwand zubereitet: Eineinhalb Stunden hat Silvia das Fleisch mit etwas Rotwein im Ofen geschmort – erstklassige Bäggli, geliefert von der Metzgerei Löwen in Urnäsch. Von ihr bezieht Silvia auch die Rindsfilets oder die Kutteln (serviert an einer frischen Tomatensauce) und die frischen Läberli, die immer am Donnerstag und Freitag auf der Karte stehen – klassisch mit goldbrauner Rösti.

Saucen, Saucen, Saucen. Typisch für Silvias Küche: Bei fast allen Fleischgerichten gibt es hausgemachte Saucen – und die sind so gut, dass sogar der Mann des Hauses immer noch davon schwärmt. «Ihre Saucen sind so gut abgeschmeckt, dass es mir schwer fällt, irgendwo anders zu essen!», sagt Thomas. Er führt die Gäste aus dem Unterland kompetent durch die Karte und versorgt sie auch geduldig mit Wandertipps: «Hinter unserem Restaurant liegt der Gäbris, ein ideales Wandergebiet. Wenn im Unterland Nebel liegt, scheint hier die Sonne – dann kommen die Leute scharenweise.» Dann wird in der Traube auch auf der Terrasse aufgedeckt. Ein wunderbares Plätzchen, um Silvias Wunderküche und die würzige Appenzeller Bergluft zu geniessen. Aber bitte, sagen Sie es nicht weiter!

– Hermann Mösli (Bildmitte) geht seit fünf Jahrzehnten auf die Jagd. Sechs Hirsche hat er in seiner Karriere bereits geschossen. Rehe, Gämsen und Wildschweine bringt er regelmässig jagdfrisch in die Küche seiner Tochter. Die Wildsaison beginnt in der Traube ab Mitte September.

– Apfeltörtchen mit hausgemachter Vanille-Glace.
– Käseküchlein mit Bergkäse von Gais.
– Kalbskopfbäggli mit Kartoffelstock und Saisongemüse.

Rezepte von **Silvia Manser** im Anhang.

— **Geschmortes Kalbskopfbäggli mit Kartoffelstock,** S. 409

— **Apfeltörtchen,** S. 428

RESTAURANT **23**

Brauerei Stein, AR

RESTAURANT: **Brauerei**

ADRESSE: **9063 Stein AR**

GASTGEBER: **Hansueli und Marie-Louise Schrepfer**

TELEFON: **071 367 11 05**

INTERNET: –

RUHETAGE: **Di., Mi.**

BETRIEBSFERIEN: **3 Wochen im Juli und Sportferien**

WEGBESCHRIEB: **Von der Schaukäserei Richtung Appenzell, nach 300 m rechts weg. Bus ab St. Gallen oder Herisau.**

SPEZIELL: **Garten, antiker Saal mit Geigenstuhl**

Im Appenzellerland brauten früher viele Landwirte ihr eigenes Bier und führten als Nebenerwerb noch eine kleine Wirtschaft. So auch im heutigen Restaurant Brauerei, das überdies auch Treffpunkt des Dorfs Stein für grosse Festlichkeiten war. Der antike, tanzflächengrosse Saal mit dem Geigenstuhl lässt ahnen, wie «lüpfig» hier aufgespielt wurde. Heute wird der Saal für Bankette genutzt, nicht selten ebenfalls mit Musik.

Chäshörnli und Söödwöschtli in der Brauerei

Die Appenzeller waren kleine Leute. Wie klein, kann man im Restaurant Brauerei in Stein erleben: Wer die knapp 1,80 Meter hohe Gaststube betritt, muss den Kopf einziehen. In der Ecke steht das «Gutschli», ein Bett aus Tannenholz, gerade mal 1,58 Meter lang. Hier machte der Beizer, Bauer und Brauer früher sein Mittagsschläfchen, während sich unter dem Bett die Kücken kuschelten und auf dem Kachelofen die Katzen schnurrten. Von 1868 bis 1910 wurde in diesem mächtigen Haus noch Bier gebraut, wie in vielen Gasthäusern im Appenzellerland. Mit Hopfen und Malz verdienten die Wirte dazu, so mancher hat sich damals sogar eine goldene Nase verdient.

Hopfen und Malz. Heute führen Hansueli und Marie-Louise Schrepfer die 400-jährige Beiz, die weniger auf «Hopfen und Malz», dafür umso überzeugender auf gutes, marktfrisches Essen ausgerichtet ist. Natürlich gibt es Reminiszenzen an die einstigen, bierseligen Zeiten. Etwa den «Braui»-Teller mit Mostbröckli, Pantli und rässem Appenzeller Käse. Auch die Fleischvögel oder die Söödwöschtli mit Chäshörnli (Siedwürste mit Käsehörnli) gehören zu den stattlich portionierten Traditionsgerichten, an denen jeder Brauer seine Freude hätte. Das gilt erst recht für das Kalbs-Cordon-bleu. Gefüllt ist es mit Appenzeller Raclettekäse, der in der Bergkäserei Gais produziert wird, und zwar so gut, dass der Käser, Andreas Hinterberger, schon zwei Mal

zum Schweizer Raclette-Meister gekürt wurde (siehe Einkaufstipps S. 146).
Zum Dessert stehen Holdere-Zonne, Biberfladen-Parfait oder Mostcrème zur Wahl. Alles wird frisch, saisonal und mit Liebe von Hansueli zubereitet. Auf der Schwägalp hat er die Kochlehre gemacht, dann war er in Gstaad in der Chesery bei Robert Speth (Koch des Jahres 2005) und schliesslich bei Martin Dalsass im Restaurant Santabbondio in Sorengo im Tessin. 1992 haben Marie-Louise und Hansueli die Brauerei von den Eltern übernommen und zur kleinen, feinen Beiz ausgebaut.

Saal mit Geigenstuhl. Vor dem schönen Appenzellerhaus lockt ein Gartensitzplatz mit Blick auf die Hügel von Schlatt. Im Inneren schlummert der grosse Saal mit einem antiken «Geigenstuhl». Hier wurde früher regelmässig zum Tanz aufgespielt – richtig «appenzöllerisch», mit Hackbrett, Örgeli und Geige. Das ist auch heute regelmässig der Fall, vor allem, wenn grössere Bankette stattfinden: «Wir kochen bis zu sieben Gängen», sagt Hansueli, «aber ohne Schickimicki, ganz einfach und auf dem Boden.» So sind sie eben, die Appenzeller: Etwas näher am Boden und in der Sache ziemlich «oho»!

– Altes Geschirr im Tanzsaal. Auch der Bierkrug stammt aus alten Zeiten.
– Hansueli Schrepfer in der Brauerei-Küche: Hier entsteht Appenzeller Traditionskost wie Söödwöscht mit Hörnli, Gitzi-Chüechli oder Appenzeller Schnitzel.

– Söödwöscht mit Chäshörnli, eine klassische Appenzeller Spezialität.
– Kalbs-Cordon-bleu gefüllt mit Appenzeller Raclettekäse.
– Saftig, frisch und gut gebaut: Appenzeller Schnitzel mit viertelfettem Appenzeller Käse, Zwiebeln und Champignons.
– Gitzi-Chüechli, eine Osterspezialität.

Rezepte von **Hansueli Schrepfer** im Anhang.

— **Appenzeller Siedwurst mit Chäshörnli,** S. 410
— **Holdere-Zonne,** S. 422

RESTAURANT **24**

Äscher-Wildkirchli
Weissbad, AI

RESTAURANT: **Äscher-Wildkirchli**

ADRESSE: **9057 Weissbad**

GASTGEBER: **Claudia und Beny Knechtle**

TELEFON: **071 799 11 42, Winter: 071 799 14 49**

INTERNET: **www.aescher-ai.ch**

RUHETAGE: **keine**

BETRIEBSFERIEN: **Nov.–Ende April**

WEGBESCHRIEB: **von Wasserauen mit der Ebenalpbahn, dann 20 Min. zu Fuss.**

SPEZIELL: **saisonale Bergküche**

Das Äscher Wildkirchli ist eines der spektakulärsten Bergrestaurants der Schweiz. Von Wassenauen führt die Ebenalpbahn bequem auf das Hochplateau, dann geht es auf einem wildromantischen Bergpfad hinunter. Der Weg führt durch die Wildkirchlihöhle und an der Kapelle vorbei zur Felswandbeiz (rund 20 Min. Wanderung). Vor kurzem wurde das Bergrestaurant gründlich renoviert. Der Blick ist unverändert atemberaubend: Oben und unten senkrechter Fels, vorne der Blick in die Weite des Appenzellerlands.

Gamspfeffer im senkrechten Felsen

Als hätte ein Architekt zu viel Böschelibockbenzin getrunken: So klebt das Bergrestaurant Äscher auf 1454 Metern in den Felsen des Alpsteins. Die Küche wurde aus dem Stein gehauen. Die Wand im Treppenhaus ist mit Plastik abgedeckt: «Es tropft aus den Felsen», sagt Beny Knechtle, der die Bergbeiz seit 1987 mit seiner Frau Claudia führt. Auch kulinarisch kommt man zu einigem Spektakel: Beny kocht weit über dem üblichen Bergrestaurant-Niveau. Wir essen hausgemachtes Schwinigs im Sulz (Beny ist selber Metzger), gefolgt von frischer Rösti mit Spiegelei. Dann – es ist Jagdsaison – kommt Benys Geheimgericht: Gamspfeffer mit Rotkraut. «Das gibts nur ab dem 6. September und nur, wenn die Gäste nett sind», sagt Beny, der selber auf die Jagd geht. Das Alpsteingebiet ist eines der grossen Schweizer Jagdgebiete, in dem nebst Gämsen seit Jahrzehnten auch eine Steinbock-Kolonie prächtig gedeiht.

Saisonale Bergküche. Es lohnt sich, im Äscher auf die saisonalen Schwerpunkte zu achten: Ab Mitte Oktober ist Kaninchen-Voressen angesagt. Am ersten und letzten Wochenende im Oktober ist Metzgete, dann gibts Alpschwein. Jeden Dienstag und Donnerstag kommen frische Eier und Kartoffeln vom Tal die Felswand hoch. «Der Transport mit dem Warenlift kostet 20 Rappen pro Kilogramm», sagt Beny. «Das summiert sich», ergänzt Claudia. «Aber es verkauft sich», sage ich. Die

frische Rösti, serviert mit einem Spiegelei, geht am Tag meines Besuchs weg wie … eben: frische, knusprige, goldgelbe Äscher-Rösti! Anfang November, nach dem Allerheiligen, zügeln Claudia und Beny Knechtle mit Kind und Kegel wieder ins Tal. Dann muss vorher noch alles weg, sogar die drei Schweine und die Kaninchen müssen daran glauben. Für Insider ist das die beste Zeit, um in der Felsenbeiz noch einmal so richtig zuzuschlagen. «Es ist normal, dass die Gäste bis 2, 3 Uhr morgens bleiben», sagt Claudia, «eine Polizeistunde kennen wir nicht.»

Höhlenkaffee. Nur einen Nachteil hat das Äscher-Wildkirchli: Man muss nach dem Essen auf dem Bergpfad wieder hinauf zur Bahn. Zu viel Höhlenkaffee sollte man nicht intus haben. Denn der ist gespritzt mit Böschelibockbenzin. Was das genau ist, will Claudia nicht verraten. «Sicher ist nur, er fährt gut ab.» Die Mutter von fünf Kindern ist selber ein Sonnenkind. Jeden Gast begrüsst sie persönlich, viele sind Stammgäste, die ersten Touristen kommen schon um 8 Uhr früh zum Äscherfrühstück (Reservation erwünscht). Unter den Gästen auf der Sonnenterrasse ist heute auch eine kanadische Touristin. Sie folgt einer in Buchform aufbereiteten Reiseanleitung mit dem Titel «In zwei Wochen durch Europa». Eine Stunde ist darin für die Wirtschaft im Fels eingeplant, dann reist sie weiter zur nächsten der insgesamt 14 Etappen, nach Rom.

– Die Wildkirchlihöhle, das Tor zum knapp hundert Meter entfernten Bergrestaurant.
– Holdere-Zonne mit Hauskaffee und Böschelibockbenzin.
– Zimmer im Fels.
– Küche im Fels.

– Dessertplättli mit Birewegge, Biberflade, Nusskuchen, Apfelschnitzen.
– Hausgemachtes Schwynigs im Sulz.
– Äscher-Teller u.a. mit Mostbröckli, Buurespeck und fettem Appenzeller Käse.
– Spiegeleier mit hausgemachter, frischer Rösti.
– Benys Geheimtipp im Herbst: Gamspfeffer mit Rösti und Rotkraut (gibt es auch mit Spätzli).

Rezepte von **Claudia und Beny Knechtle** im Anhang.

— **Höhlenkaffee mit Böschelibockbenzin,** S. 429
— **Kaninchen-Voressen,** S. 410

Weitere Bergrestaurants im Alpsteingebiet

Über 40 Berggasthäuser finden sich in der Gebirgslandschaft des Alpsteingebiets. Geöffnet sind sie von Ende Mai bis Ende Oktober, je nach Schnee. Die mit einem * ausgezeichneten Bergbeizen bieten urchige Gerichte in grosser Auswahl und auf gutem Niveau.

1 *Alpenrose, Wasserauen, 071 799 11 33
2 Äscher-Wildkirchli, Weissbad, 071 799 11 42
3 *Ahorn, Weissbad, 071 799 12 21
4 Bahnhof, Wasserauen, 071 799 11 55
5 Bollenwees, Brülisau, 071 799 11 70
6 *Blattendürren, Urnäsch, 071 364 17 63
7 *Ebenalp, Weissbad, 071 799 11 94
8 Eggli, Steinegg, 071 787 16 10
9 Forelle, Seealpsee, 071 799 11 88
10 Hochalp, 071 364 11 15
11 Hoher Hirschberg, 071 787 14 67
12 *Hoher Kasten, Brülisau, 071 799 11 17
13 *Hundwiler Höhi, Hundwil, 071 367 12 16
14 Kaubad, Appenzell, 071 787 48 44
15 *Kronberg, Jakobsbad, 071 794 11 30
16 Krone, Brülisau, 071 799 11 05
17 Lehmen, Weissbad, 071 799 13 48
18 Meglisalp, Weissbad, 071 799 11 28
19 Mesmer, Weissbad, 071 799 12 55
20 Plattenbödeli, Brülisau, 071 799 11 52
21 Rössli, Brülisau, 071 799 11 04
22 Rotsteinpass, Weissbad, 071 799 11 41
23 Ruhesitz, Brülisau, 071 799 11 67
24 Säntis, 071 799 11 60
25 Panorama-Restaurant Säntis, 071 277 99 55
26 Schäfler, 071 799 11 44
27 *Scheidegg, 071 794 11 20
28 *Schwägalp, 071 365 66 00
29 Seealpsee, 071 799 11 40
30 Staubern, 081 757 24 24
31 Tierwies, 071 364 12 35
32 Warth, 071 799 11 47

Säntis
Berggasthaus Säntis
Panorama-Restaurant Säntis
Berggasthaus Tierwies
Berggasthaus Mesmer
Berggasthaus Schwägalp
Kronberg
Berggasthaus Kronberg
Berggasthaus Schäfler
Ebenalp
Seealpsee
Berggasthaus Ebenalp
Berggasthaus Scheidegg
Berggasthaus Seealpsee
Berggasthaus Aescher
Waldgasthaus Lehmen
Berggasthaus Ahorn
Hotel-Restaurant Kaubad
Wasserauen
Restaurant Warth
Schwende
Bahnhof Wasserauen
Restaurant Rössli
Weissbad
Steinegg
Appenzell
Berggasthaus Eggli
Eggerstanden
Restaurant Hoher Hirschberg

Innovation und Tradition

Klein, aber oho, sind die Appenzeller! Wobei klein sind sie schon lange nicht mehr: Um ganze 0,5 Zentimeter hat die durchschnittliche Körpergrösse seit 1992 zugelegt, wie das Statistische Amt in Bern bestätigt. Rein rechnerisch sind das fünf Zentimeter in den letzten hundert Jahren! Das ist allerdings bereits die einzige signifikante Veränderung im Minikanton: Noch immer ist er in zwei Hälften geteilt – die eine katholisch, die andere reformiert. Auch den Silvester feiern die Appenzeller doppelt: Am 31. Dezember und am 13. Januar, das heisst so, wie das vor der Kalenderreform von Papst Gregor im 16. Jahrhundert der Fall war. Auch beim Essen gibt man sich eigenständig. Schon sprachlich wird das kulinarische Erbe perfekt verschlüsselt. Was bitte sind Fenz? Chäs-Schoope? Häselbei- und Holdere-Zonne? Bei Charly Gmünder im Restaurant Bären kann man die kulinarischen Geheimcodes knacken und sie auch verspeisen – mit einigem Genuss! Denn die Appenzeller haben ausgesprochen viel Gutes zum kulinarischen Erbe der Schweiz beigetragen. Einiges ist sogar weltberühmt.

Der Appenzeller aller Appenzeller. Gemeint ist der Alpenbitter. 42 Bergkräuter werden nach 100-jährigen Geheimrezepten so lange destilliert, bis sie von allen guten Geistern verlassen sind. Oder die Bierspezialitäten der Brauerei Locher. Dazu gehören das Quöllfrisch, das Vollmondbier (das tatsächlich bei Vollmond gebraut wird) oder neu gebraute Spezialbiere wie das Kastanien- oder das Hanfbier, in dem – in homöopathischen Dosen und kontrolliert vom Gesundheitsamt in Bern – noch Spuren von THC mitschwimmen. «Wir müssen uns mit Ideen profilieren», sagt Raphael Locher, der mit seinem Bruder das Familienunternehmen in der fünften Generation führt: «Das Appenzellerland lebt vom Originären, von den kleinen Nischen, von der Verbindung von Innovation und Tradition. Es ist sicher kein Zufall, dass es McDonald's bisher noch nicht geschafft hat, hier eine Filiale zu eröffnen.»

Warum auch? Hier gibt es regionale Spezialitäten, die jeden industriell gefertigten Hamburger noch bleicher erscheinen lassen. Der Appenzeller Biber zum Beispiel, der nichts mit den fleissigen Nagern am Hut hat. Biber bedeutet schlicht «zweierlei Teig», und zwar zwei Schichten Lebkuchenteig mit Mandelmasse. Eine schweizweit bekannte Spezialität ist auch die Appenzeller Siedwurst. Sie wird so frisch zubereitet, dass sie am besten noch am gleichen Tag erwellt wird. Oder der Appenzeller Käse, die bekannteste aller Ikonen im Alpstein-Paradies. Daneben finden sich zahlreiche überraschende Innovationen wie Flauder, Wonder oder Kabier.

– Gabriela Manser und ihrem Team von der Mineralquelle Gontenbad ist ein Wurf gelungen: Ein Mineralwasser mit Holunder- und Melisse-Geschmack, benannt nach dem appenzellischen Wort für Schmetterling: «Flauder». «Das war ein spannender, zweijähriger Entwicklungsprozess», erklärt die 2005 zur Unternehmerin des Jahres gewählte Innerrhoderin. Bereits hat sie ein zweites Produkt erfolgreich zur Marktreife gebracht: «Wonder», ein Mineralwasser mit Rosenduft.
– Sepp Dähler mit seinen Kabier-Rindern (siehe S. 146).

Einkaufstipps Appenzell

Wienachtswy
Der renommierteste Appenzeller Wein, gewachsen im Wienachttobel im Südosten des Appenzellerlandes, begünstigt vom Bodensee als Wärmespeicher und vom Rheintal als Föhnloch. *Lutz Weinbau, Felix Lutz, Tobel 632, 9405 Wienacht-Tobel, Tel. 071 891 66 55, www.lutzweinbau.ch.*

Qöllfrisch, Vollmond-, Kastanien- und Hanfbier

Die inzwischen schweizweit bekannten Locher-Biere sind in vielen *Urchuchi*-Restaurants im Angebot. Darunter das erfolgreichste des Hauses: Quöllfrisch, aber auch innovative Brauprodukte wie das Kastanienbier oder das tatsächlich bei Vollmond gebraute Vollmondbier. Auf Voranmeldung kann man der Brauerei Locher, im Zentrum der Kantonshauptstadt Appenzell, bei der Produktion zusehen. *Brauerei Locher, 9050 Appenzell, Tel. 071 788 01 40, www.appenzellerbier.ch.*

Bier und Kalb = Kabier
Mit Biertreber, dem Abfallprodukt der Bierherstellung der Firma Locher, werden die Kabier-Rinder (eine Kreuzung aus Braunvieh und Limousin, Angus oder Charolai) eingerieben, massiert und gefüttert. Dazu kommt Rapsöl, um das Fleisch besonders zart zu machen. Das Fleisch, das auf der Zunge vergeht wie Butter (vergleichbar mit dem japanischen Kobe-Beef), kann online bestellt werden. *Sepp und Magdalena Dähler, Blindenau, 9063 Stein AR, Tel. 071 367 17 19, www.kabier.ch.*

Flauder und Wonder
Erhältlich in den Migros-Filialen Ostschweiz und bei Getränkehändlern. Fabrikationsbesichtigungen auf Voranmeldung ab 10 Personen. *Goba AG, Mineralquelle Gontenbad, Gabriela Manser, Tel. 071 794 11 19, www.mineralquelle.ch.*

Appenzeller Raclettekäse

Die Berg-Käserei Gais holte 2002 und 2003 den Swiss Cheese Award für den besten Raclettekäse der Schweiz – die höchste Auszeichnung, die das Käseland Schweiz zu vergeben hat. Hergestellt werden auch Bergkäse, St. Galler Klosterkäse, Säntis-Bergkäse und andere Käsespezialitäten. *Berg-Käserei Gais, Andreas Hinterberger, Zwislenstrasse 40, 9056 Gais, Tel. 071 793 37 33, www.bergkaeserei.ch.*

Siedwürste

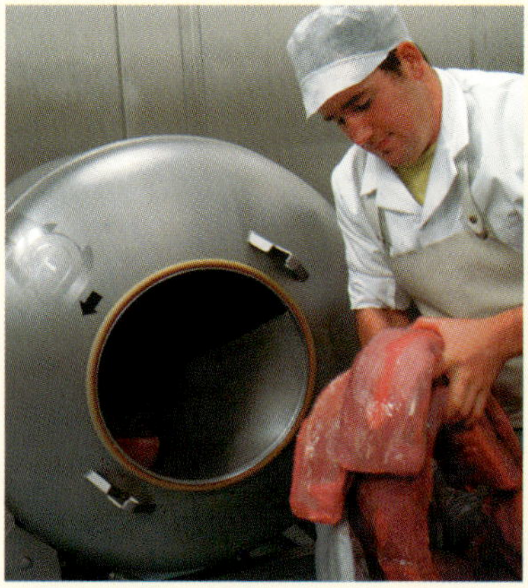

Langsam wird das Brät erwärmt, von minus 2 auf 14 Grad, dann beginnt die Masse zu glänzen – und die Augen des Metzgers Sepp Breitenmoser auch. Die Siedwürste-Herstellung ist eine Wissenschaft, die das traditionsreiche Unternehmen perfekt beherrscht. Eine weitere Spezialität sind Alpsteinbröckli, produziert aus Nierstücken vom Mutterschwein. *Sepp Breitenmoser Fleischspezialitäten AG, Sägehüslistrasse, 9050 Appenzell, Tel. 071 787 13 86, www.breitenmoser-metzg.ch.*

Appenzeller Biber

Die besten Appenzeller Biber? Die gibt es überall im Appenzellerland! Zum Beispiel bei der Bäckerei, in der auch der Spitzenkoch Hansueli Diesterbeck von der Sonne seine Biber für das Parfait holt: *Bäckerei Zuberbühler, Schwägalpstr. 95, 9107 Urnäsch, Tel. 071 364 23 11.*

Fleisch
Erstklassiges Fleisch u. a. von Ammenrindern vom Bauern Hansueli Alder (bekannt auch von der Streichmusik Alder). *Metzgerei Löwen, Unterdorfstrasse 8, 9107 Urnäsch, Tel. 071 364 11 77.*

Weitere Appenzeller Spezialitäten

Weitere Informationen über Appenzeller Spezialitäten finden Sie auf: www.appenzell.ch.

Weitere Restaurants im Appenzell

SCHÖNE AUSSICHT

Unterer Gäbris, Gais, AR

Höhenrestaurant mitten im Wandergebiet des Gäbris, einfache Gerichte wie Schüblig, Speck, Kartoffel- und Wurst-Käse-Salat, im Winter auf Vorbestellung auch Fondue. *Unterer Gäbris, Vreni und Johannes Bodenmann, 9056 Gais, Ruhetage: Mi, Betriebsferien: 2 Wochen im Sommer, Tel. 071 793 12 01.*

Landgasthof Eischen, Kau, AI

Urchiger Landgasthof oberhalb von Appenzell mit schöner Rundsicht ins Alpsteinmassiv und ins Bodenseegebiet. Appenzeller Siedwürste, Cordon bleu, gefüllt mit Appenzeller Käse und Mostbröckli. *Landgasthof Eischen, Familie Sonja und Alfred Inauen-Menzi, 9050 Appenzell, Ruhetage: Mi., Betriebsferien: Feb., Tel. 071 787 50 30, www.eischen.ch.*

Berggasthaus Hoher Hirschberg, Eggerstanden, AI

Zwischen Gais und Eggerstanden, 1167 m. ü. M., schönes Gartenrestaurant, Appenzeller Spezialitäten wie Siedwurst, Käsehörnli, saisonal wechselnde Gemüse. *Berggasthaus Hoher Hirschberg, Thomas Manser, 9050 Eggerstanden, Ruhetage: Mi., Betriebsferien: 2 Wochen Juli, Tel. 071 787 14 67, www.hoherhirschberg.ch.*

Restaurant Eggli, Steinegg, AI

Von Steinegg den Hügel rauf, einer der schönsten Aussichtspunkte im Appenzell, diverse Appenzeller Spezialitäten, grosser Fänneren-Spiess mit verschiedenen Fleischsorten, eigener Bauernhof mit Hochlandrindern, Gänsen, Schweinen. Jeden 2. Mittwoch vom Juli bis Okt. Ländlermusik. *Restaurant Eggli, Emil Manser, 9050 Appenzell, Ruhetage: Do., Betriebsferien: Ende April–Anfang Mai, Tel. 071 787 16 10.*

SICHERE WERTE

Restaurant Weissbadbrücke, Weissbad, AI

Macht bei Culinarium Ostschweiz mit und kocht frisch, saisonal, fokussiert auf Produkte und Spezialitäten aus der Region. Über die Wintermonate gibts «Hackbrett & Diner». Eigene Schaukäserei. *Restaurant Weissbadbrücke, Uschi und Sepp Schmid, 9057 Weissbad, Ruhetage: Sommer Di., Winter Mo., Di., Tel. 071 799 13 31, www.weissbadbruecke.ch.*
Siehe auch: www.culinarium.com.

Gasthaus Bären, Schlatt, AI

Appenzeller Kümmelsuppe, Mostbröckli-Carpaccio, Schweinssteak Appenzeller Art, Felchenfilets, Biberfladen-Parfait. *Gasthaus Bären, Sonja und Walter Rechsteiner, Schlatt, 9050 Appenzell, Ruhetage: Di., Mi., Tel. 071 787 14 13, www.baeren-schlatt.ch.*

Alpenblick, Schwende, AI

Wild, Pilz- und Fischspezialitäten, u.a. Bachforellen, Leberli, Bärlauchspätzli. Schöne Sonnenterrasse. *Hotel Alpenblick, Regula und Michael Streule, 9057 Weissbad-Schwende, Ruhetage: Sommer Di., Winter Mo., Di., Betriebsferien: Nov. und Feb., Tel. 071 799 11 73, www.alpenblick-appenzell.ch.*

ÜBERRASCHEND

Restaurant Waldegg «Schnuggebock», Teufen, AR

Ausgezeichnet mit der Pfefferschote von *Salz+Pfeffer*, mit hervorragend zubereiteten Appenzeller Spezialitäten. Ein Teil des Restaurants ist als Original-Bauernhaus wie vor 100 Jahren eingerichtet. Man isst im Stall, in der Stube, der Küche oder in der Mädgekammer. Jeweils am letzten Dienstag im Monat ist Alpaufzug mit Musik. Oder buchen Sie eine Rundfahrt mit dem Ochsenpärchen. *Restaurant Waldegg und Schnuggebock, Anita und Klaus Dörig, Äussere Egg 977, 9053 Teufen, ganzjährig offen, Tel. 071 333 12 30, www.schnuggebock.ch und www.waldegg-teufen.ch.*

SPITZE

Restaurant Gupf, Rehetobel, AR

Toprestaurant mit mehreren Gaststuben und einem gepflegtem Auftritt. Zwar tauchen auch mal Scampis auf der Menükarte, doch der Schwerpunkt ist regional. Dazu gehören ein eigener Bauernhof und eine wunderschöne Aussicht! *Restaurant Gupf, Walter Klose, 9038 Rehetobel, Ruhetage: Mo., Di., Tel. 071 877 11 10, www.gupf.ch.*

THURGAU UND SCHAFFHAUSEN

Willkommen in der Bodensee-Rhein-Region

Entlang dem Bodensee und dem Rhein reifen viele kulinarische Leckerbissen. Im Kanton Thurgau ist es Obst: Über sechzig Mostsorten werden zwischen Romanshorn und Stein am Rhein produziert. Im Kanton Schaffhausen ist es Fisch und Wein. In beiden Kantonen muss man allerdings den Kompass mitnehmen, um die Gastro-Rosinen ausfindig zu machen. Wir sind selbstverständlich fündig geworden …

RESTAURANT **25**

Schiff
Mammern, TG

RESTAURANT: **Schiff**
ADRESSE: **8265 Mammern, Seestrasse 3**
GASTGEBER: **Doris und Walter Meier**
TELEFON: **052 741 24 44**
INTERNET: **www.schiff-mammern.ch**
RUHETAGE: **Mo.**
BETRIEBSFERIEN: **24. Dez.–Anf. Feb.**
WEGBESCHRIEB: **Oberhalb Schiffstation Mammern. Zug von Kreuzlingen oder Schaffhausen.**
SPEZIELL: **220-jährige Gaststube**

Der schöne Riegelbau unweit der Schiffstation ist eine der besten kulinarischen Anlaufstellen am unteren Bodensee. Erbaut wurde das Haus im 18. Jahrhundert, seither bewirtet die Familie Meier die Gäste. Die schönsten Seiten des gemütlichen Hotel-Restaurants liegen einerseits im Innern, in der 220-jährigen Gaststube mit grossem Kachelofen, anderseits im lauschigen Gärtli auf der Rückseite des Hause. Und nicht zuletzt im grossen Rebberg und in der Wiese mit den hochstämmigen Obstbäumen, direkt am See.

Güggeli und handgeschnitzte Pommes

Der Tisch im Garten ist weiss gedeckt, ein laues Sommerlüftlein bewegt die Steckrosen, der Duft von Thymian und Lavendel zieht in die Nase: Im Schiff in Mammern schaukelt der Gast auf einem poetischen Deck, verwöhnt von einer Mannschaft, die kein Sturm erschüttern kann. Obwohl Walter Meier mit Sohn Erich bis um 5 Uhr früh auf der Wildschweinjagd war, nimmt sich der Chef des Hauses Zeit, um mir den Rebgarten und die Obstbäume am See, die 220-jährige Gaststube mit dem Kachelofen und die heimeligen Zimmer (das Schiff ist auch ein Hotel) zu zeigen. Dann begibt er sich persönlich an den Herd, um die kulinarischen Raffinessen des Hauses zuzubereiten: Zuerst ein Poulet-Leberli mit frischem Nüsslisalat, dann ein Güggeli mit Pommes und zum Abschluss das hausgemachte Rahmhalbgefrorene mit drei Kugeln Schokolade, Maraschino und Erdbeer. Als der Fotograf das Leberli mit einigen Steckrosen dekorieren will, weist ihn Walter Meier sanft darauf hin, «dass dies nicht dem Stil des Hauses entspreche». Nichts wird im Schiff getürkt, alles kommt ohne Schnickschnack auf die Teller.

Reduktion auf das Maximum. Das Haus hat eine der kleinsten Menükarten, die ich je gesehen habe. Doch das Wenige wird seit Jahrzehnten so gut zubereitet, dass die Leute von weit her anreisen. Am Tag meines Schiffgangs, einem Donnerstagmittag, wurde allein das Güggeli einige Dutzend Mal verkauft. Butterzart, fein

gewürzt und fettfrei kommt es auf den Tisch. «Das Geheimnis ist erstklassiges Futter», sagt Walter Meier, der nebst dem Restaurant und der Güggelimast auch einen eigenen Rebberg betreut. Mammerner Blauburgunder und Müller-Thurgau stammen aus eigener Kelterung.

Hand- und Massarbeit. Wer beim Wort «Pommes» an schlaffe, ölige Stängel denkt, hat die Kunstwerke vom Schiff noch nie genossen! Erstklassige Kartoffeln sind der Ausgangspunkt. Dann folgt minuziöses Handwerk: Jeden Morgen werden die Stäbchen frisch geschnitzt, jedes mit den charakteristischen Wellen drin. Und so ist es bei allem im Schiff: Die Glace wird aus frischen Beeren hergestellt, ohne jegliche Zusätze oder Aromastoffe. Die Fischgerichte folgen dem saisonalen Angebot: Egli und Hecht gibt es bis im Mai, dann folgen Felchen und Seeforellen, ab und zu geht auch ein Hecht ins Netz. «Fisch und Güggeli ergänzen sich», erklärt Walter, «beide haben weisses, fettarmes Fleisch mit wenig Kalorien.»

Nur fangfrischer Fisch. Da am Tag meines Besuchs kein Fisch gefangen wurde, gab es – leider – keinen Fisch! Denn das ist die goldene Regel im Schiff: Nur absolut frische Produkte kommen auf den Tisch! Dies dürfte demnächst Wildschwein sein. Das Prachtsexemplar, einen zwölf Monate alten Frischling, hat Sohn Erich vor Tagesanbruch mit einem perfekten Schuss erledigt: «Wir haben die Rotte schon vor einigen Tagen gesichtet», erklärt mir der junge Hobby-Jäger. «Die Tiere sind intelligent und schnell. Wenn sie ins Schussfeld kommen, muss alles blitzschnell gehen: Scheinwerfer an, zielen und innert zwei, drei Sekunden abdrücken!» Im Herbst gehen Vater und Sohn regelmässig auf die Jagd, denn ab Oktober steht traditionsgemäss Wild auf der Speisekarte. Dann gibt es Rehpfeffer, Rehrücken und Wildschwein. Ganz nach dem Motto des Hauses: Einige wenige Gerichte, die aber gut.

– Die handgeschnitzten Pommes mit den Schiffswellen.
– Birnen im Obstgarten, im Hintergrund der Untersee.
– Trophäe der frühmorgendlichen Jagd: der Wildschwein-Frischling, erlegt von Erich, dem zweitjüngsten der vier Meier-Kinder.
– Der «Mammerner», der Hauswein des Schiffs, gekeltert aus den eigenen Trauben.

– Poulet aus eigener Mast mit handgeschnitzten Pommes frites.
– Poulet-Leberli mit Nüsslisalat.
– Hausgemachte Glace (Schokolade, Maraschino, Erdbeer).

Rezept von **Walter Meier** im Anhang.

— Poulet-Leberli, S. 410

RESTAURANT **26**

Kundelfingerhof
Schlatt, TG

Forellen aus eigener Zucht

RESTAURANT: **Kundelfingerhof**

ADRESSE: **8152 Schlatt**

GASTGEBER: **Hermann Spiess und Elisabeth Kunz**

TELEFON: **052 657 11 22**

INTERNET: **www.kundelfingerhof.ch**

ÖFFNUNGSZEITEN: **geöffnet Fr. ab 16 Uhr, Sa. ab 14 Uhr, So ab 10 Uhr**

BETRIEBSFERIEN: **keine**

WEGBESCHRIEB: **An der Strecke Schaffhausen–Stein am Rhein. Zug ab Schaffhausen.**

SPEZIELL: **Eigene Forellenzucht und Bäckerei**

Erst um 1900 gelang es, Forellenlaich abzustreifen, die Eier aufzuziehen und damit Forellen zu züchten. Nur die nahen Verwandten der Forellen, die Lachse, sind zur Züchtung noch heikler und können sogar erst seit wenigen Jahren vermehrt und grossgezogen werden.

Die Forelle ist ein verwöhntes Sensibelchen: Nur sauerstoffreiches Wasser und bestes Bio-Futter ist für sie gut genug. Und auch das schätzt sie nur, wenn sie genügend Bewegungsraum hat – schliesslich ist sie ein Raubfisch: «Ein ziemlich aggressiver sogar», wie Hermann Spiess, der Besitzer der Zuchtanlage, weiss. Seit 1915 züchtet seine Familie Forellen auf dem Kundelfingerhof. Im hofeigenen Restaurant werden sie aufgetischt – klassisch blau, gebacken oder geräucht.

Die grösste Frischwasserquelle der Nordostschweiz. Dass die Forellen im Kundelfingerhof besonders gut gedeihen, liegt an der Wasserquelle, die mitten im Forellenzuchtareal entspringt. Mit 5000 Litern pro Minute stellt sie das grösste Quellvorkommen der Nordostschweiz dar. Der Besitzer, Hermann Spiess, produziert nicht nur Forellen, er räuchert sie auch selber in einer Heissrauchanlage mit traditioneller Holzfeuerung. «Das Räuchern von Fischen ist fast so alt wie die Fischerei», erklärt Spiess. «Früher wurde sie zur längeren Haltbarkeit eingesetzt, heute dient sie der Veredelung: Durch das Räuchern bekommt der Fisch eine besondere, rauchige Geschmacksnote.» Auch andere Spezialitäten werden auf dem Kundelfingerhof in hoher Qualität hergestellt: Räucherschinken, Räucherspeck, Rauchwürste, Bienenhonig, Freilandeier von Hühnern in Freilaufgehegen und das hauseigene Holzofen-Bauernbrot.

Ausser am Sonntag und Montag wird der alte Bauernbackofen jeden Morgen um 4 Uhr angefeuert, am Samstag sogar um 3 Uhr nachts – und zwar mit Holz: «In diesem Ofen haben wir früher das Brot für unsere Familie gebacken», sagt Spiess. «Die Besucher des Hofs wurden jedoch durch den Duft des Holzofen-Brotes derart gluschtig gemacht, dass wir die Produktion ausbauen mussten.» Heute stellt der Kundelfingerhof einige hundert Kilo pro Woche her: dunkles Vollkornbrot und halbweisses Brot mit Milch, auf Wunsch auch Nuss-, Speck- und andere Spezialbrote.

Naturpark. Bereits hat der umtriebige Mann eine neue Idee im Kopf: Bis im Jahr 2007 soll rund um die Fischzucht ein Naturpark entstehen, der Einblick in die Flora und Fauna des Quellwassergebiets gibt. «Das soll kein Rummelplatz werden, im Gegenteil», sagt Spiess, «die Leute sollen näher an die ökologischen Zusammenhänge geführt werden und auf spielerische Art etwas dazulernen. Es ist ja heutzutage für Kinder schon eine Sensation, zu erfahren, dass die Milch von den Kühen kommt. Und wer weiss schon, dass die Forelle nicht nur ein Raubfisch ist, sondern sogar als Kannibale gilt?» Im Kundelfingerhof wird man in Zukunft nicht nur frische Forellen kaufen und essen können, sondern auch einiges über das Innenleben dieses «Sensibelchens» erfahren, das offenbar doch nicht so sensibel ist …

– Hermann Spiess mit einer seiner Prachtsforellen.
– Eine der insgesamt drei, vom eigenen Quellwasser gespeisten Zuchtanlagen.
– Die Räucherkammer des Kundelfingerhofs: Mit traditioneller Holzfeuerung werden die Fische geräuchert und im hofeigenen Laden verkauft.

– Forelle blau. Dass der Fisch aufplatzt, ist ein untrügliches Zeichen dafür, dass er ganz frisch ist. Nur tiefgefrorene Forellen bleiben intakt.
– Geräuchtes Forellenfilet mit Forellen-Pastete, Forellen-Carpaccio, Forellen-Terrine und Meerrettich-Schaum. Dazu geräuchter Schinken und Speck aus der eigenen Räucherei.
– Hausgemachtes Caramel-Chöpfli.

Rezepte von **Hermann Spiess** im Anhang.

— **Gedämpfte Forelle,** S. 406
— **Forelle in der Sulz,** S. 407

RESTAURANT **27**

Schwanen
Niederneunforn, TG

RESTAURANT: **Zum Schwanen**

ADRESSE: **8525 Niederneunforn, Altikerstrasse 12**

GASTGEBER: **Renate Fischer**

TELEFON: **052 745 16 29**

INTERNET: –

ÖFFNUNGSZEITEN: **Fr. und Sa. ab 18 Uhr**

BETRIEBSFERIEN: **Juli, Jan., Feb.**

WEGBESCHRIEB: **Im Dreieck Schaffhausen, Frauenfeld, Winterthur. Bus ab Frauenfeld.**

SPEZIELL: **Garten mit plätscherndem Brunnen**

Der Schwanen liegt im Fadenkreuz von Winterthur, Frauenfeld und Schaffhausen, mitten im Winzerdorf Niederneunforn. Im ehemaligen Bauernhof wurde nicht nur von alters her der eigene Wein gekeltert, sondern auch eine Gastwirtschaft geführt. Renate Fischer setzt die Familientradition fort. Vor allem das Geheimnis der von ihrer Mutter Anna rezeptierten Käsekugeln wahrt sie besser als die Banken ihre Nummernkonti.

Käsekugeln mit Suchtpotenzial

Die Romands machen sie mit Gruyère, die St. Galler mit Klosterkäse, und auch die Appenzeller kennen sie seit Generationen. Das Spezielle an den Käsekugeln im Schwanen ist jedoch deren Grösse: Satte acht Zentimeter weisen die knusprigen, mit heissem Käse gefüllten «Bomben» im Durchmesser auf. Dazu kommt ein reiches Innenleben: Wunderbar sämig, würzig und leicht fliesst der rezente Käse aus der Kugel – so schön und gut, behaupten Kenner, wie bei keiner anderen Käsekugel in der ganzen Westhemisphäre. Seit Jahrzehnten kursiert unter den Gästen die Frage: Wie bringt Renate Fischer dies bloss hin? Denn bisher hat es noch keiner geschafft, die runden Dinger mit dem hohen Suchtpotenzial nachzumachen. Entweder werden sie zu hart, oder die Füllung ist zu wenig flüssig, oder der Käse zu wenig rezent. Und auch der formale Anspruch ist zu beachten: Ei- oder gar birnenförmige Dinger kommen bei Renate nicht auf den Tisch. Die Käsekugeln im Schwanen sind in jeder Beziehung «eine runde Sache».
Fast-Food-Kette. Ein kandischer Geschäftsmann war von Renates Kugeln derart begeistert, dass er ihr eine Käsekugeln-Fast-Food-Kette vorgeschlagen hat. Für ein nettes Sümmchen, wie man munkelt. Doch Renate hat widerstanden. Schliesslich hat das Rezept eine fast 40-jährige Familientradition. Im Kanton Waadt hat Vater Ernst in jungen Jahren die Käsekugeln entdeckt und das Rezept nach Niederneunforn gebracht. Mutter

Anna, eine begabte Köchin und Wirtsfrau, hat es dann perfektioniert. Und jetzt setzt Tochter Renate die Kugeltradition fort: «Der Käse ist entscheidend», verrät mir Renate: «Es muss sehr rässer, gut gelagerter Gruyère sein, wobei die Mischung das Wichtigste ist.» Den Käse holt sie dort, wo das Ganze seinen Anfang nahm – irgendwo im Gruyèreland, beim einzigen Käseproduzenten, der genau diesen, besonderen, einmaligen Gruyère macht, der die Käsekugeln vom Schwanen so besonders macht. Doch auch diese Quelle wird besser gehütet als das Bankgeheimnis.

Schmuck. Das alles macht die Schwanen-Wirtin eher nebenbei: Ihre grosse Leidenschaft ist das Sammeln und Verkaufen von antikem Schmuck. Und das nimmt sie derart in Anspruch, dass das schöne Restaurant im Herzen des Weinbaudörfchens Niederneunforn nur am Freitag- und am Samstagabend offen ist. Da heisst es unbedingt reservieren: Nur knapp 40 Gäste finden nämlich in der heimeligen Biedermeierstube mit echtem Kirschholzausschlag Platz. Draussen wartet bei schönem Wetter ein nicht viel grösserer, lauschiger Garten mit plätscherndem Brunnen. Und gleich gegenüber am Hang wächst Renates eigener Wein, Landvögtler Blauburgunder natürlich, wie es sich für die Gegend gehört. Und nicht weit entfernt der eigene Iselisberger Müller-Thurgau. Auch sonst setzt die Schwanen-Wirtin auf «Hausgemachtes». Das Brot stammt aus dem Holzofen, die Linzertorte und andere Desserts sind Eigenproduktion: die Fruchtglaces im Bricelet-Körbli zum Beispiel. Oder die in Schnaps eingelegten Brombeeren auf Vanilleeis. Oder der Apfel im Caramelmantel, gekocht im Süssmost. Alles kleine Schmuckstücke, die sich vom Schmuck, den Renate im umgebauten Stall zeigt und auch verkauft, nur in einem Punkt unterscheiden: Man kann sie essen und dann sind sie für immer weg.

– Das Schwanen-Team, lauter gestandene Kochfachfrauen.
– Kunstausstellung im oberen Stock des Schwanen.
– Gut kochen ist die eine Leidenschaft der Schwanen-Wirtin, die andere ist antiker Schmuck.

– Renates Käsekugeln mit gartenfrischem Salat.
– Vanilleköpfli mit Erdbeer-Coulis und Heidelbeeren. Die Desserts des Hauses passen sich den saisonalen Angeboten an. Es gibt wechselnde Fruchtglaces im Bricelet-Körbchen, in Schnaps eingelegte Brombeeren und im Herbst Apfel im Caramelmantel, gekocht im Süssmost.

Rezept von **Renate Fischer** im Anhang.

— **Vanilleköpfli «Schwanen»**, S. 422

RESTAURANT **28**

Bad Osterfingen
Osterfingen, SH

RESTAURANT: **Bad Osterfingen**

ADRESSE: **8218 Osterfingen, Zollstrasse**

GASTGEBER: **Ariane und Michael Meyer**

TELEFON: **052 681 21 21**

INTERNET: **www.badosterfingen.ch**

RUHETAGE: **Mo., Di.**

BETRIEBSFERIEN: **Mitte–Ende Juli, Ende Jan.–Mitte Feb.**

WEGBESCHRIEB: **Bus ab Schaffhausen**

SPEZIELL: **eigenes Weingut**

Das stattliche Haus Bad Osterfingen mit den Steinquadern wurde 1472 erstmals urkundlich erwähnt und verfügte früher auch über ein Mineralbad.

Schlemmen im Ritterhaus mit Spätzli und Zwaa

Rebberge, weite Felder und mitten drin ein trutziges Haus: Das Restaurant Bad Osterfingen ist ein Juwel. Auch kulinarisch setzt die von Ariane und Michael Meyer geführte Hochburg aus dem Mittelalter unverrückbar auf Qualität. Das Holzofenbrot ist knusprig, die Kalbsmedaillons sind butterzart, und der Sonntagsbraten ist so gut bestückt, dass sich der Ausflug in diese abgelegene Ecke im Klettgau lohnt. Vor allem sind die Spätzli ein kleines Meisterwerk. Seit Jahrzehnten werden sie nach der gleichen Rezeptur mit viel Eiern zubereitet und täglich frisch vom Brett geschabt. «Das ist die bekannteste Spezialität unseres Hauses», sagt Ariane Meyer mit berechtigtem Stolz. Sie ist für den Gastbereich zuständig, während Michael mit seiner Brigade in der Küche wirkt. Und das tun sie beide überzeugend: Entweder im grossen Jugendstilsaal, im Stübli oder in der Gaststube, wo im Winter ein uralter Ofen für kuschelige Wärme sorgt. Oder in der schönen Gartenwirtschaft, wo sich im Sommer die Möglichkeit für ein kulinarisches Freilichtspiel unter grossen Kastanienbäumen bietet. Hier stehen auch kleinere Gerichte auf der Karte. Aber immer, versteht sich, auch die Spätzli.

Zwaa. Zum Ruf des Hauses trägt auch das eigene Weingut bei, das unter anderem den Zwaa produziert. «Zwaa» heisst «zwei». Und zwei Winzer sind es auch, die sich vor über einem Jahrzehnt zusammentaten,

um aus ihren Reben einen gemeinsamen Spitzenwein zu keltern: Ruedi Baumann aus Oberhallau steuerte seine kräftigen Pinot-Trauben bei. Seine Reben wachsen im Klettgau im tiefen Lehmboden. Michael Meyer, der Osterfinger Wirt und Winzer, brachte Beeren mit viel Aroma und Temperament in die Wein-Heirat ein. Seine Reben wachsen auf Kies- und Kalkböden und haben eine ausgeprägte Kämpfernatur. In Eichenfässern werden die beiden Provenienzen vereint und fusionieren zum Zwaa. Und der ist unter den Schaffhauser Blauburgundern das Mass aller Dinge, vergleichbar mit einem Premier Cru aus der Beaune. Die Lorbeeren holten sich die beiden Winzer allerdings erst nach Jahren: «Am Anfang wurden wir von vielen als Spinner abgestempelt», erinnert sich Michael Meyer, der nebst dem Zwaa auch weitere hervorragende Tropfen produziert wie etwa den Badwein.

Fleisch und Wild. Wer heute im Bad Osterfingen den Zwaa geniesst, wird von einem edlen Wein überrascht, der wunderbar zu den erlesenen Fleischgerichten des Hauses passt. Zum Beispiel zu Kalbsrückensteak mit Morcheln. Oder zu den butterzarten Kalbsfiletmedaillons mit wunderbarer Rahmsauce. Oder zu Wild, einer weiteren grossen Spezialität des Hauses, die ab Ende August erhältlich ist. Vorzüglich etwa der Rehrücken, den wir anlässlich unseres Besuches genossen haben. Begleitet werden selbstverständlich auch die Wildgerichte von den legendären Bad-Osterfinger Spätzli. Die haben wir vor lauter Zwaa fast vergessen. Doch die sind längstens so bekannt, dass sie kaum mehr Werbung brauchen. Höchstens Nachahmer. Doch das ist nicht so einfach: «Das Wasser, das Salz, der Teig und vor allem das Timing müssen haargenau stimmen», sagt Michael, «wenn einer bei mir neu anfängt in der Küche, geht es mindestens zwei Monate, bis er das alles perfekt beherrscht.»

– Michael Meyer im Rebberg hoch über dem Klettgau mit Blick nach Deutschland.
– Kulinarisches Freilichtspiel unter Kastanienbäumen: Der grosse Garten des Restaurants.
– Eingang ins gastliche Innere der mittelalterlichen Burg.
– Der legendäre Zwaa, gekeltert vom Duo Michael Meyer und Ruedi Baumann.

– Die Bad Osterfinger Spätzli mit Sommerwild (Rehrücken).
– Eierschwämmli auf Olivenöl.
– Der Rehrücken in seiner ganzen Pracht.
– Dessertteller mit Caramelköpfli, Schoggimousse und Zitronen-Parfait.

Rezept von **Michael Meyer** im Anhang.

— Rehrücken «Bad Osterfingen», S. 410

Paradiesgarten in Mostindien

Adam und Eva wurden seinetwegen aus dem Paradies vertrieben, Newton hat er zur Theorie der Schwerkraft inspiriert und bei den deutschen Kaisern krönte er sogar das Zepter: Der Apfel ist eine symbolträchtige Frucht. In fast allen europäischen und asiatischen Kulturen steht er für Erkenntnis, Liebe und Fruchtbarkeit. Am Baum des Lebens verheisst er sogar Unsterblichkeit.

Keine schlechte Karriere für ein Gewächs, das eigentlich zu 85 Prozent aus Wasser besteht! Doch genau das macht den Apfel zum Mostobst schlechthin. Schon die Kelten und Germanen produzierten Apfelsaft. Mit Honig vergoren entstand daraus der Met – der erste «Designerdrink» überhaupt. Doch erst die Römer begannen vor 2000 Jahren, die Äpfel gezielt zu züchten, und brachten die Kunst des Pfropfens und Klonens auch in die Schweiz. Vor allem im Kanton Thurgau fiel das Rosengewächs auf guten Boden: Jeder dritte in der Schweiz konsumierte Apfel kommt heute aus Mostindien. Keine andere Region in Europa produziert flächenmässig eine deratige Varietät an Most und Apfelsäften.

Im Paradiesgarten gibt es den urchigsten Most. Ein 300-jähriger Birnbaum ragt hoch in den Himmel, weiträumig wächst ungemähtes Gras, und alle paar Schritte wartet eine fruchtige Überraschung: Eben zeigt mir Helmut Müller eine Ellisons Orange. So heisst der knallrote Oldie, der lange als verschollen galt und so saftig und geschmackvoll ist, wie nur ein natürlich gewachsener Bio-Apfel sein kann. Der Obstgarten in Stocken bei Neukirch-Egnach ist ein Apfelparadies: «Es ist einer der grössten zusammenhängenden Obstgärten der Schweiz, in dem fast ausschliesslich hochstämmige Bäume wachsen», erklärt Helmut Müller. Gegen 300 Sorten hat er in seinem Pflanzbestand, darunter Raritäten wie die Elsreinette, einen uralten regionalen Tafel- und Mostapfel mit Traubenaroma. Oder die Marguerite Marillat, eine grossfruchtige Birnensorte, die ursprünglich aus Frankreich stammt. Sogar den sternförmigen Api-Apfel, der in der Römerzeit verbreitet war, kann man auf dem Hof in Stocken bewundern. Viele dieser Obstraritäten schmecken ausgezeichnet, eignen sich zum Essen, Backen oder auch für Süssmost.

Während Helmuts Partnerin Martina Julidechants-Birnen pflückt, stehe ich mit dem Thurgauer Apfelguru unter einem weiteren Prachtsexemplar: zehn Meter ragt der Baum in die Höhe, die Äste werden von Holzstangen gestützt, so schwer ist die fruchtige Pracht. «Ein gesunder Baum bringt bis 500 Kilo, wenn das Wetter stimmt», sagt Helmut.

Golden Delicious, Maigold, Jonagold: Die bekanntesten Apfelsorten sind in Helmuts Bio-Apfel-Paradies nirgends anzutreffen: «Was mich interessiert, sind nicht die globalisierten Handelssorten, sondern die alten und vergessenen Varietäten. Die sind zwar uneinheitlich in Grösse und Form, dafür aber überraschend vielfältig in den Aromen. Oft sind sie zudem ro-

– Helmut Müller und Martina Carl, das Duo auf dem Stocken-Hof bei Egnach.

– Das rote Wunder: die Ellisons Orange, eine uralte Apfelsorte, die ursprünglich aus England stammt.

– Weitere Leckereien vom Biohof: Obstauswahl für die «Schnupperbox», Dörrfrüchte, Apfel- und Mispellikör, hausgemachte Konfitüren.

buster als massengefertigte Standardäpfel, die intensiv gespritzt werden müssen. Und das denke ich, ist das Problem: Die heute weltweit angebauten Hauptsorten sind ausgerechnet jene, die am meisten Pflanzenschutzmittel benötigen!» Davon braucht Helmut als echter Biobauer kein einziges Milligramm. Er sprüht im Frühjahr eine Mixtur aus Tonerde, Schachtelhalmextrakt und Algencrème – und hat Erfolg.

Aromen und Düfte retten. In seiner Baumschule testet er Dutzende von wiederentdeckten Sorten, macht Zuchtversuche, pröbelt und tüftelt mit viel Gespür. «Für mich ist es faszinierend, immer wieder neue Aromen zu entdecken und alte Obstsorten in die Zukunft zu retten», sagt Helmut, der sich über mangelndes Publikumsinteresse nicht beklagen kann: Zu Hunderten geht seine «Apfel-Schnupperbox» per Post zu den Fans. 20 bis 30 Apfelraritäten liegen in der Box, jeder Apfel liebevoll von Hand angeschrieben, jeder ein unverwechselbares Geschmacksuniversum. Auch viele Allergiker holen das Bio-Obst vom Stockenhof, sogar solche, die noch nie einen Apfel essen konnten. Und natürlich gibt es hier auch den urchigsten Most weit und breit: Wer wieder einmal wissen will, wie gut Most von richtigen Apfelbäumen schmeckt: Der Biohof in Stocken ist eine der besten Adressen in ganz Mostindien.

Helmut Müller und Martina Carl, Biohof Stocken, 9315 Neukirch, Tel. 071 477 28 71, bioobst@bluewin.ch.

Einkaufstipps Thurgau und Schaffhausen

Mostgalerie am Bodensee

Most ist nicht gleich Most! Das kann man in der Mostgalerie am Bodensee erleben. Gegen 70 Thurgauer Mostprodukte können im umgebauten Stall oder im lauschigen Garten degustiert werden: Klassischer, pasteurisierter Apfelsaft, vergorener Bügelmost, Schorly (mit Quell- oder Mineralwasser verdünnt), Apfelwein, Apfelchampagner, Mostbier und natürlich auch die beiden Trendsetter: der Swizly (Apfelwein mit Holundersirup) und der Bartly (mit Bergamotte). «Die haben vor allem bei jungen Leuten Kultstatus», sagt Elisabeth Stäheli, Initiantin der Mostgalerie und selber Bio-Mostproduzentin. Auf Anmeldung können Gruppen bei ihr auch kulinarische Thurgauer Raritäten kosten: Mostsuppe, Mostcrème, Thurgauer Nusschrömli und das Arenenberger Töpfli-Fondue, serviert in Mini-Caquelons. Dazu passt Elisabeths Birnenwein «Napoléon», der an historische Zeiten anknüpft: «Zu Zeiten Napoleons waren die Birnen das wichtigste Obst in der Schweiz: Sie brachten den Zucker ins Nahrungsangebot und wurden im Winter gedörrt als Notvorrat genossen», erklärt Elisabeth.

Mostdegustationen mit Thurgauer Spezialitäten (auch Brunch) gibt es in der Mostgalerie auf Voranmeldung. *Mostgalerie am Bodensee, Elisabeth Stäheli, Kratzern 39, 9320 Frasnacht, Tel. 071 446 47 72, www.mostgalerie.ch.*

Tilsiter vom Holzhof

Vom Holzhof in Bissegg stammt Otto Wartmann, einer der «Erfinder» des Tilsiters. Zusammen mit Hans Wegmüller, ebenfalls Thurgauer Käser, lernte er 1890 im Städtchen Tilsit an der Memel die Tilsiterherstellung kennen und brachte das Rezept in die Schweiz. 1893 begannen beide mit der Produktion des rot geschmierten Kuhmilchkäses, der heute als Tilsiter Switzerland geschützt ist (mit runden Löchern und nicht mit «schlitzigen» wie der deutsche). Der Holzhof wird heute in fünfter Generation von Otto und Claudia Wartmann geführt. Und natürlich gibt es hier «den besten Tilsiter» weit und breit! *Käserei Holzhof, Otto und Claudia Wartmann-Tobler, 8514 Bissegg, Tel. 071 651 11 33, www.holzhof.ch.*

Zwaa

Der von Michael Meyer und Ruedi Baumann gemeinsam gekelterte Blauburgunder ist bei beiden Winzern erhältlich. *Weingut Baumann, Tel. 052 681 33 46, www.baumannweingut.ch, Familie Meyer, Gasthaus & Weingut Bad Osterfingen, Tel. 052 681 21 21, www.badosterfingen.ch.*

Müller-Thurgau

Der bekannteste Thurgauer ist der Müller Thurgau, auch Riesling x Sylvaner und im Wallis Johannisberg genannt. Die weisse Rebsorte wurde 1894 vom Tägerwiler Hermann Müller gezüchtet und gilt als die erfolgreichste Neuzüchtung der Welt. Erstklassigen Müller-Thurgau gibt es in der *Kartause Ittingen, Heinz Scheidegger, 8532 Warth, Tel. 052 748 44 11, www.kartause.ch oder bei Roland und Karin Lenz Weinbau, Iselisberg, 8524 Uesslingen, Tel. 052 746 13 86, www.lenz-weinbau.ch.*

Weitere Restaurants im Thurgau und in Schaffhausen

SCHÖNE AUSSICHTEN

Schloss Sonnenberg, Stettfurt, TG
Hoch über dem Ort Stettfurt, zwischen Frauenfeld und Wil, im Lauchetal. Herrliche Aussicht bis ins Voralberg. Gutbürgerliche Küche, Schinken im Brotteig, Cordon bleu. *Schloss Sonnenberg, 9507 Stettfurt, Ruhetag: Do., Tel. 052 376 11 12.*

Restaurant Thurberg, Weinfelden, TG
Oberhalb von Weinfelden, mitten in den Rebbergen des Ottobergs. Fisch und regionale Spezialitäten, Wild, Metzgete. Eigener Wein (Thurberger) vom höchstgelegenen Rebberg des Thurgaus. *Restaurant Thurberg, Thurbergstr. 29, 8570 Weinfelden, Ruhetage: Mo., Di., Tel. 071 622 13 11, www.thurberg.ch.*

Siblinger Randenhaus, Randen, SH
Architektonisch keine Schönheit, dafür ist die Aussicht umso überzeugender, und die Kulinarik stimmt: Spätzliteller, Wildsauschüblig, rosa gebratener Rindsrücken, am Tisch tranchiert, speziell: Januar bis März ist Wildsau-Zeit, u.a. mit Wildsau-Stroganoff. *Siblinger Randenhaus, auf dem Randen, Familie Tapolett, Tel. 052 685 27 37, www.randenhaus.ch.*

SICHERE WERTE

Schupfen, Diessenhofen, TG

Historisches Riegelhaus aus dem 14. Jahrhundert am Rhein. Bekannt für Fischspezialitäten nach alten und neuzeitlichen Rezepten. *Gasthof Schupfen, Hannes und Marianne Geisendorf, Steinerstrasse, 8253 Diessenhofen, Ruhetage: Di., Mi., Tel. 052 657 10 42.*

Landgasthof Wartegg, Wigoltingen, TG
Kreative, vielseitige Küche eines jungen Talents. *Landgasthof Wartegg, Jules und Monika Frei, 8554 Wigoltingen, Ruhetage: Di., Mi., Tel. 052 770 08 08, www.landgasthof-wartegg.ch.*

Trischli, Ermatingen, TG
Die legendäre Fischbeiz am Hafen von Ermatingen. *Restaurant Trischli, Kurt und Hildegard Läubli, Untere Seestrasse 15, 8272 Ermatingen, Ruhetage: Mo., Di., Tel. 071 664 17 03.*

Löwen, Sommeri, TG
Eines der ältesten Vegi-Restaurants im Kanton, genossenschaftlich geführt mit Kulturangeboten. Knospe-zertifizierter Bio-Betrieb, zahlreiche Vegi-Gerichte Schweizer Spezialitäten. *Restaurant Löwen, Hauptstrasse 23, 8580 Sommeri, Ruhetage: Mo., Di., Tel. 071 411 30 40, www.loewen-sommeri.ch.*

Restaurant Rheinhalde, Nohl, SH
Idyllische Rheinterrasse mit Fischspezialitäten ganze Forellen, im Butter gedämpft, Egli, Zander, Felchen. Geführt von Familie Gross. *Restaurant Rheinhalde, 8212 Nohl bei Schaffhausen, Ruhetage: Di., Mi., Tel. 052 659 60 70.*

ÜBERRASCHEND

Besenbeiz Jochental, TG
Die «Buschwirtschaften» sind eine Erfindung der Bauern, um ihre Produkte direkt an die Frau bzw. den Mann zu bringen. Die Besenbeiz Jochental bietet Seesicht (oberhalb des Untersees) und ist geöffnet vom 1. Mai bis 30. Sept., täglich von 12 bis 12, am Sonntag ab 10 Uhr. Im Angebot stehen Käse, Bauernschüblig, Speck, geräuchter Fisch, Mostbröckli, eigene Mosterei, eigener Wein. *Besenbeiz Jochental, Daniel Lampert, Seehaldenstrasse 8266 Steckborn, Tel. 052 761 15 70, www.jochental.ch.*

Weinkeller Felsenburg, TG
Weinbar mit Restaurant mit zahlreichen, auserlesenen Thurgauer Weinen. Das Restaurant ist im Felsen eingebaut, das Essen reduziert sich auf Rauchfleischplättli, Suppen, für Gruppen sind auf Vorbestellung auch grössere Menüs möglich. *Weinkeller Felsenburg, Silvana Alinori und Martin Bührer, Frauenfelderstrasse 4, 8570 Weinfelden, offen: Mi.–Sa. 18–24 Uhr, Tel. 071 622 83 86, www.felsenburg.ch.*

Restaurant Frohsinn, Arbon, TG
Restaurant mit eigener Brauerei, hier wird das «Frohsinn»-Bier gebraut. Im Braukeller gibt es rustikale Menüs wie Knusperli, Suppen, im Restaurant Fichspezialitäten, Fleisch, Pasta. *Restaurant Frohsinn, Romanshornerstr. 15, 9320 Arbon, Ruhetage Restaurant: So.-Abend, Mo., Tel. 071 447 84 84, www.frohsinn-arbon.ch.*

Zur Stube, Rüdlingen, SH

Im idyllischen Rebdörfchen Rüdlingen gelegen, mit historischer Gaststube und lauschigem Garten. Hanny Matzinger ist bekannt für ihre Fischspezialitäten, u. a. gedämpfte Felchen, Egli, Zander an Weisswein-Kräutersauce oder «Stubeplatte» mit einer Auswahl fangfrischer Fische. An Wochenenden gibt es speziell Suppe mit Spatz im Topf, Siedfleisch mit Bohnen und Kartoffeln, dazu Wein aus der Region, u. a. vom nahe gelegenen Buchberg. *Restaurant Zur Stube, Hanny Matzinger, Hinterdorf 20, 8455 Rüdlingen, Ruhetage: Mi., Do., Tel. 01 867 01 30, www.stube-ruedlingen.ch.*

SPITZE

Taverne zum Schäfli, Wigoltingen, TG

Mit 18 GM-Punkten eines der besten Restaurants der Schweiz. Hier kocht Wolfgang Kuchler, ein Qualitätsfanatiker. *Taverne zum Schäfli, Wolfgang Kuchler, Ruhetage: So, Mo., Betriebsferien Ende Juli und 2 Wochen August, Tel. 052 763 11 72.*

Fischerzunft, Schaffhausen, SH
Toprestaurant (19 GM) mit Spitzenkoch André Jaeger, der drei Jahre im Peninsula-Hotel in Hongkong war und dort seine «Cuisine du bonheur» entwickelte, eine europäisch-asiatische Fusion. *Rheinhotel Fischerzunft, Rheinquai 8, 8200 Schaffhausen, Ruhetage: keine, Tel. 052 632 05 05, www.fischerzunft.ch.*

ZÜRICH

Alpenglühn im urbanen Raum

Man kennt es am Bellevue und in Tokio, in Stockholm und Chicago: das Zürcher Geschnetzelte. Ob es jedoch wirklich die Zürcher erfunden haben, steht nirgends geschrieben. Im Gegensatz zu einem anderen weltberühmten Gericht: der Rösti! Die wurde aller Wahrscheinlichkeit nach zuerst im Zürcher Oberland zum Bauernfrühstück erhoben.

RESTAURANT **29**

Alpenrose
Zürich

RESTAURANT: **Alpenrose**

ADRESSE: **8005 Zürich, Fabrikstrasse 12**

GASTGEBER: **Tine Giacobbo und Katharina Sinniger**

TELEFON: **044 271 39 19**

INTERNET: **www.restaurant-alpenrose.ch**

RUHETAGE: **Mo. ganzer Tag, Di., Sa., So.-Mittag**

BETRIEBSFERIEN: **Mitte Juli–Mitte Aug.**

WEGBESCHRIEB: **Tram Nr. 4 oder 13 bis Quellenstrasse**

SPEZIELL: **das familiäre Ambiente**

Tine Giacobbo hat vor 20 Jahren als Tellerwäscherin in der Erlenhöhe in Erlenbach begonnen. Ursprünglich stammt sie aus Kitzingen, einer Kleinstadt zwischen Würzburg und Nürnberg. Die Eltern führten dort das Fisch- und Speisehaus Eydel mit eigenem Fischteich: «Ich sass immer in der Küche auf dem Kinderstühlchen», sagt Tine, die 1982 «aus Herzensgründen», wie sie sagt, in die Schweiz kam.

Zürcher Chatzegschrei und Öpfelchüechli

Über dem Buffet lächelt ein Gamskopf, davor steht das Modell des Dampfschiffs «Stadt Luzern», und an den Wänden hängt die ganze Ikonografie helvetischer Identitätsstiftung – von Wilhelm Tell mit Armbrust über ein altes Plakat für Rössli-Stumpen bis zur Medaillensammlung eines Zürcher Velovereins: Die Alpenrose in Zürich inszeniert Schweizer Heimatschutz mit Witz und Ironie. «Das meiste stammt aus dem Brockenhaus», erklärt Tine Giacobbo, die das Restaurant zusammen mit Katharina Sinniger seit 1994 führt. Sie waren die Ersten, die sich in der Multikulti-Metropole für ein schweizerisches Gastrokonzept entschieden. Zusammen mit René Zimmermann richteten sie die 100-jährige Quartierbeiz helvetisch ein und bauten sie zum Gourmetlokal für urchige Essgenüsse aus. Mit Erfolg: Die Alpenrose gehört zu den festen Werten der Zürcher Gastroszene. Wer hier essen will, muss reservieren.

Gutes Gespür oder hochprofessionelles Nischenmarketing? Ich habe einen Nachmittag lang mit Tine Giacobbo über die «Kulinarisierung der Schweiz», das «Alpenglühn» und den «postmodernen Heimatbegriff» philosophiert.

Interview mit Tine Giacobbo

Wie ist das Alpenrose-Konzept entstanden?
Entstanden ist das Konzept intuitiv: Wir hatten selber wieder Lust auf Schweizer Küche, aber auch die Beiz hat uns dazu inspiriert: Das war früher eine richtige Quartierbeiz, das Goldene Schloss, da sassen die Stumpenraucher, tranken ihre Stange und politisierten. Später wurde es zu einer Drogenbeiz und war völlig am Boden. Also haben wir gesagt: Wir wollen die Qualität der alten Quartierbeiz wieder nach vorne holen. Das Holztäfer, das aussieht wie in einer Beamtenkanzlei, die geätzten Glasscheiben – das ist alles original, über 100-jährig. Nur das Dekor wechselt. Manchmal bringen auch die Gäste witzige Fundstücke mit, die wir dann platzieren.

Aufwendiger war sicher die kulinarische Archäologenarbeit: Viele Schweizer Gerichte wurden in den 90er-Jahren ja kaum mehr gekocht …
Das war schwierig, aber auch spannend! Ich habe in alten Kochbüchern geforscht, habe Hausfrauen befragt und unglaubliche Schätze zu Tage gefördert: Fenz zum Beispiel, ein altes Älplergericht mit Milch und Mehl. Vieles habe ich auch in Familienheften aus den 60er-Jahren gefunden. Damals gab es praktisch nur Restau-

– Helvetica vom Feinsten: Auch die Stammgäste bringen ab und zu identitätsstiftendes Dekor in die Alpenrose mit.
– Auch das Weinsortiment des Hauses trägt auf jeder Etikette das Schweizerkreuz – wenn auch unsichtbar: «Wir haben hervorragende Weine in der Schweiz», sagt Tine Giacobbo, die selber am liebsten weissen Sauvignon aus dem Wallis trinkt.
– Tempi passati – aber nicht im kulinarischen Bereich: Die Alpenrose hat Erfolg mit alten Gerichten und Rezepturen aus verschiedenen Regionen der Schweiz.

rants mit gutbürgerlicher Küche. Erst später kam die Fast-Food-, Pizza- und Exotik-Welle. Auch die Gourmetküche mit ihrem mediterranen Einschlag hat viele alte Gerichte weggefegt. Das war unsere Chance, antizyklisch wieder schweizerisch zu kochen.

Wie haben die Zürcher auf die – damals alles andere als trendige – Schweizer Ess-Exotik reagiert?
Das augenzwinkernde Dekor haben die Leute sofort verstanden. Als sie aber merkten, dass es uns beim Essen ernst war, gab es irritierte Gesichter: Zigerbrot und Zigerspätzli? Was ist das, haben die Leute gefragt und sind zum Teil wieder rausgelaufen. Kutteln oder Kalbskopf? Das waren damals kleine Revolutionen. Auch einen hausgemachten Kartoffelstock gab es in der ganzen Stadt nicht. Oder unsere Metzgete mit saftigen Blut- und Leberwürsten: Das war ein richtiges Schlachtfest, ungewohnt für die Stadtzürcher. Mein grösster Schock aber war die Reaktion auf unsere Weinkarte! «Habt ihr keine Italiener oder Franzosen?», haben die Gäste gefragt. Schweizer Wein war vor zehn Jahren nichts wert. Heute ist das anders, heute weiss jeder, dass in unserem Land Weine produziert werden, die international zu den besten gehören.

In der Zwischenzeit sind auch andere auf den helvetischen Zug aufgesprungen: Wie erklärst du dir diese Renaissance der Schweizer Spezialitätenküche?
Es geht – ich sage das bewusst pathetisch und poetisch – ums Alpenglühn! Das ist jenseits von Kitsch und abgestandener Folklore schön. Und das haben die Leute wieder entdeckt: die unglaubliche Exotik im eigenen Land, das Echte, das Authentische. Es ist eine Öffnung nach Innen. Man sieht wieder genauer hin, was da im eigenen Boden spriesst und wächst. Das

Bodenständige – und das ist bitte nicht SVP-mässig gemeint! – ist wichtiger geworden, vielleicht, weil die Gesellschaft, die Wirtschaft, die Politik, alles viel komplizierter geworden sind. Man sucht Halt, auch in der Küche, die ja schon immer ein emotionaler Ort war, ein Brennpunkt des Zuhauseseins, der Heimat.

Klingt alles ein wenig nach Landesausstellung 1939. Ich denke allerdings auch, dass ein neues Verständnis heranwächst, ein neuer, moderner Heimatbegriff, der vielschichtig ist und sich nicht primär nur politisch fassen lässt …
… sondern vor allem wirtschaftlich und ökologisch! Es macht Sinn, gute Produkte, die vor der Haustüre produziert werden, zu kaufen und zu verarbeiten. Das stützt die lokalen Strukturen und schafft Transparenz, was die Herkunft und Qualität betrifft.

Von jedem Fleisch, jeder Tomate, jedem Gewürz weiss der Gast in der Alpenrose, woher es stammt. Braucht es das wirklich?
Ich selber will als Köchin genau wissen, woher die Produkte kommen. Wenn ich eine Sau selber gesehen habe, dann habe ich eine Beziehung dazu, dann weiss ich, was sie gefressen hat und kann den Gästen etwas zur Fleischqualität sagen. Gestern habe ich zwei Frauen in Pfäffikon besucht, die einen Demeter-Hof mit Ziegen führen: Ich habe fast einen ganzen Tag auf dem Hof verbracht, wobei es nicht einmal um grosse Quantitäten geht. Das ist wichtig für mich, dass ich nicht anonyme Produkte kaufe. Dann versteht auch der Gast besser, dass alles seine Zeit hat! Dass es Fische eben nur dann gibt, wenn sie im Zürichsee tatsächlich ins Netz gehen. Oder dass die Freiland-Tomaten erst im Juli kommen.

Die New York Times *hat schon über die Alpenrose geschrieben, in Tokio kennt man eure Chalberwürste, nur die Gault-Millau-Tester waren noch nie da …*
Doch, die waren da – und das war einer der schwärzesten Tage in meinem Leben! Plötzlich hatten wir 13 Punkte, und niemand hat uns gefragt! Also haben wir angerufen und gesagt: Wir geben die Punkte zurück. Ich will Freude haben am Kochen und nicht ständig auf der Schulbank sitzen und dekorative

Türmchen bauen. Zudem hat jeder Koch das Recht, dass mal was danebengehen kann. Gault Millau: Das war in den 80er-Jahren eine gute Sache, um die Restaurants aufzuwecken. Aber jetzt braucht es dieses Schulnoten-System nicht mehr.

Auch andere Gourmet-Restaurants kommen vom kulinarischen Turmbau ab. In gewisser Weise war auch das eine Nivellierung, um nicht zu sagen Globalisierung des Geschmacks, allerdings auf höchstem Niveau …

Das ist das eine. Das andere ist, dass diese hochstilisierte Kunstküche Stilblüten treibt, die ich nicht begreife: Einen dreijährigen Gruyère muss ich nicht noch mit Trüffelöl toppen. Frische, hausgemachte Pizokels brauchen keinen Kaviar. Der Mut zur Einfachheit ist das Schwierigste, genau wie in der Kunst.

Das willst du mir nun sicher beweisen: Was kochst du?

«Zürcher Chatzegschrei», ein Rezept, das ich in einem alten Zürcher Kochbuch entdeckt habe – eigentlich Gehacktes mit Hörnli, jedoch ohne Tomaten und Apfelmus. Warum es so heisst, weiss ich nicht. Dann gibt es Champfèr Flötsch, das sind Spätzli aus dem Spritzsack, die ich mit Mundner Safran verfeinert habe. Zum Dessert gibt es Pudding da nonna mit Sauerrahm und Zürcher Öpfelchüechli, ebenfalls nach einem alten Rezept: Der Teig ist mit saurem Most gemacht, man kann aber auch Süssmost nehmen. Es ist sogar spannend, verschiedene Varianten auszuprobieren – die Unterschiede sind unglaublich gross.

– Zürcher Chatzegschrei (Gehacktes mit Hörnli).
– Champfèr Flötsch (Spätzli aus dem Spritzsack, verfeinert mit Safran aus Mund).
– Pudding da nonna.
– Zürcher Öpfelchüechli, zubereitet mit saurem Most.

Rezepte von **Tine Giacobbo** im Anhang.

— **Zürcher Chatzegschrei,** S. 411
— **Zürcher Öpfelchüechli,** S. 422
— **Pudding da nonna,** S. 423

RESTAURANT **30**

Münsterhof
Zürich

RESTAURANT: **Münsterhof**

ADRESSE: **8001 Zürich, Münsterhof 6**

GASTGEBER: **Christine Neidhart**

TELEFON: **044 211 43 40**

INTERNET: **www.restaurant-muensterhof.ch**

RUHETAGE: **So.**

BETRIEBSFERIEN: **2–3 Wochen im Sommer**

WEGBESCHRIEB: **beim Fraumünster in der Zürcher Altstadt**

SPEZIELL: **Freskomalerei aus dem 13. Jahrhundert**

Das Restaurant Münsterhof am Fraumünsterplatz in Zürich gehört zum Gastrounternehmen Pumpstation, das weitere Trendlokale in der Limmatstadt führt. Jahrelang wurde im Münsterhöfli «nach Punkten» gekocht. Heute versteht sich das Lokal wieder als Quartierbeiz, in der Klassiker wie Züri-Gschnätzlets, Hackbraten oder Kalbskopf zubereitet werden.

Zürcher Geschnetzeltes und Hackbraten

Der kulinarische Turmbau zu Babel bröckelt: Immer weniger Restaurants sind gewillt, auf hochgeschraubte Kochkunstwerke zu setzen, auf denen zuoberst noch ein Stück Hummer oder eine Gänseleber thront. Das gibt zwar Punkte, aber immer weniger Umsatz. Das Restaurant Münsterhof in Zürich ist keine Ausnahme: Jahrelang von den Gourmetpäpsten hochgejubelt, setzt das Restaurant seit August 2005 konsequent auf Schweizer Klassiker – ehrlich, gradlinig und gut gekocht, aber eben ohne «Hochstapelei». Willkommen zuhause! Die Gault Millau Tester müssen umlernen: Wie wär's mit einer Alphorn-Skala statt Punkten und Mützen? 16 Hirtenhörner für einen perfekten Hackbraten mit Rotweinsauce? 17 für ein ausserordentliches Züri-Gschnätzlets mit einer knackigen, goldgelben Rösti? Und 18 für eine Kalbskopfterrine, garniert mit wilder Pfefferminze und schlicht vom Feinsten?
All diese Urgerichte werden im Restaurant Münsterhof von jungen, engagierten Gastronomen produziert. Die Gastgeberin heisst Christine Neidhart und bringt Erfahrung in der einfachen, guten Küche mit. Sie führte vorher das Hotel-Restaurant Flex und das Hotel Piz Platta auf der Alp Flix im Kanton Graubünden. Am Herd steht Georg Ruis, der vorher in der Waid gekocht hat – ebenfalls ein Profi in der Kunst des Einfachen auf hohem Niveau: «In unserem Team wird jedes Brot selber gebacken, jede Pasta von Hand zubereitet und jede

Sauce ohne Bouillonwürfel gekocht», sagt der Küchenchef. Der Kopf des jungen Unternehmens ist wahrscheinlich einer der «gspürigsten» in der Zürcher Gastroszene: Michel Péclard. Ihm und seiner Pumpstation GmbH gehören unter anderem die Restaurants Tramstation, Kiosk, Pumpstation und das Restaurant Wildpark Langenberg. Für Michel ist klar, wohin die Reise geht: «Wir wollen zurück zu den Wurzeln, und zwar nicht nur kulinarisch, sondern auch von der Funktion des Restaurants her. Das Münsterhöfli soll wieder ein Restaurant sein, in dem man sich in gemütlicher Atmosphäre trifft, mit Freunden zusammensitzt und über Gott und die Welt plaudert – oder auch nur einen guten Tropfen Wein geniesst.»

Das Letzte dürfte den Gästen besonders leicht fallen. So bescheiden das Lokal am Fraumünsterplatz auftritt, so brillant ist das Weinangebot mit einer «Sélection du patron» und zahlreichen Spitzenweinen im Offenausschank. Zusammengestellt wurde es vom einzigen Schweizer Master of Wine, Philipp Schwander. Was kann man noch mehr dazu sagen, als: Hingehen, essen, geniessen – und: die erotische Freskomalerei aus dem frühen Mittelalter im ersten Stock bewundern. Entdeckt wurde sie zufällig bei Renovationsarbeiten.

– Die erotische Freskomalerei aus dem 13. Jahrhundert.
– Der elegante Esssaal im ersten Stock.
– Die beiden Gastgeber: Christine Neidhart, zuständig für den Gastbereich und Georg Ruis, der Koch.
– Ausschnitt aus dem vom Schweizer Master of Wine, Philipp Schwander, zusammengestellten Weinsortiment mit Spitzenweinen im Offenausschank.

– Bei den Desserts zeigt sich, wie gut ein Restaurant wirklich ist: Sommerbeeren in Prosecco-Gelee auf Holunderblütenschaum.
– Kalbskopf ist im Münsterhof in saisonal wechselnden Darreichungsformen immer auf der Karte. Im Bild: Kalbskopfterrine.
– Hackbraten: dicke, saftige Tranchen, gut gewürzt.
– Der Klassiker: Zürcher Geschnetzeltes, unprätentiös, aber perfekt gekocht.

Rezepte von **Georg Ruis** im Anhang.

— **Geschnetzeltes nach Zürcher Art,** S. 410
— **Hackbraten,** S. 411
— **Sommerbeeren im Prosecco-Gelee,** S. 423

RESTAURANT **31**

Sonne
Küsnacht

RESTAURANT: **Sonne**
ADRESSE: **8700 Küsnacht, Seestrasse 120**
GASTGEBER: **René Grüter und Catherine Julen**
TELEFON: **044 914 18 18**
INTERNET: **www.sonne.ch**
RUHETAGE: **keine**
BETRIEBSFERIEN: **keine**
WEGBESCHRIEB: **Küsnacht, bei der Schiffstation. S-Bahn ab Zürich.**
SPEZIELL: **Sonnenterrasse mit Biergarten am See**

1641 wurde die Sonne in Küsnacht erstmals als Taverne urkundlich erwähnt. Fast 300 Jahre lang war sie im Besitz der Küsnachter Familie Guggenbühl, heute gehört sie mehreren Privatpersonen, die das Haus gekonnt umgebaut haben. Alte und moderne Baumaterialien ergänzen sich.

Spanische Suppe – eine fast vergessene Delikatesse

Es gibt sie noch, die Spanische Suppe, die im alten Zürich in den Zunftfamilien hoch im Kurs stand. Die Olla podrida (spanisch: verfaulter, modriger Topf, übertragen: ein «fauler» Topf, der wenig Arbeit gibt) wurde ursprünglich von kastilischen Bauern als Festessen zubereitet, stand dann bei den Bourbonen und Habsburgern auf den fürstlichen Tafeln und wurde schliesslich von den Zürcher Zünftern zur Festspeise erkoren. Kein Wunder: Die Suppe aller Suppen ist ein zünftiges Essen! Drei Sorten Fleisch – Rind-, Kalb- und Schweinefleisch – liegen im Bronzetopf. Dazu weisser Kabis, Kastanien und saftiger Speck. Stilgerecht wird die Delikatesse noch heute in der Sonne in Küsnacht serviert – originalgetreu, wie bei den Zünftern vor 300 Jahren: Die bronzenen Suppenschüsseln – jede wiegt fast 20 Kilogramm – wurden nach alten Vorlagen in der Glockengiesserei Aarau nachgegossen. Auch das Rezept ist historisch abgesichert: Es stammt von einer Zürcher Zunftfamilie.

Der faule Topf. «Alles, was es für die Spanische Suppe braucht, sind vier oder mehr esslustige Personen und eine 24-stündige Voranmeldung», sagt René Grüter, der das elegante Traditionshaus am Zürichsee zusammen mit Catherine Julen führt. Auf hohem Niveau, wie meine eigens einberufene Tafelrunde feststellen konnte! Als Vorspeise genossen wir Felchen nach Höngger Art, dann die opulente «Olla» und zum Abschluss ein Zür-

cher Nideltörtchen. Daneben stehen auch andere Klassiker auf der Karte, wie Grossmutters Hacktätschli oder Kalbsgeschnetzeltes Zürcher Art. Saisonal gibt es Kutteln, im Herbst Wild, und im Januar ist drei Tage lang Hausmetzgete. Nostalgische Raritäten bietet auch die Weinkarte, darunter Completer und Freisamer, zwei alte Rebsorten, die am Zürichsee wieder kultiviert werden.

URSUPPE

Die Suppe ist die Mutter der Kochkunst: Vom Brei über die Saucen bis zum Eintopf lässt sich so ziemlich alles von der Suppe ableiten. Über die Suppe identifizierten sich ganze Dörfer, Talschaften und Nationen. Die Bündner Gerstensuppe, die holländische Erwtensoep, der argentinische Puchero, die serbische Bohnensuppe, die italienische Minestrone, der deutsche Pichelsteiner Topf oder eben die Spanische Suppe sind wahre Wunder der Identitätsstiftung und des sozialen Kontakts. Auch sprachlich ist die Suppe tief verankert: «Sopa» heisst sie im Spanischen und Portugiesischen, «soupe» im Französischen, «zuppa» in Italien, «soup» auf Englisch. Im ewig siedenden Suppentopf sammelt sich von jeher alles, was die Natur im Lauf der Jahreszeiten zu bieten hat: Gemüse, Fleisch, Kräuter, Wurzelwerk. Aus den Teilen wird ein neues Ganzes, wandelt und verfeinert sich – ein alchemistischer Vorgang, der auch die Olla prägte: Stundenlang, ohne grosses Dazutun, brutzelte sie auf dem offenen Feuer. Von Generation zu Generation wurden die Rezepte weitervererbt. Mit der Olla begann auch der soziale Aufstieg der Suppe und vollendete sich im Glanz der höfischen Esskultur. Die Olla podrida war ein opulentes Mischgericht, bei dem früher auch Wildgeflügel, Kichererbsen und spanische Chorizos dazugehörten. Anfangs kamen die Zutaten auf Platten auf den Tisch, und die Brühe wurde separat gegessen. Die Olla machte auch die Suppenschüsseln hoffähig. Zur Zeit der barocken Herrscher hatten die Suppenschüsseln Statuscharakter, und alle, die etwas auf sich hielten, taten es den Königen gleich. Nicht zuletzt die Zürcher Zünfter.

Auch der Fond, der in jedem guten Restaurant oft tagelang, in manchen Küchen sogar ununterbrochen in einem grossen Topf brodelt, leitet sich von der Suppe ab: Der Fond ist die Ursuppe und die Basis der Grande Cuisine von Carême bis Bocuse, von Rosa Tschudi bis Horst Petermann. Die Kunst des guten Fonds beginnt mit Knochen, Fleischparüren (weggeschnittene Fleischteile mit Sehnen, Knorpeln etc.), Wein und Gewürzen. Bei allen weitere Zutaten mündet der Fond in einen kulinarisch-künstlerischen Philosophenstreit. Morcheln, ein Krebsschwanz, Trüffelscheibchen, ein Schuss Sherry oder Madeira, etwas Safran oder Kerbel: Jeder Koch hat seine Geheimrezeptur, jeder ist ein Schöpfer und Alchemist, der den Urknall in der Ursuppe immer wieder neu erfindet.

– Menükarte nach historischen Vorlagen.
– Festsaal mit Ikarus-Deckenmalereien.
– Vorbereitung der Spanischen Suppe.
– Jörg Schmiz, Souschef, schiebt die Olla in den Ofen.

– Spanische Suppe (Olla podrida).
– Felchen nach Höngger Art.
– Zürcher Nideltörtchen.

Rezepte von **Rico Nachtweih, Chefkoch der Sonne,** im Anhang.

— **Felchenfilet nach Höngger Art,** S. 407
— **Spanische Suppe (Olla podrida),** S. 411
— **Zürcher Nideltörtchen,** S. 423

RESTAURANT **32**

Blumental
Meilen

RESTAURANT: **Blumental**

ADRESSE: **8706 Meilen, Kirchgasse 29**

GASTGEBER: **Rolf und Margrit Egli**

TELEFON: **044 923 07 82**

INTERNET: –

RUHETAGE: **So., Mo.**

BETRIEBSFERIEN: **Mitte Juli–Mitte Aug.**

WEGBESCHRIEB: **Im Dorfzentrum von Meilen. S-Bahn ab Zürich.**

SPEZIELL: **Fisch-Chochete (Juli), Treberwürste (Januar)**

Das Mekka der traditionsbewussten Zürcher liegt im Dorfzentrum von Meilen: Hier macht Rolf Egli seine nostalgische Küche ganz nach dem Zürcher Festkalender. Und der folgt dem Takt der Natur. Wehe, Sie bestellen im Herbst Kutteln oder Spargeln. Oder im Frühling Mantapfeffer. Alles zu seiner Zeit, sagt Rolf Egli und geht zweimal pro Jahr auch auf die Strasse: im Juli für die Fisch-Chochete, kombiniert mit grosser Räuschling-Degustation. Und im Januar für das Treberwurst-Fest.

Kutteln, Kalbskopf und Fisch-Chochete mit Räuschling

Regional, saisongerecht, frisch: Daraus ergibt sich das Menü, sagt Rolf Egli, der nichts so hasst wie Journalisten, die im Sommer Treberwürste und im Herbst Wildspargeln fotografieren wollen. Im Frühling sind Kutteln angesagt oder Brachsmen aus dem Zürichsee. Im Spätherbst gibts Chabiswickel aus dem Säuliamt. Im März Mantapfeffer (Fuchs). Und am Fasnachtsdienstag grüner Schüblig. Die Küche im Blumental ist ganz auf den Kalender der Natur und der damit verbundenen Festlichkeiten getaktet. «Nostalgische Küche» nennt Rolf Egli sein Konzept und setzt auf längst vergessene Raritäten. Wer schon lange keinen Kalbskopf genossen hat – im Blumental ist er saisonal zu haben. Genau wie Ochsenmaulsalat, grüne Cervelats (ein traditionelles Arbeiterznüni) oder Froschschenkel. Auch andere Uraltgerichte feiern im holzgetäferten Restaurant im Dorfzentrum von Meilen ihr Comeback: Grigg zum Beispiel (ein Eintopf aus Kalbslunge, Herz und Gemüse). Oder Kalbszüngli mit weisser Kapernsauce. Und natürlich «die Schweizer Antwort auf die Pizza», wie Rolf seine hausgemachten, ofenfrischen Wähen nennt.

Metzgete. Highlight im Blumental-Jahr ist die Metzgete im Oktober mit weissem Sauser und Weinen aus Meilen. Auch bei den Liquiditäten liebt es der historisch bewanderte Küchenchef authentisch: Meilemer Dornfelder steht auf der Karte oder der einheimische

Räuschling. «Der Räuschling ist eine regionale Spezialität, die völlig verkannt ist», sagt Rolf. Immer am ersten Samstag im Juli findet deshalb vor dem Blumental ein Räuschling-Fest mit Fisch-Chochete statt. Dann gibt es fangfrische Zürichsee-Felchen, gegart auf einem grossen Feuer. Sämtliche Zürichsee-Weinbauern stellen ihre Räuschling-Kreationen vor. «Das ist die weltweit grösste Räuschling-Degustation», sagt Rolf Egli, der auch am zweiten Samstag im Januar auf die Strasse geht: Dann findet das Treberwurst-Fest statt.

555. Auf die Wurst genau 555 Treberwürste werden vor dem Blumental zubereitet beziehungsweise «erwellt», wie es fachlich richtig heisst. «Ich koche aus Freude und nicht zur Gewinnoptimierung», sagt Egli, der noch etwas anderes hasst: Kochen nach Rezept! «Ich koche aus dem Bauch heraus, nach Gefühl, dann kommts am besten!» Das kann ich bestätigen: Zuerst servierte mir Rolf einen Kutteln-Salat, anschliessend ein Kutteln-Duo – die Hälfte mit Tomatensauce und Kümmel, die andere mit einer Weissweinsauce – genau so, wie es die Kutteln-Fans lieben. Zum Abschluss probierte ich noch scharfe Zwetschgen mit Absinth-Sabayon. Williams und Quitten werden vom Wirt selber eingemaischt (zum Gären gebracht) und bei einem befreundeten Brenner im Auftrag gebrannt – natürlich im Einklang mit dem Vollmond. Vor kurzem hat der Koch auch mit Schweizer Whisky angefangen, den er in Eichenfässern ansetzt: «Man muss heutzutage innovativ sein», sagt Rolf, der mit seinem Konzept zahlreiche Stammgäste anspricht. Am Nebentisch sitzt am Tag meines Besuchs ein «Kutteln-Club». Seit Jahrzehnten pilgern die Herren immer im Mai ins Blumental: «Wenn ich denen nicht auch noch ein Kuttelchöpfli zum Dessert mache, sind sie enttäuscht», sagt Egli, der demnächst noch für Schlagzeilen sorgen dürfte. In seiner Werkstatt in Toggwil, oberhalb von Meilen, baut er ein Dampfschiff, zwölf Meter lang, mit dem er in See stechen will – in den Zürichsee natürlich. Spätestens hier wird klar, dass wir im Blumental nicht nur einen Nostalgiker, sondern auch auch einen richtigen Züri-Hegel getroffen haben.

– Alles zu seiner Zeit: Kutteln-Woche im Mai.
– Virtuos wie ein Musiker, der keine Noten kennt: Rolf Egli kocht aus dem Bauch heraus, ohne Rezepte.
– Weine vom Zürichsee, vor allem Räuschling, stehen im Blumental hoch im Kurs.

– Kutteln-Duo nach Landfrauen-Art, halb Tomaten, halb Weissweinsauce, beide mit Kümmel.
– Salat aus ungebleichten, mit Gemüse gekochten Kutteln.
– Brachsmen paniert.
– Absinth-Sabayon mit scharfen Zwetschgen.

Rezept von **Rolf Egli** im Anhang.

— **Kutteln nach Zürcher Art (weiss),** S. 411

RESTAURANT **33**

Gasthof Lauf
Hittenberg bei Wald

RESTAURANT: **Lauf**

ADRESSE: **8636 Wald, Hittenberg**

GASTGEBER: **Hanna und Martin Tenüd**

TELEFON: **055 246 14 60**

INTERNET. –

RUHETAGE: **Di., Mi.**

BETRIEBSFERIEN: **3 Wochen im Februar**

WEGBESCHRIEB: **In Wald Richtung Höhenklinik, ausgangs Dorf Richtung Lieferanten bzw. Hittenberg. Bus ab Rüti via Wald.**

SPEZIELL: **konsequente Bio-Küche (Goût Mieux)**

Der Gasthof Lauf macht beim Goût-Mieux-Konzept des WWF mit. Rund 70 Gastro-Betriebe sind mit dabei, die konsequent auf biologische und artgerechte Produkte setzen. Mehr zum Goût-Mieux-Konzept des WWF auf: www.goutmieux.ch.

Alles Bio – vom Süssmost bis zur Rindshuft

Luftiger, schneeweisser Ziegenfrischkäse, goldgelber Most, Gemüse, das nach Garten duftet: Im Gasthof Lauf, hoch auf dem Hittenberg bei Wald, wird einem bewusst, wie viele Sinne ein gutes Essen anspricht. Die Geschmacksknospen oszillieren, der Geruchsinn zaubert Bilder von grünen Wiesen hervor, die Augen weiden sich an den Farben und Formen. Ohne Schnickschnack, mit wenigen Tupfern aus dem Garten, hat Thomas Meierhofer, der junge Koch, die Gerichte in Szene gesetzt. Die Churer Fleischchräpfli sind von Kräutern umrahmt, die zarte Rindshuft wird von knackigem, farbenfrohem Gemüse begleitet, und am Morgen hat der Koch mit Salbei aus dem Kräutergarten ein Parfait kreiert – liebevoll, als kleines Kunstwerk kommt es mit frischer Erdbeersauce auf den Tisch. Entscheidend aber ist die innere Qualität der Speisen! Alles, was im Lauf auf den Teller kommt, stammt aus biologischer Produktion. Milchprodukte von Kühen mit viel Auslauf, Eier aus Freilandhaltung, ungespritzte Äpfel von Hochstammbäumen, Gemüse ohne Pestizideinsatz. Auch fruchtigen Biowein hat Martin Tenüd in seinem Sortiment, darunter den Pergola Blauburgunder von Louis Liesch aus Malans.

Alles Bio. Dass «Bio» alles andere als ein Schmalspurkonzept ist, zeigt sich bei den zahlreichen Spezialitäten des Hauses: Da finden sich Klassiker wie Züri-

Gschnätzlets mit Butterrösti, rosa gebratenen Lammrücken auf Ratatouille mit Bratkartoffeln, Felchenfilets vom Obersee und – in den Wintermonaten – ein richtig währschaftes Grossmutter-Gericht: Chäschnöpfli mit Zwiebeln und Dörrbirnen an Rotweinsauce. Erhältlich als vegetarische Variante oder mit geräuchtem Schweinshals. Ein perfektes Gericht, um an einem strahlenden Tag die unglaubliche Aussicht zu geniessen: Bis weit in die Berner Alpen reicht der Blick von der gemütlichen Beiz auf dem Hittenberg. Hier steht man in jeder Beziehung über den Dingen!

Zwei Bio-Profis. Wenn zwei Gastroprofis wissen, was biologische Produktion bedeutet, dann sind es Hanna und Martin Tenüd. Bereits vor zwei Jahrzehnten haben die beiden mit dem biologischen Anbau von Kräutern und später mit einer kleinen Hofkäserei begonnen und gehörten damit zur ersten Biobauern-Generation der Schweiz: «Aus Neugier», wie sie mir erzählen, «weil es für uns einfach spannend war, die Zyklen der Natur und die biologischen Prozesse kennen zu lernen und zu nutzen. Das Kompostieren zum Beispiel. Oder die Prozesse, die im Boden im Laufe der Jahreszeiten ablaufen. Das war für uns ein faszinierender Weg, um die Natur und das Leben zu erforschen und zu entdecken.» Entstanden ist dabei auch der Hittenberger Weisschimmelkäse, eine Kreation der Tenüds und selbstverständlich ein Bioprodukt: «Wir mussten das Käsen von Grund auf lernen», erklärt Martin. «Erst nach fünf Jahren waren wir mit dem Resultat zufrieden.» Heute steht der Weissschimmelkäse prominent auf der Menükarte. Und nicht nur bei diesem Produkt wird der Gast genau über die Herkunft informiert. Von den Eiern bis zum Süssmost, vom Fleisch bis zum Fisch ist jeder Lieferant namentlich aufgeführt. – Vier Stunden habe ich mit den beiden sympathischen Gastgebern im Restaurant Lauf philosophiert und hervorragend gegessen. «Reduktion auf das Wesentliche», sagt Hanna «darum geht es.»

– Schnäpse gibts in der Lauf in reicher Auswahl.
– Most wie aus alten Zeiten, natürlich Bio.
– Hanna Tenüd in ihrem Kräutergarten, in dem auch die Gäste lustwandeln dürfen.
– Thomas Meierhofer, der für die *Urchuchi* gekocht und alles brillant dekoriert hat.

BIOLAND SCHWEIZ

Immer mehr Restaurants (darunter fast alle, die in der *Urchuchi* vorgestellt werden) verwenden Produkte aus biologischem Anbau, die im Einklang mit der Natur und im Hinblick auf eine gesunde Ernährung hergestellt werden. 6500 Biobetriebe arbeiten heute in der Schweiz nach den strengen Richtlinien der Bio Suisse mit Knospe-Zertifikat. Mehr über Knospe-Produkte und Bio finden Sie auf: www.biosuisse.ch.

– Bio-Rindshuftspiess mit Kartoffeln und Sommergemüse.
– Geisschäs mit hausgemachtem Früchtebrot und Salat.
– Churer Fleischchräpfli.
– Salbei-Parfait mit Erdbeersauce.

Rezepte von **Hanna Tenüd** im Anhang.

— **Zürcher Choschtsuppe,** S. 405
— **Öpfelstückli nach Zürcher Oberländer Art,** S. 423

RESTAURANT **34**

Reussbrücke
Ottenbach

RESTAURANT: **Reussbrücke**

ADRESSE: **8913 Ottenbach, Muristrasse 32**

GASTGEBER: **Klaus und Elsi Imhof**

TELEFON: **01 760 11 61**

INTERNET: **www.reussbruecke.com**

RUHETAGE: **keine**

BETRIEBSFERIEN: **keine**

WEGBESCHRIEB: **Zwischen Affoltern am Albis und Zug. Bus ab Bahnhof Wiedikon via Oberlunkhofen.**

SPEZIELL: **Gartenrestaurant an der Reuss**

Die Reussbrücke arbeitet mit einem Duo-Konzept: Gourmet-Restaurant im Wintergarten, genannt «Pavillon» (mit Blick auf die Reuss), und im Innern eine gemütliche, rustikale Landgasthofbeiz mit viel Holz und einem grossen Cheminée, genannt «Bistro». Hier gibt es alles, was das Schweizer Herz begehrt: Kalbsgeschnetzeltes Zürcher Art, Grossmutters Sauerbraten oder Wurst-Käse-Salat.
Die Reussbrücke verfügt über ein schönes Gartenrestaurants: Direkt neben den Ufern der Reuss, unter den mächtigen Linden, lassen sich die Tafelfreuden des Hauses geniessen.

Schweizer Schokolade «ganz heiss»

Es gibt Restaurants, da halte ich mich bei den Hauptgängen bewusst etwas zurück: Die Reussbrücke in Ottenbach gehört dazu. Nicht, dass Klaus Imhofs Kochkünste nicht perfekt wären, im Gegenteil: Der fein geschnittene Schwartenmagen, mit dem ich meine kulinarische Reise beginne, ist hervorragend. Desgleichen der fangfrische, dressierte Zander. Auch für andere Fischspezialitäten, etwa für die Forellenfilets im Röstimantel oder die gebackenen Egli, ist die Reussbrücke zu Recht als Spitzenrestaurant bekannt. Gleichzeitig setzt das gepflegte Gasthaus gekonnt auf traditionelle Gerichte wie Hacktätschli, Fleischvogel oder Sauerbraten nach Grossmutter Art: Alles wird auf Gourmetniveau zubereitet und aufmerksam serviert von Elsi Imhof, der Gastgeberin des Hauses, die auch für den Kräutergarten zuständig ist. Doch der grosse Knackpunkt in der Reussbrücke sind die Desserts! Die Symphonie der Nachspeisen und die grosse Auswahl exquisiter Käsespezialitäten verführen dazu, die klassische Menüabfolge auf den Kopf zu stellen: Zuerst eine kleine Mascarpone-Beerenterrine, dann eine soufflierte Himbeercrêpe, dazwischen etwas Briand Savarin oder sardischen Geissenkäse mit Kräutern vom Maître fromager Bernard Antony – allein das ist einen Ausflug an die Reuss wert. Doch dann gibt es hier auch noch den besten Schokoladekuchen weit und breit – aussen knusprig, innen flüssig und heiss

serviert! Da ist nicht irgendeine Schokolade drin, sondern beste Edelbitter-«Grand cru» vom Couverturen-Weltmeister Felchlin aus Schwyz. Raffinierter habe ich Schweizer Schokolade noch nie genossen!

Hier kocht kein Leichtgewicht. Die Gastgeber in der Reussbrücke kommen beide aus dem Säuliamt: Elsi aus Mettmenstetten, Klaus, gelernter Koch und Metzger, aus Affoltern am Albis. Bis 1992 war Klaus ein passionierter Boxer im Feder- und Leichgewicht und holte sich dreimal den Deutschschweizer Meistertitel. «Jetzt boxe ich in der Küche», lacht Klaus, der in der Zwischenzeit ein neues Hobby hat: Er ist leidenschaftlicher Önologe. Zusammen mit Elsi bereist er regelmässig die Weingebiete in Europa und setzt zunehmend auf Schweizer Produkte. «Auch wenn die einheimischen Tropfen etwas mehr kosten, setzen wir auf Spitzenprodukte aus unserem Land.» Die edlen Tropfen – etwa der Waadtländer Chardonnay La Dime oder der Merlot Vallombrosa aus dem Tessin – werden in der Reussbrücke auch offen ausgeschenkt. Als Antwort auf die 0,5-Promille-Grenze hat sich die Reussbrücke eine spezielle Verschlussmaschine angeschafft: den Vinojet. Damit können angebrochene Flaschen perfekt verschlossen werden, und der Gast kann bedenkenlos einen Spitzenwein nach Mass geniessen.

– Ob in der gemütlichen Landgasthofbeiz oder im Wintergarten: In der Reussbrücke wird traditionelle Kochkunst mit Innovation und Liebe kombiniert.
– Elsi ist für den Kräutergarten zuständig.

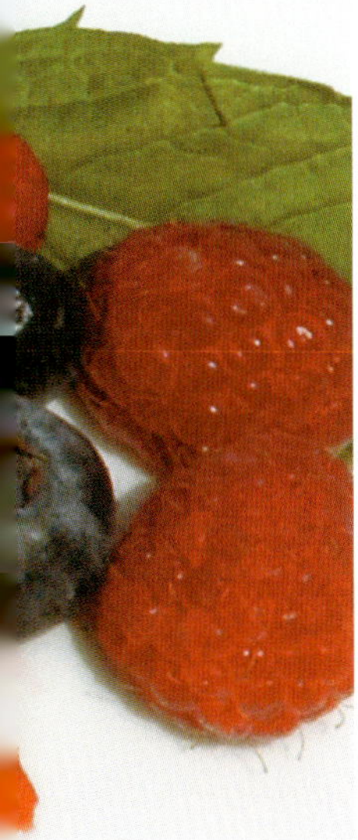

– Heisser Schokoladekuchen, gefüllt mit Edelbitter-Schokolade «Grand cru».
– Schwartenmagen «Säuliamt».
– Hacktätschli mit Kartoffelstock und Bohnen.
– Fangfrischer, dressierter Zander.
– Apfelküchlein mit Apfelsorbet.

Rezepte von **Klaus Imhof** im Anhang.

— **Säuliämtler Schwartenmagen auf Schweinszüngli-Carpaccio,** S. 401
— **Mascarpone-Beerenterrine,** S. 423

RESTAURANT **35**

Wiesental
Winkel-Rüti

RESTAURANT: **Wiesental**

ADRESSE: **8185 Winkel-Rüti, Zürichstrasse 25**

GASTGEBER: **Harry Baumann**

TELEFON: **044 860 15 00**

INTERNET: **www.wiesental.ch**

RUHETAGE: **Sa.-Mittag, So.**

BETRIEBSFERIEN: **Weihnachten–Neujahr**

WEGBESCHRIEB: **Alte Hauptstrasse Kloten–Bülach. Bus ab Bülach oder Zürich Flughafen.**

SPEZIELL: **Am Montag und am Samstag kocht Rosa Tschudi**

Kochen ist ein sinnliches Vergnügen und eine Leidenschaft, umschreibt Harry Baumann die Philosophie seines Gasthauses zwischen Kloten und Bülach, in dem jeweils am Montag und am Samstag die «Grande Dame» der Schweizer Gastronomie mit am Herd steht: Rosa Tschudi.

Hommage an «Madame Sauerbraten»

Rosa Tschudi, die grosse Dame der Schweizer Kochkunst, hat sich ein Leben lang mit der Grossmutterküche befasst: Rosas Sauerbraten mit Kartoffelstock, die Eglifilets im Bierteig, der Kalbskopf und der Schwartenmagen sind legendär. Vor den Toren Zürichs, im Restaurant Wiesental, werden ihre Kreationen originalgetreu zubereitet – am Montag- und am Samstagabend kocht die über 80-jährige Köchin noch selber mit. Dann stehen Jung und Alt am Herd: Mario, der 33-jährige Koch aus Berlin, und Rosa Tschudi, vital und kommunikativ wie eh und je.

Das Wiesental ist ein Anachronismus. Auf dem Flughafen Zürich, irgendwo im diesigen Gedämmer weiter südlich, starten und landen die Jets von und nach Hongkong, Chicago, Johannesburg, während in der Küche des Hauses Slow Food aus Grossmutters Zeiten zubereitet wird. Mario Schwabethal, der junge Küchenchef des Hauses, hat jeden Handgriff von «Mama Sauerbraten» gelernt, jede Kopie ist ein Original und schlicht perfekt.

Alt und neu, das gilt auch für die Gerichte selber: In jahrzehntelanger Feinarbeit hat Rosa die alten Rezepte zu Gourmetgerichten verfeinert. Das sieht man dem Sauerbraten auf den ersten Blick nicht an. Doch er ist liebevolle Facharbeit, von der gut gelagerten Rindshuft bis zu den Speckwürfeln, vom Kalbsfond (in sich ein Kunstwerk, unter anderem mit Kalbshaxen, Kalbskno-

chen und Traubenkernöl angesetzt) bis zum Kartoffelstock, der luftig und leicht in der Mitte thront. Natürlich sind auch die Egli im Bierteig auf der Karte, die von Rosa zur Delikatesse geadelt wurden, Rosas Schwartenmagen sowie ihre Gebrannte Crème.

Das Restaurant Wiesental. Das ist nicht zuletzt auch Harry Baumann, der den Landgasthof seit Oktober 2002 führt. Ein Gastronom, der mit sicherem Gefühl nicht auf kurzlebige Trendgastronomie setzt und schon gar nicht auf «Pizza und Pasta»: «Wir wollten eine originäre, von Persönlichkeiten geprägte Küche machen – alte Schule, aber modern», sagt Harry, der im elterlichen Betrieb den ersten Anschauungsunterricht für kreative Gastronomie erhalten hat: «Im Hotel Krone, am Limmatquai in Zürich, haben meine Eltern das Fondue Bourguignon erfunden, mit der Rondelle und zwanzig Saucen in der Mitte – natürlich alle hausgemacht und frisch», sagt Harry. Der gelernte Hotelfachmann hat später sechs Jahre lang das Dancing Mascotte geführt, mit dem Trio Fredy Burger, Udo Jürgens und Pepe Lienhard. Dann folgten der Stadthof 11, die Restaurants im Zürcher Messegelände, und jetzt das Wiesental. Hier, so munkelt man, sind auch Show- und Fernsehpromis des öfteren anzutreffen. Nicht nur wegen Rosas Sauerbraten. Auf der Karte stehen zahlreiche andere Hitträger, wie Harry sie nennt: US-Rindsfilet/US-Entrecôte «Café de Paris» oder Crêpe Suzette. Auch das Ambiente stimmt: Das Wiesental, 1826 erbaut, hat vorne eine gemütliche Gaststube, daneben den eleganten «Arte»-Teil, und im Untergrund wartet die gemütliche Grotto-Bar mit alten Steinwänden.

Trio-Konzept: Der Gast geniesst die Wiesental-Küche wahlweise im urchigen Stübli mit grossem Kachelofen, im Gourmetteil, genannt «Arte» oder im lauschigen Garten vor dem Haus.

Interview mit Rosa Tschudi

Im Wiesental findet ein einzigartiger Know-how-Transfer statt: Du, Rosa, die grosse Dame der Schweizer Gastronomie, und Mario, ein junger Koch, stehen gemeinsam am Herd und kochen Sauerbraten …

Richtig, und es funktioniert, weil Mario ein junger Koch ist, der ein Qualitätsdenken hat und sich mit meiner Art des Kochens identifizieren kann. Mario und ich haben jedes Gericht einen Monat lang gemeinsam gekocht, bis wir beide zufrieden waren. Ich habe viel von Mario gelernt – und er von mir. Zum Beispiel bei der braunen Grundsauce, die ich nie mit Sellerie kochen würde! Oder bei der Sauce für den Sauerbraten, die ich mit dunkler Schokolade verfeinere und nicht irgendeinen billigen Kochwein nehme, sondern einen Château Camplong 2002 aus Südfrankreich. Es muss mit den besten Produkten, mit Verständnis und Liebe gekocht werden. Das ist das ganze Geheimnis!

Wo hast du Kochen gelernt?

Irma, meine Grossmutter, kochte für zehn Personen wie ein Herrgott. Ich bin mit dieser Landküche gross geworden, mit Kutteln, Kalbskopf, Sauerbraten und anderen, traditionellen Gerichten. Später habe ich von der Pike auf alles gelernt, zuerst als Küchenmädchen im Restaurant Täschter in Oberentfelden, dann im Service, später in der Küche, ich stand sogar an der Schlachtbank. 1952, als 29-Jährige, habe ich dann mit meinem ersten eigenen Restaurant angefangen, dem Remisberg in Kreuzlingen.

Warum hast du dich auf die so genannte Grossmutterküche spezialisiert?

Das entstand wegen der Geschäftsleute, ich wollte ihnen etwas anderes bieten als die ewig gleichen Filets und Stroganoffs. Also habe ich mich auf die alten Gerichte konzentriert und wahrscheinlich als Erste intensiv daran gearbeitet. Zum Beispiel an der Sauce für den Sauerbraten. Die war mir zu sauer, also habe ich versucht, eine etwas feinere Geschmacksnote zu erzielen – zuerst mit Zucker, dann mit Bienenhonig. Aber erst mit Schokolade, einer dunklen, schönen Schoggi, war sie dann perfekt. Man muss halt tüfteln in der Küche! Das war auch beim Schwartenmagen so: Nur Schweinsschulter, einige Wädli und ganz wenig Zunge machen den Schwartenmagen zu einer Delikatesse. Man darf auf keinen Fall mindere Fleischsorten nehmen. So gesehen ist der Name Schwartenmagen völlig falsch.

Und die Egli im Bierteig?

Entscheidend ist, dass die Fische absolut frisch sind und dass sie nach dem Würzen gut getrocknet werden. Am allerwichtigsten aber ist der Teig: Er muss

Alt und jung: Rosa Tschudi und Mario Schwabethal «virtuosen» im Wiesental.

hauchdünn sein und mit lauwarmem Bier zubereitet werden. Auch die Butter muss warm sein, sie muss frisch und weich durch die Finger laufen. Beim Kochen braucht es Spürsinn und Gefühl. Kochen ist eine Philosophie, eine Kultur, die beim Einkauf beginnt und in der Gaststube ihren Höhepunkt findet. Wir sind Gastgeber, wir müssen nicht nur kochen, sondern auch kommunizieren. Alle meine Köche mussten immer auch nach vorne zu den Gästen gehen.

Das waren in deinem Fall auch einige ganz besondere Gäste …

In der Krone in Gottlieben war Graf Bernadotte von der Insel Mainau Stammgast. Der hat meinen Kalbskopf geliebt und wollte einige seiner Freunde einladen. Und dann kamen sie! Paul Bocuse, Hans Stucki, Jean-Pierre und Paul Haeberlein, Eckart Witzigmann, Henri Levy, Heinz Witschi – all die grossen Spitzenköche sind wegen meiner Egli und dem Kalbskopf fast ausgeflippt. Das war ein Highlight in meinem Leben und zeigt: Auch ganz einfache Gerichte können Delikatessen sein. Ich denke, die Zeit ist vorbei, wo man steinhartes Gemüse als neue Kochkunst servieren kann. Viele Spitzenköche kommen wieder zum Einfachen zurück. Ich denke, das ist die Chance unserer *Urchuchi,* wie du es nennst: statt «nouvelle» eine raffinierte «vielle cuisine»!

Rosa Tschudi ist eine der erfahrensten Köchinnen der Schweiz. Seit 1939 ist sie im Gastgewerbe tätig und hat mehrere Restaurants geführt, zuletzt das Giangrossi in Zürich. Ihr Lebenswerk hat sie im Buch *Erfolgsrezepte aus meiner Küche* festgehalten. «Eine wunderbare Heilstätte der Welt ist nebst Licht, Luft, Wasser und Wein eine mit Verständnis, Sorgfalt und Liebe geführte Küche», hat sie mir als Widmung in ihr Buch geschrieben. Im Kochen ist Rosa eine Meisterin, kommerziell hat sie manchmal eine Prise zu viel gewagt. Doch den Kochlöffel legt sie noch lange nicht hin, auch jetzt nicht, mit über 80 Jahren: «Da kann ich mich gleich selber dazulegen!», lacht «Mama Sauerbraten».

BUCHTIPP

Jo Steimen/Rosa Tschudi: *Erfolgsrezepte aus meiner Küche,* 1999, AT-Verlag. Vom mehrfach ausgezeichneten Buch gibt es nur noch einige wenige Exemplare – handsigniert von Rosa im Restaurant Wiesental.

– Gebrannte Crème «Rosa Tschudi».
– Schwartenmagen, ebenfalls nach Rosa Tschudis Rezeptur.
– Egli im Bierteig, mit lauwarmem Bier zubereitet.
– Sauerbraten nach Grossmutter-Art mit Kartoffelstock.

Rezepte von **Rosa Tschudi** im Anhang.

— Sauerbraten nach Grossmutter-Art, S. 412
— Egli im Bierteig, S. 407

RESTAURANT **36**

Obermühle
Flaach

RESTAURANT: **Obermühle**

ADRESSE: **8416 Flaach, Obermühleweg 1**

GASTGEBER: **Sonja Fisler-Huber**

TELEFON: **052 318 11 56**

INTERNET: –

RUHETAGE: **Mo., Di., während der Spargelzeit Di.-Abend offen**

BETRIEBSFERIEN: **Mitte Juli–Mitte Aug., Feb.**

WEGBESCHRIEB: **Zwischen Schaffhausen und Winterthur. Bus ab Winterthur oder Rafz.**

SPEZIELL: **Gartenrestaurant, eigene Schweinemast**

Die Obermühle in Flaach war früher die grösste Mühle im Dorf. Das Haus wurde um die imposante Anlage herum gebaut, mit entsprechend grosszügig dimensionierten Räumen. Heute führt hier Sonja Fisler ihr Bauernhof-Restaurant, bekannt für Spargelgerichte und das Fleisch aus der eigenen Schweinemast.

Im Reich der «weissen Königin»

Ein schöner Morgen im Juni, hellblauer Himmel, im Hintergrund die sanften Hügel des Irchels. Seit 5 Uhr morgens sind Ruth und Robert Frauenfelder auf dem Acker und stechen die weissen Königinnen. Erntefrisch werden sie die Spargeln noch am gleichen Morgen ins Restaurant Obermühle in Flaach liefern – eine der besten Adressen in der Region. Ab April wird der Gasthof von den Fans buchstäblich gestürmt: «Es gibt Gäste, die ein Jahr im Voraus reservieren», sagt Sonja Fisler, die das Restaurant führt und selber kocht. Sonjas Tipp für alle Spargel-Kocher: «Wenn die Spargeln gar sind, den Herd abstellen und die Spargeln noch 15 Minuten im heissen Wasser ruhen lassen: Dann werden sie butterzart.»

Die weisse Spargel ist ein Sensibelchen. Sie braucht viel Wärme, sandige Böden und schönes Wetter. Und selbst dann zeigt sie sich nur bei optimalem Zusammenspiel von ihrer schönsten Seite: elfenbeinfarben,

Schweizer Spargeln haben von Mitte April bis spätestens zum Johannistag, dem 24. Juni (auch Spargel-Silvester genannt), Saison. Dann ist Ernteende, damit sich die mehrjährigen Pflanzen erholen können. Die griechische Bezeichnung für die Delikatesse ist «asparagos», was so viel bedeutet wie «Stiel» oder «junger Trieb». Die Griechen verwendeten die Spargeln vor rund 2500 Jahren als Heilpflanze zur Entwässerung und Entschlackung des Körpers. Später, im 2. Jahrhundert v. Chr., wurden die Spargeln von den Römern kultiviert und als Delikatesse genossen. Hippokrates sprach von einem wahren Gesundheitsbrunnen. In der Tat enthält die Spargel viele Vitamine und Mineralstoffe, zudem soll sie eine aphrodisierende Wirkung haben.

nicht zu dünn, nicht zu dick und leicht bitter. So eben, wie die weissen Spargeln aus Flaach. Sie gelten unter Kennern als Spitzenprodukt und sind gleichzeitig schon fast handnummeriert: Nur gerade sechs Tonnen werden pro Jahr von einigen wenigen Produzenten in Flaach gezogen, bislang im Kanton Zürich ausschliesslich in dieser kleinen Gemeinde. Das deckt nur gerade 0,5 Prozent des jährlichen Konsums in der Schweiz! Vor kurzem hat zwar auch in Rafz ein Produzent mit dem Anbau begonnen, doch der dürfte – davon sind zumindest die Flaacher überzeugt – noch eine Weile brauchen, bis er die Flaacher Qualität erreicht.

Bleichspargeln aus Flaach. Das ist wie Trüffel aus dem Piemont. Mit dem Unterschied, dass das «weisse Gold» von Sonja Fisler, der Köchin und Gastgeberin im Restaurant Obermühle, wesentlich moderater abgerechnet wird. Klassisch, mit Mayonnaise, heisser Butter und etwas Käse werden die weissen Raritäten serviert. Zur Vorspeise empfiehlt Sonja Spargelsuppe oder Rohschinken aus eigener Produktion. Allein für die Fleischspezialitäten lohnt sich ein Ausflug in die Obermühle! Zum Hof gehört eine Bio-Schweinemast mit zehn Tieren. Geräucht werden die Schinken und Speckseiten in der Räucherkammer im Estrich des mächtigen Hauses, in dem noch vor zehn Jahren Korn gemahlen wurde. Auch im Herbst wird die Obermühle gestürmt: Dann ist Haus-Metzgete, eine der besten weit und breit. Jede Wurst, jede Speckschwarte, jedes Kotelett ist hausgemacht.

– Ruth und Robert Frauenfelder, die zu den wichtigsten Lieferanten der Obermühle gehören.

– Spargel ist nicht gleich Spargel: Nicht zu dünn, nicht zu dick und nur leicht bitter müssen sie sein. So wie die Spargeln aus Flaach.

– Sonja Fisler versteht das Spargelhandwerk: Gut zusammengebunden kommen die Spargeln ins heisse Wasser und bleiben, wenn sie gar sind, noch 15 Minuten länger drin. Dann werden sie butterzart. Nicht wenige kommen in der Obermühle in Suppenform auf den Tisch. Beliebt ist die Kombination mit einem Fleischplättli.

– Spargeln mit Käse, Butter und Mayonnaise.
– Hausgeräuchter Rohschinken und Speck.
– Spargelsuppe.
– Hausdessert im Sommer: frische Erdbeeren mit Meringue.

Rezept von **Sonja Fisler** im Anhang.

— Spargelsuppe, S. 404

RESTAURANT **37**

Zur Post
Volken

RESTAURANT: **Zur Post**

ADRESSE: **8459 Volken, Flaachtalstrasse 30**

GASTGEBER: **Anna und Richard Erb**

TELEFON: **052 318 11 33**

INTERNET: –

RUHETAGE: **Mi., So., allg. Feiertage**

BETRIEBSFERIEN: **24. Dez.–Mitte Jan., 2 Wochen im August**

WEGBESCHRIEB: **Zwischen Winterthur und Schaffhausen. Ab Winterthur S 33 bis Henggart, Bus Richtung Flaach.**

SPEZIELL: **eigener Wein**

Wo man hinsieht: fette Felder, gepflegte Bauerngärten, stolze Riegelhäuser. Das Flaachtal, eingebettet zwischen Töss, Rhein und Irchel, hat die meisten Sonnenstunden im ganzen Kanton. Das Dorf Volken hält noch zwei weitere Rekorde: Mit knapp 300 Einwohnern ist es die kleinste Gemeinde im Kanton und diejenige mit den meistern Bauernfamilien. Allein 17 Weinbauern gibt es in der Gemeinde.

Annas Bauernküche im Zürcher Weinland

Richtig gute Bauernküche? Die gibts noch! Und zwar in der Wirtschaft Zur Post in Volken. Hier sind Scampi und Kaviar so fremd wie Essstäbchen aus China. Dafür stehen hausgemachter Schwartenmagen auf der Menükarte. Gehacktes mit Hörnli. Kalbsleberli. Speck. Rippli – im Winter auch mit Sauerkraut, Rindszunge mit frischen Bohnen und dampfenden Désirée-Kartoffeln. Das ist wunderbar urchige Landkost, geschmackvoll und frisch zubereitet von Anna Erb, die das Kochen von ihrer Mutter gelernt und mit eigenen Rezepten erweitert hat. Ein Geheimtipp: Auf Vorbestellung macht die sympathische Gastgeberin und Mutter von vier Kindern auch ihre legendären Bölle- und Spinat-Wähen! Und wer wieder einmal einen perfekten Kartoffelsalat geniessen möchte: Annas Härdöpfel-Salat, zubereitet mit einer hausgemachten Sauce auf Mayo-Basis, ist so gut, dass ihn die Dorfbewohner sogar für ihre Gartenpartys bestellen. Annas Stolz aber ist die Linzertorte: Das grosse Kuchenblech wird jeden Morgen frisch gefüllt und in den Backofen geschoben – und am Abend ist alles weg.

Das Besondere an der Post. Hier wird ausschliesslich eigener Wein ausgeschenkt! Zwei Hektaren Reben gehören zum Besitz der Familie, und zwar an bester Lage auf dem Worrenberg. Jede Flasche, die in der Post auf den Tisch kommt, ist von Richard Erb gekeltert. 30000 Liter produziert er jährlich, vor allem Blaubur-

gunder und Riesling x Sylvaner aus bester Lage am Worrenberg. Natürlich stammen auch Grappa, Marc, Wein- und Hefebrand (Weindruse) aus dem eigenen Anbau. Wie gut die Erb'schen Tropfen wirken, kann man jeweils im Dezember und Anfang Mai testen: Dann ist grosse Weindegustation in der Post. «Meine beste Kundin ist immer noch meine Frau», lacht Richi und zeigt mir auf der Menükarte, was Anna alles mit seinen Weinen zubereitet. Als Hausdesserts gibt es ein Weinbrand-Parfait und eine Weinbrand-Crème, die Kutteln macht Anna an einer Räuschling-Sauce, und zur Vorspeise empfiehlt sich Annas Weissweinsuppe, gemacht mit Riesling x Sylvaner und frischem Rahm.

Das Rezept hat Anna selber entwickelt: «Wichtig ist, dass der Wein lange gekocht wird, damit sich der Geschmack neutralisiert», verrät die Köchin, die fast rund um die Uhr kocht: «Wenn jemand am Nachmittag Hunger hat, gehe ich an den Herd», sagt Anna, «ich serviere den Leuten lieber etwas Richtiges als nur ein Eingeklemmtes.» Wobei auch das «Eingeklemmte» bei Anna sicher etwas Besonderes wäre: Denn auch das Brot ist ofenfrisch, und die kalten Fleisch- und Wurstspezialitäten – zum Beispiel die Vorschlegli (so nennt man die Coppa im Flaachtal) – sind hausgeräucht. Und selbstverständlich hält die Post auch eine weitere alte Bauerntradition hoch: An zwei Wochenenden im November ist Metzgete – eine der letzten, die noch mit einem richtigen Bauern-Metzger und mit Fleisch ausschliesslich aus dem Flaachtal durchgeführt wird.

– Täglich frisch: Annas Linzertorte.

– Ausschnitt aus dem Weinsortiment des Hauses.

– Zwei Hektaren Reben gehören zum Besitz der Erbs. Früher waren viele Winzer auch Wirte. Die Erbs setzen diese Tradition in ihrem Gasthaus fort.

– Weissweinsuppe.
– Rindszunge mit frischen Bohnen und Désirée-Salzkartoffeln.
– Annas Linzertorte.
– Weinbrand-Parfait mit Weinbrand-Crème und Hausgebäck.

Rezepte von **Anna Erb** im Anhang.

— **Weissweinsuppe,** S. 405
— **Kutteln an Räuschling-Sauce,** S. 412

RESTAURANT **38**

Gastlicher Adler Unterstammheim

RESTAURANT: **Gastlicher Adler**

ADRESSE: **8476 Unterstammheim, Oberdorf 1a**

GASTGEBER: **Thomas und Marianne Frei**

TELEFON: **052 745 14 71**

INTERNET: **www.gastlicheradler.ch**

RUHETAGE: **Mi., Do.**

BETRIEBSFERIEN: **August**

WEGBESCHRIEB: **Zwischen Winterthur und Stein am Rhein. Bus ab Frauenfeld Richtung St. Katharinental.**

SPEZIELL: **Garten mit Kastanienbaum**

Der Gastliche Adler bietet Nahrung nicht nur für den Bauch, sondern auch für den Kopf: Hier kocht einer, der nebenbei auch dichtet. Mit spitzer Adler-Feder.

Wildsau und Treberwurst

Wildschweine wissen, wo die besten Futterplätze liegen: In den letzten Jahren sind sie invasionsartig vom süddeutschen Raum in die Schweiz eingewandert. Thomas Frei, Inhaber und Koch des Restaurants Gastlicher Adler in Unterstammheim, spricht von einem Schwarzwild-Bestand, der alle Rekorde bricht. Das stattliche Haus am Dorfplatz bietet Wildschwein jagdfrisch ab November an: als Pfeffer mit hausgemachten Spätzli, als Schnitzel oder Geschnetzeltes. Geräuchter Wildschwein-Schinken oder Wildschwein-Wurst ist auf dem Adler-Plättli das ganze Jahr zu haben. Eine hochwertige Spezialität: Die Schwarzkittel sind intelligent und nur schwer zu erlegen. Bis ein Jäger zum Schuss kommt, verbringt er durchschnittlich 70 Stunden auf dem Hochstand!

Dorfbeiz. Lange Holztische, ein grosser Zapfhahn und an den Wänden Schiefertafeln mit den wechselnden Menüangeboten: Der Gastliche Adler ist eine Dorfbeiz, die sich kulinarisch nach den Jahreszeiten richtet. Ab März gibt es Gehacktes mit Hörnli, Kutteln und Rippli im Brotteig. Im Frühling sind grüne Wildspargeln angesagt, auf Wunsch mit Weindegustation (wir sind schliesslich im Zürcher Weinland). Und jetzt, zur Zeit meines Besuchs im April, ist noch Treberwurstzeit: Thomas Frei serviert die Winzerwürste mit im Marc gedünstetem Gemüse und frischer Rösti. Zum Dessert gibt es hausgemachte Apfel-Tünne (Wähe), die von

Freis Mutter zubereitet wird und so gut ist, dass ich nach dem Probiererli gleich noch ein ganzes «Rund» mit nach Hause nehme.

Das Schöne an der Adler-Küche: Sie so gut, dass man in der gemütlichen Gaststube oder im Garten unter dem 100-jährigen Kastanienbaum gerne überhockt. Zum Beispiel mit einer Portion Siedfleisch, die – wie sichs gehört am Stück – mit hausgemachter Vinaigrette serviert wird. Oder man geniesst den Sauerbraten mit Dörrbohnen, Rotkraut und Kartoffelstock, bei dem selbst Rosa Tschudi applaudieren würde. Falls das Aufnahmevermögen überschritten wird (die Portionen sind gross), empfiehlt Marianne Frei einen Spaziergang im benachbarten Thurgau: Dort lädt der Nussbaumersee zu einem erholsamen Rundgang ein. Oder man vertieft sich in die Hauszeitung, genannt die «Adler-Feder». Thomas Frei schwingt nämlich nicht nur den Kochlöffel, er ist auch belletristisch tätig. Seine Kurzgeschichten, Anekdoten und Aphorismen sind amüsant, bisweilen tiefgründig, ab und zu sogar bissig. Sporadisch sind auch andere Literaten im Adler zu Gast, wie der Zürcher Krimiautor Armin Och.

– In Unterstammheim stehen alle Riegelbauten unter Heimatschutz.

– Kein Heimatschutz: Die «Adler-Feder» ist oft ziemlich spitz und das grosse Hobby des Hausherrn, der regelmässig auch bekannte Schriftsteller zu Lesungen einlädt.

Wildschweinjagd vor der Haustüre. Noch ist es nicht so weit, dass die Wildschweine in unseren Städten erscheinen – wie etwa in Berlin: Dort tauchten 2003 zwei Wildschweine auf dem Alexanderplatz auf und wurden erlegt. Der Bestand ist jedoch auch in der Schweiz stark gewachsen: In den 40er-Jahren waren die Schwarzkittel praktisch ausgerottet, heute werden jährlich über 6000 Tiere geschossen. Das Fleisch ist würzig und eignet sich für zahlreiche Wildgerichte und Würste.

– Treberwurst mit im Marc gedünstetem Gemüse und frischer Rösti.
– Adler-Plättli mit Wildschweinwurst und Blauburgunder aus der Region.
– Siedfleisch mit hausgemachter Vinaigrette.
– Apfel-Tünne «Mutter Frei».

Rezepte von **Thomas Frei** im Anhang.

— **Spätzli «Gastlicher Adler»,** S. 417
— **Apfel-Tünne «Mutter Frei»,** S. 428

Metzgete

Zürich gehört – zusammen mit dem aargauischen Fricktal und der Ajoie in der Westschweiz – zu den Hochburgen der Metzgete, die im Herbst beginnt. Der Kolumnist und Kochexperte Minu beschreibt die Erotik der Blut- und Leberwürste wie folgt: «Prall angeschwellt liegen sie nebeneinander, hautnah, bis zum Zerreissen angespannt, kurz vor dem Höhepunkt ihres Daseins – und der kommt, wenn die Sache mit einem gezielten Gabelstich platzt und sich die inhaltliche Pracht auf dem Teller breit macht.» Dann setzen unweigerlich die Fachkommentare ein: Mit Rosinen? Nein, ohne. Aber gut gewürzt. Zu fett, zu trocken, gerade richtig. Die Wurst hat zwei Enden, die Diskussionen oft keines.

Die Zürcher waren von jeher Meister in der Fleischverwertung: Kutteln, Kalbskopf, sogar Lungen und Hirn kamen auf die Teller. Einige dieser «Delikatessen» muten aus heutiger Sicht makaber an: gebratenes Schafhirn etwa oder die Hirnwurst. Mit einer Masse aus Ochsenhirn, Lunge, Speck, Eiern und Milch gefüllt, wurde sie mit einer süssen (!) Brühe serviert. Auch die Metzgete war früher wesentlich opulenter. Der Zürcher Lyriker Johannes Hadlaub hat sie um 1300 in seinen Herbstliedern beschrieben: «Zu einer guten Metzgete gehört gebratenes Schafhirn, Magen und Halsgekröse, Schweinskopf, Schweinsfüsse, Kalbskeulen, Kuttelstücke und fette Würste. Als Beigericht sind Griben zu empfehlen (Rückstände von ausgelassenem Fett). Alles gut gesalzen und gewürzt, auf dass ein herrlicher Durst entstehe, den man mit Wein oder Sauser löschen kann.»

Schlachtplatte vom Restaurant Linde in Weiningen ZH.

Zürcher Restaurants mit Metzgete

Linde, Weiningen

In der Linde ist die Schlachtplatte noch fast so opulent wie in den alten Zeiten (siehe Bild auf der Vorderseite und rechts). Jeweils ab Mitte Sept., täglich, bis ca. Ende Jan. Dann steht auch Wild auf der Karte. Unbedingt vorreservieren. *Linde Weiningen, Andreas Rüedi, Badenerstr. 2, 8104 Weiningen, Ruhetage: Herbst Mo., Sommer So., Mo., Tel. 044 750 18 18, www.lindeweiningen.ch.*

Wiesental, Winkel-Rüti (siehe S. 198)

Hier wirkt Rosa Tschudi als «Schlachtexpertin», Wursterin und Köchin. Metzgete Nov., Dez., jeweils zwei Wochen (nach Anklündigung). *Restaurant Wiesental, Harry Baumann, Zürichstrasse 25, 8185 Winkel-Rüti, Ruhetage: Sa.-Mittag, So., Tel. 044 860 15 00, www.wiesental.ch.*

Geeren, Gockhausen
Weitherum bekannte Metzgete-Beiz. Ab letzter Septemberwoche bis Ende Nov. (ganze Woche). Blut und Leberwürste, Rippli, Speck, Gnagi, Wädli, Leberli, Bratwurst, Geschnetzeltes, Koteletts, dampfendes Oberländer Sauerkraut, Apfelmus und und und. *Restaurant Geeren, Sibylle und Peter Fullin, Obere Geerenstrasse 72, 8044 Gockhausen, Tel. 044 821 40 11, www.geeren.ch.*

Zur Post, Volken (siehe S. 208)
Richtig urchige, traditionelle Bauern-Metzgete mit Annas Bauernküche und Richis Hausweinen vom Worrenberg. An zwei Wochenenden im November. *Wirtschaft Zur Post, Anna und Richard Erb, Flaachtalstrasse 30, 8459 Volken, Ruhetage: Mi., So., allg. Feiertage, Tel. 052 318 11 33.*

Obermühle, Flaach (siehe S. 204)
Bio-Metzgete mit Störmetzger im Haus, jeweils an drei Wochenenden ab Ende Okt.–Anfang Dez. und an einem Wochenende im Jan. *Restaurant Obermühle, Obermühleweg 1, 8416 Flaach, Sonja Fisler-Huber, Ruhetage: Mo., Di., Tel. 052 318 11 56.*

Alpenblick, Toggwil ob Meilen

Urchiger gehts nicht: Schwinigs an einer Rahmsauce (in der Schüssel serviert!), die Rösti, die im Schweinemalz gebraten wird – und eben im Herbst: die legendäre Alpenblick-Metzgete, die dem Restaurant bereits 1975 eine Urkunde des VBL (siehe S. 219) einbrachte. Thomas Tritten wurstet noch selber, wie er es von seinem Vater gelernt hat. Ab Ende Sept.–Anfang Dez., Fr.–So. *Restaurant Alpenblick, Thomas Tritten, 8706 Meilen, Ruhetage: Mi., Do., Tel. 044 923 04 02.*

Metzgete in anderen Kantonen

Schifflände, Quinten, SG
Anfang Nov., jeweils am Wochenende bis Anfang April. Unter dem Jahr: Bauernspezialitäten, Fisch. Ruhetage: keine. Erreichbar mit dem Kursschiff (ab Murg). *Restaurant Schifflände, Anneliese Walser, 8878 Quinten, Tel. 081 738 14 60, www.schifflaendequinten.ch.*

Bären, Bözen, AG
Im Fricktal. Historisches Gasthaus, seit 1517 als Taverne erwähnt. Metzgete ab Okt. bis Ende Jan., von Do. bis So, insgesamt acht Mal. *Gasthaus Bären, Familie Kistler (Seit 1762 in Familienbesitz), Hauptstrasse 68, 5076 Bözen, Ruhetage: Di., Mi., Tel. 062 876 11 37, www.baeren-boezen.ch.*

Kallhof, Eptingen, BL
Bergrestaurant mit Gartenwirtschaft und Bauernhof mit eigener Schweinehaltung. Hier wird selber gemetzget, jeweils von Okt. bis Nov., Fr.–So., vier Mal. *Restaurant Kallhof, Prisca und Konrad Bitterli, Kallstrasse (Richtung Hauenstein) 4458 Eptingen, Ruhetage: Mo., Di., Tel. 062 299 12 60, www.kallhof.ch.*

Gundeldingerhof, Basel
Der Jurassier und Wahlbasler Dominic Lambelet bietet an drei Sonntagen im November eine «Cochonnerie» mit neun Gängen. *Restaurant Gundeldingerhof, Dominic und Astrid Lambelet, Hochstrasse 56, 4053 Basel, Ruhetage: So.-Abend, Mo., Tel. 061 361 69 09, www.gundeldingerhof.ch.*

Georges Wenger, Le Noirmont, JU
Georges Wenger zelebriert in seinem Gourmetlokal ab 11. November im Jura die Metzgete aller Metzgete! *Restaurant-Hotel Georges Wenger, Rue de la Gare 2, 2340 le Noirmont, Ruhetage: Mo., Nov. – April auch Di., Tel. 032 957 66 33, www.georges-wenger.ch.*

VBL – Eine Lanze für die Blut- und Leberwurst
Der «Verein zur Förderung des Ansehens der Blut- und Leberwürste» (VBL) wurde 1968 von Zürcher Studenten gegründet und zählt heute 60 Mitglieder. Ab Ende September lädt der Verein seine Mitglieder zu Testessen ein. Die Erzeugnisse der Sau werden von zwölf vereidigten Degustatoren geprüft. Topaktuell sind die VBL-Erhebungen allerdings nicht mehr: «Der letzte Metzgeten-Führer stammt aus den 90er-Jahren», sagt Reto Huber, Vorstandsmitglied des VBL, «der neue wird 2006 erscheinen.» *Info: www.vbl.org.*

Züri-Gschnätzlets & Rösti: die Ursprünge

Die Japaner kennen es, die Isländer, die Feuerländer: Das Zürcher Geschnetzelte ist weltberühmt. Wann und ob überhaupt die Zürcher «ihr Nationalgericht» erfunden haben, ist jedoch bis heute ein grosses Mysterium geblieben. Dabei gehört vor allem die Frage, wie das Zürcher-Etikett zum Geschnetzelten kam, ins Kapitel «Aktenzeichen ungelöst». Vielleicht war es wie bei den Wienerli ein cleverer Marketingstratege, der den Besitzanspruch der Zürcher eines Tages kurzerhand festhielt. Wahrscheinlich erst in jüngerer Zeit, wie Christoph Landolt, Mitarbeiter am schweizerischen *Idiotikon*, dem schweizerdeutschen Wörterbuch, meint: «Unter dem Wort ‹Gschnätzlets› tauchen zwar bereits ab dem Jahre 1533 Hasenherzen, Schwarzwurzeln, Kutteln, Leber und auch Kalbfleisch auf, aber kein ‹Zürcher Gschnätzlets›. Der Begriff fehlt im Idiotikon sogar noch 1929, dem derzeitigen Stand der Aufarbeitung. Möglicherweise ist er also eine junge Kreation der Zürcher Gastronomie, was allerdings nicht heisst, dass das Gericht nicht schon viel früher erfunden wurde!» Dies dürfte frühestens ab 1800 der Fall gewesen sein, wie der Ethnologe Albert Hauser anführt: «Kalbfleisch war damals ein Luxus, musste zumeist auf dem Schwarzmarkt erworben werden und kam selbst in reichen Familien höchst selten auf den Tisch.» François de Capitani, Kurator des Schweizerischen Landesmuseums und profunder Kenner alter Kochbücher, geht davon aus, dass das Gericht sogar erst nach 1850 entstanden ist: «Erst dann begannen die Leute an gemauerten Kochherden und mit vergleichsweise modernen Pfannen zu kochen und waren damit in der Lage, ein derart aufwendiges und kostspieliges Gericht zu kochen.» Erst die Küchentechnik und ein gewisser Wohlstand gaben also den notwendigen Schub für die Zürcher Edelspeise! Eine plausible These hat auch der Historiker Giorgio Girardet, der das Gericht wie die meisten Forscher den Zünftern zurechnet: «Bei den Zünften musste alles schön demokratisch zu- und hergehen. Also schnitt man das teure Kalbfleisch in viele kleine Teile und konnte es so gerecht verteilen. Das Zürcher Geschnetzelte repräsentiert somit eine Art Zürcher Zunftverfassung auf dem Teller.» Eine ergänzende Erklärung liefert der Schriftsteller Al Imfeld: «Das Essen hatte früher Symbolcharakter: Was man isst, ist man. Also hatte ein Zunftgericht etwas Sinnträchtiges zu sein. Es war ein Festessen, um den Winter zu vertreiben, eine Heirat von Stadt (Kalbfleisch) und Land (Nierli). So kamen beide Schichten zusammen. Das Geschnetzelte war somit ein Ritual, um Einheit und Frieden zu schaffen.»

Kümmel
Ein weiteres Indiz für den Zürcher «Patentanspruch» bei der Rösti ist der Kümmel, der in alten Rezepten anzutreffen ist: Kümmel gibt nicht nur Geschmack, er hilft auch verdauen und war in der alten, schweren Zürcher Küche eine wichtige Zutat. Bei den Kutteln nach Zürcher Art gehört Kümmel noch heute zum Markenzeichen.

Rösti. Einig sind sich alle Kulinarik-Archäologen in einem Punkt: Zum klassischen Zürcher Geschnetzelten gehört eine richtig knusprige Rösti.

Und die scheint tatsächlich schon früh von den Zürchern zum eigenständigen Bauernfrühstück erhoben worden zu sein! Roger Peter, der die Geschichte der Kartoffel untersucht hat, liefert Indizien, dass die «prötlete Herdöpfel» um 1770 unter anderem auch in der Zürcher Landschaft entstanden sind. Damals herrschte in weiten Teilen der Schweiz eine grosse Hungersnot. Die bislang verpönten und von der Obrigkeit als Teufelsfrucht bezeichneten Erdäpfel wurden von den armen Bauern erstmals im grossen Umfang angebaut – sonst wären sie verhungert. Vor allem im Tösstal, im Zürcher Oberland und am Albis erfolgte der Kartoffelanbau. Gegessen wurden die Kartoffeln geschwellt, mit Salz und Kümmel. Was übrig blieb, wurde am Folgetag mit Butter gebraten. Dies dürfte zeitgleich in verschiedenen Regionen so abgelaufen sein. «Um auf diese Idee zu kommen», so Christoph Landolt, «brauchte es nicht unbedingt die Genialität der Zürcher.» Dass sich das Restengericht jedoch rasch zu einem eigenständigen Bauernfrühstück entwickelte – begleitet von Milchkaffee – ist für die Zürcher Landschaft belegt. Von hier, so Albert Hauser, trat der Kartoffel-Zmorge seinen Siegeszug an – zuerst Richtung Innerschweiz, dann über das Emmental nach Bern und von dort über den Röstigraben in die Romandie.

Die Berner. Es waren jedoch nicht die Zürcher, sondern die Berner, die der Rösti ihren Namen gaben. Den Beweis liefert einmal mehr das *Idiotikon:* Dort taucht der Begriff Rösti erstmals 1846 auf – und zwar bei Jeremias Gotthelf im Buch *Der Geldstag, oder: Die Wirthschaft nach der neuen Mode:* «Aber man denke sich so ein Individuum, das von trocknen Erdäpfeln lebt, von dünnem Kaffe und von Rösti, wo Staubwolken davon fahren, wenn man die Thüre auf- und zuthut.» Spätestens zu Gotthelfs Zeiten hatte sich der küchentechnische Begriff somit auf das Gericht übertragen. Christoph Landolt erklärt dazu: «Die Worte ‹Rooscht› und ‹Rööschti› – in der Innerschweiz und im Mittelland auch ‹Brausi› und ‹Bräusi› – wurden früher für allerlei in Butter Geröstetes verwendet, sei es von Mehlspeisen, Eierspeisen, Gemüse oder von Fleisch. Schon in der ersten Hälfte des 20. Jahrhunderts hat das Wort ‹Rösti› aber praktisch die ganze Schweiz erobert und die bisherigen Ausdrücke verdrängt.» Zu ergänzen ist: Erst vergleichsweise spät konnten sich auch die Zürcher entschliessen, den Begriff «prötlete Herdöpfel» durch das Berner Wort «Rösti» zu ersetzen …

Die Alpinisierung der Küche

Dass alte Gerichte – unabhängig von ihrer tatsächlichen historischen Entwicklung – mit Legenden und Mythen versehen, ästhetisiert und damit auch kolonialisiert werden, ist so alt wie die Kochkunst selber. Man denke nur ans Jäger- und Fischerlatein. Dabei ist es – salopp gesagt – nicht so wichtig, ob die Rösti von den Tösstalern oder von den Emmentalern erfunden wurde. Sehr oft fanden solche «Erfindungen» ohnehin zeitgleich an verschiedenen Orten statt. Entscheidend ist, dass einem bäuerlichen oder alpinen Gericht eine überlieferte, identitätsstützende Eigenständigkeit zugeschrieben wird, damit es als kulinarisches Erbe einer Region gelten kann.

Restaurants mit Zürcher Geschnetzeltem

Kaiser's Reblaube-Goethestübli

Ob Kalbsbäggli, Saibling in Orangenmarinade oder eben das Zürcher Geschnetzelte (mit Kalbshuft): Spitzenkoch Peter Brunner und sein traditionsreiches Restaurant an der Ecke zur Robert-Walser-Gasse ist eine Topadresse für ungetrübte Gourmetfreuden. *Kaiser's Reblaube-Goethestübli, Peter Brunner, Glockengasse 7, 8001 Zürich, Ruhetage: Sa.-Mittag und So., April–Sept.: Mo.-Abend, Tel. 044 221 21 20, www.restaurant-reblaube.com.*

Obere Flühgasse

Monique Rijks, die Dutzende von Restaurants in Zürich getestet hat, beschreibt die Darbietung wie folgt: «… eine in viel Butter knusprig gebratene Rösti mit einem wunderbaren Geschnetzelten, das im Munde zergeht. Nicht zu verachten ist auch das legendäre Hausdessert: Dörräpfel und Zwetschgen, eingelegt in Rum oder Calvados, begleitet von einer luftigen Vanillecrème.» *Rosemarie und Pietro Ladu, Flühgasse 69, 8008 Zürich, Tel. 044 381 11 10.*

Riesbächli

Im Riesbächli gibts das Zürcher Geschnetzelte «comme il faut»: zart, leicht säuerlich (weil mit Weisswein abgelöscht), mit Champignons, begleitet von einer frischen Rösti, allerdings nur auf Vorbestellung. Speziell: Das Riesbächli besitzt einen der grössten Weinkeller der Welt, ausgezeichnet mit zahlreichen internationalen Preisen. *Restaurant Riesbächli, Victor und Marlise Imfeld-Riesen, Zollikerstrasse 157, 8008 Zürich, Ruhetage: Sa., So., Nov.–März am Sa.-Abend geöffnet, Tel. 044 422 23 24, www.cavebb.ch/restaurant.htm.*

Weitere Restaurants im Kanton Zürich

INNOVATIV

Gasthof Metzg, Stäfa

Culinarium-Restaurant, das nach den Jahreszeiten kocht, Raritäten wie Ebly-Weizen, Bergkäse-Gemüse-Mousse, Kürbis-Apfel-Gratin, Pfefferminz-Milchreis; im Herbst Wildspezialitäten. *Gasthof Metzg, Oskar Bachmann, Bergstrasse 82, 8712 Stäfa, Tel. 044 928 18 88, www.zur-metzg.ch.*

SCHÖNE AUSSICHT

Alter Tobelhof, Zürich-Gockhausen

Ehemaliger Bauernhof, erstmals erwähnt 1475, mit grossem Gartenrestaurant. Hervorragend zubereitete Klassiker wie Kalbsleber, Lammfilet, Zürcher Geschnetzeltes, Gebrannte Crème. Zum Betrieb gehört auch die «Chäsalp» (umgebauter Stall) mit Fondues, Maggeronen im Topf und dem Sennen-Zmorge. *Alter Tobelhof, Irma Peter und Rolf Schönenberger, Tobelhofstrasse 23, 8044 Zürich-Gockhausen, immer geöffnet, Tel. 044 251 11 93, www.tobelhof.ch*

Alp Scheidegg, Wald

Auf 1200 Metern Höhe, das höchstgelegene Restaurant im Kanton Zürich. Fondue, Schweizer Biofleisch, Scheidegg-Rölleli (Kalbfleisch) mit Streichkäse. Schweinskotelett mit Schwarten, frische Rösti, Leberli. Hier wird noch am Holzherd gekocht! «Nur so schmeckts richtig», sagt Kurt Züger, «nur die Demiglace ist aus dem Pack.» *Gasthaus Alp Scheidegg, Brigitte und Kurt Züger, Alp Scheidegg 157, 8636 Wald, Ruhetage: Mo, Di., Tel. 055 246 54 54, www.alp-scheidegg.ch.*

Restaurant Sternen, Sternenberg

Schweinsvoressen, Glarner Chässpätzli und Fleisch vom heissen Stein. Schöne Gartenbeiz. *Restaurant Sternen, Marianne Brühwiler, 8499 Sternenberg, Ruhetage: Mo., Di.-Abend, Tel. 052 386 14 02, www.sternen-sternenberg.ch.*

Guggere, Benken

Schöne Gartenbeiz im Zürcher Weinland. Cordon bleu, Gehacktes mit Hörnli, Rindshuft. Im November zweimal Metzgete. Legendär: hausgemachte Nussstangen, täglich frisch. *Restaurant Guggere, Carmen und Werner Trüb, Haarengasse, 8463 Benken, Ruhetage: Do., Tel. 052 319 12 20, www.guggere.ch.*

Buech, Herrliberg

Rotweisse Vorhänge, Täfertische, Kachelofen – und draussen viel Weitblick: Die Buech ob Herrliberg zählt noch immer zu den schönsten Ausflugsrestaurants rund um Zürich. Bodenständiges Essen wie Mostbröckli, Kalbsgeschnetzeltes mit Rösti, Meringues usw. *Restaurant Buech, Forchstrasse 267, 8704 Herrliberg, Ruhetage: Mo., Di., Tel. 044 915 10 10.*

ÜBERRASCHEND

Trotte, Berg am Irchel

Dieses gemütliche Restaurant im Zürcher Weinland ist wahrscheinlich das einzige weit und breit, das nur saisonal oder auf Anfrage hin öffnet: Im Frühling zur Spargelzeit, ab Mitte April bis Mitte Juni, gibt es weisse Spargeln vom eigenen Hof. Im Herbst einheimisches Wild, u. a. Rehrücken, Pfeffer und Wildsau. Besonders an der Trotte sind die Eigenbrände und der Wein aus eigenem Anbau, z. B. Burg Ebersberg Blauburgunder, Federweisser und Schaumwein aus Flaschengärung. *Trotte, 8415 Berg am Irchel, Familie Jakob Baur, offen auf Anfrage, Tel. 052 318 11 32, www.zur-trotte.ch.*

Spreuermühle, Hirzel

Ein Bauernhof mit Kühen, Schweinen, Katzen und allem, was dazgehört – und daneben ein 400-jähriges Bauernhaus mit einer uralten Gaststube, in der Schinken und Speck, Alpkäse mit Most oder Bügelbier aufgetischt werden. Unbedingt ausprobieren: Vor dem Haus steht eine alte Schnupftabakmaschine! *Restaurant Spreuermühle, Gabi und Willi Hitz, 8816 Hirzel, Ruhetage Mi., Do., Tel. 044 729 91 37.*

SPITZE

Petermanns Kunststuben, Küsnacht

Noch immer die absolute Topadresse im Kanton Zürich. *Petermanns Kunststuben, Seestrasse 160, 8700 Küsnacht, Ruhetage: So. und Mo., Tel. 044 910 07 15.*

Einkaufstipps Kanton Zürich

Obst, Melonen, Tomaten

Tine Giacobbo von der Alpenrose besucht jeden Mittwoch den grossen Markt im Hauptbahnhof Zürich und empfiehlt speziell den Bio-Stand der Familie Maurer aus Diessbach: frisches Gemüse, Obst, saisonal auch Melonen und eine Tomatenpalette vom Feinsten (10 bis 12 Sorten). *Hauptbahnhof Zürich, jeden Mittwoch, ausser in den Sommerferien.*

Kutteln, Gitzi, Osterlamm

Für alle, die besondere Fleischspezialitäten suchen, ist die Metzgerei Heyne in Stäfa eine der besten Adressen in der Region Zürich. Hier kauft Rolf Egli vom Restaurant Blumenau ein. Saisonal Gitzi, Osterlamm, Kutteln, Kalbskopf und andere Fleisch-Spezialitäten. Metzgermeister Ruedi Ledergerber gilt als Wurst-König, bekannt sind seine Kalbsbratwürste, die Oberhuserli (gut gewürzte Grillwurst), Schweinswürste mit Kümmel. *Metzgerei Heyne, Bahnhofmetzg, Bahnhofstrasse 22, 8712 Stäfa, Tel. 044 928 17 47, www.heyne-metzgerei.ch.*

Fisch vom Obersee

Egli, Felchen, Albeli, Seeforellen, Hecht, Saibling usw. aus dem Obersee. Die Fischerei räuchert auch selber und macht eingelegten Hecht (Hausspezialität). *Arthur Wespe, Berufsfischer, Ober Gasse 23a, 8716 Schmerikon, Mo bis Sa. 8.30–12 Uhr und 14–18.30 Uhr, Tel. 055 282 37 53, www.schweizerfisch.ch.*

Fisch vom Zürichsee

Peter Grieser aus Obermeilen ist Berufsfischer und jeden Morgen auf dem Zürichsee. Von Mo. bis Sa., 10–12 Uhr, verkauft er die fangfrischen Fische in seinem Lädeli in Obermeilen. *Fischerei Grieser, Seestrasse 837, 8706 Obermeilen, Tel. 044 923 11 29, www.fischerei-grieser.ch.*

Tirggel

Das Honiggebäck kannte man schon im 14. Jahrhundert vom Rhein bis nach Russland. Schriftlich erwähnt wurde der Tirggel in Zürich erstmals 1461, und dies gleich mit der typischen Charakterisierung: «Ein Gebäck, das nicht aufgeht.» In der alten Eidgenossenschaft etablierte sich das Honiggebäck an den wichtigsten Verkehrs- und Pilgerstrassen, dem Rhein, der Aare und der Limmat entlang bis zum Zürichsee. Die Confiserie Honegger in Wald bäckt die Zürcher Tirggel nach alten Rezepten. *Confiserie Honegger, Tösstalstrasse 5, 8636 Wald, Tel. 055 246 13 18.*

Wein und Sauser vom Stammerberg

Landenberger Barrique, Räuschling, Riesling x Sylvaner, im Herbst auch Trauben und Sauser. *Käthi und Ruedi Frei, Oberdorf 5b, 8476 Unterstammheim, Tel. 052 745 19 80, www.freiweine.ch.*

Wein vom Worrenberg

Blauburgunder und Riesling x Sylvaner von den besten Worrenberger Lagen, auch Räuschling, Federweisser, Diolinoir und Gudedel. *Weinbau Richard Erb, Wirtschaft zur Post, Flaachtalstrasse 30, 8459 Volken, Verkauf über die Gasse im Restaurant, täglich ausser Mi., So., Tel. 052 318 11 33.*

Räuschling vom Zürichsee

Das Weingut Schipf ist eines der Traditionshäuser an der Goldküste für Räuschling und andere lokale Wein-Spezialitäten. Schöner Degustationskeller, bei schönem Wetter im Garten. *Weingut Schipf, K. und B. Meyenburg, Seestrasse 1, 8704 Herrliberg, Tel. 044 915 34 61, www.schipf.ch.*
Eine weitere gute Adresse für erstklassigen Zürichsee-Wein: *Schneider Weinbau, Bünishoferstrasse 106, 8706 Feldmeilen, Tel. 044 923 04 40, Verkauf Mi. – Sa. nachmittags, www.zuerichseewein.ch*

Spargeln
Spargeln vom Bauernhof, Direktverkauf ab Mitte April bis 21. Juni täglich von 11–14 Uhr oder auf Bestellung ab 17 Uhr. Im Herbst auch Kartoffeln und Äpfel. *Familie Eva, Ruth und Robert Frauenfelder, Webergasse 8, 8416 Flaach, Tel. 052 318 16 66.*

Ruth und Robert Frauenfelder, die Spargelstecher von Flaach.

GLARUS

Im Schabzigerland

Zwischen Linth und Klausen gibt es kulinarisch viel zu entdecken: Klassisches wie den Glarner Netzbraten oder die Chalberwurst. Aber auch überraschend Neues. Schon mal von Schabziger-Soufflée, Cordonvert oder Zigerbananen gehört …? Dann ab ins Schabzigerland!

RESTAURANT **39**

Biäsche
Weesen/Mollis

RESTAURANT: **Landgasthaus Biäsche**
ADRESSE: **8872 Weesen/Mollis, Seeflechsenstrasse 1**
GASTGEBER: **Käthy Knobel und Hanspeter Giger**
TELEFON: **055 616 15 51**
INTERNET: **www.landgasthaus-biaesche.ch**
RUHETAGE: **Di. und Mi.**
WEGBESCHRIEB: **Autobahnausfahrt Weesen, Wegweiser Biäsche. Vom Bahnhof Ziegelbrücke zu Fuss der Linth entlang 45 Min.**
SPEZIELL: **Nichtraucherstübli, Gartenrestaurant**

Die Biäsche, eine Oase an der Linth mit Fisch- und Glarnerspezialitäten, liegt auf historischem Boden: Nach dem Bau des Linthkanals vor rund 200 Jahren wurde das Gasthaus zu einem wichtigen Umschlagplatz. Mit Pferden reckten die Glarner die Boote vom Zürichsee zum Walensee. Die Linth war bis weit ins 20. Jahrhundert die wichtigste Handelsstrasse des Glarnerlands – von hier aus ging auch der «grüne Glarner» in alle Welt.

Die Zigertüftlerin aus dem Kleintal

Sie ist die grosse Zigertüftlerin im Glarnerland: Über hundert Gerichte hat Käthy Knobel für ihr Kochbuch rezeptiert, darunter zahlreiche mit dem «grünen Glarner». «Schabziger ist ein Gewürz», sagt die Köchin, die vorher die Rheingerbe in Stein am Rhein geführt hat, «wenn man ihn dezent einsetzt, verleiht er den Gerichten einen unvergleichlichen Geschmack.» Recht hat sie, die vitale Kleintalerin! Und serviert uns eine wahre Schabziger-Symphonie: Als Erstes Lachscrêpe-Röllchen mit Ankeziger, danach die Lachscrêpe-Variante «Fridolin» mit Schabziger-Hollandaise überbacken. Dann folgt – zur Auflockerung – ein «kleines» Zanderfilet mit Schabziger-Mandelkruste, bei dem wir vollends ins Schwärmen geraten. Doch das alles war nur der Anfang! Denn jetzt kommt Käthy Knobels Meisterstück: «Glarner Gstürm»! Der Eintopf mit Schweinslaffe, Kabis, Rüebli und Kartoffeln ist schlicht hervorragend, auch wenn hier für einmal kein Schabziger drin ist. Der kommt auf raffinierte Art nochmals am Schluss: Selbst für Desserts ist der «grüne Glarner» eine erstaunlich gute Zugabe; das zeigen die Bananen, die Käthy mit etwas Schabziger und einer gehörigen Portion Cointreau flambiert.

«Schabziger ist ein Allrounder und hat praktisch kein Fett. Er muss fein gerieben und mit etwas flüssigem Rahm oder schaumiger Butter aufgelöst werden. Unbedingt kalt ansetzen und kein Salz dazugeben, denn der Schabziger ist würzig genug!»

Beim Wein überrascht uns Kellermeister Hanspeter Giger: Wir trinken Glarner! Zuerst einen «Burgwegler» Riesling x Silvaner, anschliessend einen Blauburgunder. Beide Raritäten werden an den Südhängen beim Schloss in Niederurnen kultiviert und sind nur zwei Kostproben von vielen, die im Keller des Hauses auf ihre Erweckung warten.

Schabziger? Man liebt ihn oder man liebt ihn nicht. In der Biäsche ist das Erstere wahrscheinlicher. Da werden auch nicht Initiierte tigerig. Wobei es eher die Tigerinnen sein sollen, die auf den «grünen Glarner» stehen. Nur wissen die wenigsten, was man damit alles zubereiten kann. Käthy Knobel macht deshalb Know-how-Transfer: Ihr Buch *Kochen im Glarnerland* ist eine Entdeckungsreise zu alten und neuen Glarner Gerichten (Redaktion Landfauen kochen, Liebefeld/Bern 2004, erhältlich auch direkt im Landgasthaus).

«Jetzt weiss ich, dass Schabziger mehr ist als nur ein Brotaufstrich», sage ich zu Käthy. Die Glarnerin lacht, die Augen strahlen. Mit ein Grund, dass wir uns in der Biäsche mit Sicherheit wiedersehen. Denn Schabziger stinkt nicht und macht auch nicht dumm (wie manche früher glaubten) – aber er macht süchtig. Vor allem, wenn Käthy Knobel damit kocht.

– Burgwegler, der einzige Glarner Wein.
– Flambieren der Schabziger-Bananen.
– Glarner Gstürm.
– Käthy Knobel versteht das Schabzigerhandwerk. Erstaunlich ist die kleine Küche, in der die Glarnerin alles frisch und à la minute zubereitet.

– Lachscrêpe-Röllchen mit Ankeziger.
– Zanderfilets mit Schabziger-Mandelkruste.
– Glarner Gstürm (Eintopf mit Schweinslaffe, Kabis, Karotten und Kartoffeln).
– Flambierte Schabziger-Bananen.

Rezepte von **Käthy Knobel** im Anhang.

— **Zanderfilets mit Schabziger-Mandelkruste,** S. 407

— **Flambierte Schabziger-Bananen,** S. 424

Weitere Rezepte in Käthy Knobels Buch *Kochen im Glarnerland.*

RESTAURANT **40**

Richisau Klöntal

RESTAURANT: **Richisau**

ADRESSE: **8750 Klöntal**

GASTGEBER: **Markus Strässle und Yvonne Pfändler**

TELEFON: **055 640 10 85**

INTERNET: **www.richisau.ch**

RUHETAGE: **ab Pfingsten bis Oktober keine**

BETRIEBSFERIEN: **November bis Ende März geschlossen**

WEGBESCHRIEB: **Von Glarus Richtung Klöntal. Busverbindung Glarus–Klöntal–Richisau.**

SPEZIELL: **Gartenrestaurant**

Der Klöntalersee, heute ein beliebtes Ausflugsziel, war im 19. Jahrhundert eine Goldgrube: Im Winter wurde das Eis abgebaut und in industriellen Mengen in alle Himmelsrichtungen verkauft. «Klondike im Klöntal», titelte die *Glarner Zeitung* 1873: «Allein in diesem Jahr wurden 100000 Zentner Klöntaler Eis verkauft, der Zentner zu 1 Franken 50. Alle wollen reich werden.» Viele wurden es auch, wie man im Kantonshauptort Glarus an einigen prunkvollen Herrschaftshäusern ablesen kann.

Ziger-Soufflé und Zigerhörnli

Pommes frites? Fertighörnli aus dem Plastikbeutel? Im Klöntal, bevor der Pragelpass die Biker ins Schwitzen bringt, kocht einer, der seine Gäste nie mit solchen Banalitäten abspeisen würde: Markus Strässle und seine Partnerin Yvonne Pfändler setzen auf authentische Küche, innovativ und modern gekocht. Das spiegelt sich in der Architektur des 1987 erbauten Gasthauses: Die Richisau ist keine Bergbeiz mit Gämsgeweihen und Urschweizer Alpenbarock. Zwar steht auch hier viel Holz vor der Tür, doch das wird für die drei Kachelöfen tatsächlich gebraucht. Auch in der Gaststube dominiert Naturmaterial – aber dezent und hell. Und an den Wänden hängen keine röhrenden Hirsche, sondern abstrakte Kunst von Günther Uecker und Annelies Ursin. Die Steinskulptur hinter der Beiz – ein Kubus aus blau getöntem Bahia-Granit – bringt es auf den Punkt: Der Mensch kann hier wirken, kann Akzente setzen, doch er muss sich einfügen in die Natur, und die ist im Klöntal urwüchsig, stark und wild. Nicht weit ist der Bödmerenwald, einer der ältesten Urwälder der Schweiz. «Das ist ein besonderer, ein magischer Ort», sagt Yvonne Pfändler und meint dies ganz sachlich: «Die Natur ist intakt wie vor Hunderten von Jahren.»

Die Kunst des Einfachen und Ehrlichen. Strässle macht eine frische, gradlinige Alpenküche. Zum Anfang geniessen wir Zigerbrüüt (Parisette-Brot mit Ankenziger), gefolgt von einem luftig-leichten Schabzi-

ger-Soufflé: «Dezenter Schabzigereinsatz ist das Geheimnis bei allen diesen Gerichten», sagt Markus, der vorher im Rössli Mogelsberg in der Küche stand und nicht nur mit dem «grünen Glarner» kocht: Auf der Karte stehen Rüeblisuppe mit Orangensaft und Getreide-Tätschli (vegetarisch), auf Vorbestellung sind Glarner Netzbraten oder Chalberwurst erhältlich, und immer auf der Karte ist die Ikone des Glarnerlands: Zigerhörnli oder «Höreli», wie die Glarner sagen. Die grüne Pasta ist schlicht die beste, die ich je gegessen habe.

Hausgemachte Pasta. Das liegt wohl auch daran, dass Markus die Hörnchen selber herstellt, und zwar auf einer alten Pastamaschine. «Die habe ich in Italien, im Piemont erstanden», erklärt der gelernte Werkzeugmacher und zeigt stolz, was seine Wundermaschine alles kann: Je nach Werkzeugeinsatz produziert sie kleine oder lange Hörnli, dicke oder dünne Nudeln, sogar Spiralen formt sie im Sekundentakt. «Es geht langsam, dafür ist die Qualität viel besser als bei getrockneter Industriepasta», sagt Strässle. Zum Abschluss versuchen wir noch sein hausgemachtes Ahorn-Parfait, das als «Inspiration» zu verstehen ist: Der Ahornsirup stammt nicht von den Bäumen im Garten der Richisau (die sind geschützt), sondern aus Kanada. Auch ohne Schweizer Kreuz schmeckt das Parfait hervorragend.

Die Richisau beweist, dass «Urchuchi» nichts mit Nostalgie zu tun hat, sondern eine Vorwärtsstrategie darstellt: Ehrliches, authentisches Essen mit einem Bezug zum Ort und zur Natur kommt bei den Gästen an. Auch beim Schriftsteller Emil Zopfi: Einmal im Jahr veranstaltet der passionierte Bergsteiger eine Lesung zum Thema «Bergliteratur» auf der Richisau. Dann läuft Strässles Pastamaschine auf Hochtouren.

– Klöntalersee.

– Der Österreicher Karl Prantl hat die Steinskulptur im Ahornwald beim Gasthaus gestaltet.

- Ziger-Soufflé, im Töpfchen serviert.
- Zigerbrüüt (getoastetes Brot mit Schabziger-Butter-Aufstrich).
- Der Glarner Klassiker: Schabziger-Höreli (Hörnli mit Schabziger und gerösteten Zwiebeln).
- Ahorn-Parfait.

Rezepte von **Markus Strässle** im Anhang.

— **Zigerbrüüt,** S. 402
— **Ziger-Soufflé,** S. 419
— **Ziger-Höreli,** S. 419
— **Ahorn-Parfait,** S. 424

RESTAURANT **41**

Gasthaus Bergli Linthal

RESTAURANT: **Gasthaus Bergli**

ADRESSE: **am Klausen, 8783 Linthal**

GASTGEBER: **Giorgio, Anita und Noemie Bernard**

TELEFON: **055 643 33 16**

INTERNET: **www.giorgio.ch**

RUHETAGE: **im Sommer und Herbst bei schönem Wetter immer geöffnet, im Winter an den Wochenenden**

WEGBESCHRIEB: **Anfangs Klausenpass, 4 km nach Linthal. Busverbindung Lintthal–Klausenpass (nur Juli–Okt.). Zu Fuss von Linthal 1 Std.**

SPEZIELL: **Garten, Lachsrauchkammer, Glasatelier**

Stolze Besitzer des Berglis am Klausenpass: Anita, Giorgio und Tochter Noemie mit Kater Garfield. Die junge Dame liebt nicht nur Katzen, sondern auch Pferde: Sie ist Besitzerin eines irländischen Fuchses namens Jester.

Wurst-Käse-Salat de Luxe und Chalberwurst

Endlich ein Ausflugsrestaurant mit Qualitätsanspruch: keine Kunststofftabletts, keine Schnipo und schon gar keine Älplermagronen aus dem Plastiksack! Giorgio Bernard kocht mit Herz und Verstand. Klar gibt es auch im Bergli Wurst-Käse-Salat, doch da ist noch richtig Fleisch beim Käse – und der stammt von den Glarner Alpen und hat Saft und Kraft. Auch den Cervelats hat die Glarner Bergluft gut getan: Sie sind knackig, saftig, voller Würze. Vor allem aber ist die Sauce eine Lobeshymne wert: Nur kaltgepresstes Olivenöl ist für Giorgios De-Luxe-WKS gut genug, dazu erstklassiger Aceto Balsamico und frische Zwiebeln. So einfach ist das und doch eine Rarität, wenn ich an all die Wurst-Käse-Salat-Kreationen denke, die ich schon essen «durfte». Wir haben Giorgios Rezept deshalb in die Sammlung grosser Schweizer Gaumenfreuden aufgenommen – als stille Aufmunterung für andere Bergrestaurants …

Chalberwurst. Doch das ist nur die eine überzeugende Seite auf dem Bergli: Der Südtiroler, der sein Handwerk in der Schweiz gelernt hat – unter anderem im Suvretta House in St. Moritz und im Grand Hotel Dolder –, ist ein Profi. Das zeigt sich bei der Glarner Chalberwurst, perfekt zubereitet mit frischem Kartoffelstock und gedörrten Zwetschgen. Oder bei der Lachskreation aus selbst geräuchtem Lachs: Giorgio hat eigens eine Räucherkammer eingerichtet und da-

raus eine Spezialität des Hauses gemacht, die reissenden Absatz findet. Wem dies alles immer noch zu brav ist, darf den Profikoch fordern: Auf Voranmeldung kreiert er für Gruppen mehrgängige Gourmetmenüs. «Wir sind wahrscheinlich die einzige Bergbeiz, die auf dem Niveau von 15, 16 Gault-Millau-Punkten kochen kann», sagt Giorgio. Die Gäste haben es längst gemerkt: An Wochenenden ist das Bergli bis auf den letzten Platz besetzt.

Eine Delikatesse vom Olympiadebeck. Zum Abschluss probieren wir den Mandelkuchen vom «Olympiadebeck». Der Kuchen war schon 1976 derart gut, dass er an den Winterspielen in Innsbruck zum «Schweizer Gebäck» erkoren wurde. Den Kuchen gibts immer noch. Und die Zweifels in Haslen auch – die einzige Konditorei in der Schweiz, die den Mandelkuchen noch herstellt. Hier zeigt sich, dass der Bergli-Wirt auch in Sachen Marketing einiges versteht: «Man muss den Gästen etwas Besonderes bieten, sonst kommen sie nicht, schon gar nicht bis zum Klausenpass», sagt Giorgio. Deshalb hat er im Stall neben der Wirtschaft gleich noch eine weitere Attraktion eingerichtet: ein Glaskunstatelier. Hier entstehen die Werke, die im Restaurant zu bewundern sind. Und selbstverständlich kann man dem Künstler auf Voranmeldung auch über die Schultern schauen. Denn der Künstler heisst selbstverständlich Giorgio!

– Traumhafte Lage: Auf der Terrasse vor dem Bergli geniesst man einen weiten Blick ins Glarnerland.
– Im Keller lagern erlesene Tropfen.
– Giorgio Bernard steht im Bergli persönlich am Herd. Nebenbei betätigt sich der Koch auch als Glaskünstler: Einige seiner Werke sind im Restaurant zu bewundern. Auch kulinarisch beherrscht Giorgio mehr als nur die Kreation eines guten Wurst-Käse-Salats: Wer will, kann sich vom erfahrenen Koch mit einem mehrgängigen Gourmetmenü verwöhnen lassen.

– Giorgios WKS (Wurst-Käse-Salat).
– Hausgeräuchter Lachs im Salatbouquet.
– Glarner Chalberwurst mit Kartoffelstock und gedörrten Zwetschgen.
– Mandelkuchen vom Olympiadebeck.

Rezepte von **Giorgio Bernard** im Anhang.

— **Glarner Chalberwurst,** S. 412
— **Wurst-Käse-Salat,** S. 412

Dem «grünen Glarner» auf der Spur

Schabziger? Da werden Kindheitserinnerungen wach: An grosse Brotscheiben, dick mit Butter bestrichen, vermischt mit diesem grünen, nach Moschus duftenden «Ding», das kribbelte auf der Zunge. Wie die Madeleine bei Proust hat sich dieser Geschmack in meinen Gehirnwindungen eingeprägt. Ich war schon als Kind ein Initiierter, angesteckt vom «grünen Virus», den offenbar bereits die Klosterfrauen kannten: Vom 8. bis ins 14. Jahrhundert war das Glarnerland im Besitz des Klosters Säckingen. Zu den Abgaben der Bauern gehörte auch der weisse Magerkäse. Doch der war den verwöhnten Stiftsdamen schlicht zu fade. Also peppten sie ihn mit Hornklee aus dem Klostergarten auf: Der Glarner Schabziger war geboren.

Das älteste Markenprodukt der Schweiz

Die Glarner haben den Wert der klerikalen Erfindung schnell erkannt: An der Landsgemeinde am 24. April 1463 wurde das Zigerstöckli patentiert. Sämtliche Zigerhersteller im Kanton mussten sich verpflichten, den Schabziger in gleich hoher Qualität und mit einem Herkunftsstempel zu produzieren. Deshalb, behaupten die Glarner heute, sei der Schabziger das älteste Markenprodukt der Schweiz. Noch hat ihnen niemand das Gegenteil beweisen können. Nicht einmal der Sbrinz, der eine vergleichbar lange Geschichte hat, kann bei diesem historischen Superlativ mithalten.

Der Alpenkäsestock geht in die Welt

Über den Rhein wurden die Zigerstöckli seit dem 14. Jahrhundert nach Nordeuropa exportiert. Auch in Übersee ist der «grüne Glarner» seit längerem bekannt: Die Amerikaner nennen ihn «Sap Sago» und die Australier «Green Swiss». Als Nächstes will die Geska AG die Japaner auf den Geschmack bringen – doch da stellt sich noch ein kleines Problem: «Es ist nicht einfach, das Wort Schabziger auf Japanisch zu übersetzen», meint Johannes M. Trümpy von der Geska. Kein Problem! Wie wärs mit «Midori nohari nodoru suisso» – grüne, poröse, speziell riechende Käsewürze aus den Schweizer Alpen? Oder so.

Schabziger ist heute mehr als nur ein Brotaufstrich.

Auf den Spuren der besten Schabziger-Köche sind wir im Klöntal bei einem «Ziger-Soufflé» gelandet, in Netstal bei einem «Cordon vert» und in Mollis an der Linth bei einem «Zanderfilet in Ziger-Mandelkruste». Wir haben Schabziger auf Lachs genossen, auf flambierten Bananen und in Form der legendären Zigerhöreli. Und wir haben einmal mehr festgestellt: Authentische Produkte sind Produkte mit Charakter. Der kleine Kanton am Fuss des Alpenriegels hat dies längst erkannt: Die Geska AG, einziger Schabziger-Produzent der Schweiz, betreibt modernes Marketing an der Schnittstelle zwischen Tradition und Innovation. Vor kurzem wurden die Verpackungen buchstäblich auf den Kopf gestellt, und neu gibt es den «grünen Glarner» auch als Gewürz im Streuer. «Schabziger gehört in die Küche wie Pfeffer und Salz», sagt Johannes M. Trümpy, Chef der Schabziger-Produktion in Glarus. Er ist überzeugt, dass die grosse Zeit des «grünen Glarnes» eben erst begonnen hat.

AUF DER ALP WIRD GEZIGERT

Rund 30 Sennereien produzieren im Glarnerland den Ziger wie vor 1000 Jahren. Mitverfolgen lässt sich das «Zigern» auf der Alp Obersee bei Näfels oder auf der Alp Erbs bei Elm.

Alp Erbs, Elm (Fotos auf dieser Seite). Zigerproduktion früh am Morgen und am Mittag. Führungen auf Wunsch mit Apéro (Zigerbrüüt und Rosé aus der Bündner Herrschaft) oder mit Fenz (alte Sennermahlzeit mit frischem Rahm, Mehl, Zigerschotte). Von Elm mit dem Postauto bis Obererbs, dann zu Fuss. Gruppen ab 10 Personen, Voranmeldung bei: *Werner und Susanna Elmer, Tel. 055 642 14 74 und 079 712 03 51*

Alp Obersee-Rauti, Näfels. Von Nafels Richtung Obersee. Ab Juni bis Mitte August wird um 9 Uhr morgens gezigert, Besichtigungen ohne Voranmeldung, trotzdem vorher anrufen, «damit man nicht zu spät kommt», wie der Alpsenn Willi Pianta sagt: *Tel. 079 614 97 38.*

Fabrikation in Glarus. Von der Alp gelangt der Rohziger ins Tal zur Weiterverarbeitung: In der Geska AG wird der Ziger zerrieben, mit Salz vermengt und während 3 bis 8 Monaten zur zweiten Gärung und Reifung eingelagert. Erst jetzt kommt der kostbare Hornklee dazu, der dem Glarner Schabziger seine grüne Farbe und den unverkennbaren Geschmack verleiht. Gut Ding will Weile haben! Besichtigungen ab 12 Personen: *Geska AG, Glarus, Tel. 055 640 17 34.*

Schabzigerverkauf: In sämtlichen Molkereien im Tal sowie bei Migros und Coop.

Alles über Schabziger: www.schabziger.ch.

Einkaufstipps Glarus

Glarner Pastete

Sie gilt als Königin der Glarner Spezialitäten, heisst «Öpfelbeggeli» (obwohls keine Äpfel drinhat) und wird in zwei Versionen hergestellt: süss oder sauer. Früher gehörten Pasteten ins Reich der französischen Küche, waren mit Wild oder Geflügel gefüllt. Mitte des 18. Jahrhunderts kamen sie durch Offiziere in französischen Diensten ins Glarnerland. Doch im armen Berggebiet wurde das Fleisch durch Äpfel, später durch Zwetschgen und Mandeln ersetzt. Das Schälen der Mandeln galt als fröhliche Angelegenheit: Es wurde gepfiffen und gesungen, allerdings nur, damit keine der teuren Mandeln gegessen wurden. Ob das heute noch so ist? Am besten fragen Sie den «Pasteten»-Staub in Netstal. Da gibt es nämlich die besten (auch Postversand). *Pasteten Staub, Molliserstrasse 9, 8754 Netstal, Tel. 055 640 15 93, www.pastetenstaub.ch.*

Speis und Trank im Glarnerland

Das Thomas-Legler-Haus in Diessbach zeigt eine Ausstellung zum Thema «Essen und Trinken» im Glarnerland. Interessanter Einblick in die Entwicklungen und Veränderungen der alpinen Esskultur seit 1750. Geöffnet jeweils am letzten Samstag im Monat von 14 bis 17 Uhr (Mai bis Okt.). *Stiftung Thomas Legler-Haus, Hauptstrasse, 8777 Diesbach, Tel. 055 640 46 52.*

Glarner Chalberwurst

Peter Menzi, genannt «Peter der Dritte»: Schon sein Vater und Grossvater waren Metzger, seit kurzem ist auch Sohn Marco im Betrieb. Spezialität des Hauses ist die «Chalberwurst». Ihr Innenleben besteht aus 50 Prozent Kalbfleisch. Dazu enthält sie noch Brot und Milch, was sie grösser, aber auch weniger lange haltbar macht. Die dicksten gibts jeweils an der Landsgemeinde in Glaris, am ersten Sonntag im Mai. Weitere Menzi-Spezialitäten: Glarner Landrauchschinken, Sännewurst mit Käse, Chämifleisch.
Metzgerei Peter Menzi, Hauptstrasse 31. 8756 Mitlödi, Tel. 055 644 12 31, www.menzi-metzg.ch.

Weitere Restaurants im Glarnerland

SICHERE WERTE

Restaurant Schlössli, Niederurnen

Restaurant mit gutbürgerlicher Küche. Vom Schlössli-Rebberg stammt der «Burgwegler». *Restaurant Schlössli, P. und CH. Zimmermann, Schlossberg, 8867 Niederurnen, Ruhetage: Di., Sept.–Mai: Mo. und Di., Tel. 055 610 13 38, www.glarusnet.ch/hotel/schloess.htm.*

SCHÖNE AUSSICHTEN

Restaurant Seeblick, Filzbach (Kerenzerberg)

Wunderschöne Aussicht auf den Walensee, marktfrische, kreative Alpen-Küche (Culinarium-Qualität), u. a.: Rindsfilet im Heu, Sauerkabis-Spätzli, Steinsuppe mit Walensee-Felchen, Schweinsbraten mit Zwetschgen und Kartoffelgratin. *Restaurant Seeblick, Noldi Schönmann, 8757 Filzbach, Tel. 055 614 50 00, www.seeblick-filzbach.ch.*

Bergli-Alp, ob Matt bei Elm

Hier kann man Ferien machen, urchig essen (zum Beispiel «Ghium», ein Nidelgericht aus alten Zeiten) oder ein Bad nehmen in einem grossen Holzbottich – nach Wahl mit Heuduft, Honig oder als Biomilch-Schaumbad. Wanderung (max. 2 Std.) von Matt zur Berglialp-Panoramahütte. Das Gepäck kann mit der Seilbahn zur Hütte transportiert werden. *Bergli-Alp, Heiri und Ursi Marti, ob Matt bei Elm, Tel. 055 642 14 92, www.molkenbad.ch*

Berggasthaus Fronalpstock

Gemütliche Bergbeiz mit Sonnenterrasse und Blick in die Linthebene (1350 Meter hoch über Mollis). Von Mollis Richtung Kerenzerberg, nach der Dorfkirche rechts Mollis-Fronalpstock. *Berggasthaus Fronalpstock, Fränzi und Bruno Reich, 8753 Mollis, Ruhetage: Mi., Do., Tel. 055 612 10 22, www.fronalpstockhaus.ch.*

Berggasthaus Käserenalp, Klöntal

Zweistündige Wanderung ab Klöntalersee, mit Übernachtungsmöglichkeiten und einfachen Gerichten. Sehr idyllisch gelegen. *Berggasthaus Käserenalp, Kurt Oertli, im Klöntal, 8750 Glarus, Nur von Mai bis Okt. bewirtet, Tel. 055 640 11 77.*

Berggasthaus Schwammhöhe, Riedern (Klöntal)

Eines der schönsten Aussichtsrestaurants im Glarnerland (1100 m. ü. M., Blick auf den Klöntalersee). *Berggasthaus Schwammhöhe, Martin Hösli, im Klöntal, 8750 Glarus, Tel. 055 640 28 17, Offen April–Nov., täglich. www.schwammhoehe.ch.*

TOPS

Wirtschaft Sonnegg, Glarus

Gilde-Restaurant, eine der besten Adressen im Tal, besonders bei schönem Wetter (Garten); eher mediterrane Küche, aber auch Zigerspätzli, auf Vorbestellung Chalberwürste. 15 GM-Punkte. *Wirtschaft Sonnegg, H. und H. Hauser, Asylstrasse 32, 8750 Glarus, Ruhetage: Di.-Abend und Mi. nur für Gesellschaften, Tel. 055 640 11 92, www.glarusnet.ch/hotel/sonnegg.htm.*

Hotel Glarnerhof, Glarus

Noch ein Zigertüftler und eine Topadresse: Schweinsfilet nach Glarnerart, Kalbsschnitzel «Fridolin» mit Schabzigerbutter und andere Glarner Spezialitäten. *Hotel-Restaurant Glarnerhof, Herr Leuenberger, Bahnhofstrasse 2, 8750 Glarus, Immer geöffnet, Tel. 055 645 75 75, www.glarnerhof.ch.*

URI, SCHWYZ, UNTERWALDEN

In der Prunkkammer Gottes

Weniger ist mehr, sagten sich die Innerschweizer und schickten den Durchgangsverkehr auf die Autobahn. Gut so. Denn jetzt kann man abseits der Gotthardachse in Ruhe einkehren und Dinge entdecken wie Häfelichabis, fangfrische Forellen aus der Muota oder Sonnenwirbelblütenschlee.
Der Tyfel hetts gseh!

RESTAURANT **42**

Tübli
Gersau, SZ

RESTAURANT: **Tübli**

ADRESSE: **6442 Gersau, Dorfstrasse 12**

GASTGEBER: **Andreas Schmid und Gaby Maile**

TELEFON: **041 828 12 34**

INTERNET: **www.gasthaus-tuebli.ch**

RUHETAGE: **Di., Mi.**

BETRIEBSFERIEN: **Ende Feb.– Mitte März, Ende Okt.– Mitte Nov.**

WEGBESCHRIEB: **Zwischen Brunnen und Küssnacht am Rigi. Bus ab Brunnen, Schiff ab Luzern.**

SPEZIELL: **Fischspezialitäten**

Liebe geht durch den Magen. Als Gaby Maile mit dem Motorrad in der Innerschweiz unterwegs war, bestellte sie im Tübli zur Stärkung einen Fischerinnen-Salat. Die geräuchten Forellenfilets mit frischen Apfelstücken taten es der jungen Frau aus Gschwend an: Statt zwei Tage blieb sie drei Wochen, packte anschliessend zu Hause ihre sieben Sachen und kam für immer. Andreas darf sich freuen: Seine Partnerin ist eine perfekte Gastgeberin.

Das Tübli ist nicht nur kulinarisch zu empfehlen: In den rustikalen Zimmern des Prachthauses lässt es sich auch gemütlich übernachten.

Von aussen eine Postkarte – im Innern ein Schlemmerparadies

Gersau, das kleine Dorf zwischen Weggis und Brunnen, gilt als klimatischer Sonderfall: Palmen, Feigen, Edelkastanien, sogar Kiwis wachsen an der Riviera des Vierwaldstättersees. «Eine Bananenrepublik sind wir trotzdem nicht», lacht Andreas Schmid, Küchenchef und Pächter im Landgasthaus Tübli. Eben hat er zusammen mit seiner Partnerin Gaby unser Menü durchgesprochen: fangfrischer Fisch aus dem Vierwaldstättersee, Kalbskopf, Gersauer Rahmschinken – alles Gerichte, die nach alten Rezepten zubereitet werden. Während Andreas in der Küche verschwindet, tauchen wir fachkundig unterstützt von Gaby, in die Geschichte des ehemaligen Freistaats ein.

Die kleinste Republik der Welt. Gersau, erfahren wir, war jahrhundertelang nur über schmale Saumpfade und auf dem Wasserweg erreichbar. Die geografische Isolation begünstigte den historisch einzigartigen Weg zum Freistaat. Im Jahre 1390 kauften sich die Gersauer von der habsburgischen Vogtei los und bauten die kaum 24 Quadratkilometer grosse Gemeinde zur kleinsten Republik der Welt aus. Erst 1798 kam der Ministaat offiziell zur Eidgenossenschaft und wurde nach den Wirren der napoleonischen Herrschaft in den Kanton Schwyz eingegliedert – unfreiwillig. Die Gemeinde Gersau bildet noch heute einen eigenständigen Bezirk im Kanton Schwyz mit eigener Gerichtsbarkeit – und sie pflegt ihre stolze Vergangenheit: Wer nach Gersau kommt, fährt an einem kleinen Zollhäuschen mit hochgeklappter Schranke vorbei: «Willkommen in der Erlebnis-Republik Gersau» ist dort zu lesen. Eine witzige Reminiszenz an die republikanischen Zeiten …

Das Landgasthaus Tübli hat die letzten Dekaden der Republik knapp miterlebt: 1767 wurde der markante Hochgiebelbau mit den Klebdächern erstellt, der heute unter Denkmalschutz steht. Die Gaststube präsentiert sich wie in alten Zeiten mit Butzenscheiben, tiefer Decke, schweren Holztischen. Auch kulinarisch setzt das Tübli auf Tradition: Viele regionale Gerichte werden nur hier nach alten Rezepten zubereitet. Nicht wenige sind «legendär». Das Original Gersauer Käsefondue etwa, das so beliebt ist, dass es im Tübli während des ganzen Jahres serviert wird. Oder die Kalbsleberli, begleitet von frischer Rösti, die auch als Hauptgang in zwanzig Variationen erhältlich ist. Täglich wird die Tübli-Küche mit frischem Fisch aus dem Vierwaldstättersee beliefert, denn Fisch ist die grosse Spezialität des Hauses – und zwar nicht einfach Fisch, sondern nach Grossmutter-Art zubereitet, mit überraschenden Zutaten: Eglifilets «Nidwaldner Art» – die knusprigsten der Zentralschweiz, wie es auf der Karte heisst. Oder die Eglifilets «Einsiedler Art», die uns Gaby zur Vorspeise auftischt – mit fein geschnittenen Apfelstücken und Haselnüssen. Die Inspiration hat sich Andreas von einem alten Rezept der Sihlsee-Fischer geholt. Tradition haben auch die gedämpften Felchenfilets nach Gersauer Art: «Das Gericht widerspricht allen ernährungswissenschaftlichen Grundsätzen», lacht Andreas, «da ist viel Butter drin, Zwiebeln, Muskatnuss und Weisswein – doch die Gäste lieben es!» Liebhaber hat auch der Kalbskopf, der im Tübli unverrückbar auf der Karte steht – im hausgemachten Fond gekocht, serviert mit Rahmsauce und frischem Gemüse aus dem Garten. «Ein Klassiker, der leider viel zu wenig bestellt wird», meint Andreas, «die Leute schrecken zurück, wenn sie Kalbskopf nur schon hören, dabei ist es eine Delikatesse!»

Gersauer Rahmschinken. Keine Absatzprobleme hat der «Gersauer Rahmschinken», den wir als Abschluss unserer kulinarischen Tour geniessen. Nicht Andreas, sondern der Dorfkonditor Hubert Kolberg hat das traditionsreiche «Dorfdessert» hergestellt. Nur er kennt das über 100-jährige Familienrezept. Den Namen hat der Rahmschinken, weil er sich architektonisch an den fleischlichen Bruder anlehnt. «Die Fruchtsauce stellt das Blut dar», erklärt Kolberg, «das Schokoladepulver den Rauch, und die Füllung mit Vanillecrème imitiert die Maserung des Schinkens.» Bei der Kombination all dieser Ingredienzen liegt das Betriebsgeheimnis: Nicht einmal der Lehrling in der Konditorei Kolberg weiss, wie der Rahmschinken genau hergestellt wird und welcher alkoholische Zusatz ihm den entscheidenden Pfiff gibt.

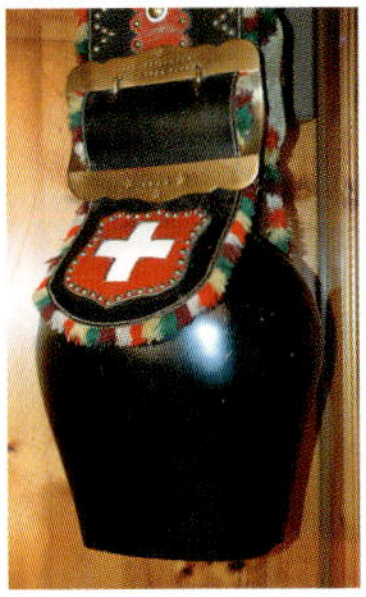

– Beim Wein weltoffen – im Dekor und Ambiente urschweizerisch.
– Der Tübli-Wirt hat seinen Kräutergarten direkt vor dem Haus.

– Eglifilets Einsiedler Art mit Apfelstücken und Haselnüssen.
– Gedämpfte Felchenfilets nach Gersauer Art.
– Kalbskopf im hausgemachten Fond mit Rahmsauce und Kartoffeln.
– Gersauer Rahmschinken von der Konditorei Kolberg.

Rezepte von **Andreas Schmid** im Anhang.

— **Felchen- oder Eglifilets nach Gersauer Art,** S. 408

— **Gersauer Käsekuchen,** S. 428

RESTAURANT **43**

Kaiserstock Riemenstalden, SZ

RESTAURANT: **Kaiserstock**

ADRESSE: **6452 Riemenstalden SZ**

GASTGEBER: **Robert und Veronika Gisler**

TELEFON: **041 820 10 32**

RUHETAGE: **Mo., Di.**

BETRIEBSFERIEN: **Januar**

WEGBESCHRIEB: **Axenstrasse, bei Sisikon, Wegweiser Riemenstalden. Bus ab Sisikon.**

SPEZIELL: **14 GM, Sonnenterrasse**

Rund um die Rigi wächst der Geist. Die warmen Föhnwinde am Urnersee lassen die Kirschen gut reifen. Hier wurde früher auch Wein produziert, eine Tradition, die Robert Gisler wieder aufnehmen möchte: Demnächst startet er einen Pflanzversuch mit einer robusten Traubensorte, um den «Kaiserstöckler» zu produzieren. Bis es so weit ist, kann man sich an den fruchtigen Kirsch der Region halten. Bezugsadressen im Anhang.

Gummeli und Sonnenwirbel

Sie kennen sicher das kleine Dorf aus Asterix und Obelix? Rebellisch, witzig, weit weg von Rom? Das könnte Riemenstalden sein: ein Dutzend Häuser, eine Kirche, ein Restaurant. Das kleine Bergdorf hoch über Sisikon ist die kleinste Gemeinde im Kanton Schwyz. Wenn Fremde im 70-Seelen-Dorf auftauchen, werden sie freundlich, aber mit Distanz begrüsst. Natürlich hat man unisono gegen den EU-Beitritt gestimmt. Und natürlich würde man die Herren Habsburger – sollten sie denn wie zu Tells Zeiten hier wieder aufkreuzen – kurzerhand in den Urnersee werfen. Oder hoch über den Fronalpstock ins angrenzende Muotatal.

Potion magique. Den Zaubertrank kennen die Riemenstaldner auch: Die «Potion magique» heisst hier Kirsch und gibts im ersten und einzigen Restaurant am Platz gut gelagert, Jahrgang 1945. Im Keller des Kaiserstocks schlummern sogar Kirschraritäten aus dem vorletzten Jahrhundert. Doch das soll ich nicht schreiben, sagt Robert Gisler, der mit seiner Frau Vroni die urgemütliche Wirtschaft führt, «sonst rennen mir die Leute die Türe ein». Was ich ihm natürlich hoch und heilig verspreche …

Eine gute Reportage brauche Zeit, sagte mir Robert Gisler, als ich ihn das erste Mal besuchte: «Zu oft kommen die Journalisten, stellen ein paar Fragen, und weg sind sie.» Also schlage ich einen ganzen Tag vor. Ein Handschlag, und der Wirt ist bereit – nach einer Stun-

de Diskussion. Es hat sich gelohnt! Robert Gisler ist einer dieser «jungen Wilden», die ihren Beruf aus Berufung machen: Der 38-Jährige kocht, dass es eine Freude ist. Das haben auch die Gault-Millau-Tester gemerkt: Sie haben die Leistung mit 14 Punkten honoriert. «Völliger Blödsinn», sagt Robert, «wir sind kein Gourmet-Restaurant! Ich will eine ehrliche, gute Küche machen, das ist alles.» Man sieht denn auch nirgends eine Gault-Millau-Tafel, dafür hat es Rehgeweihe, einen grossen Kachelofen und viel Holz im Haus. In den 1920er-Jahren wurde es von den Grosseltern Gisler gebaut, die ab 1927 hier eine Gaststube führten: Most, Bier und Kalterer waren damals das Angebot.

Gutes Essen ist wie Musik. Robert ist gelernter Bäcker-Konditor. Das zeigt sich beim hausgemachten Brot: Weissmehl, Vollkorn und Hafer verarbeitet er – ohne jegliche Zusätze – zu einem Brot, das diesen Namen verdient. Im Kachelofen wird es während 45 Minuten gebacken. Ein immenser Aufwand für ein Produkt, das der Kaiserstock für 2 Franken 80 verkauft oder den Hotelgästen zum Frühstück serviert – mit selbst gemachten Konfitüren und Honig aus Sonnenwirbelblüten (so nennen die Urner den Löwenzahn).

Wir steigen mit Robert in den Riemenstalder Wald. Er pflückt Wildkräuter, Blumen, Bärlauch und serviert uns einen Wildkräutersalat – buchstäblich taufrisch. Dazu gibt es gebratenen Ziegenkäse von der Alp und

– Am Dienstag ist Kirchgang. Obwohl Ruhetag ist, öffnet der Wirt das Restaurant. Männer, Frauen, Kinder – alle sitzen an separaten Tischen. Auch der Pfarrer und die Schwestern nehmen an einem eigenen Tisch Platz.

– Joël, der quicklebendige Kaiserstock-Bueb, hängt immer an Mamis Rockzipfel. Es sei denn, er steckt sich für die Kamera einige Sonnenwirbel hinters Ohr.

fein geschnittene Trockenwurst. Der Balsamico-Essig, mariniert mit Sonnenwirbelschlee, ist ebenfalls Eigenproduktion: Im Holzhäuschen unterhalb des Restaurants stehen vier Eichenfässer, in denen Robert den Essig angesetzt hat – mit Merlot aus dem Tessin, Sonnenwirbelblüten und geräuchtem Holz. «Erst in 25 Jahren werde ich die Fässer leeren», sagt Robert. «Es ist ein Experiment. Von den 1000 Litern werden am Schluss höchstens 150 übrig bleiben. Das meiste verdunstet, dafür dürfte das Endprodukt aussergewöhnlich sein.» Das ist typisch für die Denkweise des jungen Wirts: Was immer er macht, hat einen weiten Horizont, nichts ist trendig. Gutes Essen ist für ihn wie Musik: «Es muss klingen, es muss harmonisch sein. Wenn die Leute beginnen, über die Zutaten nachzudenken, stimmt etwas nicht.» Genau so kommen seine Gerichte auf den Tisch: einfach, ehrlich, klar. «Art brut» wie der Wildkräutersalat: In der Natur gepflückt, mit wenigen gekonnten Handgriffen verfeinert, und ab auf den Tisch.

Die Schwyzer machen Gummelistock. Der wird zwar genau so zubereitet – mit frischen Kartoffeln, etwas Milch und einer Prise Muskatnuss –, doch der Kartoffelstock heisst hier eben «Gummelistock». Der passt auch viel besser zur Spezialität des Hauses: dem Milchlamm-Ragout. Das zarte, leicht rosafarbene Fleisch stammt vom Hof Obergatmen weiter unten im

Tal. Karl Betschart und Hans Inderbitzin züchten an den steilen Berghängen die Alpenschafe. Die Lämmer mit einem Lebendgewicht von 30 bis 35 Kilogramm, liefern das Bioprodukt: «Wir wollen keine Massenproduktion», sagt Karl. Im Sommer, wenn die Terrasse des Kaiserstocks gestürmt wird, ist die weit herum bekannte Spezialität oft schnell ausverkauft. Dann weist Vroni Gisler auf die klassischen Gerichte hin: Älplermagronen, Cordon bleu oder Stroganoff: «Es hat für jeden etwas», meint die gebürtige Emmentalerin. In der Kochlehre in Oberlunkhofen hat sie Robert kennen gelernt, 1997 haben die beiden den Kaiserstock von den Eltern übernommen.

Bei den Desserts ist Robert in seinem Element: Wir testen seinen Urner Chriesibrägel und die Zuger Kirschtorte, beide vom Hauskonditor zubereitet, letztere nach einem alten Rezept: «Das heisst, nicht etwa mit Konditor-Kirsch, sondern mit richtigem Kirsch mit 45 Volumenprozent!», sagt Gisler. Dazu trinken wir – natürlich – Kirsch! Robert holt eine seiner Raritäten aus dem Keller. Der 60-jährige Kirsch ist unglaublich fruchtig, weich und rund. Aber das darf ich ja niemandem sagen …

– Wildkräutersalat mit mariniertem Geisskäse und fein gehobeltem Trockenfleisch (siehe Rezept). Auch die Würste stellt Robert Gisler selber her.
– Milchlamm-Ragout mit Gummelistock (Kartoffelstock).
– Hausgemachte Kirschtorte.
– Chriesibrägel mit Kirschen von der Rigi.

Rezept von **Robert Gisler** im Anhang.

— **Wildkräuter-Salat mit mariniertem Geisskäse und Hauswürstchen,** S. 402

RESTAURANT **44**

Adler
Ried im Muotatal, SZ

RESTAURANT: **Adler**

ADRESSE: **6436 Ried, Hauptstrasse**

GASTGEBER: **Daniel und Paula Jann-Annen**

TELEFON: **041 830 11 37**

INTERNET: **www.jann-adler.ch**

RUHETAGE: **So., Mo.**

BETRIEBSFERIEN: **Mitte Juli–Miite August**

WEGBESCHRIEB: **Von Schwyz Richtung Muotathal oder von Glarus via Pragel-Pass. Bus ab Schwyz.**

SPEZIELL: **Bib-Gourmand**

Mächtig ragt das ehemalige Landammann-Haus (Baujahr 1692) gegenüber der Kirche in den Muotataler Himmel. Der Adler in Ried ist eines der wenigen Restaurants mit der Auszeichnung «Bib Gourmand».

Gspürige Küche im Tal der Wätterschmöcker

Es gibt sie tatsächlich, die «Wätterschmöcker» im Muotatal. Peter Suter ist einer von ihnen: Ohne technische Hilfsmittel, nur mit seinem Gespür liest er aus der Natur die Wetterlage ab – und irrt sich selten. Soeben hat er eine Gruppe von deutschen Meteorologen durch den Bödmerenwald geführt, zwei Stunden lang hat er von Ameisen, vom Rauschen der Bäche und vom Wind in den Bergtälern erzählt. Jetzt sitzt er im Adler in Ried und trinkt ein Bier – am historisch richtigen Ort: Hier haben «die Gspürigen» 1947 den Wätterschmöcker-Verein gegründet: «Natürlich haben wir damals auch die legendären Adler-Forellen gegessen!», erinnert sich Suter, «das war schon früher die grosse Spezialität der Janns.» Daniel Jann, der das Gasthaus vor zehn Jahren von seinen Eltern übernommen hat, pflegt die Tradition: «Für Paula und mich war klar: Wir wollen nicht alles auf den Kopf stellen. Forellen, Fisch, auch die Kalbsleberli und die Wildspezialitäten im Herbst haben wir alles beibehalten.» Heute zählt der Adler zu den besten Restaurants der Innerschweiz. Was die sympathischen Gastgeber gar nicht so gerne hören. Was sie dagegen stolz macht, ist die Michelin-Auszeichnung «Bib-Gourmand»: Damit zeichnen die Gastrokritiker Restaurants aus, die über eine sehr gute Küche mit besonders günstigem Preis-Leistungs-Verhältnis verfügen. In der Schweiz tragen weniger als hundert Restaurants dieses Gütesiegel.

Gastgeber mit Ausstrahlung. Nebst der guten Küche hat der Adler noch zwei weitere starke Werte: eine wunderschöne Gaststube, der man die über 300-jährige Geschichte ansieht – und zwei junge Gastgeber mit Ausstrahlung! Gäbe es eine Kür der schönsten Gastropaare, Paula und Daniel würden glatt gewinnen. Was sie auch nicht gerne hören, weil ich mindestens der 37. Journalist bin, der diese Qualität «zum ersten Mal» bemerkt.

Doch aus rein ästhetischen Gründen kommt niemand nach Ried im Muotatal vor Muotathal (ohne «h» ist das Tal gemeint, mit «h» die Gemeinde). «Man isst einfach sehr gut im Adler», sagt Peter Suter, und probiert mit mir ein Gitzibratwürstchen. Nach einem Rezept von Daniel wurden die knackigen braunen Würste in der Dorfmetzg hergestellt – ein perfekter Appetizer. Dann folgt Lammgigot vom Milchlamm aus dem Muotatal. Obwohl Daniel eigentlich Gitzi, die «wahre Spezialität» des Hauses, machen wollte: Doch Gitzi war zur Zeit unseres Besuches nicht erhältlich. Also gabs einen Lammschlegel. Denn im Adler kommen nur absolut frische Produkte auf den Tisch – taufrische sogar: Am Morgen waren die Janns mit ihren drei Töchtern auf Kräutersuche. Laura, Romana und Julia kennen die besten Plätzchen fast besser als die Eltern. Bärlauchblüten, Bachkresse, Kerbel und Waldmeister haben sie nach Hause gebracht. «Daraus bastelt meine Mutter eine Bowle», sagt Laura – und Paula meint: «Das ist das Schönste im Frühling, die Kräutersuche mit den Kindern, und im Herbst die Pilze.» Paula kommt ursprünglich von Steinen am Lauerzersee – einem Kirschengebiet. Auch jetzt holt sie die Kirschen aus ihrem Geburtsort: «Nicht dass ich Heimweh hätte», sagt Paula, «aber es sind einfach die besten.» Was ich bestätigen kann. Zum Dessert gibt es Chriesibrägel mit Holunderblüten-Glace. Für mich, den grossen Desserttiger, eine immense Versuchung, nicht gleich mehrere Portionen zu verschlingen!

Fangfrische Forellen aus der Muota. Dafür fahren Kenner quer durch die Schweiz. Daneben hat der 15-Gault-Millau-Koch noch mehr «Urchiges» zu bieten: Hafechabis zum Beispiel, anders als bei den Urnern mit Steinbockfleisch. Im Herbst ist «die wilde Zeit», dann gibt es Wildspezialitäten, darunter auch «Munggе» (Murmeltiere). Aus dem Fett braut Paula «Munggeöl» (gut gegen Rheuma). «Im Herbst muss man unbedingt reservieren», sagt Dani. Ich nehme ihn beim Wort und reserviere meinen Tisch schon jetzt, im Mai. Peter Suter, der «Wätterschmöcker», wird dann hoffentlich für schönes Wetter sorgen. Der Mann nickt und probiert bereits sein drittes Gitziwürstchen …

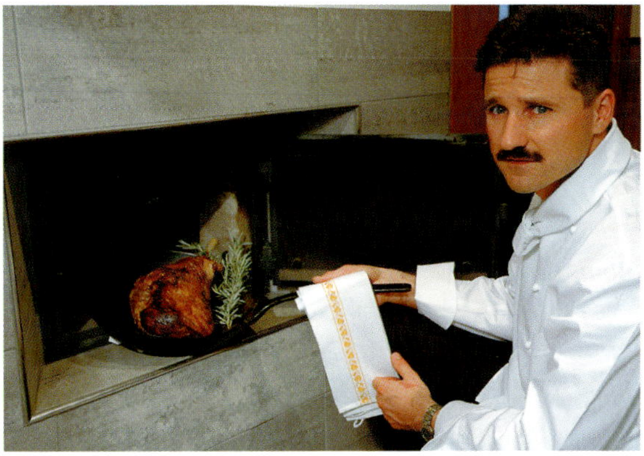

– Daniel Jann bei der Zubereitung des Milchlamm-Gigots aus dem Muotatal.
– Die Suworow-Brücke oberhalb des Restaurants und die Muota, die nach längeren Regenfällen mächtig rauscht.
– Gitzi gehört zu den grossen Spezialitäten des Adlers, der zudem auch für seine Forellen berühmt ist (im Bild: Laura, die älteste Tochter der Janns).

– Lammgigot, im Ofen knusprig gebraten.
– Gitzi-Bratwürstchen mit Rahmwirz.
– Das Lammgigot auf dem Teller mit gartenfrischem Gemüse.
– Chriesibrägel mit Holunderblüten-Glace aus eigenen Holundern.

Rezepte von **Daniel Jann** im Anhang.

— **Muotataler Chriesibrägel,** S. 424
— **Holunderblüten-Glace,** S. 424

RESTAURANT **45**

Gotthard
Gurtnellen, UR

RESTAURANT: **Gotthard**

ADRESSE: **6482 Gurtnellen UR**

GASTGEBER: **Familie Sicher**

TELEFON: **041 885 11 10**

INTERNET: **www.gotthardhotel.ch**

RUHETAGE: **Mo., Di.**

BETRIEBSFERIEN: **Weihnachten und nach der Fasnacht**

WEGBESCHRIEB: **Gotthardstrasse, Gurtnellen (Dorfzentrum). Bus ab Erstfeld.**

SPEZIELL: **Die vier Gastgeberinnen!**

Urner Wochen

Berühmt ist das Gotthard auch für seine Urner Spezialitäten. An der Chilbi im Oktober gibt es Chabis mit Schaffleisch, Mitte Februar stehen Rys und Boohr (Lauchrisotto) und Chestänä mit Schwynigs (Kastanien mit geräuchtem Schweinefleisch) auf der Menükarte. In vielen dieser traditionsreichen Gerichte zeigt sich der Einfluss des Südens. Als 1872 der Bau der Gotthardbahn begann, kamen viele Arbeiter aus dem Tessin und aus Italien und brachten neue Essideen mit - etwa die Cazzuola, ein Eintopf mit Speck und Rippchen aus dem Salz, oder Chestänä mit Nidle (Kastanien mit Rahm). Noch heute kommen die Tessiner und Italiener zu den «Urner Wochen» ins Gotthard. Wegen des guten Essens, aber auch, weil einige ihrer Urgrossväter hier im Reusstal gearbeitet haben.

Die legendären Gotthard-Schwestern

Sie sind legendär, die vier Sicher-Schwestern vom Gotthard in Gurtnellen: Seit 40 Jahren führen Eva, Gret, Lona und Maria den kleinen Hotel- und Restaurantbetrieb im Reusstal. Die etwas kauzige Art der vier Damen ist der eine Grund für ihre Berühmtheit, der andere ist Grets Küche: Die Jüngste kocht so gut, dass die Geniesser von weit her anreisen. Kaum ein Spitzenkoch in der Schweiz, der bei den «Grandes Dames» nicht schon zu Gast war: Man kennt sie, man liebt sie, man bewundert sie – vielleicht, weil hier noch die Aura grosser Lebenskunst durch die elegante Gaststube schwebt, die Sehnsucht nach den «guten alten Zeiten» und das Wissen um die Endlichkeit aller guten Dinge. Was extrem pathetisch klingt und auch so gemeint ist: Bei einem guten Essen im Gotthard kann man die Zeit zwar nicht anhalten, aber zumindest etwas langsamer laufen lassen …

Die Damen sind sich ihres Werts bewusst. «Nur keine Fotos!», sagen sie dezidiert, als ich nach mehrmaligen Versuchen endlich einen Interviewtermin erhalte. «Schreiben müssen Sie auch nichts, es wurde schon alles gesagt», grummeln sie unisono. Kokett posiert Eva dann doch noch vor der Kamera. Gret hat frische Terrinen zubereitet, Forelle blau und Bristner Nidle. Als kleine Zugabe zaubert sie speziell «für den Herrn Journalisten» noch frische Lammkoteletts auf den Teller, die ich in der Küche, umringt von den Damen, essen

darf – en famille gewissermassen. Wir plaudern, philosophieren, schäkern – vor allem Eva flirtet gern: «Das ist das Einzige, was sie noch kann», lacht Gret. Unnötig zu sagen: Das ist Spitzengastronomie, die keine Sterne oder Punkte braucht. Das ist schlicht und einfach schön und intensiv.

«Gret und Lona kochen gut», sagt Eva, «deshalb kommen die Leute» und – staunen wie ich, denn keine der beiden hat je Köchin gelernt. «Mama hat uns das Grundwissen beigebracht», sagt Gret, «sie war eine richtige Bauerntochter und hat einfach, aber auch sehr präzise gekocht. Und wenn ein Bett im Hotel nicht sorgfältig gemacht war, gab es ein Donnerwetter.»

Zehn Kinder hat die Mutter auf die Welt gebracht. 1931 hat die Familie im Gotthard zu wirten begonnen. In den 70er-Jahren haben drei der Schwestern den Betrieb übernommen und rasch bekannt gemacht. Als die *Neue Zürcher Zeitung* einen längeren Bericht abdruckte, strömten auch die Deutschen in Scharen ins Tal. «Das waren unsere besten Zeiten», sagt Gret, «heute fahren die meisten im Schnellzugstempo vorbei.» Nicht ganz alle, wie die Auslastung an einem gewöhnlichen Wochentag zeigt: Das Gotthard ist bis auf den letzten Platz besetzt.

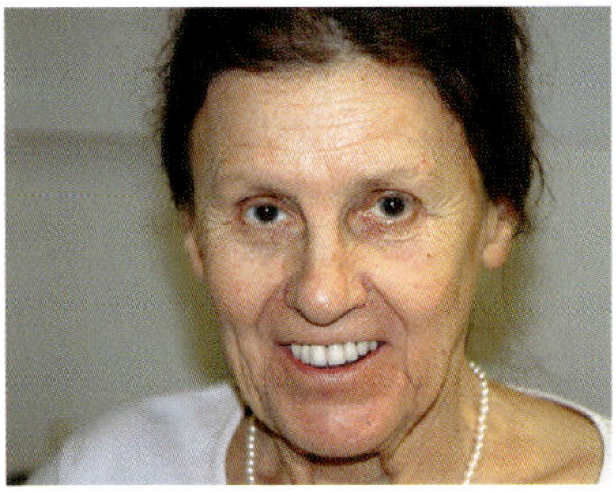

– Gret auf Forellenfang. Forelle steht im Gotthard immer auf der Karte. Saisonal gibt es auch Balchen, Hecht und Zander.
– Eva Sicher, die für die Gäste zuständig ist und gerne flirtet.

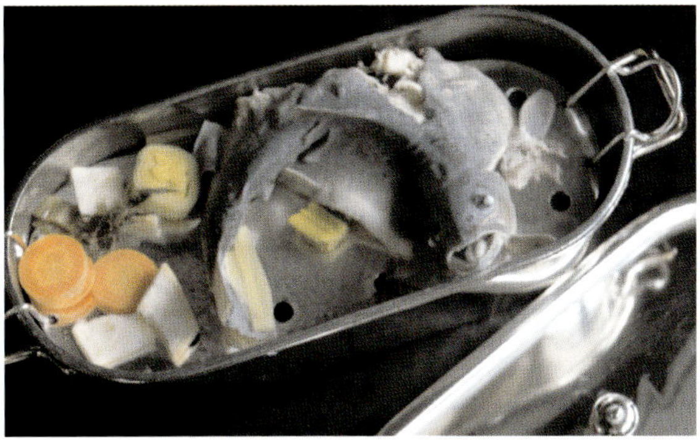

– Lammkoteletts auf Gemüse.
– Grets Vorspeisen sind legendär. Im Bild: Geflügelterrine und Gemüse-Parfait im Lachsmantel.
– Forelle blau, eine der grossen Spezialitäten der «Gotthard Sisters».
– Bristner Nidle nach altem Urner Rezept.

Rezepte von **Gret Sicher** im Anhang.

— **Gemüseterrine im Wildlachsmanel,** S. 402
— **Rys und Boohr (Risotto mit Lauch),** S. 419
— **Urner Käsesuppe,** S. 405

RESTAURANT **46**

Rose
Kerns, OW

RESTAURANT: **Rose**

ADRESSE: **6064 Kerns, Dorfstrasse 5**

GASTGEBER: **Rolf und Bethli della Torre**

TELEFON: **041 660 17 02**

INTERNET: **www.rose-kerns.ch**

RUHETAGE: **Di., Mi.**

BETRIEBSFERIEN: **Juli**

WEGBESCHRIEB: **Ab Luzern Richtung Interlaken, Sarnen, Melchsee-Frutt. Bus ab Sarnen.**

SPEZIELL: **im Herbst Wildspezialitäten**

Die Rose steht seit 1640 im Dorfzentrum von Kerns, geführt wird sie seit 1959 von der Familie della Torre, die das Gasthaus mit seinen historischen Innenräumen zu einer der besten Adressen in der Innerschweiz gemacht hat.

Chäs-Chissi, Älplermagronen und Klarinettli

Wer macht die besten Älplermagronen? Die Frage ist so alt wie der Gottharddurchstich. Damals brachten die italienischen Bauarbeiter die Pasta in die Innerschweiz – und das kulinarische Fusionieren am Alpenriegel begann! Kartoffeln, Rahm, Milch, Käse und Zwiebeln kamen zu den «maccaroni». Und damit begann auch der interregionale «Älplermagronendisput»: Nur ja keine Kartoffeln, sagen die Urner! Auf jeden Fall «mit», sagen die Kernser. Egal wie, aber bitte keine Béchamelsauce, meinen die Einsiedler. Das kümmert wiederum die Giswiler wenig, die machen die Älplermagronen «hindersi»: Sie braten zuerst die Zwiebeln an, was wiederum die Kernser nie machen würden: Die werfen die gebratenen Zwiebeln knusprig-braun am Schluss auf den Eintopf, so wie Rolf della Torre, Inhaber und Koch im Restaurant Rose in Kerns. Mein Gaumen, unabhängig vom Expertenzwist, gibt ihm Recht: Rolfs Älplermagronen sind so gut, dass ich nach jahrzehntelanger Resistenz doch noch zum Fan der Sennenmahlzeit mutiere.

Innerschweizer Kochinnovationen. Rolf della Torre ist ein Könner seines Fachs. Das zeigt sich bei den Innerschweizer Spezialitäten, die in der Rose innovativ zubereitet werden, angefangen beim Obwaldner Bratkäse, den wir als Vorspeise geniessen. Anders als beim Walliser Raclette, wird der Bratkäse nicht mit Kartoffeln, sondern mit frischen Pilzen serviert – eine gelungene Kombination! Der Alpkäse stammt von der Melchseefrutt, die Pilze von der Alp Steini bei Kerns. Vollends überzeut auch Rolfs nächste Käse-Kreation: Obwaldner Chäs-Chissi, inspiriert von der Innerschweizer Käserolle. Der Käse wird paniert und mit Mandeln frittiert. Hier zeigt sich die grosse Qualität des Kochs: Rolf tüftelt gerne und ist gleichzeitig Perfektionist. Als die Zwiebeln bei den Älplermagronen einen Hauch zu dunkel gerieten, startete er das Unterfangen nochmals neu: «Es muss einfach alles stimmen», sagt der Kernser, dessen Urgrossvater aus Italien zugewandert ist. Seit 1979 führt Rolf mit seiner Frau Bethli das traditionsreiche Restaurant mit der gemütlichen Gaststube. Auch die Hauptgänge sind erfinderisch. Den Auftakt macht eine Pom-Pom-Piccata: Die weissen Pilze, die wie Kalbfleisch schmecken, sind luftig paniert und werden von Safran-Nüdeli begleitet, einer Spezialität des Pastaherstellers Röthlin in Kerns: «Das sind die Einzigen in der Schweiz, die ihre Pasta mit frischen Eiern machen», erklärt Rolf, der auf regionale Anbieter setzt. Das gilt sogar für den weissen Pom-Pom-Pilz (auch «Löwenmähne» genannt), der ursprünglich aus China stammt, seit Jahren jedoch auf der Alp Steini bei Kerns gezüchtet wird.

Eine musikalische Familie. Die bekannteste Spezialität der Rose ist das «Klarinettli». Die lang gezogene Variante des Cordon bleu ist eine optisch witzige Anlehnung an das Musikinstrument: Das Mundstück ist eine Spargelspitze, die Löcher markieren Cornichons – ein Wohlklang auf dem Gaumen. Unnötig zu sagen: Rolf spielt selber Klarinette (B- und Es), die drei Kinder sind alle in der Harmonie, Bethli della Torre singt – «allerdings nur unter der Dusche», wie sie lachend sagt. Das Musik-Gen hat Vater Oskar della Torre weitervererbt: Oski war in den 60er-Jahren Bassist in der Formation Della Torre-Bucheli, den Stars der damaligen Ländlerszene. Auch heute erklingt regelmässig Musik in der Rose: «Alle paar Monate wird aufgespielt, von Ländler über Oper bis zu Jazz», sagt Rolf, der mit einer Routine kocht, dass wir mit Fotografieren und Probieren kaum nachkommen. Wir sollen unbedingt während der Fasnacht nochmals in die Rose kommen, sagt er: «Dann gibts Häfelichabis mit Schaffleisch», und ab September sei Wildsaison, dann gibts Hirschfilet, Pfeffer, Rehrücken, Wildhasen-Entrecôte oder geräuchertes Hirsch-Carpaccio mit Parmino-Käse (eine Obwaldner Käsespezialität, die in Alpnach hergestellt wird). Rolf, das wird spätestens jetzt klar, kocht mit Leidenschaft und liebt es, seine Gäste zu verwöhnen. Bereits verschwindet er in der Küche, um noch zwei (!) hausgemachte Desserts für uns zuzubereiten: ofenfrische Zigerkrapfen und seine legendäre Süssmostcrème …

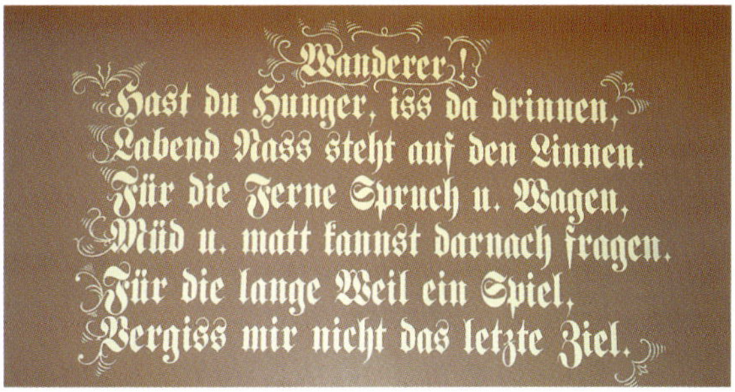

– Rolf della Torre im Weinkeller des Hauses.

– Eine alte «Werbetafel» beim Hauseingang liefert den metaphysischen Hintergrund für «all die Wanderer» und hungrigen Mäuler auf Gottes Erde.

– Pilze aus Kerns, darunter die weissen Pom-Poms.

- Das «Klarinettli» (Kalbs-Cordon bleu, gefüllt mit Alpkäse).
- Obwaldner Bratkäse mit Kernser Pilzen.
- Älplermagronen Kernser Art («hindersi» bzw. rückwärts zubereitet mit Original Kernser Magronen).
- Häfelichabis, ein Innerschweizer Urgericht aus Uri.
- Pom-Pom-Piccata mit Kernser Pasta.

Rezepte von **Rolf della Torre** im Anhang.

— **Älplermagronen Kernser Art,** S. 419
— **Chäs-Chissi,** S. 402

RESTAURANT **47**

Rössli am See
Beckenried, NW

RESTAURANT: **Rössli am See**

ADRESSE: **6375 Beckenried, Dorfplatz 1**

GASTGEBER: **Christine und Josef Lussi**

TELEFON: **041 624 45 11**

INTERNET: **www.roessli-beckenried.ch**

RUHETAGE: **keine**

BETRIEBSFERIEN: **keine**

WEGBESCHRIEB: **Luzern–Gotthard, Ausfahrt Beckenried. Bus ab Stans, Schiff ab Luzern oder Flüelen.**

SPEZIELL: **Terrasse am See**

Das Rössli verwöhnt mit traumhafter Lage am Vierwaldstättersee. Auch kulinarisch befindet sich das Haus auf vielversprechendem Kurs: Alte Innerschweizer Gerichte erleben hier ihr Comeback. All das lässt sich bequem mit einer Schiffsreise auf dem Innerschweizer «Ozean» verbinden.

Nidwaldner Urküche am Vierwaldstättersee

Idyllischer gehts nicht: Vorne lächelt der See, oben strahlt die Sonne, und vor mir dampft ein frisches Brennnessel-Süppchen – serviert auf einem weiss gedeckten Tisch, begleitet von einem Glas spritzigem Epesses. Am Morgen hat Christine Lussi die Brennnesseln auf der Klewenalp gepflückt. Mit Handschuhen, versteht sich. Denn bekanntlich haben die Pflanzen feine Härchen mit einem ameisensäureartigen Cocktail. Bereits ein Zehntausendstel Milligramm dieser Flüssigkeit reicht aus, um das unangenehme Brennen auf der Haut hervorzurufen. Als Suppe aber ist das Gewächs eine Delikatesse, vor allem, wenn sie so luftig und leicht zubereitet wird wie im Rössli am See.

Alchemie der Küche. Nicht dass der Gasthof am See nur mit Brennnesseln kochen würde: Die jungen Gastgeber Christine und Josef Lussi mit ihrem Chefkoch Toni Gisler überraschen mit einem breiten Fächer urchiger Gerichte. Bei allen sind die kulinarischen Schätze der Region der Ausgangspunkt. Zum Beispiel der Süssmost aus Beckenried, der die frischen Felchen aus dem Vierwaldstättersee als Sauce begleitet. Oder der Alpkäse von der Klewenalp, der das Nidwaldner Kalbsschnitzel würzig füllt. Nüsse und Birnenschnitze, ebenfalls aus der Region, sind die Zutaten beim Nidwaldner Kalbsgeschnetzelten. Erdbeeren-Terrine, Stanser Ziegenkäse oder auch kleine Köstlichkeiten wie das Röteli-Parfait runden das kulinarische Konzept ab.

Dabei haben die Rössli-Wirte tief in der Nidwaldner Kochgeschichte gegraben. Zahlreiche Rezepte stammen aus dem Buch *Messer, Gabel, Löffelstiel.* Der Kulturverein Ermitage in Beckenried hat sie erforscht und gesammelt. Eine einzigartige Fundgrube für längst vergessene Gerichte wie Schnepfenragout, Fischlebkuchen oder Chindsbettisuppe.

Das kulturelle Erbe. Das Buch ist vergriffen, im Rössli am See lebt das kulinarische Erbe jedoch fort. «Wir legen Wert auf eine authentische, regionale Küche», sagt Josef Lussi, der nebst dem Rössli am See auch das Bergrestaurant Alpstubli auf der Klewenalp führt. Wie seine Frau Christine stammt er aus einer Bauernfamilie: «Das hat uns geprägt und gibt uns das Wissen, um eine gute, gesunde Küche zu machen.» Dazu gehört, dass Josef seine Lieferanten persönlich kennt. Zum Beispiel Michael Näpflin, den Fischer aus Beckenried, der die fangfrischen Fische liefert, darunter Balchen, eine Spezialität des Vierwaldstättersees. Oder die Bauernfamilie Odermatt oberhalb von Stans. Von ihnen, beziehungsweise den hundert glücklichen Ziegen, stammen die würzigen Nidwaldner Geisschäs-Rugeli, die in Kräuteressig eingelegt auch direkt ab Hof erhältlich sind – wie sichs gehört im klassischen Einmachglas mit Klappdeckel und orangerotem Gummiringli (siehe S. 274).

Ein schöner Zusatznutzen am Rössli: Wenige Schritte entfernt ist der Schiffsteg. Der kulinarische Abstecher nach Beckenried lässt sich gut mit einer Rundreise auf dem Innerschweizer «Ozean» verbinden.

– Riesling, Pinot und Dôle: die «heilige Trias» der süffigen Rössli-Hausweine.
– Blick auf das Dorf Beckenried. Gleich neben der Schiffstation befindet sich das Restaurant mit Sonnenterrasse.
– Christine unterhalb der Klewenalp: Hier hat sie am Morgen die Brennnesseln für die Suppe gepflückt.

– Brennnesselsuppe, verfeinert mit Rahm.
– Geisschäs-Rugeli mit Kräuteressig und Olivenöl.
– Inspiration aus der Nidwaldner Kochgeschichte: Felchenfilets mit Süssmost-Sauce «Beckenried».
– Röteli-Parfait mit Kirschen.

Rezepte von **von Toni Gisler** im Anhang.

— **Brennnesselcrème-Suppe,** S. 405
— **Felchenfilets mit Süssmost-Sauce «Beckenried»,** S. 408
— **Kalbsgeschnetzeltes Nidwaldner Art mit Birnenwürfeli und Baumnusskernen,** S. 412

Wie die Magronen auf die Alp gekommen sind

Was tun, wenn man in den Schweizer Bergen ein Hospiz betreibt und die italienischen Pilger lautstark nach Pasta schreien? Man kauft ein «Torculum pro formandis macaronis» – eine Teigwarenpresse! So geschehen 1731 im Kloster Disentis, das damit zu einer der ersten Teigwaren-«Fabriken» der Schweiz avancierte. Die Mönche blieben über ein Jahrhundert lang praktisch die Einzigen. Erst 1838 begannen ein kleiner Betrieb in Kriens und kurz darauf zwei weitere in der Ostschweiz Pasta zu produzieren. Doch erst ab 1870 kam Schub in den Teig! Zu Tausenden strömten die «Maccaroni», wie man die Italiener damals nannte, in die Innerschweiz, um am Bau der Brünigbahn und ab 1872 auch des Gotthardtunnels mitzuwirken. Im Gepäck: Pasta fatta in Italia! Gleich kistenweise wurden die getrockneten Teigröhren angeschleppt, wie die Baudokumente der damaligen Unternehmer beweisen. Mit dabei: Giuseppe della Torre aus dem oberitalienischen Rezzonico, der Urgrossvater des heutigen Wirts der Rose in Kerns (siehe S. 264). «Mein Urgrossvater hatte garantiert Maccaroni im Gepäck», meint Rolf della Torre, der bekanntlich hervorragende Älplermagronen kocht. «Irgendwoher muss ich das Pasta-Gen ja herhaben!»

Kernser Pasta. Die Bewohner am Alpenriegel nahmen die kulinarische Bereicherung mit Freuden auf. Jahrhundertelang hatten sie sich vornehmlich von Milchprodukten und Brei ernährt – jetzt kam Schwung in die Innnerschweizer Küche! Die Pasta wurde mit Rahm und Käse angereichert, später auch mit Kartoffeln und gerösteten Zwiebeln. «So muss man sich die Erfindung der Älplermagronen vorstellen, als typisches Crossover-Gericht», sagt Walter Röthlin, Chef der Pasta Röthlin AG in Kerns, der sich intensiv mit der Geschichte des Sennengerichts befasst hat. «Auch wenn sie heute als Älplermagronen bezeichnet werden, waren sie ursprünglich wohl eher ein Arbeitermenü. Der Mythos von den Sennen kam erst sehr viel später dazu, ist aber historisch nachvollziehbar. Früher waren ganze Familien auf der Alp. Man nahm mit, was sich einfach lagern liess – Kartoffeln, Hörnli, Zwiebeln. Alles andere, Rahm und Käse, war auf den Bergen genug vorhanden.»

Kulinarische Zeitreise. Paul Kiser auf der Bärgarvä bei Alpnach macht die Älplermagronen noch nach alter Sennenmanier, in einem grossen Kupferkessel und auf dem offenen Feuer. Zuerst kocht er die Kartoffeln, dann gibt er die original Kernser Magronen dazu und streut am Schluss Sbrinz und goldbraun geröstete Zwiebeln über das Gericht. Ab zehn Personen kann man den Senn samt urchiger Alpstube buchen. Auch als Störkoch kommt Paul samt Kupferchessi vorbei.

Paul Kiser, Bärgarvä, 6055 Alpnach-Dorf, Tel. 041 670 16 77 und 079 643 80 17.

Restaurants mit Älplermagronen

Fluonalp, Giswil
Sommeralpbetrieb mit rustikaler Alpenbeiz unterhalb vom Giswilerstock. Geöffnet ab Pfingsten an Wochenenden, ab Auffahrt täglich bis Ende Okt. Hier werden die Älplermagronen «hindersi» zubereitet. Zudem gibts Chässchnitte und Fondue. *Fluonalp, 6074 Giswil, Thomas Schnider, Tel. 079 643 53 14 und 041 675 11 41.*

Hotel Bahnhof, Giswil
Eine der Topadressen für Älplermagronen. *Hotel Bahnhof Giswil, Christoph Zumstein und Kas de Jonge, 6074 Giswil, Ruhetage: Mo., Di., Tel. 041 675 11 61, www.bahnhofgiswil.ch.*

Stanserhorn, Stans

1900 Meter über den Dingen, umrahmt von einem prächtigen Alpenpanorama, werden die Älplermagronen im Drehrestaurant im Edelweisstopf serviert, zubereitet werden sie «vorwärts». Saisonal geöffnet: Ende März–Anfang Nov. *Stanserhorn, Robert Schuler, 6370 Stans, Tel. 041 629 77 33, www.stanserhorn.ch.*

Frohsinn, Udligenswil
Rosalie und Geri Röthlin gehören zu den unbeirrbaren Älplermagronen-Fans, seit 25 Jahren gibt es hier die «Kernser Röhren» in Sennenmanier. *Restaurant Frohsinn, Dorfstrasse 13, 6044 Udligenswil, Ruhetage: Mi., Tel. 041 371 13 16.*

Chäsalp, Zürich
61 702 cm hoch liegt die originelle Alpbeiz auf dem Zürichberg. Im umgebauten Kuhstall gibt es Fondue, Raclette und jede Menge «Maggeronen», wie sie hier heissen. Zum Beispiel Alpenkalb-, Heustock-, Heidi- oder Tessiner Maggeronen. Zu empfehlen ist auch der Senne-Zmorge am Sonntag, bei dem die Gäste nach Körpergrösse zahlen (Erwachsene 19, Kinder 13 Rappen pro cm). *Chäsalp, Tobelhofstrasse 236, 8044 Zürich-Gockhausen, an Wochentagen geöffnet ab 11.30 Uhr, Sa., So. (Brunch) ab 10 Uhr, Tel. 044 260 75 75, www.chaesalp.ch*

Einkaufstipps Uri, Schwyz und Unterwalden

Kernser Pasta, Kerns
Die Pasta Röthlin AG in Kerns führt eine spezielle Urschweizer Pasta-Linie, darunter die Original Älplermagronen, Safran-Tagliolini und Biomais-Amori (glutenfrei). Die Produkte sind im Detailhandel erhältlich oder direkt bei Pasta Röthlin. *Pasta Röthlin, 6064 Kerns, Tel. 041 666 06 06, www.kernser-pasta.ch.*

Alles vom Bauernhof, Kerns

Margrit und Sepp Aufdermauer führen wenige Gehminuten von Kerns entfernt das Spycher-Lädeli Burgholz. Hier gibt es Obwaldner Baumnusstorte, Konfitüren, Kernser Bienenhonig und frisches Brot in Dutzenden von Varianten. Tipp: Der bellende Hund heisst Sira und freut sich, wenn man ihn mit Streicheleinheiten verwöhnt. Von Kerns Richtung Melchtal, dann links nach «Halten», nach ca. 500 Meter rechts Bauernhof mit Wegweiser «Burgholz». *Familie Margrit und Sepp Aufdermauer Tel. 041 660 20 83, www.burgholz.ch.*

Pilze, Alp Steini bei Kerns

Sepp Häcki ist der Pilzguru der Innerschweiz. Auf der Alp Steini bei Kerns produziert er Kräuterseiling, Pom-Pom, gelbe Pleuroten und andere Edelpilz-Spezialitäten. Die Kernser Edelpilze sind bei Coop und Migros erhältlich, aber auch ab Hof. *Kernser Edelpilze, Steini, 6064 Kerns, Tel. 079 340 85 64, www.kernser-edelpilze.ch.*

Parmino (Obwaldner «Parmesan»), Alpnach
Dreiviertelfetter Käse, hergestellt aus der Rohmilch von silofrei gefütterten Kühen. Produziert wird der würzige Naturkäse nur in Obwalden. Versand auch per Post. *Käserei Oskar Flüeler, Grunderbergstrasse 7, 6055 Alpnach-Dorf, Tel. 041 670 07 07, www.parmino.ch.*

Urner Gnuss, Andermatt

Innerschweizer Spezialitäten wie Urner Trockenhauswurst, Urner Föhn (Wein aus der Brickermatt), Kräutertee, Konfitüren, Kräuter- und Bärlauchkäse. Geführt wird der «Urner Gnuss» von zwei sympathischen Hospentalerinnen. *Olivia und Jordana Christen, Gotthardstrasse 59, 6940 Andermatt, Tel. 041 887 08 80.*

Nidwaldner Geisschäs-Chugeli

Die Familie Odermatt produziert würzig-crèmigen Ziegenfrischkäse, genannt Stanser Geisschäs-Chugeli. Die rund 100 glücklichen Ziegen werden in einem grossen Stall und mit viel Auslauf gehalten. Im Hofladen oberhalb von Stans sind auch hausgemachte Konfitüren, Sirup, Tee sowie saisonal Oster-Gitzi und Kaninchenfleisch erhältlich. *Anton Odermatt, Geissäheimet Meierskählen, 6370 Stans, Tel. 041 610 11 09, www.meierskaehlen.ch.vu.*

Kirsch, Chrüter, Enzian, Ibach-Schwyz

Xaver Strüby ist ein Brenner von altem Schrot und Korn. Legendär ist er für sortenreinen Kirsch, den Mirabellenbrand und Chrüter. Eine absolute Rarität ist der Enzian, gebraut aus den Wurzeln des gelben Enzians. Davon produziert Strüby 30 bis 40 Flaschen pro Jahr. Entsprechend gesucht ist der erdig-rauchige Wurzelbrand. *Strüby's Brennerei, Laimgasse 6438 Ibach-Schwyz, Tel. 041 811 56 55.*

Milchlamm und Kalbfleisch, Riemenstalden
Hier bezieht der Kaiserstock-Wirt das Milchlamm. Verkauf ab Hof, ab Bestellung innert Wochenfrist (nur ganze Tiere, zerlegt). *Karl Betschart und Hans Inderibitzin, Hof Obergatmen, 6452 Riemenstalden, Tel. 079 442 42 15.*

Gersauer Rahmschinken, Gersau
Die Dessert-Spezialität, zubereitet nach einem 100-jährigen Originalrezept, wie sie im Tübli in Gersau serviert wird. *Bäckerei-Konditorei Kolberg, Dorfstrasse 9, 6442 Gersau, Tel. 041 828 12 19.*

Urwaldschinken und Suworow-Salami, Muotathal

Die Metzgerei Heinzer gilt als eine der innovativsten Metzgereien in der Region, Spezialitäten wie Suworow-Salami, Mostbröckli, Wetterschmöckerli oder Urwaldschinken (geräucht im Fichtenspan aus dem Bödmeren Urwald). Bestellungen auch per Internet. *Metzgerei Heinzer, Hauptstrasse 23, 6436 Mutoathal, Tel. 041 830 12 30, www.heinzermetzgerei.ch.*

Weitere Restaurants in Uri, Schwyz und Unterwalden

SCHÖNE AUSSICHT

Berghotel Maderanertal, Bristen, UR

Älplermagronen, Rösti, Rahmschnitzel, Gschnätzlets, saisonal auch Boohr und Rys. Schöne Gartenterrasse mit Bergahorn. 3 Std. Wanderzeit oder Hotel-Taxi. *Berghotel Maderanertal, Anna und Tobias Fedier, Balmenegg, 6475 Bristen, nur saisonal offen, Juni–Okt., Tel. 041 883 11 22, www.hotel-maderanertal.ch.*

Bergrestaurant Biwaldalp, Isenthal, UR

Seelisbergtunnel–Flüelen–Seedorf–Isenthal – durchs Tal nach hinten und dann ca. $1\frac{1}{2}$ Std. wandern, und Sie landen bei Werner Infanger und seinen Älplermagronen, bei Urner Trockenfleisch und frischem Alpkäse. *Bergrestaurant Biwaldalp, Werner Ifanger, 6461 Isenthal, nur saisonal geöffnet: Juni–Okt., Tel. 041 878 11 27.*

Bergrestaurant Fürenalp, OW

Es gibt einfache Gerichte wie Älplermagronen, Käseschnitten, Urner Trockenfleisch, Berg-Fondue und weitere einheimische Spezialitäten. Für Gruppen ab 20 Personen gibts das «Holzschuhmenü» (Überraschungsmenü «aus Mutters Garten»). *Frau Verena Hurschler, Fürenalp, 6390 Engelberg, saisonal offen ab Weihnachten bis 1. Nov., Tel. 041 637 39 49, www.fuerenalp.ch.*

Hotel Schiller, Bauen, UR

Hoch über dem Vierwaldstättersee, gute Fischküche, schöne Sonnenterrasse. *Hotel Schiller, Familie W. und P. Odermatt-Renggli, 6466 Bauen, Ruhetage: Do., So., ab 18 Uhr, 15. Dez.–15. März geschlossen, Tel. 041 878 11 55, www.schiller-bauen.ch.*

SICHERE WERTE

Mathisli, Kehrseiten, NW

Eine kleine, uralte Beiz zum Abtauchen, abseits von Gott und der Welt, am Vierwaldstättersee. Erreichbar mit dem Postauto, Haltestelle Hostatt, oder per Schiff, Station Kehrsiten-Dorf. Kulinarisch: einfach und gut, z. B. Tomatenbrot mit Käse überbacken, Suppentopf mit Fleisch, Gemüse und Brot, «Fuhre Mist» (Schweins- und Rindsfilet, Grilltomaten, gratiniertes Gemüse mit Sbrinz und Rahm), Kernser Hörnli mit Gehacktem, Felchenfilets, in Weisswein gedünstet. *Restaurant Mathisli, Monika Hoffmann-Breisacher, 6365 Kehrsiten, keine Ruhetage, ausser an Regentagen: Mo., Di., Tel. 041 610 81 81, www.mathisli.ch.*

Restaurant Post, Muotathal, SZ

Napoleons Aufmarsch in der Schweiz passte den Kleinbünden nicht. Sie riefen den russischen General um Hilfe an. Der marschierte im September 1799 mit 30 000 Mann von der Lombardei her über den Gotthard, wo die Armee vom frühen Wintereinbruch überrascht wurde. Suworow änderte die Route und marschierte von Altdorf am Rossstock vorbei ins Muotatal und von dort über den Pragelpass nach Glarus. Am Schluss der Odyssee, die über das Engadin ins Voralberg führte, lebte noch die Hälfte der Soldaten und ein Drittel der Pferde. Im Gasthaus Post in Muotathal ist die Durchreise im Suworow-Saal verewigt. Claudia (siehe Foto) kennt den Hintergrund genau und serviert im Suworow-Ambiente nicht russische, sondern gut schweizerische Gerichte. *Gasthaus Post, Andreas Gwerder und Claudia Eberhard, Hauptstrasse 29, 6436 Muotathal, Tel. 041 830 11 62.*

Kündig, Steinen, SZ

Paul Kündig gilt als Erfinder der Innerschweizer Käserolle, die eine überraschende Geschichte hat: Kündigs Bruder Werner kochte in den 70er-Jahren im Restaurant Tell im kanadischen Montreal und servierte den Gästen frittierte Teigrollen mit Schinken. Paul nahm das Rezept des Bruders und ersetzte den Schinken mit Käse: «Das passt besser in die Innerschweiz», sagt Kündig, der heute das gleichnamige Restaurant in Steinen führt. *Restaurant Kündig, Paul Kündig, Herrengasse 3, 6422 Steinen, Ruhetage Mo., Di., Tel. 041 832 13 76.*

ÜBERRASCHEND

Berggasthaus Gitschenen, Alp Gitschenen, UR

Die Alp Gitschenen liegt in der Gemeinde Isenthal, südlich über dem Vierwaldstättersee, 1600 Meter über Meer, auf einer Sonnenterrasse, umrundet von einer malerischen Bergkulisse. Erreichbar zu Fuss oder mit der Seilbahn. Kulinarisches Konzept: einheimisch, gut und originell, z. B. Isenthaler Chäsfüess (Blätterteig mit Käse und Kümi drauf), Beinwell, mit Geisskäse ausgebacken, Plaudersuppe (dazu wird eine Geschichte erzählt), Steinsuppe (ein Stein in der Suppe), Urner Spezialitäten wie Alpkäse, überbacken. Gitschener Spätzli. Saisonal auch Lauchreis (Rys und Boohr). Schwinigs und Cheschtene. Speziell: Die Wirtin kreiert nebenbei noch Alpenmode im modernisierten Trachtenstil. *Berggasthaus Gitschenen, Beatrice Herger, Mitte Okt. bis ca. April geschlossen, Tel. 041 878 11 58, www.gitschenen.ch.*

SPITZE

Zwyssighaus, Bauen, UR

Eines der besten Gasthäuser in Uri, (fast) immer Felchen aus dem Urnersee, auf Vorbestellung ab 10 Personen spezielle Urner Menüs mit Brotsuppe, Felchenfilet Flüeler Art, Bürgler Wybrate, Rys und Boohr, Bristner Nidle. Im Zwyssighaus wurde die Schweizer Landeshymne von Pater Alberik Zwyssig komponiert. *Restaurant Zwyssighaus, Markus Zemp, 6466 Bauen, Ruhetage: Mo., Di., Nov.–Mitte Dez. und Feb. Während der Fasnacht geschlossen, Tel. 041 878 11 77, www.zwyssighaus.ch.*

Bürgis Burehof, Euthal, SZ

17-GM-Restaurant, gepflegt-rustikales Ambiente. *Bürgis Burehof, Familie Bürgi, am Sihlsee, 8844 Euthal, Ruhetage: Mo., Di., Tel. 055 412 24 17, www.buergis-burehof.ch.*

Restaurant Adelboden, Steinen, SZ

Hier wirken Franz Wiget und seine Crew auf 17-GM-Niveau. Milchgitzi, Kalbskopf und andere urchige Köstlichkeiten. *Restaurant Adelboden, Schlagstrasse, 6422 Steinen, Ruhetage: So., Mo., Betriebsferien im Sommer und Ende Feb.–Mitte März, Tel. 041 832 12 42, www.grandestables.ch.*

ZUG UND LUZERN

Chügelipastete, Kirsch und Kafi Luz

Die Innerschweizer Seekantone sind auch kulinarisch bei flüssigen Dingen im Element: vom Kirsch bis zum Kafi Luz, vom Zuger Röteli bis zur Chügelipastete, die – klassisch gemacht – in einer braunen Sauce schwimmt.

RESTAURANT **48**

Blasenberg
Zug

RESTAURANT: **Blasenberg**

ADRESSE: **6300 Zug, Blasenberg**

GASTGEBER: **Madlen und Markus Limacher-Gisler**

TELEFON: **041 711 05 44**

INTERNET: **www.blasenberg.ch**

RUHETAGE: **Di., Mi., So. ab 21 Uhr**

BETRIEBSFERIEN: **Feb. 2 Wochen, August 3 Wochen**

WEGBESCHRIEB: **von Zug Richtung Ägeri/Menzingen, dann Zugerberg**

SPEZIELL: **eigene Kapaun-Produktion**

Einem Gourmet vom Blasenberg zu erzählen, ist wie Wasser in den Zugersee tragen: Man kennt sie einfach, die Kapaunbeiz der Innerschweiz, wenn nicht sogar der ganzen Deutschschweiz. Seit 50 Jahren konzentriert sich die Familie Limacher im Gasthaus hoch über der Stadt Zug auf das Kapaunen: «Schon mein Vater hat hier kastrierte Hähnchen produziert», sagt Markus Limacher, der die kastrierten Güggel hegt und pflegt.

Kapaun auf dem Blasenberg

Die Hähne auf dem Blasenberg habens gut: Noch bevor sie ihre Libido voll entfalten können, werden sie mit einem kleinen Schnitt von dieser Last befreit. Fortan dürfen sie sich Kapaun nennen und können sich ganz auf das Dick- und Schwerwerden konzentrieren – sieben Wochen und zwei Tage lang. «In den letzten Masttagen legen sie bis zu hundert Gramm pro Tag zu», sagt Markus Limacher, der mit seiner Frau Madlen das rustikale Gasthaus hoch über dem Zugersee führt. Kein banales Hühnchen oder Stubegüggeli kommt an die Fleischkonsistenz eines kastrierten Güggels heran. Davon kann man sich auf Vorbestellung überzeugen: In der holzgetäferten Gaststube, auf weiss gedeckten Tischen wird die Delikatesse ab vier Personen serviert. Dazu gibt es Safran-Risotto und Pommes frites, stilvoll begleitet vom Blasenberger Hauswein, dem Osterfinger Riesling x Sylvaner.

Die Zubereitung eines Kapauns ist arbeitsintensiv. «Bereits am Vortag wird das Fleisch mariniert», sagt Madlen, «dann gehts drei Stunden in den Backofen.» Alle zwanzig Minuten schrillt der Wecker, denn das Fleisch muss kontinuerlich mit Jus übergossen und aufgefüllt werden, damit es schön saftig bleibt. Ein Riesenaufwand, der auf dem Teller voll zur Geltung kommt: «Es gibt Gäste, die sind geradezu süchtig nach unserem Kapaun», lacht Madlen, die nicht nur bei ihrer Hausspezialität auf Qualität setzt. Salat, Kartoffeln und

Gemüse kommen frisch vom Bauernhof. Die Pommes frites werden von Hand geschnitzt. Der Eierlikör ist hausgemacht, Buurespeck, Buureschinken, Mostmöckli und Rauchwurst stammen ebenfalls aus eigener Produktion. Und besonders stolz ist die Familie auf den ofenfrischen Lebkuchen von Tochter Beatrice, dem zweitjüngsten der insgesamt fünf Limacher-Kinder.

Poetische Menükarte. Das Wirtepaar ergänzt sich perfekt: Markus, der den Betrieb von seinem Vater übernommen hat, ist für die Kapaunproduktion zuständig – Madlen hat in der Küche das Sagen. Beim Skifahren in Spyrigen haben sich die beiden kennen gelernt: «Ich habe heruntergeheiratet», lacht Madlen, die auf 1530 Metern in einem Bergrestaurant im Schächtental aufgewachsen ist: «Der Blasenberg liegt auf 750 Metern, dafür ist die Aussicht hier viel schöner!» Die Geschichte des Hauses ist in den Menükarten nachzulesen: Vater Wendelin Limacher hat sie in poetisch-humorvollen Versen festgehalten. Schon als Kind hat er für seine Brüder Kapaune nach Zürich in die Comestibles-Geschäfte verkauft. 1956 hat er dann auf dem Blasenberg selber mit dem Kapaunen begonnen.

– Markus ist für die Kapaune zuständig, Madlen für die Zubereitung.
– Alle 20 Minuten muss der Kapaun mit Jus übergossen und gefüllt werden.
– Terrasse mit Blick auf Zug.
– 100-jährige Gebrauchsanleitung zum «Kapaunisieren».

– Hochwertiges Endprodukt: Nach drei Stunden Schmorzeit kommt der Kapaun knusprig-saftig auf den Tisch.
– Begleitet wird das Festessen von Safran-Risotto und hausgemachten Pommes frites.
– Der Blasenberg-Coup, eine beliebte Dessertspeise auf dem Berg, natürlich mit hausgemachter Glace.
– Noch beliebter: Der Lebkuchen von Tochter Beatrice.

Rezept von **Beatrice Limacher** im Anhang.

— Lebkuchen «Blasenberg», S. 429

RESTAURANT **49**

Rathauskeller
Zug

RESTAURANT: **Rathauskeller**
ADRESSE: **6301 Zug, Ober-Altstadt 1**
GASTGEBER: **Hubert Erni und Stefan Meier**
TELEFON: **041 711 00 58**
INTERNET: **www.rathauskeller.ch**
RUHETAGE: **So., Mo.**
BETRIEBSFERIEN: **zwei letzte Sommerferien-Wochen**
WEGBESCHRIEB: **eingangs der Zuger Altstadt**
SPEZIELL: **17 GM**

Der Rathauskeller in Zug bietet gepflegte Gastlichkeit in historischem Rahmen: Das mächtige Altstadthaus hat einige Jahrhunderte auf dem Buckel. Nicht ganz so lange, seit 1988, wird die kulinarische Leistung des Rathauskeller-Teams von den Gastrotestern alljährlich hoch bewertet: Derzeit sind es 17 Gault-Millau-Punkte, 3 rote Kochmützen und 4 Gabeln.

Zuger Röteli und der Geist vom Freudenberg

Kirsch, Kirschtorte und Röteli bilden die kulinarische Trias im Kanton Zug, der offensichtlich eine hohe Affinität zu «flüssigen» Elementen hat. Kein Wunder: Der drittkleinste Kanton rankt sich um einen der schönsten Seen der Schweiz. Aus seinen Gewässern kommen Felchen, Egli, Forellen, Hecht und ab Anfang November auch der berühmte Röteli. Diese Saiblingart heisst so, weil sich während der Laichzeit der Fischbauch tiefrot färbt. Nur in den kalten Wintermonaten, ab November, steht dieser «Superfisch» auf den Menükarten der besten Restaurants der Region. Seit Jahrhunderten wird der Röteli auf besondere Art zubereitet – am allerbesten, behaupten die Einheimischen, im Rathauskeller in der Zuger Altstadt: «Wir machen den Röteli klassisch mit einer Kräuter-Weissweinsauce, sagt Stefan Meier, Chefkoch des Hauses, der zusammen mit Hubert Erni den Rathauskeller führt und den Röteli selber am liebsten gebraten mit brauner Butter geniesst. Die dritte Variante – mit Bouillon und Gemüse – ist diejenige, die ich im Rathauskeller dann selber verspeise. Und der Seesaibling wird seinem Ruf gerecht: Das rosafarbene Fleisch zergeht wie Butter auf der Zunge.

Der Röteli hat Tradition. Der Alpensaibling (Salvelinus alpinus) wurde 1281 erstmals in einer Urkunde erwähnt und war schon damals so wertvoll, dass er bis ins Spätmittelalter als Zahlungsmittel diente. Auch heute ist der Röteli eine Exklusivität, wie Ernst

Tschümperlin, einer der wenigen Fischer am Zugersee, erklärt: «In der Laichzeit, im November, kommen die Seesaiblinge auf etwa 60 Metern Tiefe zusammen. Das Männchen nimmt in dieser Zeit die rote Lockfarbe an. Die Fische sind während der Laichzeit besonders schlank und rank», erklärt der Profifischer, der an einem Spitzentag bis zu hundert Röteli herausholt. In diesen Mengen allerdings nur während zwei bis drei Tagen und nur im Zugersee in dieser Qualität: «Der Zuger Röteli ist nicht zu vergleichen mit den Röteln aus dem Walen- oder dem Zürichsee. Der Zuger Röteli ist farbiger, grösser und schmackhafter», sagt Ernst.

Zuger Klassiker. Zur Vorspeise serviert Stefan Meier einen weiteren Zuger Klassiker: Felchenfilets an einer aromatischen Kräutersauce. Aber auch andere Essgenüsse lassen sich im Rathauskeller auf Gourmetniveau geniessen: Kartoffelsuppe mit Kürbisöl, Gontener Cervelat-Salat, Charolais-Hohrückensteak, Frikassee von Pfifferlingen mit Schalotten und Rotweinbuttersauce oder das, was ich zum Dessert geniesse: Gebrannte Crème mit Zuger Kirsch. Der «Geist» in diesem süssen Meisterwerk stammt aus Griselda Keisers Hafenbrennerei auf dem Freudenberg. Hoch über Zug, in alten Kupferkesseln brennt die junge Zugerin ihr «Chriesiwasser» (siehe Einkaufstipps im Anhang).

Der Rathauskeller arbeitet mit einem Duo-Konzept: Oben befindet sich das Gourmetrestaurant, das ahnen lässt, wie gut die Zuger Ratsherren zu speisen beliebten – unten ist der Rathauskeller eine Stadtbeiz mit Aussenbestuhlung und gemütlichem Bistroteil im Innern.

– Zugersee-Röteli, klassisch, im Dampf gegart, mit Gemüse.

Rezept von **Stefan Meier** im Anhang.

— Zugersee-Röteli, im Dampf gegart, S. 408

RESTAURANT **50**

Rössli
Escholzmatt, LU

RESTAURANT: **Rössli**

ADRESSE: **6182 Escholzmatt, Hauptstrasse 111**

GASTGEBER: **Stefan und Monika Wiesner-Auretto**

TELEFON: **041 486 12 41**

INTERNET: **www.gasthofroessli.ch**

RUHETAGE: **Mo., Di.**

BETRIEBSFERIEN: **keine**

WEGBESCHRIEB: **An der Strasse (Dorfmitte) von Escholzmatt im Entlebuch. Zug ab Bern.**

SPEZIELL: **Bib Gourmand, 15 GM**

Von aussen würde man nicht vermuten, dass im Rössli einer der innovativsten Köche der Schweiz am Herd steht: Stefan Wiesner gilt als Kochpoet und fantasievoller Erneuerer der Schweizer Urküche. Aus seiner Hand stammen Erfindungen wie die Stein-Moos-Suppe oder das Sepia-Risotto mit 22-karätigem Gold.

Der mit den Steinen und den Bäumen spricht

Stefan Wiesner ist kein gewöhnlicher Koch. Was dieser Entlebucher mit Witz und Können auf die Teller zaubert, ist Alchemie, Poesie und manchmal auch Anarchie. So mancher spricht von «Wahnsinn» und von «Spinnertum». Wie immer liegt nur ein schmaler Grat zwischen Begeisterung und Ablehnung – der gleiche feine Grat, der auch das Geniale vom Irrsinn trennt. Aus Kohle stellt Stefan Senf her. Mit Regenwasser, das über Apfelblüten tröpfelt, macht er eine Suppe. Oder er legt hauchfeine Goldplättchen auf ein schwarzes Risotto, das er mit Holzkohle eingefärbt hat. Und immer schöpft er aus den Urstoffen seiner Region, ist die Küche seine Nabelschnur zur Natur, zur Kunst, zu nicht weniger als dem Sinn des Lebens.

Philosophenküche. Wiesner kocht nicht, er forscht, entwickelt, philosophiert. Am liebsten über den Niedergang der guten alten Landküche durch den industriell hergestellten Fertig-Food: «Sogar Gourmetgerichte gibt es heute in Plastikbeuteln, mit geklauten Rezepten von Spitzenköchen. Und das alles mit dem Argument der Wirtschaftlichkeit.» Starke Worte von einem, der im Feinstofflichen eines Milchschaums arbeitet, das Öl einer Alpenrosenblüte extrahiert, aber auch das Wursten virtuos beherrscht: Immer am Mittwoch stellt er Pouletwurst, Rehwurst und die legendäre Vaterwurst her. «Das Rezept stammt von meinem Grossvater», sagt Wiesner, «das kannst du nicht besser machen».

Also macht er die Vaterwurst wie zu Grossvaters Zeiten, serviert sie mit Rösti und Zwiebelsauce – einfach, gut und günstig. Deshalb hat das Rössli die Auszeichnung «Bib Gourmand» erhalten, das für eine besonders gute, preiswerte Küche steht.

Stein-Suppe. Natürlich beherrscht Stefan Wiesner auch die Kunstküche virtuos. Ständig sind Gastrojournalisten und Dokumentarfilmer im Haus, die dem Star in die Töpfe blicken. Eben hat er im Wald frisches Lebermoos gepflückt, im Moment experimentiert er mit Duftnoten, angelehnt an «Das Parfum» von Patrick Süskind. «Das Ätherische, Flüchtige ist die Essenz der Kochkunst», sagt Stefan, der auch eine Suppe aus Bergkristall entwickelt hat, inspiriert von der Stofflehre der Anthroposophen: «Die laden das Wasser energetisch mit Horn und Kräutern auf. Das Prinzip fasziniert mich.» So ist auch seine Steinsuppe entstanden: «Steine haben wenig Geschmack, aber sie haben Kalk und Kieselsäure drin, je nach Fundort des Steins wird die Suppe anders. Beim Holz sind die Geschmacksunterschiede dagegen gross: Arve schmeckt völlig anders als Fichte oder Birke.»

Risotto mit Gold. Einige seiner Duftkreationen darf ich kosten: Ein Forellen-Mousse, abgeschmeckt mit Sauerkraut und Apfeldicksaft. Dann folgt Wiesners Rehwurst mit gebratenen Apfelscheiben und Lebkuchen. «Der Lebkuchen ist süsslich, der Apfel säuerlich, in den Rehwürsten ist ebenfalls etwas Lebkuchen drin», erklärt der Kochkünstler seine Kreation. Die Gerichte sind Teil des «Süskind»-Menüs, das man in der Gourmetstube im Rössli mit Kerzenlicht geniessen kann. Dazu gehört auch die wohl berühmteste Wiesner-Kreation: Risotto, eingefärbt mit Sepia, Holzkohle und Entlebucher Kaffeebohnen – schwarz wie die Nacht! Das lässt die Goldplättchen noch goldener glänzen. Sie schmecken übrigens schlicht nach nichts, sind aber, wie Wiesner erklärt, gut verdaulich und gesund. Dies alles ist nicht «l'art pour l'art»: Gold und Kohle wurden früher im Entlebuch tatsächlich geschürft. Auch der Kaffee ist als Kafi Luz im kulinarischen Erbe des Entlebuchs eingetragen. Solche Assoziationen spielen bei Wiesners Küche eine wichtige Rolle: Alles ist mit einem «tieferen Sinn» unterlegt, wird jedoch mit einer Prise Ironie serviert. Wer die nicht aufspüren will, ist bei Wiesner schlicht im falschen Film.

– Die junge Küchencrew im Rössli mit dem Primus inter Pares, Stefan Wiesner.
– Der Meister am Wursten. Immer am Mittwoch produziert Wiesner Vaterwurst, Rehwurst und andere Kreationen zwischen zwei Zipfeln.
– Stefan Wiesner im Zopfwald hoch über Escholzmatt. Hier holt er das Lebermoos für seine Stein-Moos-Suppe.

– Sepia-Risotto mit 22-karätigem Gold.
– Forellen-Mousse, abgeschmeckt mit Sauerkraut und Apfeldicksaft.
– Rehwurst mit gebratenen Apfelscheiben und Lebkuchen.
– Drei-Holdern-Dessert mit Holdernholzasche und gelbem Zitronenkuchen, parfümiert mit Holdernschnaps: «Die Früchte stehen für den Körper, der Holdernschnaps für den Geist, die Asche für die Seele», erklärt Stefan Wiesner seine Kreation.

Rezepte von **Stefan Wiesner** im Anhang.

— **Stein-Moos-Suppe,** S. 405
— **Gold-Risotto,** S. 420

Interview mit Stefan Wiesner

Kann man Gold essen?

Der Katalane Ferran Adrià macht aus Roter Beete Schleckstängel, aus Zucchini Eiscreme und kühlt Melonen auf 130 Grad unter null, bis sie sich in Gelee verwandeln: Sein Restaurant El Bulli in Roses bei Girona ist auf Jahre ausgebucht. Dein Vorbild?
Nein, für mich ist das Einfachste das Genialste: Holz, das in Jahrzehnten gewachsen ist. Moos, das im Wald nach einem Gewitter wuchert. Es sind diese Urmaterialien, die hier im Biosphären-Reservat des Entlebuchs allgegenwärtig sind. Die Natur interessiert mich, ich möchte sie nicht vergewaltigen, sondern ihre Essenz herausholen.

Dann also eher wie Thuri Maag, der Gänseblümchen in Essig einlegt – danach schmecken sie wie Kapern. Oder wie Michel Bras, Starkoch im Restauant Bras in Laguiole in Südfrankreich. Der lässt sich von Lilien inspirieren, die gekocht nach Avocado schmecken …
Dahin geht es, wobei ich genauso gern eine gute Wurst mache, zum Beispiel die Vaterwurst: Schon mein Grossvater hat sie gemacht, ich mache sie nach seinem Rezept, und wahrscheinlich wird sie eines Tages eines meiner Kinder machen. Das ist spannend, dass man mit guten Produkten Spuren legen kann von der Vergangenheit in die Zukunft. Auch das Gold, das ich in meinen Gerichten ab und zu verwende, hat einen historischen Bezug. In den Bächen rund um den Napf wurde früher Gold gewaschen. Es ist der Reichtum des Entlebuchs, der in den Tiefen schlummert, aber nie zum Tragen kam – das Entlebuch war früher eine sehr arme Region. Zuerst habe ich das Gold auf meine Würste übertragen. Später habe ich auch andere Gerichte vergoldet.

Wie bist du überhaupt zum Gourmetkoch geworden?
Das war ein fliessender Prozess. Zuerst habe ich eine gute Landküche gemacht, gutbürgerlich, frisch, fein. Die gibt es noch immer im Bistrobereich. Das ist auch der Kern unseres Geschäfts: Es gibt viele Gäste, die wollen einfach gut essen. Aber eben gut! Gleichzeitig hatte ich aber im hinteren Teil des Restaurants so etwas wie einen Kunstbereich: Da konnte ich neue Dinge ausprobieren. Als wir das Buch *Gold, Stein, Holz* machten, musste ich diese spontan erfundenen Gerichte plötzlich genau rezeptieren. Das hat mich enorm viel Arbeit gekostet, aber die Sache auch konkretisiert: Jetzt weiss ich, was ich mache und wie ich weitermachen will. Aber die Landküchen-Philosophie bleibt. Wir sind immer noch ein Dorfrestaurant, in dem die Leute ihr Bier oder ihren Luz trinken.

Du hast ein Duo-Konzept im Rössli: Vorne die Gaststube, hinten der Gourmetbereich. Gibt es auch zwei Sorten von Gästen?

Es gibt drei! Die wenig Anspruchsvollen, die Schnipo essen, Coupe Maison, egal was und zufrieden sind. Dann gibt es die Anspruchsvolleren, die gewohnt sind auszuwählen. Die fahren auf eine gute, ehrliche Landküche ab, vorausgesetzt, sie ist preiswert. Und dann gibt es die Experimentierfreudigen. Die wollen überrascht werden, sehen das Essen als einen kulturellen Akt, bei dem auch die Geschichte, die Kunst, die Philosophie eine Rolle spielen. Dass der Trend wieder ins Regionale geht, hilft beiden: Damit bekommt das Essen wieder einen nachvollziehbaren Sinn, wird sinnlicher. Denn die regionale Küche ist sehr sinnlich: Da schmeckt man das Bergheu in einer Suppe oder den Duft von Farn und Rottannenholz. Aber ich versuche das ganz undogmatisch über das Lustprinzip zu vermitteln, wie man auf unserer Menükarte sieht. Zum Beispiel im Text «Ein Kalb auf Reisen»: Der Kalbskopf hat nicht viel erlebt in seinem Leben. Nur Mama Stall, die Weide und ab und zu zweibeinige Gestalten mit Stumpen oder einer Tabakpfeife im Maul. Es wird Zeit, dass ich ihm die grosse, weite Welt zeige. Was dann auf dem Teller heisst: Zum Kalbskopf-Carpaccio kommt ein Süsswasserkrebs, etwas Kokosnuss-Sauce mit Zitronengras und rotem Curry.

Gold ist ein altes Heilmittel, das bis in die jüngste Zeit gegen Rheuma verwendet wurde. In der Kulinarik spielt Gold schon lange eine Rolle: Confiseure haben früher ihre Pralinen mit Blattgold gekrönt, in Indien werden viele Desserts vergoldet oder versilbert, und der italienische Starkoch Gualtiero Marchesi hat in den 70er-Jahren den Gold-Risotto kreiert – ein Rezept, das Stefan Wiesner erweitert hat. Zu kaufen ist Blattgold im Fachhandel, u. a. in indischen Lebensmittelgeschäften. Im Entlebuch wurden bis heute insgesamt nur 31,4 Kilogramm Gold gewaschen. Das grösste je in der Schweiz (in Disentis) gefundene Goldnugget wog 123 Gramm.

Keine wirklich schweizerischen Zutaten …!?

Warum so dogmatisch? Die Schweizer Küche ist ein Cocktail verschiedenster Einflüsse. Nicht einmal der Kafi Luz, obwohl hier im Entlebuch erfunden, ist ausschliesslich auf unserem Mist gewachsen. Oder hast du irgendwo eine Kaffeeplantage gesehen? Eben. Ich bin überzeugt, dass sich die regionale Küche gerade durch fremde Einflüsse in Zukunft weiterentwickeln wird. Typisch schweizerisch ist, dass wir es schon immer gut verstanden haben, alle diese Einflüsse intelligent zu verschmelzen.

BUCHTIPP

Stefan Wiesner/Gisela Räber, *Gold, Holz, Stein,* AT-Verlag, Aarau 2003.

RESTAURANT **51**

Adler
Nebikon, LU

RESTAURANT: **Adler**

ADRESSE: **6244 Nebikon, Vorstatt 4**

GASTGEBER: **Raphael und Marie-Louise Tuor**

TELEFON: **062 756 21 22**

INTERNET: **www.adler-nebikon.ch**

RUHETAGE: **Mo., Di.**

BETRIEBSFERIEN: **Ende Juli–Anfang Aug.**

WEGBESCHRIEB: **Zwischen Dagmersellen und Willisau, an der Hauptstrasse in Nebikon. Bus ab Willisau.**

SPEZIELL: **16 GM**

Im Februar 2005 haben Marie-Louise und Raphael Tuor den Adler von Sylvia Hunkeler, der Witwe des legendären Seppi Hunkeler, übernommen. Die neuen Besitzer knüpfen bravourös an die grosse kulinarische Tradition des Hauses an. Raphael Tuor bringt einen erstaunlichen Fähigkeitsausweis mit: Bei Robert Haupt in der Flühgasse in Zürich stand er am Herd, bei Hans Stucki im Bruderholz in Basel, bei Nik Gygax im Löwen in Thörigen und im Restaurant Rigi in Greppen. Auch den Adler kennt er von früher: Von 1991 bis 1994 war er hier Küchenchef.

Im Adler gibts sogar Spaghetti auf Gourmetniveau

Das Erste, was bei einem guten Essen auffällt, ist das Design: Das Gemüse ist pastellfarben, die Komposition gleicht den gekonnten Pinselstrichen eines Künstlers, nirgends klebt eine trockene Petersilie, müde Gurke oder gar Zitronenscheibe am Tellerrand. Innert Sekundenbruchteilen wird klar: Wir sind in einem Restaurant mit Qualitätsanspruch! Das ist im Adler in Nebikon ganz klar der Fall. Obwohl sich die Gaststube äusserst urchig gibt und Kalbskopf, Kutteln, Bauernhamme und andere «währschafte» Gerichte auf der Karte stehen, wird hier auf höchstem Niveau gekocht. Mit 16 GM-Punkten wurde das Adler-Team bewertet. Tendenz garantiert steigend.

Fotzelschnitten auf Gourmetniveau. Vier Kostproben tischt Raphael Tuor für die *Urchuchi* auf: Zuerst eine Buurehamme-Petersilien-Sülze als Vorspeise, gefolgt von einer Milchlammschulter aus dem Ohmstal mit Bärlauch-Kartoffelstock und frischem Gemüse. Hier wird spürbar, dass Braten und Schmoren zu Raphaels Lieblingsdisziplinen gehören. Auch sein Rindsfilet wird nicht «trocken» aufgetischt – die Raffinesse liegt im hausgemachten Fond. Dann gibt es fangfrischen Zander mit einem Ragout von Kalbskopf, Bohnen und Erbsen. Der Fisch stammt vom Bielersee, weil dort und im Neuenburgersee – so Raphael – die wildesten und frischesten Fische der Schweiz gefangen werden. «Es ist ein spürbarer Unterschied von der Konsistenz und

dem Geschmack des Fleisches her», sagt der gebürtige Davoser, der zum Abschluss noch mit einem «Militärgericht» aufwartet: Fotzelschnitten! «Die habe ich tatsächlich früher oft im Militär gegessen», lacht Raphael, «allerdings mit altem Brot!» Nicht so im Adler: Beste Brioche-Stücke wendet Raphael in glücklichen Eiern, dann werden sie in Butter gebraten, im Zucker gewendet und kunstvoll arrangiert. Auch die Begleitung ist kaum militärtauglich: Sie besteht aus frischem Rhabarber-Erdbeer-Kompott und hausgemachter Moscato-Asti-Glace. Spätestens bei dieser Dessertspeise wird klar: Hier kocht einer, der auch das Design virtuos beherrscht, und zwar ohne der von Gourmetpäpsten so geliebten «Hochstapelei» zu verfallen. «Die Visualität der Gerichte ist sicher mitentscheidend», sagt Raphael. «Sie sollte aber nicht übertrieben sein, sondern letztlich nur die Idee, die Essenz eines Gerichts auf das Auge übertragen.»

Eine weitere «Essenz» des Adlers überträgt sich ebenfalls schnell: die äusserst moderaten Preise. «Wir wollen allen etwas bieten», erklärt Raphael, «deshalb kalkulieren wir knapp und fair. Wir haben sogar Spaghetti auf der Karte, allerdings auf dem gleichen Niveau zubereitet wie ein Gourmetgericht: Die Tomatensauce ist frisch gemacht, mit viel Gemüse und mit langer Kochzeit. Auch die Nudeln, die Ravioli, das Brot, alles wird bei uns täglich frisch gemacht.» Hausgemacht! Darauf kann man sich im Adler – wie in allen in der *Urchuchi* vorgestellten Restaurants – verlassen. Anders, als in all jenen Beizen, wo so genannte hausgemachte Ravioli oder Hausterrinen angeboten werden, die in Tat und Wahrheit industriell gefertigt wurden. «Das ist Irreführung des Konsumenten», bringt es Raphael auf den Punkt. Deshalb mein Tipp: Ab in den Adler in Nebikon! Hier wird frisch und wirklich hausgemacht gekocht.

– Aufgetischt wird im Adler auch im eleganten Biedermeierstübli.

– Das Schweizerkreuz prangt auf zahlreichen Weinen im Adler-Sortiment.

– Das «Militärgericht» auf Gourmetniveau: Fotzelschnitten mit Moscato-Asti-Glace und Rhabarber-Erdbeer-Kompott.
– Milchlammschulter mit Bärlauch-Kartoffelstock und Gemüse.
– Zander vom Bielersee mit Ragout aus Kalbskopf, Bohnen und Erbsen.

Rezepte von **Raphael Tuor** im Anhang.

— **Fotzelschnitte,** S. 425
— **Kaninchen-Terrine,** S. 402

RESTAURANT **52**

Pinte
Schötz, LU

RESTAURANT: **Pinte**

ADRESSE: **6247 Schötz, Schmiedgasse 13**

GASTGEBER: **René Lampart und Birgit Grünbacher**

TELEFON: **041 980 13 33**

INTERNET: **www.pinte-schoetz.ch**

RUHETAGE: **Mo., Di.**

BETRIEBSFERIEN: **2 Wochen ab 1. August,**
2 Wochen während der Fasnacht

WEGBESCHRIEB: **Dorfmitte, Richtung «Polizei»**

SPEZIELL: **14 GM**

Von aussen nicht gerade eine Schönheit, im Innern aber eine überraschend innovative Küche: René Lampart ist einer dieser «jungen Wilden», die mit viel Können und Hintergrundwissen Neues ausprobieren – und auch Uraltes: zum Beispiel Trüffel aus der Schweiz!

Schweizer Trüffel mit Tango

Schweizer Trüffel? Die gibt es tatsächlich, und zwar ab Mitte Oktober in der Pinte in Schötz: Hauchdünn geraspelt, auf einem rosa gebratenen Kalbsfilet werden sie von René Lampart serviert. «Die Trüffel stammen aus dem Bremgarten-Wald bei Bern», erklärt Lampart. «Dort, aber auch auf dem Gurten und im Jura kann man die Trüffel finden.» Dazu braucht es allerdings einen trainierten Hund! Der heisst Tango, ist ein Vertreter der pudelähnlichen Lagotto-Rasse und gehört Martina, einer Freundin Beat Blums vom Restaurant Wein und Sein in Bern. Jeweils im September rauscht Martina mit ihrem Tango in die Wälder, um für die beiden befreundeten Gastwirte das «schwarze Gold» aus dem Erdreich zu buddeln. Die kennen sich seit Jahren. Blum führte vorher die Mühle in Fläsch, und dort stand auch René Lampart am Herd. «So ist die Trüffel-Connection entstanden», lacht Lampart. Gut so! Denn die Schweizer Trüffel sind eine wahre Gaumenfreude: etwas weniger moschusartig und feiner im Geschmack als diejenigen aus dem Piemont, vergleichbar mit den Burgunder Trüffeln. Vor allem aber sind sie wesentlich moderater im Preis. Entsprechend grosszügig werden die Herbstgerichte in der Pinte getrüffelt. Das rosa Kalbsfilet übrigens edel begleitet von sautierten Eierschwämmen, einem Luzerner Wachtelei und – für sich schon eine kulinarische Spitzenkreation – hausgemachten Junglauch-Tortelloni.

Ein junger Spitzenkoch. Ruhig und bescheiden, beim Kochen aber virtuos und präzis: René Lampart gehört zur Spezies der «jungen Wilden». Nichts kommt aus dem Beutel, alles wird marktfrisch, auf die Natur ausgerichtet zubereitet. Vor dem blau gestrichenen Restaurant steht Renés Gewürzkollektion. Hier holt er das duftende Süsskraut für die Desserts. Oder den Zimmerknoblauch, mit dem er am Vortag den Ziegenfrischkäse mariniert hat: Auf Schmelztomaten mit etwas Balsamico-Essenz wird die würzige, auf der Zunge schmelzende Vorspeise serviert. Der Koch kennt die Käselieferantin persönlich und weiss, dass Pia Mattmann in Grosswangen täglich um 4 Uhr morgens frisch käst. Auch den Kirschen-Produzenten hat er persönlich ausgewählt. Das Resultat ist ein hausgemachtes Dessert mit Buttermilch-Holunderblüten-Glace, begleitet von einem lauwarmen Schokoladeküchlein. Selbstverständlich steckt da nicht irgendeine Couvertüren-Schokolade drin, sondern beste Grandcru mit hohem Kakaoanteil.

Kochkurse. René Lampart führt alle zwei Wochen Kochkurse mit saisonalen Themen durch: Im Frühling sind es Spargeln, im Sommer «leichte Sommergerichte», im Herbst Wild. Auch Tafelspitz oder Schwammerl-Gulasch gehören zum «Schulstoff». Denn Renés Partnerin, Birgit Grünbacher, kommt aus der Region Kitzbühel. Sie bringt auch die önologischen Verbindungen ins Team. Gemeinsam besuchen die beiden die Weingebiete im Burgenland und in der Wachau und bringen Raritäten nach Hause, die in kaum einem Restaurant der Schweiz zu finden sind. «Das Kochen allein wäre mir zu wenig», sagt René, «schliesslich gehört zu jedem Essen auch ein guter Wein. Und über den möchte ich genau Bescheid wissen, um die Gäste optimal beraten zu können.» Eine gute Nase haben die beiden auch beim Schweizer Weinangebot bewiesen: In Dagmersellen wächst eine Weinkreation, die von einem jungen Winzerpaar individuell gestaltet wird: Es gibt eine «weibliche» Variante, kreiert von Inès Bisang, und eine «männliche», ganz anders in der Zusammensetzung, von Thomas Bisang. Zwei Raritäten, die fast so kostbar und überraschend sind wie Tangos Trüffel aus dem Bremgarten-Wald.

– Schultafel für die Menüs (oben links). Die Pinte arbeitet mit einem Duo-Konzept: Vorne die urchige Gaststube, hinten das elegante Gourmetstübli.
– Herbstliche Pilz-Symphonie mit Eierschwämmen vom Napf und Trüffeln aus dem Bremgarten-Wald.
– René Lampart und Pia Mattmann, die Ziegenkäseproduzentin.

Es gibt mehrere Trüffelarten. Die bekanntesten sind die schwarzen Périgordtrüffel (Frankreich), die weissen Albatrüffel (aus dem italienischen Piemont) und die so genannten Sommertrüffel mit den typischen «Warzen», die allerdings erst im Herbst wirklich reif sind. In der Schweiz wachsen die Sommertrüffel unter anderem in der Gegend von Bern, Biel, Moutier und Delémont. Voraussetzung sind alkalische Böden, in der Regel mit hohem Eichenbestand.

MÄNNLICH
2000
Gepflegt und gekeltert von Thomas
aus 20% Blauburgunder und 80% natürlich
getrockneten Garanoir-Trauben
1 Jahr im Eichenfass gelagert

– Rosa gebratenes Kalbsfilet mit Luzerner Wachtelei, sautierten Eierschwämmen, Trüffel und Junglauch-Tortelloni.
– Mit Zimmerknoblauch marinierter Ziegenfrischkäse auf Schmelztomate mit hausgemachtem Grissini.
– Lauwarmes Schokoladeküchlein mit Schötzer Kirschen.

Rezepte von **René Lampart** im Anhang.

— **Kalbsfilet mit Junglauch-Ravioli,** S. 413
— **Lauwarmes Schokoladenküchlein mit Kirschen,** S. 425

RESTAURANT **53**

Taube
Luzern

RESTAURANT: **Taube**

ADRESSE: **6003 Luzern, Burgerstrasse 3**

GASTGEBER: **Saemi Honegger**

TELEFON: **041 210 07 47, G: 041 420 25 25**

INTERNET: **www.taube-luzern.ch**

RUHETAGE: **So., von Jan.–April auch Mo.**

BETRIEBSFERIEN: **keine**

WEGBESCHRIEB: **links von der Reuss, beim Nadel-Wehr**

SPEZIELL: **Menükarte, geschrieben in Lozärner Dialekt**

Die Taube liegt etwas abseits der grossen Passantenströme auf der linken Seite der Reuss. Bei schönem Wetter lockt die Terrasse mit Blick auf das Nadelwehr und das Luzerner Wahrzeichen. Die Taube setzt konsequent auf Traditionsgerichte, die mit viel Witz in der Menükarte aufgeführt werden. Saemi Honegger, nebenbei noch KMU-Berater, gehört auf der anderen Reussseite auch das Restaurant Mühle. Dort wird konsequent biologisch gekocht, in einem nach ökologischen Prinzipien umgebauten Haus.

Eine «Riesenschweinerei», Kafi Luz und Chügelipastete ohne Alpeneier

Hackbraten, Luzerner Milchsuppe, Vogelheu: Im Restaurant Taube an der Reuss feiert Grossmutters Küche ihr Comeback. Und das mit Humor: Die reich bestückte Salatschüssel heisst hier «Fuettertrog», die kunstvoll gerollten Rindsschnitzel «Fleischvögel» und die ganz grosse Spezialität des Hauses «Riesenschweinerei»: Serviert wird nämlich ein 420 Gramm schweres Cordon bleu, das auf dem Teller gerade noch Platz findet. Die Schweinerei besteht aus bestem Schweinefleisch, geliefert von der Stadtmetzgerei Dormann. Die Pommes frites sind von Hand geschnitzt. Der würzige Käse kommt direkt von einer Alp bei Kriens. Und der Preis ist derart moderat, dass die Spezialität nicht selten ausverkauft ist. Eine Riesenschweinerei …

Chügelipastete. Natürlich darf auch die Luzerner Nationalspeise nicht fehlen. Der kleine Bruder der Fritschipastete, die an der Fasnacht jeweils dem neuen Zunftmeister zur Safran aufgetischt wird, gehört zu den Traditionsgerichten des Hauses. In einem reich verzierten Pastetenhaus kommt die «kugelige» Fleischfüllung auf den Tisch, und zwar – nicht ganz konform mit dem Originalrezept – mit weisser statt brauner Sauce. Doch die gemütliche Beiz an der Reuss ist damit keineswegs allein: «In vielen Luzerner Restaurants wird das Pastetenhaus nicht mit brauner, sondern mit weisser Sauce gefüllt», erklärt die «Grande Dame» der Schweizer Kulinarik, Marianne Kaltenbach, die das

Originalrezept der Chügelipastete in einem ihrer Kochbücher festgehalten hat und auch so genannte «Alpeneier» für die Füllung aufführt – gemeint sind Munihoden und Milken. «Alpeneier? Das wäre heutzutage undenkbar», sagt Saemi. Und ich gebe dem Mann Recht: Mir schmeckt die Chügelipastete auch ohne «Alpeneier» und mit weisser statt brauner Sauce ausgezeichnet! Genau wie das «Vogelheu» (warme Brotstücke mit Butter, Ei, Apfelschnitzen, Zimt und Zucker), das ich als süsses Finale im Gartenrestaurant an der rauschenden Reuss geniesse. Es ist nicht das einzige Gericht, bei dem Nicht-Luzerner etwas Übersetzungshilfe benötigen: «Fleischvögel» versteht man ja noch. Aber was, lieber Saemi, ist mit «Chueflade» gemeint? Oder mit «Rossbölle» …?

Nadel-Wehr. Die Taube, die schon 1772 zu kulinarischen Höhenflügen abhob, ist ein guter Ort, um abseits vom Luzerner Touristenstrom dem Lauf der Zeit zu lauschen: Erstens ist einem ein hervorragender «Kafi Luz» behilflich, zubereitet nach alter Entlebucher Manier, also mit viel «Geist». Und zweitens rauscht vor der Taube lautstark ein kleiner Wasserfall. Hier befindet sich das letzte Wehr in Europa, das noch von Hand betrieben wird. «Nadel»-Wehr wird es genannt, weil Hunderte von schmalen Holzlatten das Wasser in die richtigen Bahnen lenken.

– Blick von der Terrasse der Taube auf das Nadelwehr.
– Eingebettet in die Luzerner Altstadt: die Häuserzeile hinter der Tauben-Terrasse.

– Chügelipastete mit traditionellem «Pastetenhaus» aus Blätterteig.
– Klostersuppe.
– Zwiebelsuppe.
– Willisauer-Ringli-Parfait.

Rezepte von **Saemi Honegger** im Anhang.

— Chügelipastete, S. 413
— Willisauer-Ringli-Parfait mit Himbeersauce, S. 425

Chügelipastete

Die Chügelipastete – auch Fritschipastete genannt – gehört zu den wenigen historischen Spezialitäten von Luzern. Den Namen hat sie vom Fasnachtsbruder Fritschi, der – einer Sage folgend – mit seiner Frau und dem Kind den Fasnachtsumzug anführte, um die Dämonen des Winters zu vertreiben. Am Bärtelistag wird dem neuerkorenen Fritschivater, dem Zunftmeister zur Safran, und seinen Zünftern jeweils eine riesige Chügelipastete mit einem besonders reich verzierten Pastetenhaus serviert. Die Originalfüllung besteht aus verschiedenen Fleischsorten, die Sauce ist braun, süsslich und stark gewürzt. Als besondere Spezialität wurden früher da und dort zusätzlich noch «Alpeneier» eingefüllt (Munihoden, Milken und Hirn).

Anders als die heute in Restaurants servierten Chügelipasteten (meist nur mit Brät), war das historische Original ein kulinarisches Kunstwerk, reich gefüllt und mit viel Handwerk verbunden, wie die «Anleitung für eine Kügelein-Pastete» aus dem 18. Jahrhundert beweist: «Verschneidet ein rohes Stücklein von einer Kalbsbrust, wie zu einem Voressen, setzt es mit Wasser und Salz über's Feuer und verschaumet es. Hackt indessen Zitronenschelfen, Schalotten, Peterlein, Muskatnuss und Pfeffer, lasst dies mit dem Fleisch kochen, so dass wohl noch ein Glas voll Brühe vorhanden ist, dann wird das Fleisch besonders in einem Geschirr angerichtet und so die Brühe. Auf dies hacket rohes Kalbfleisch fein, vermischt es mit Speck oder Nierenfett, Schalotten, Peterlein, Muskatnuss und Salz, macht es mit einem Ei an und formiert Küglein daraus. Ist der Pastetenkorb vorbereitet, legt man das Fleisch mit den Kügelein hinein, nebst Stücklein frischen Anken, Muskatnuss, Zitronen, abgezogenen Mandeln und eingeweichte Weinbeeren, bestreicht den Pastetenboden und Rand ringsum mit einem Ei, deckt die Torte zu, garniert sie mit dem Überdeckel von spanischem Teig, drücket ihn auswendig am Rand fest zusammen, schneidet den Teig ringsum gleich ab, formiert einen Ranft darum und bestreichet ihn mit Ei. Ist sie gebacken, so schneidet man oben ein rundes Loch hinein, schüttet durch einen Trichter das Gelbe von zwei Eiern, gut verklopft, und obbemeldte Brühe darein, nebst einem Stücklein frischen Anken ...»

Kafi Luz

Um den Luzerner Schnapskaffee, besser bekannt als «Kafi Luz», rankt sich eine amüsante Geschichte: Ende des 18. Jahrhunderts wurde in der Luzerner Landschaft sehr viel Schnaps getrunken. 13 Liter Schnaps waren es damals pro Kopf und Jahr! Bei den Sennen und Bauern gehörte ein «kleiner Schluck» schon zum Vorfrühstück. Das Schnapstrinken war so

Pastetenhaus der Traditionsbäckerei Kreyenbühl in Luzern. Die reich verzierten Pastetenhäuser aus Blätterteig sind hier in verschiedenen Grössen (für 1 bis zu 14 Personen) erhältlich, Bestellzeit 1 Tag. *Bäckerei Kreyenbühl, Würzenbachstrasse 23, 6000 Luzern 15, Tel. 041 375 70 50, www.kreyenbuehl.ch.*

beliebt, dass die Behörden von einer Branntweinseuche sprachen und das Brennen und Trinken schliesslich verboten – eine historisch verbürgte Innerschweizer Prohibition. Doch das kümmerte die Entlebucher wenig! Um die Schnapspolizisten zu täuschen, schütteten sie den Branntwein kurzerhand in den Kaffee und konnten ihn so – bestens getarnt – weiterhin geniessen. Heute gehört der «Kafi Luz» in allen Dorfbeizen zum Nationalgetränk. Sogar Marianne Kaltenbach, die in Luzern jahrelang das Restaurant Raben führte, hat den Schnapskaffee als eine der «geistvollsten» Erfindungen aus Schweizer Landen mit einem Rezept beehrt (Originalrezept aus ihrem Kochbuch *Innerschweizer Küche*): «2–3 Würfelzukker in ein hohes Kaffeeglas geben. Sehr heissen, dünnen Kaffee draufgiessen, rühren und dann 1 Gläschen Träsch zufügen. Der Kaffee soll so dünn sein, dass er farblich wie mittelstarker Tee aussieht. Meistens wird ganz gewöhnlicher Träsch (aus Äpfeln und Birnen) verwendet. Feiner wird der Luzerner Kaffee mit Birnenträsch.»

Zuger Kirsch

Keine andere Region in der Schweiz ist so stark mit dem «Chriesiwasser» verbunden wie der Kanton Zug. «Hier reifen die besten Brennkirschen, die eher kleineren, süssen, die rasch gären», sagt Hans Etter, der eine der traditionsreichsten Brennereien leitet. «Seit dem 13. Jahrhundert haben die Bauern im Zugerland nicht nur Landwirtschaft betrieben, sondern oft auch noch die eigenen Chriesi gebrannt. Dass man die edlen Tropfen nicht nur den geistlichen Herren und Schwestern in den Klöstern überlassen sollte, war den Zugern schon früh klar! Nicht wenige Flaschen wurden zurückbehalten. Das Chriesiwasser diente als Hausmittel, das von Entzündungen bis zu Liebesschmerz alles heilte.»

Chriesiwasser vom Freudenberg. Nach alter Tradition brennt Griselda Keiser das «Chriesiwasser» auf dem Freudenberg bei Zug. In Holzfässern werden die Brennkirschen zur Gärung gebracht, die anschliessende Destillation erfolgt in traditionellen Brennkesseln, direkt durch Feuer erhitzt. Der hochwertige Brand, frei von Aromen oder Zusatzstoffen, wird nur in einigen wenigen, erlesenen Restaurants ausgeschenkt, etwa im Ratshauskeller in Zug. Verkauft wird der «Keiser»-Kirsch auch im hauseigenen Laden, abgefüllt in Bocksbeutel- oder in mundgeblasene Flaschen bekannter Glaskünstler wie Roberto Niederer. Der Laden ist täglich ausser am Sonntag geöffnet.

Zuger Kirschtorte

Heinrich Höhn, gebürtiger Appenzeller, war ein viel gereister Mann, als er 1913 am Bundesplatz in Zug seine eigene Konditorei eröffnete. In Zürich, Nürnberg und Bremen hatte der drahtige Herisauer sein Handwerk gelernt und schon immer von einer eignen Torte geträumt. Jahrelang tüftelte Heiri an einer mit Chiesiwasser getränkten Bisquit-Japonais-Kreation. Laufend entstanden neue Prototypen, die er von den Zuger Gastwirten testen liess. 1921 war sie dann geboren: die heute weltberühmte Zuger Kirschtorte. Im Geburtshaus, in der heutigen Confiserie Treichler, wird Heiris Kreation nach der Originalrezeptur des Erfinders hergestellt. Wer es selber einmal versuchen will: Im Internet (siehe unten) ist Heiris Originalrezept publiziert, das – wie es heisst – «einiges an Arbeit und Zeit erfordert, dafür entschädigt das Ergebnis umso mehr für die Mühen». Das Geburtshaus der Kirschtorte ist heute Teil des Luzerner Confiserie-Unternehmens Heini, das die Erfinder-Tradition fortsetzt. Neu haben die Confiseure die Luzerner Rägetröpfli kreiert: Pralinen in Tropfenform, gefüllt mit Zuger Kirsch. Rägetröpfli und Kirschtorten lassen sich auch online bestellen (www.zuger-kirschtorte.ch).

Griselda Keiser in ihrem Chriesiparadies hoch über der Stadt Zug: Hier entsteht das «Chriesiwasser» vom Freudenberg in traditionellen Kupferkesseln.

Pêche Melba

Die – ursprünglich durchaus erotisch gemeinten – Pfirsichbrüstchen in süsser Himbeersauce mit Vanilleglace sind zwar nicht in Luzern erfunden worden. Und doch haben sie zumindest indirekt mit Luzern zu tun: Ihr Schöpfer, der französische Starkoch George Auguste Escoffier, war um 1872 Chefkoch im Grand Hotel National. Geführt wurde das Nobelhotel damals von Cäsar Ritz. In der Belle Epoque gehörte es zum guten Ton, dass Spitzenköche ihre Kreationen schönen Damen widmeten: Escoffier war keine Ausnahme. Als er – einige Jahre nach seiner Luzerner Zeit – die australische Sängerin Nellie Melba singen hörte, war er derart hingerissen, dass er für sie den Dessert mit den goldgelben Pfirsichen kreierte. Sicher hat ihn der «esprit» der weltoffenen Stadt zumindest mitinspiriert. Als Hommage an den französischen Erfinder hat uns das National die Pêche Melba in etwas modernisierter Form serviert: Die goldgelbe Pêche versteckt sich kokett hinter einer Himbeersaucenschicht.

Einkaufstipps Luzern und Zug

Pias Ziegenfrischkäse

Täglich frischer Geissenkäse von Ende März bis Anfang November. Verkauf ab Hof oder Postversand. *Biohof Pia Mattman, Oberdorf, 6022 Grosswangen, Tel. 041 980 16 35.*

Wein aus dem Wiggertal

In der wärmsten und trockensten Region im Kanton Luzern wachsen die Weinspezialitäten der jungen Winzer Inès und Thomas Bisang: Riesling x Sylvaner «Chrüzberger», Blau-, Weiss- und Grauburgunder, sowie die beiden Spezialitäten: «weiblich» (kreiert von Inès Bisang mit Blauburgunder und Malbec) und «männlich» (von Thomas Bisang mit Garanoir, Blauburgunder und Malbec). Verkauf ab Weingut oder Hauslieferung. *Weingut Bisang, Inès und Thomas Bisang, Rumi Dagmersellen, 6246 Altishofen, Tel. 062 756 00 55, www.luzerner-weine.ch.*

Röteli und andere Zugersee-Fische

Wenn sie ins Netz gehen, gibt es bei Ernst Tschümperlin fangfrische Egli und ab November Röteli. Am besten ruft man am Vortag an, um die Fangsituation abzuklären. Verkauf in der «Schiffhütte» an der Zugerstrasse zwischen den Häusern 29 und 31 von 7 bis 10 Uhr. *Ernst Tschümperlin, Zugerstrasse 78, 6318 Walchwil, Tel. 041 758 10 56.*

Schweizer Käseschatzkammer

Den besten Käse der Schweiz gibt es beim «Käsepapst» Rolf Beeler: Er kauft die besten Käse ein, lagert sie bis zum richtigen Reifegrad und verkauft sie u.a. auch an Gourmetrestaurants. Privatkunden bedient er auf dem Luzerner und dem Wettinger Wochenmarkt und auch ab Lager in Nesselbach, vorher anrufen. *Rolf Beeler, 5524 Nesselbach (bei Luzern), Tel. 056 622 03 13. Mägenwil ab Autobahn Richtung Bremgarten-Luzern. Siehe auch: http://info.leshop.ch.*

Chriesiwasser vom Freudenberg

Erstklassiger Kirsch, gebrannt in der traditionellen Hafenbrennerei mit Holzfeuerung. Erhältlich auch in Bocksbeutel oder mundgeblasenen Flaschen. *Hafenbrennerei Freudenberg, Griselda Keiser, 6317 Oberwil bei Zug, Tel. 041 711 20 69, www.zugerkirsch.ch.*

Zuger Kirschtorte

Die klassische Zuger Kirschtorte aus dem Erfinderhaus. *Confiserie Treichler, Bundesplatz 3, 6304 Zug, Tel. 041 711 44 12, www.zuger-kirschtorte.ch.*

Etter-Kirsch

Der Kirsch der Etters ist überall im Fachhandel erhältlich. Betriebsbesichtigungen sind auf Voranmeldung hin möglich. *Distillerie Etter Söhne AG, Hans Etter, Chollerstrasse 4, 6300 Zug, Tel. 041 748 51 51, www.etter-kirsch.ch.*

Weitere Restaurants in den Kantonen Luzern und Zug

SCHÖNE AUSSICHTEN

Hertenstein Resort, Hertenstein, LU
Am See, schöner Garten und Gartenterrasse, mit dem Schiff erreichbar. *Hertenstein Resort, Hermann Mazzotti, Hertensteinstrasse 156, 6353 Hertenstein, Ruhetage: im Winter Mi., Di, Tel. 041 390 14 44, www.hotelhertenstein.ch.*

SICHERE WERTE

Zu den drei Sternen, Brunegg, LU
Schmorbraten, Kutteln, Kalbskopf und Chügelipastete, allerdings an weisser (!) Sauce und mit Brät vom Metzger. Dafür wunderschöne Uraltgaststube und Personal, das zum Inventar gehört. *Restaurant Galliker, Peter Galliker, Schützenstrasse 1, 6003 Luzern, Ruhetage: So., Mo., Tel. 041 240 10 02.*

Restaurant Schiff, Luzern
Das Restaurant, das die Chügelipastete nach Originalrezept, an brauner Sauce macht und in dem Vaclav Havel, der einstige Präsident Tschechiens, Publizist und Schriftsteller, die seiner Meinung nach «besten Hacktätschli aller Zeiten» genossen hat. Geführt wird das Haus von Peter Wiesner, dem Bruder des Gourmetkochs Stefan Wiesner. *Hotel-Restaurant Schiff, Peter und Sylvia Wiesner, Unter der Egg 6, 6004 Luzern, Ruhetage: keine, Tel. 041 418 52 52, www.hotel-schiff-luzern.ch.*

Gasthaus Zum Mostkrug, St. Erhard, LU
15 GM. Geschmorte Schweinshaxe, Apfeltorte mit Vanilleglace, scharfe Apfelsuppe. Speziell: Das Gourmetstübeli mit Kachelofen und der Weinkeller mit 300 Sorten. *Gasthaus Zum Mostkrug, Romy und Beat Amrein, Kantonsstrasse, 6212 St. Erhard, Ruhetage So., Mo., Tel. 041 921 19 49, www.mostkrug.ch.*

Rössli, Adligenswil, LU
Altes Holzhaus mit engagierten Wirten und Ideen. Traditionelle Gerichte und moderne Kreationen. *Gasthof Rössli, 6043 Adligenswil, Ruhetage: Mi.-Abend, Do, Tel. 041 370 10 30, www.roessli-adligenswil.ch.*

Wilder Mann, Buonas, ZG
«Wilde Männer» gibt es über dreihundert in der Schweiz. Einer der am schönsten gelegenen ist der Wilde in Buonas am Zugersee, ausgezeichnet mit dem Goldenen Fisch. Hier gibt es im Herbst auch den berühmten Zuger Röteli. *Restaurant Wilder Mann, Sandra Roth und Werner Girsiger, 6343 Buonas, Ruhetage Mo., So., Tel. 041 790 30 60, www.wildenmann-buonas.ch.*

ÜBERRASCHEND

Grand Hotel National, Luzern

Überraschend am Palace ist das edle Ambiente, die gute Küche, die schöne Lage am See – aber auch, dass hier in den Anfangszeiten die Herren Ritz und Escoffier gewirkt haben. Vom französischen Spitzenkoch stammt die Pêche Melba, die wir hier in modernisierter Form (siehe Foto S. 307) im schönen Seepromenadencafé genossen haben. *Grand Hotel National Luzern, Haldenstrasse 4, 6000 Luzern, Tel. 041 419 09 09, www.national-luzern.ch*

Restaurant Braui, Hochdorf, LU
Aussen ein unansehnlicher Betonbau, innen die hochkreative Spielweise eines «jungen Wilden, u.a. Wildsau-Würstli, Topinambursuppe, Rehrücken aus Römerwil, Schupfnudeln, Kalbskopfbäggli. 14 GM. *Restaurant Braui, Brauiplatz 5, 6280 Hochdorf, Ruhetage: So., Mo., Tel. 041 910 16 66, www.restaurantbraui.ch.*

SPITZE

Hotel Palace, Luzern
Im Hotel Palace, im Gourmetrestaurant «Jasper», kocht Françoise Wicki, die Entdeckung des Jahres 2001 auf 16-GM-Niveau. *Hotel Palace, Haldenstrasse 10, 6002 Luzern, Tel. 041 416 16 16, www.victoria-jungfrau.ch.*

Sternen, Walchwil, ZG
hier kocht René Weder, frisch und gut (16 GM), z.B. Seezungenfilet mit Eierschwämmli, Lammrücken von Muotathal, Rindsfilet vom Grill. *Restaurant Sternen, Dorfstrasse 1, 6318 Walchwil, Ruhetage: Mo., Di.,Tel. 041 759 04 44, www.sternen-walchwil.ch.*

AARGAU

Achtung Geschmack!

Das Autokennzeichen der Aargauer hat schon einige Interpretationen überstanden. Wie wärs mit einer weiteren? Achtung Genuss! Denn wer im Rüeblikanton etwas tiefer gräbt, findet überraschende Gaumenfreuden vom Rüebli-Pesto über Grick bis zu Sommerwild an Schweizer Trüffelsauce.

RESTAURANT **54**

Bären
Birrwil

RESTAURANT: **Bären**

ADRESSE: **5708 Birrwil**

GASTGEBER: **Max und Dora Eichenberger**

TELEFON: **062 772 11 29**

INTERNET: **www.baeren-birrwil.ch**

RUHETAGE: **Di., Mi., wochentags über Mittag**

BETRIEBSFERIEN: **Apri/Mai und Ende Sept. jeweils 2 Wochen**

WEGBESCHRIEB: **Nähe Hallwilersee. S-Bahn von Lenzburg.**

SPEZIELL: **der Gastgeber**

Gastlichkeit, wie man sie im Bären geniesst, ist eine Rarität: Herzlich, mit Charme und Kunstverstand wird man in der Stube oder im Gärtchen hoch über dem Hallwilersee verwöhnt. Seit Jahrzehnten bilden zwei Gerichte die kulinarischen Konstanten: Salat mit einer Sauce nach Mutter Eichenbergers Geheimrezept – und Fisch in zahlreichen Varianten. Und noch ein wertvolles Gut kann man im Bären geniessen: Zeit.

WAS IST EIN AARGAUER?

«Wir hier am Hallwilersee sind eigentlich fast die einzigen Aargauer. Die anderen, östlich von Lenzburg sind ja eigentlich Zürcher, westlich davon sind sie in Wahrheit bereits Solothurner, südlich von hier fängt ja schon Luzern an und ennet dem Jura kommen die Basler.» (Max Eichenberger in: *Salz+Pfeffer*, Juli 2005)

Die Welt verändert sich, der Bären nicht

Langsam? Schnell …? Im Bären in Birrwil, hoch über dem Hallwilersee, zeigt sich Einsteins Relativitätstheorie von ihrer schönsten Seite: In der Küche bearbeitet Max liebevoll die fangfrischen Fische, jeden Grat entfernt er mit einer kleinen Pinzette – und drinnen, in der gemütliche Stube, haben die Gäste Zeit, um die Qualitäten einer guten Wirtschaft zu geniessen: Man philosophiert, politisiert, betrachtet die Gewächse auf den Fenstersimsen oder die Fotos von Roland Schmid – stimmungsvolle Impressionen vom Fischfang auf dem Hallwiler- und dem Baldeggersee, da wo die kulinarischen Glanzpunkte des Bären herkommen. Getaktet wird der Lauf der Dinge von einer alten Pendeluhr, die alle 15 Minuten mit bauchig-sonorem Klang verkündet, wie schnell – oder eben langsam – die Zeit vergeht: «Man nennt uns auch einen Wartsaal», lacht Dora, die strahlende Ehefrau des Urgesteins, und meint damit die manchmal langen Wartezeiten. «Doch die Leute nehmen das in Kauf, denn für die meisten ist Max ein Künstler, eine Persönlichkeit, die genauso wichtig ist, wie das Essen selber.»

Mamas Rezepturen. Das Essen beginnt man im Bären am besten mit einem Salat. Zwar besteht die Sauce auch hier primär aus Öl und Essig. Doch das Resultat ist so gut, dass die meisten Gäste die Hauskreation bis zum letzten Tropfen mit Brot auftunken. Genau genommen ist es nicht Max' Sauce. Kreiert hat sie Heidi, die Mutter des heutigen Bären-Wirts. Die begnadete Köchin führte die gemütliche Wirtschaft am Dorfrand, bis ihr Sohn das Haus 1976 übernahm. Von Mutter Eichenberger stammen auch die meisten Fischrezepte: Es gibt Felchen, Egli und Hecht, wahlweise gebacken, gebraten oder gedünstet. Die meisten zudem auch «meunière», mit oder ohne Mandeln. Oder an Max' legendärer Weissweinrahmsauce. Über ein Dutzend Fischvarianten stehen auf der Bären-Karte, ergänzt durch saisonale Gerichte mit Gemüse. Seit eh und je kocht Max alles selber. Und wie eh und je tritt Max in Hosenträgern auf: «Ich habe rote, weisse, schwarze und schwarz-weisse», sagt Max.

Grick. Im Winter, jeweils am Montag, macht Max Grick. «Das ist Kalbslunge und Herz», erklärt der 64-Jährige, dem schon als Kind beim Poulet die Innereien, die Halsröhre und der Kamm am besten schmeckten. «Das tönt makaber, ist es in Tat und Wahrheit aber nicht. Die Chinesen essen Schlangen, die Thailänder Heuschrecken und Käfer, die Brasilianer Hühnerfüsse – warum also nicht frisches Kalbsherz und Lunge? Grick gab es in meiner Kindheit oft zuhause, in vielen ärmeren Familien waren die Innreien das einzige Fleisch, das sie sich leisten konnten – die guten Stücke waren den Reichen vorbehalten.» Natürlich probiere ich den Grick, der von frischem Gemüse und hausgemachten Spätzli begleitet wird. Die Lunge ist zart und schmeckt ähnlich wie Kutteln, das Kalbsherz ist knackig, vergleichbar mit gut gebratener Leber. «Das ist natürlich nicht jedermanns Sache», sagt Max, der mit seinem Grick und anderen Liebhabereien wie Kutteln oder geschmorten Schweinsfüssen eine eingeschworene Fangemeinde anspricht.

Ein kleiner Revoluzzer. Max, das Urgestein, eckt manchmal an. Zum Beispiel, wenn er gegen den Blocher wettert. Oder früher, als er sich, «gwundrig, wie Max war», für Che Guevara und Mao interessierte und die *Pekinger Rundschau* abonnierte. Worauf man eine Fiche von ihm anlegte. Oder als er sich mit einem zugezogenen Forstingenieur befreundete, der neue Ideen in die malerische Gemeinde brachte, worauf man sofort sagte, der Max sei ein Grüner. Dabei unternimmt das Wirtepaar einiges für die Kultur im 1000-Seelen-Dörfchen. In den letzten Jahren sind auf Initiative von Dora Eichenberger, die nebenbei auch als Grafikerin arbeitet und Kochbücher gestaltet, Jazzabende zur Institution geworden. Im Winter, jeweils am Donnerstagabend, wird im Bären aufgespielt. Eric Lee, Ueli Gasser mit seiner Blues Band oder Lea Bischof sind im Bären aufgetreten. «Und das Haus war jedes Mal voll», sagt Dora. Die Pendeluhr schlägt, vier Stunden habe ich im Bären geplaudert, gegessen und guten Wein getrunken – vergangen sind sie wie im Flug.

– Max, der Meister der Fischküche, der mit der Pinzette jeden einzelnen Grat entfernt.
– Das gemütliche Gartenrestaurant des Bären.
– Aktiv auch im Kulturbereich: Dora Eichenberger ist für das musikalische Programm zuständig, das sich auf Jazz mit einheimischen Künstlern konzentriert (im Winter, jeweils am Do.-Abend).

- Fisch an Max's Weissweinrahmsauce (wahlweise Felchen, Egli oder Hecht).
- Eisbergsalat mit Schafskäse an der legendären Haussauce.
- Gebackene Hallwilersee-Knusperli mit hausgemachter Sauce Tartar.
- Grick mit Spätzli und Gemüse.
- Gerösteter Einback mit Rhabarber und Erdbeeren.

Rezepte von **Max Eichenberger** im Anhang.

— **Grick, Grik, Grig,** S. 413
— **Geröstete Einback mit Rhabarber und Erdbeeren,** S. 425

RESTAURANT **55**

Juraweid
Biberstein

RESTAURANT: **Juraweid**

ADRESSE: **5023 Biberstein**

GASTGEBER: **Christine Berger und Hans Gloor**

TELEFON: **062 827 45 45**

INTERNET: **www.juraweid.ch**

RUHETAGE: **Mo., Di.**

BETRIEBSFERIEN: **Frühling, Herbst**

WEGBESCHRIEB: **Biberstein bei Aarau Richtung Juraweid. Bus ab Aarau.**

SPEZIELL: **Slow-Food-Philosophie**

Früher war die Juraweid ein Bauernhof mit Beiz und Säli. Hier fanden Gemeindeanlässe statt, wurde zum Tanz aufgespielt, gab es Metzgete. Dann wollte die Stadt Aarau ein Reitzentrum daraus machen. Das Projekt wurde vom Volk abgelehnt. Seit 2002 wird die Juraweid von Christine Berger und Hans Gloor geführt, die auf die Philosophie von Slow Food setzen: Beste Ausgangsprodukte, einfach und gut gekocht.

Inspiriert von der Urküche Italiens

Haben Sie keinen Wurst-Käse-Salat? Oder wenigstens Pommes mit Ketchup ...? So mancher Ausflügler schaut irritiert in die Juraweid-Speisekarte: Hoch über der Stadt Aarau, mit Panoramablick in die Berner Alpen und das Säntisgebiet, ist die ehemalige Bauernhofbeiz zum Ausflugsrestaurant geradezu prädestiniert. Doch Christine Berger und Hans Gloor setzen auf eine raffiniertere Küche, die mehr Kreativität und Aufwand verlangt. Eine «Aura für Geniesser» soll ihre Juraweid sein. Und das ist gut so!

Naturküche. Vom Brot bis zu den Kuchen wird in der Juraweid alles selber gemacht. Das Bio-Natura-Beef kommt vom Hof nebenan. Das Gitzi und das Ziegenfleisch vom Schenkenbergertal im Aargau. Und der Trüffelkäse von einem der besten Produzenten aus Umbrien. Umbrien? Das ist der zweite Knackpunkt, der so manchen Wanderer irritiert: Der kulinarische Grundton der Juraweid ist etwas südlich gestimmt. Auf ausgedehnten Wanderungen haben die beiden ihre Liebe zur italienischen Urküche entdeckt: «Doch die ist gar nicht so weit entfernt von der Schweizer Grossmutterküche», sagt Hans Gloor, der im urgemütlichen Haus in der Küche steht: «Der italienische Brasato wird fast genau gleich gemacht wie der Suure Mocke. Interessant ist aber zu sehen, wie die Frauen in Apulien kochen: Aus Mehl und Wasser machen sie wunderbare Teigwaren. Das Garen mt Niedertemperatur, also mit hoher Hitze beginnen und dann langsam runterfahren, wird in Apulien seit Generationen praktiziert. Alles, was auf den Tisch kommt, ist langsam zubereitet, einfach und gut. Und genau das wollten wir auf der Juraweid machen: So kochen, dass es uns Spass macht. Dann macht es nämlich auch den Gästen Spass.»

Siedfleisch- statt Wurst-Käse-Salat. Freude bereitet schon der Auftakt meiner kulinarischen Reise durch die Juraweid: Siedfleischsalat, begleitet von Borretschblättern, gefüllt mit Käse. Der Borretsch wächst im Garten hinter dem Haus, der Käse ist Sbrinz, und das Resultat keine Frage: Die mit einem Hauch «Italianità» rezeptierte Salatkreation aus Schweizer Biozutaten ist eine Gaumenfreude. Die Teigwaren, genannt «Pizzicotti», gefüllt mit Artischocken und Ricotta, sind dann schon deutlich weiter südlich angesiedelt, wogegen der Kaninchen-Rollbraten, gefüllt mit Spargeln aus dem Flaachtal, durchaus wieder aus einem Schweizer Rezeptbuch stammen könnte. Genau wie der Suure Mocke (oder eben Brasato), der mit Kartoffelstock serviert wird. Dazu gibt es Pro-Specie-Rara-Wurzelgemüse, unter anderem mit weissen Küttiger Rüebli, die nur in dieser Aargauer Gemeinde wachsen.

Ob Aargau oder Apulien. Zu all den Darreichungen in der Juraweid gibt es nur ein Wort: perfekt. Dass die Gerichte zudem schön präsentiert werden, liegt wohl daran, dass Hans jahrelang als Bühnenbildner tätig war und weiss, wie man gute Inhalte adäquat inszeniert. Über einen weiteren schönen Grund, die Juraweid zu besuchen, informiert mich zum Schluss Christine, die ihren Mann mit ebenso viel Kompetenz und Charme ergänzt und selber für sämtliche Dessertkreationen in der Juraweid zuständig ist, darunter die selbstgemachten Profiteroles: «Ein Anruf genügt, und wir stellen ab vier Personen spezielle Geniesser-Menüs zusammen – genauso frisch von der Leber weg, wie wir täglich kochen.»

Auch die Weinkarte der Juraweid zeigt Weitblick: Als Besonderheit enthält sie autochthone Weine wie den weissen Valle d'Itria aus Apulien oder den Negroamaro aus dem Salento. Diese Weine gibt es nur in der jeweiligen Herkunftsregion. Ihre Bedeutung wird in der Zukunft noch stark zunehmen. Denn der Trend geht zurück zum Ursprünglichen.

– Christine ist nicht nur für die Gäste zuständig: Ihre grosse Leidenschaft gehört dem frischen Zopf und den Desserts des Hauses.

– Die alte Steinbrücke in Biberstein mit dem tosenden Wasserfall. Das Städtchen unweit der Stadt Aarau gehörte kurze Zeit den Habsburgern, bis es die Berner 1499 besetzten und einen Landvogt auf der Burg platzierten. Im März 1798 marschierten die Franzosen in die Schweiz ein, entmachteten die «gnädigen Herren» von Bern und riefen die Helvetische Republik aus. Seither gehört Biberstein zum Kanton Aargau.

– Pizzicotti, gefüllt mit Artischocken und Ricottakäse.
– Saurer Braten auf Apulisch: Brasato mit Kartoffelstock und Wurzelgemüse ProSpecieRara, darunter weisse Küttiger Karotten.
– Kaninchen-Rollbraten, gefüllt mit Spargeln aus dem Flaachtal.
– Zitronen-Veilchen-Sorbet mit Veilchen-Schoggi-Parfait.

Rezept von **Hans Gloor** im Anhang.

— Gefüllte Borretsch-Müüsli, S. 403

RESTAURANT **56**

Weinstube zum Sternen Elfingen

RESTAURANT: **Weinstube zum Sternen**

ADRESSE: **5077 Elfingen, Dorfstrasse 2**

GASTGEBER: **Heidi und Emil Dätwiler**

TELEFON: **062 876 11 08**

INTERNET: –

RUHETAGE: **Di., Mi.**

BETRIEBSFERIEN: **Feb., Sept.**

WEGBESCHRIEB: **im Fricktal, Abzweigung bei Bözen. Bus ab Frick bzw. Brugg.**

SPEZIELL: **der Sonntagsbraten und die Rösti**

Elfingen im Fricktal ist eine Reise wert. Erstens wegen dem Sternen mit seiner Gourmet-Bauernküche, bekannt auch für Wildspezialitäten von Oktober bis Ende Dezember. Das Wild stammt aus hauseigener Revierjagd: Emil Dätwiler ist passionierter Jäger. In Elfingen ist zudem eine der besten Brennereien der Schweiz zuhause: die Schloss-Brennerei von Ruedi Käser (siehe Einkaufstipps S. 334).
Aus eigenem Anbau: Riesling x Sylvaner, Pinot rot und Pinot rosé. Nur eigener Wein vom sonnigen Rebhang hoch über dem Dörfchen Elfingen kommt auf den Sternen-Tisch. Der Wein wird auch «über d'Gass» verkauft.

Heidis Sonntagsbraten

Das Fricktal – an sich schon ein kleines Paradies – zeigt sich von seiner schönsten Seite, wenn man ins hügelige Hinterland abdriftet. Am besten von Bözen aus ein paar Kilometer weiter ins Weindörfchen Elfingen. Hier ist die Weinstube zum Sternen zuhause, eine gemütliche Landbeiz mit Gärtli und Kachelofen. Bis weit über das Fricktal hinaus ist die Wirtschaft für ihre Rösti, den Sonntagsbraten und den Hauswein aus den eigenen Reben bekannt. Sogar einige renommierte Zürcher Gastrokritiker, heisst es, sollen hier des Öftern einkehren. Mit Vorliebe am Sonntag über Mittag! Denn dann gibt es den legendären, seit Generationen von der Familie gepflegten Sonntagsbraten nach Bauernart: Drei Sorten Fleisch – Kalb, Schwein und Poulet – werden von Heidi auf der grossen Silberplatte angerichtet. Begleitet wird die Pracht von einer Bratensauce, der man anmerkt, dass sie einige Stunden köcheln durfte. Dazu kommen fünf Sorten Frischgemüse aus dem Fricktal und Pommes frites: «Die Leute haben halt am liebsten Pommes», sagt Heidi, «wobei man auch Kartoffelstock haben kann, wenn man nett fragt und etwas Zeit hat.» Denn im Sternen braucht alles seine Zeit, nichts kommt aus dem Beutel, alles wird à la minute für den Gast gekocht.

Fünf-Stern-Rösti. Das gilt auch für die zweite Ikone des Hauses: Heidis Rösti! Die steht immer auf der Karte – ausser eben am Sonntag über Mittag! «Dann gibt es

sie nie, wirklich nicht!», sagt Heidi. Auch nicht bei den immer wieder auftretenden Entzugserscheinungen mancher Gäste. Denn erstens ist Sonntag und damit der Tag des Bratens, der es verdient, allein im Sternenlicht zu stehen. Und zweitens ist auch die Rösti nicht irgendeine Rösti: Die Kartoffeln werden roh geraffelt und roh im Schweinefett gebraten. Das braucht länger als vorgekochte Kartoffeln (gut und gern 20 Minuten), ergibt aber eine Rösti, wie sie so kaum mehr zu finden ist: aussen knusprig-braun, innen goldgelb und knackig und nach nichts anderem als nach frischen Kartoffeln schmeckend. Keiner der sonst üblichen «Geschmacksverstärker» wie Zwiebeln oder Speckwürfeli haben sich in diese Rösti verirrt. Dazu gibt es wahlweise Kotelett oder Zürcher Geschnetzeltes. Oder auch nur ein Ei. Allerdings auch nicht irgendeines, sondern ein strahlendes Spiegelei von glücklichen Freilandhühnern. Nur im Versteckten durfte ich die Rösti mit Spiegelei testen. Denn es war an einem Sonntag über Mittag. Und nur weil wir die Rösti unbedingt auch im Bild haben wollten, hat Heidi sich erweichen lassen, den «heiligen Tag des Bratens» zu durchbrechen.

Speck und Holzofenbrot. Als Vorspeise darf man sich den Speck nicht entgehen lassen, begleitet von einem Gläschen Träsch, offeriert vom Haus. Oder das kalte Plättli, mit selbst gebackenem Holzofenbrot, das so knusprig ist, dass sich davon so mancher Profibäcker noch eine Scheibe abschneiden müsste. Auch Heidis Hausdessert ist Bauern-Gourmetküche. Das Caramelköpfli ist mit frischen Landeiern gemacht und hat diese kleinen, feinen Caramel-Punkte, die signalisieren: hausgemacht!

– Das Sternen-Duo in der Küche.
– Ausgeschenkt wir im Sternen ausschliesslich der eigene Wein.
– Hoch über dem Dorf Elfingen liegen die Rebberge der Dätwilers, an einer der besten Lagen im Kanton.
– Der Sternen verfügt über einen kleinen, aber gemütlichen Restaurantteil draussen.

– Heidis Sonntagsbraten.
– Das kalte Plättli mit Rohschinken, Beinschinken, Schinkenspeck, Speck und frischem Holzofenbrot.
– Rösti aus rohen, im Schweineschmalz gebratenen Kartoffeln.
– Hausgemachtes Caramelchöpfli.

Rezepte von **Heidi Dätwiler** im Anhang.

— **Rösti im Schweineschmalz,** S. 419
— **Caramelchöpfli,** S. 425

RESTAURANT **57**

Aarehof Wildegg

RESTAURANT: **Aarehof**

ADRESSE: **5103 Wildegg, Bahnhofstrasse 5**

GASTGEBER: **Peter Keller**

TELEFON: **062 893 23 23**

INTERNET: **www.aarehof.ch**

RUHETAGE: **keine**

BETRIEBSFERIEN: **keine**

WEGBESCHRIEB: **Beim Bahnhof Wildegg. Bahn ab Aarau bzw. Brugg.**

SPEZIELL: **Bio-Knospe, Goût Mieux**

Die Corperate-Art-Künstlerin Garda Alexander, die bereits das Hotel Seefeld in Zürich gestaltet hat, schuf das bunte Ambiente im Aarehof. Auch kulinarisch beschreitet das Haus mit seiner Knospen-zertifizierten Bioküche moderne Wege: Küchenchef René Hofmann und sein Team kreieren leichte, moderne Schlemmereien aus regionalen Bioprodukten, darunter Kutteln an Tomatensauce, Gehacktes mit Hörnli oder Entrecôte double mit Natura-Beef.

Rüebli als kulinarisches Leitmotiv

So farbig und frisch wie die von der Künstlerin Garda Alexander gestaltete Fassade ist auch die Speisekarte im Aarehof – wobei Karottenrot im kulinarischen Bereich dominiert: «Die Karotte ist ein Leitmotiv in unserer Bioküche», sagt Peter Keller, Inhaber und Leiter des Hotel- und Restaurantbetriebs in Wildegg. Vor wenigen Jahren hat er das Haus zusammen mit seiner Frau übernommen: «Damals war alles braun und grau, so typisch düsterer 70er-Jahre-Stil. Das haben wir radikal geändert, mit Farben, Licht, Sonnenschein – und eben auch Bio», erklärt Peter, der uns folgerichtig mit einer geballten Ladung Vitamin A und Karotin versorgt. Von der Vorspeise bis zum Dessert hat der Aarehof für die *Urchuchi*-Reportage alles mit Rüebli gekocht!

Knospe und Goût Mieux. Als Erstes betreten gelbe Wurzelgewächse die Bühne, und zwar in Form eines luftigen Flans, umrahmt von einem Peperoni-Coulis. Da der Chefkoch René Hofmann zurzeit nicht im Rüebliland, sondern in den Ferien weilt, hat Markus Moor, angehender Starkoch und derzeit noch Kochlehrling, die Gerichte zubereitet – und der Junge kanns! So frisch und schmackhaft habe ich schon lange keine Rüebli mehr gegessen. Die stammen – wie alle Produkte im Aarehof – von einem Biohof. «Wir sind ein Bio-Knospe-Betrieb und machen auch beim Goût-Mieux-Konzept des WWF mit», erklärt Peter. «Der Entscheid für ein biologisches Konzept fiel aus zwei Gründen: Einerseits weil meine Schwester im Aargau einen Biobetrieb führt und ich selber mitverfolgen konnte, wie hoch die Qualität in der Bioproduktion ist. Dann aber auch aus Marketinggründen: Noch gibt es wenige echte Biorestaurants im Kanton. Der Trend geht jedoch klar in diese Richtung, die Kundschaft wächst.» Die musste sich der Aargauer allerdings von Grund auf neu erarbeiten: «Viele Stammgäste des früheren Aarehofs sind wegen der Bioküche abgesprungen: Zu teuer, alles «Bschiss», warum überhaupt Bio, haben die Leute gesagt. Und dann diese Farben, die spinnen ja! Etwa 75 Prozent der Gästestruktur haben sich komplett geändert.» Doch Peter liebt das Risiko, wie er selber sagt – doch so gross ist dieses wohl nicht mehr: Die Tische sind gut besetzt, nicht zuletzt deshalb, weil hier auch «rüeblifreie» Gerichte auf der Karte stehen wie Ghackets mit Hörnli oder Kutteln an Tomatensauce.

Viel Vitamin A. Als Nächstes bringt Markus den Bestseller des Hauses auf den Tisch im Garten: Rüebli-Lasagne mit Röstgemüse und Kernöl. Dann folgt ein Türmchen von Hallwiler Balchen und Egli aus dem Bielersee, kunstvoll aufgespiesst von einer frittierten Spaghetti. Und natürlich sorgt zum Schluss noch die Aargauer Dessertikone für das süsse Finale: Die Rüeblitorte wird im Aarehof in Form von Gugelhöpfchen serviert, aufgepeppt mit einem Sprutz Rüebligeist, natürlich von der Schlossbrennerei in Elfingen. Wer nach dieser geballten Ladung Vitamin A, Karotin und Selen zur Abwechslung mal kein Wurzelgewächs auf der Zunge haben möchte, dem empfiehlt der Gastgeber den farblichen Gegenpol: einen blauen Curaçao. Am besten geniesst man den in der Kellerbar. Denn die ist selbstverständlich …? Eben. Fazit meiner karotin- und Vitamin-A-reichen Exkursion: Auch wenn der Aargau kein ausgesprochener Rüeblikanton ist (die Berner, Thurgauer und Zürcher produzieren wesentlich mehr Karotten), wird der Mythos zumindest im Aarehof mit Bravour und farbig-frisch gepflegt.

– Der junge «Starkoch» im Aarehof, Markus Moor.
– Aussen und innen ein farbenfrohes Haus in den Mondrian-typischen Farben – Rot-Gelb-Blau.

– Pfälzer-Rüebli-Flan auf Peperoni-Coulis.
– Türmchen von Hallwiler Balchen und Egli aus dem Bielersee.
– Rüebli-Lasagne.
– Rüeblitorte in Gugelhopfform.

Rezepte von **René Hofmann** im Anhang.

— **Rüebli-Lasagne mit Röstgemüse,** S. 420
— **Rüebli-Gugelhöpfli,** S. 426

RESTAURANT **58**

Bacchus-Pinte
Baden-Dättwil

RESTAURANT: **Bacchus-Pinte**
ADRESSE: **5405 Baden-Dättwil, Sommerhaldenstrasse 20**
GASTGEBER: **Barbara und Bernhard Bühlmann**
TELEFON: **056 493 20 30**
INTERNET: **www.pinte.ch, mail@pinte.ch**
RUHETAGE: **Sa., So. (ausser für Bankette)**
BETRIEBSFERIEN: **keine**
WEGBESCHRIEB: **Autobahnausfahrt Baden-West Richtung Bremgarten. Bus ab Baden Bahnhof.**
SPEZIELL: **17 GM, schöner Garten**

Bernhard Bühlmann zählt zu den innovativsten Köchen der Schweiz. 1990 hat er zusammen mit seiner Frau Barbara die Bauernschenke in Dättwil übernommen und machte daraus die Bacchus-Pinte. Gault-Millau zeichnet ihn seit Jahren mit 17 Punkten aus, von Michelin erhielt er 2001 den Stern. Drei Jahre lang war Bernhard Bühlmann Präsident der «Jeunes Restaurateurs d'Europe Suisse».

Die Karotte auf Gourmetniveau

Wenn Karotten träumen (und es gibt Leute, die behaupten, dass sie das tatsächlich tun), dann träumen sie von Bernhard Bühlmann. Denn der raffelt sie nicht einfach zu langweiligem Salat, degradiert sie zur schlaffen Bratenbeilage oder liquidiert sie zu müdem Saft. Bernhard Bühlmann ist einer der besten Köche der Schweiz, ein Mann mit Ideen, der jeder Karotte zu einem kulinarischen Höhenflug verhilft. Speziell für die *Urchuchi* hat der ehemalige Präsident der «Jeunes Restaurateurs d'Europe» einige Gourmetgerichte mit Karotten kreiert. Orangerote Kölliker, weisse Küttiger und gelbe Pfälzer hatten das Glück, vom Meister in der Bacchus-Pinte veredelt zu werden.

Das Rüebli in Topform. Klar raffelt Bühlmann die Karotten auch. Doch sein rotgelber Rüeblisalat lässt schon optisch jedes gewöhnliche Geraffel weit hinter sich. Zumal das fein aufgeschnittene Wurzelgewächs von Schweizer Edelkrebsen begleitet wird. Am Vortag hat der Koch die schwarzbraunen, etwa 15 Zentimeter langen Tiere im aargauischen Egelsee gefangen. «Nur in wenigen Schweizer Seen gibt es noch einheimische Krebse. Die meisten sind von nordamerikanischen Signalkrebsen verseucht», sagt Bühlmann. «Die übertragen einerseits die Krebspest, gegen die sie selber weitgehend immun sind, gleichzeitig fressen sie die einheimischen Krebslarven. Zum Glück ist der Egelsee davon verschont geblieben.»

Zweifarbig, aus gelben Pfälzern und orangen Köllikern, ist die nächste Karottenkreation: ein Rüebli-Pesto, das perfekt zu Kalbszüngli passt. Mit selbst angesetztem Balsamico-Essig hat Bühlmann die leicht säuerliche Geschmacksnote ins Pesto gebracht. «Das ist das Geniale an der Karotte: der krautig-süsse Geschmack, der sich jedoch sehr gut variieren lässt», sagt der Spitzenkoch, der bereits sein nächstes karotines Werk präsentiert – Karotten-Ratatouille, edel umrahmt von zartem Rehnüssli aus der Sommerjagd. Das Wild wurde vom Hausherrn selber erlegt. «Ich bin ein passionierter Jäger», sagt Bühlmann, der über ein Jagdrevier in Brunegg und ein weiteres in Oberhof im Fricktal verfügt. «Ich teile die Reviere mit mehreren Jägern, jeder hat 150 Hektaren. Bei uns ist das vor allem Rotwild, selten auch mal ein Wildschwein.»

Zum Schluss wird es nochmals richtig bunt. Rote Sauerkirschen schmiegen sich an ein schaumgefrorenes Rüebli-Parfait – ein sommerlich frischer Abschluss der Rüeblisymphonie. Spannend ist die Erklärung Bühlmanns, warum das Rüebli in der Küche bislang kaum zu grossen Ehren kam: «Der geniale Geschmack der Karotte ist ihr Handicap! Sie funktioniert bestens für sich allein, ist einfach zuzubereiten und schmeckt sogar verkocht noch gut. Deshalb war die Karotte für die Köche nie eine grosse Herausforderung.» Zu Unrecht, wie der Spitzenkoch im Aargau beweist! Denn Bühlmann hat noch weit mehr karotine Ideen im Köcher: ein Karotten-Mousse zum Beispiel. Oder eine Rüeblisuppe mit Vanille. Noch nie wurden die Träume der Wurzelgewächse so brillant umgesetzt.

Rüeblifrei. Natürlich kann man beim Spitzenkoch in Dättwil auch ohne Karotten essen. Das Spitzenrestaurant mit Michelin-Stern und 17 Gault-Millau-Punkten bietet eine vielseitige Gourmetküche, die wahlweise im romantischen Garten oder in der eleganten Gaststube genossen werden kann: Da gibt es Muotataler Kalbsfilet, am Stück gebraten, Spinatsuppe mit Bergeller Bresaola-Streifen oder Aargauer Sommerrehrücken an Trüffelsauce. Wer trotzdem nicht auf Karotin verzichten will, kann am Schluss einen Rüebligeist von der Schlossbrennerei Elfingen verköstigen. Der steht in bester Gesellschaft mit anderen Liquiditäten: Denn bekanntlich träumen auch die Trauben von einer meisterlichen Umsetzung ihrer Qualitäten.

– Spitzenkoch Bühlmann mit selbst gefangenen Schweizer Edelkrebsen aus dem Egelsee.
– Wie Hummer verfärben sich auch die Edelkrebse beim Kochen rot.

– Edelkrebse aus dem Egelsee.
– Rüeblisalat mit Edelkrebsen.
– Karotten-Ratatouille mit Rehnüssli aus der Sommerjagd.
– Rüebli-Parfait mit roten Sauerkirschen.

Rezepte von **Bernhard Bühlmann** im Anhang.

— **Rüebli-Pesto,** S. 420
— **Rüebli-Parfait (Schaumgefrorenes),** S. 426

Aargau gleich Rüebli

Genau genommen stimmt die Gleichung nicht: Nur 84 Hektaren der «langen Roten» werden heute im Aargau angebaut, das sind sechs Prozent der gesamten Anbaufläche in der Schweiz. Bern, ist der grösste Rüeblikanton unseres Landes, gefolgt von Thurgau und Zürich. Und doch spielt der Aargau mit seinen Karotten eine wichtige Rolle im kulinarischen Prozess der Schweiz.

Rüeblitorte und Küttiger Karotten. Denn erstens gibt es die Rüeblitorte, eine der bekanntesten Dessertkreationen unseres Landes. Dann hat der Rüeblianbau im Aargau eine lange Tradition: Bereits zur Römerzeit wurden hier Wurzelgewächse wie die Pastinake kultiviert und weitergezüchtet. Eine der ältesten Rüeblisorten, fast genauso weiss wie die Pastinake, kann man heute noch im Rüebliland bewundern: die Küttiger Karotte. Sie gedeiht nur am Jurasüdfuss, in der Region von Küttigen. Hier wurde diese Urkarotte früher unter dem Getreide ausgesät, ein raffinierter Trick! Dank dieser Untersaat konnten die Bauern doppelt ernten. «Da im Aargau viel Getreide angebaut wurde, gab es hier auch besonders viele dieser Stoffel-Rüebli», sagt Hanspeter Meier, der selber zu den besten Rüebli-Produzenten der Schweiz gehört. Beim Wettbewerb um die «Goldene Karotte» lag der Aargauer aus Full-Reuenthal unter den drei besten. «Vor allem der Zuckergehalt ist für die Qualität ausschlaggebend», sagt der junge Bioproduzent. «Interessant ist, dass die süssesten Karotten von Biobauern stammten. Biokarotten wachsen in gesundem Boden und holen den Nährstoff, wenn sie ihn brauchen.»

Die Qualität und der Trick mit der Untersaat: Daraus, so glauben Historiker, ist der Mythos vom Rüeblikanton entstanden, der von der süssen Torte noch verstärkt wurde. Und die ist gesund! Eine einzige Karotte enthält mehr Vitamin A als eine Vitaminpille aus der Apotheke. Dazu kommen wertvolle bioaktive Wirkstoffe wie Biokarotin oder Selen. Vor allem aber hat die Karotte einen einzigartigen, süsslichen Geschmack. Mit ein Grund, warum das Multitalent auch in der Küche unseres Landes eine wichtige Rolle spielt: Man kann sie knabbern, als Salat, Saft oder Suppe geniessen, als Beilage servieren und sogar vergeistigen: Wer den Aargauer Rüeblibrand von der Schlossbrennerei Käser in Elfingen wirken lässt, spürt schnell, wie viel Geist in diesem Wurzelgewächs steckt.

Aargauer Rüeblimarkt. Auch wenn der Rüeblikanton mengenmässig nicht der grösste ist: Die Aargauer pflegen den Mythos am ersten Mittwoch im November. Dann kann man die ganze Rüeblipracht in Aarau bewundern und natürlich auch kaufen. Darunter auch die «Full-Reuenthaler» oder die weissen Küttiger. Nur die Rüebli von Christian Gamp vom Mattenhof (Bild) sind am Aargauer Rüeblimärt nicht zu haben. Der junge Biobauer, der eigens für unseren Fotografen im Juli einige Karotten aus dem Boden holte, verkauft sie direkt ab Hof.

Einkaufstipps im Aargau

Rüeblibrand

Die Schloss-Brennerei Käser in Elfingen ist eine der besten Europas. Ruedi Käser brennt querbeet alles von Anis bis Zimt, natürlich auch feinerdigen Aargauer Rüeblibrand. Für Schnapsnasen ein Muss! *Schloss-Brennerei Käser, 5077 Elfingen, Ruedi Käser, Tel. 062 876 17 83, www.kaesers-schloss.ch.*

Hornusser Wein

Eingangs Fricktal, über dem Dorf Hornussen, liegt das Rebgut Stiftshalde. Hier winzern und keltern Erika und Daniel Fürst ihre «fürstlichen» Weine, vor allem Riesling x Sylvaner, Pinot gris, Pinot noir und Dornfelder. Verkauf direkt vom Rebgut, unter der Woche täglich von 9 bis 12 Uhr, 13.30 bis 18 Uhr (Samstag bis 16 Uhr). Degustation im Keller. *Rebgut Stiftshalde, Erika und Daniel Fürst, 5075 Hornussen, Tel. 062 871 55 61, www.fuerst-weine.ch.*

Weitere Produzenten: *www.aargauer-weine.ch*

Ziegenkäse

Frischen Geisskäse sowie Rüebli-Chutney und Rüebliquarktorte gibt es bei Susanne Klemenz, die jeweils am Samstag auch am Aargauer Markt anzutreffen ist. *Susanne Klemenz, Gönhardweg 13a, 5034 Suhr, Tel. 062 844 28 48.*

Biorüebli und mehr

Die Familien Gamp und Vogel führen in Kölliken einen vielseitigen Biobetrieb mit grösserem Hofladen, in dem alles für eine Woche Kochen zu finden ist. Im Spätherbst Lagergemüse-Engrosverkauf für Kunden mit einem guten Keller. Öffnungszeiten: Fr. 16–19 Uhr, Sa. 9–11 Uhr. *Mattenhof, Familien Gamp und Vogel, 5742 Kölliken, Tel. 062 723 77 21, gamvo@bluewin.ch.*

Aargauer Rüeblitorte

Die beste Rüeblitorte (die ja eigentlich keine Torte, sondern eher ein Kuchen ist) gibt es, wenn die Karotten aus dem Boden kommen – ab Oktober und November. Die Zubereitung ist einfach (siehe Rezept vom Aarehof im Anhang). Man kann sich die Mühe jedoch sparen, indem man sich die Rüeblitorte frisch zubereitet vom Konditor nach Hause schicken lässt: Nach einem alten Rezept wird die Torte in der Konditorei Schulz am Hallwilersee hergestellt – wie es sich gehört, mit einer zarten Zuckerglasur und mit Marzipanrüebli garniert. *Bäckerei-Konditorei Schulz, Neudorfstrasse 14, 5734 Reinach, Tel. 062 771 15 74, www.schulz.ch.*

Weitere Restaurants

SCHÖNE AUSSICHT

Eichberg, Seengen

Biologische Küche, vieles aus hauseigener Produktion: Milch, Eier, Mehl, Honig, Beeren, Most und Brot. Es gibt Fondue, Raclette. *Eichberg Seengen, 5707 Seengen, Ruhetage Mo., Di, Tel. 062 777 33 33, www.eichberg.com.*

SICHERE WERTE

Zu den drei Sternen, Brunegg

Berner Platte à discretion, Pasteten, Ente, sporadisch sind Starköche zu Gast wie Nik Gygax, Rosa Tschudi oder Fritz Gfeller. Auch die hauseigene Crew besteht aus Spitzenprofis. Technisch eine der modernsten Küchen der Schweiz. *Landgasthof zu den drei Sternen, Elisabeth und Ernst Müller, Hauptstrasse 3, 5505 Brunegg, Tel. 062 887 27 27, www.hotel3sternen.ch.*

Restaurant Mürset, Aarau

Hochstehende Küche nach alter Schule, z. B. Kalbsleberli oder Châteaubriand, Entrecôte Double, Lammrücken am Stück, Aagauer Brombeerkuchen, im Herbst Rehrücken. Schön gelegen an der Aarauer Riviera. *Restaurant Mürset, Schachen 18, 5000 Aarau, Ruhetage: keine, Tel. 062 822 13 72, www.muerset.ch.*

Landgasthof Rössli, Würenlos

Stattlicher Landgasthof, geführt in der fünften Generation von der Familie Meier (14 GM). Lucia und Peter Meier pflegen eine saisonale Frischküche ohne Schnickschnack. Der Gasthof gehört zu den ältesten der Schweiz und wurde bereits 1293 als «hospite de Wikollas» und 1360 als «Taverne von Würchenlos» erwähnt. *Landgasthof Rössli, Lucia und Peter Meier, Landstrasse 77, 5436 Würenlos, Tel. 056 424 13 60, www.roessli-wuerenlos.ch.*

im Kanton Aargau

Landhotel Hirschen, Obererlinsbach
Umtriebige Landbeiz, geführt von Albi von Felten, mit Themenabenden, u. a. Käsepapst Rolf Beeler oder Salatsaucenspezialist Markus Rösch. Auch kulinarisch brillante Darbietungen. *Landhotel Hirschen, Hauptstrasse 125, 5016 Obererlinsbach, Ruhetage: keine, Tel. 062 857 33 33, www.hirschen-erlinsbach.ch.*

Rössli, Riken/Murgenthal
Vom Gault Millau ausgezeichnetes Biorestaurant, geführt von Toni und Marlies Kohler, u. a. mit Bio-KAG-Freilandpoulet, Bio-Schweinefleisch. *Gasthof Rössli, 4853 Riken bei Murgenthal, Tel. 062 926 14 21, www.roessli-riken.ch.*

Bänziger, Seon
Kreative Speisekarte, gut wie zu Hause, z. B. Mägenwiler Güggeli-Terrine. *Restaurant Bänziger, Marianne Müller und Martin Bänziger, Seetalstrasse 43, 5703 Seon, nur Mi.–So.-Abend geöffnet, Tel. 062 775 11 39.*

Jägerhaus, Nussbaumen
Bei Baden, «Urchuchi» vom Feinsten und Metzgete im Herbst. *Restaurant Jägerhaus, Weidweg 4, 5415 Nussbaumen, Tel. 056 282 36 46.*

Loohof, Oftringen
Biorestaurant mit Witz und Charme, das konsequent saisonal kocht. Geführt wird das Restaurant von zwei initiativen jungen Frauen, die ihr Lokal auch für «rauschende Feste» empfehlen. Weitere Restaurants mit Biokonzept, siehe auch: www.bio-gourmet.ch. *Loohof, Oftringen, Caroline Stich und Daniela Ruf, Loogasse 7, 4665 Oftringen, Tel. 062 797 12 18.*

ÜBERRASCHEND

Schwert, Schupfart
Biologische und regionale Frischküche (Goût Mieux) mit «Urchuchi»-Flair: Es gibt Wallwurz-Krapfen, Küttiger Karotten und das Wurzelgewächs, aus dem die heutige Karotte entstanden ist: die Pastinake. *Landgasthof Schwert, Stefan und Anja Bausch, Eikerstrasse 9, 4325 Schupfart, Ruhetage: Mo., Di. ab 17 Uhr, Tel. 062 871 64 55, www.landgasthof-schwert.ch.*

Krone Bätterkinden
Bistro mit eigener Gourmetsuppen-Produktion, darunter Rüebli-Apfel-Suppe.
Krone Bätterkinden, Res Huber, Bahnhofstrasse 1, 3315 Bätterkinden, Tel. 032 665 34 34, www.kronebaetterkinden.ch.

Slow Food und die «Arche des guten Geschmacks»

Zahlreiche in der *Urchuchi* aufgeführte Restaurants sind Mitglied bei Slow Food. Das Logo von Slow Food ist die Schnecke, ein Symbol für Langsamkeit, aber auch für Genuss. Die Bewegung, die in Italien entstanden ist, setzt sich für gutes, geschmackvolles Essen ein und damit gegen Fast Food und globalisierten Geschmack. Aus der von Carlo Petrini 1986 im piemontesischen Bra gegründeten Organisation ist mittlerweile eine internationale Vereinigung mit über 80 000 Mitgliedern in über 100 Ländern geworden. In der Schweiz sind rund 2200 Mitglieder dabei.

Slow Food ist Veranstalterin von bedeutenden Fachmessen wie zum Beispiel der «Cheese» in Bra und des «Salone del Gusto» in Turin. Auch die weltweit erste Universität für gastronomische Wissenschaften im piemontesischen Pollenzo und in Colorno bei Parma wurde von Slow Food gegründet.

Slow Food Arche. Die Ziele der Bewegung umfassen auch den Aufbau einer Arche zur Bewahrung regionaler Nahrungsspezialitäten. In der Schweiz gehört der Zincarlin dazu, ein kuppelförmiger Käse aus frischer Kuhmilch, der nach uralten Produktionsverfahren im Valle di Muggio im Tessin hergestellt wurde und fast verloren gegangen

wäre. Nur noch eine einzige Frau im Tal wusste, wie man ihn herstellt: Marialuce Valtulini in Muggio Superiore. Sie war «das kulturelle Erbe» dieses Urkäses. Heute, nach einer Initiative des Tessiner Slow-Food-Präsidenten Luca Cavadini, gibt es wieder drei Produzentinnen dieser Käsespezialität, die in speziellen Kellern im «Bauch» des Monte Generoso gelagert wird.

Über ein Dutzend weitere Produkte sind von Slow-Food-Mitgliedern in der Schweiz entdeckt und in die Arche gerettet worden, unter anderem Cicitt (eine besondere Tessiner Ziegenwurst), Berudge (ein Pflümlibrand aus einer Zwetschgensorte, die nur in Vully wächst), oder der Waldhonig der Schweizer Landrassenbienen. Wir werden in der *Urchuchi* Band 2 (Tessin) und im Band 3 (Romandie) ausführlich über diese Produkte berichten.

Erhaltung der Biodiversität. Wer gesund essen und geniessen will, kann die Augen vor der industriellen Nahrungsmittelproduktion nicht verschliessen. So hat sich Slow Food im Lauf der Jahre auch den Grundlagen der Nahrungsproduktion zugewandt. Carlo Petrini, Präsident von Slow Food International möchte die Leute zu einer Kultur der Ernährung führen: «Wir möchten gesunde, biologisch produzierte, schmackhafte Nahrungsmittel und überschaubare Strukturen, sodass auch die kleinen Bauern ihre Spezialitäten weiter produzieren und vermarkten können. Dass wir die Biodiversität, aber auch den guten Geschmack verteidigen, ist eine weltumspannende Sache. Unser gemeinsames Haus ist nicht nur die Nation, in der wir leben, sondern der ganze Planet.» Mehr Info zu Slow Food und zur Arche unter: www.slowfood.ch

BUCHTIPP
Carlo Petrini: *Slow Food, Geniessen mit Verstand*, Rotpunktverlag, Zürich 2003.

Drunter und drüber im Dreiländereck

Es ist, als hätten die Grenzzieher zu viel Basler Kirsch getrunken, derart kompliziert und vielfältig ineinander verschlungen sind die Kantone Basel und Solothurn. Je näher man sich zum Rheinknie bewegt, umso durchlässiger werden die kulinarischen Grenzen: Der Schwarzwald und das Elsass haben die Basler Küche wesentlich mitgeprägt. In Solothurn waren es die französischen Ambassadoren.

RESTAURANT **59**

Basilisk
Basel

RESTAURANT: **Basilisk**

ADRESSE: **4057 Basel, Klingentalstrasse 1**

GASTGEBER: **Nora Dilitz**

TELEFON: **061 681 18 10**

INTERNET: **www.hotel-basilisk.ch/rest.htm**

RUHETAGE: **im Winter am So.**

BETRIEBSFERIEN: **Weihnacht–Neujahr**

WEGBESCHRIEB: **mitten in Kleinbasel**

SPEZIELL: **junges, engagiertes Team**

Im Basilisk in Chlaibasel zeigt ein junges Team, dass die gute, alte Grossmutterküche «cool» sein kann. Das Restaurant ist Teil des Gastrounternehmens Parterre, das die gleichnamige Kulturbeiz in Kleinbasel führt.

Der grüne Basilisk, der vor dem Restaurant trohnt, ist ein Fabelwesen – halb Hahn, halb Schlange. Für die Menschen im Mittelalter war er kein Fantasiegebilde, sondern tatsächlich existent und wurde auch in Naturlehrbüchern beschrieben. So etwa in der *Ornithologia* von Ulisse Aldrovandi, einem Naturforscher aus Bologna: «Der Basilisk hat Giftzähne und einen tödlichen Blick, der die Menschen versteinern kann. Das Ungeheuer, das in Brunnenschächten und Kellern haust, kann nur vernichtet werden, indem man ihm einen Spiegel hinhält, sodass sich der versteinernde Blick gegen den Basilisk selber richtet.»

Sympathische Kampfansage gegen Fast Food

So mancher müde Cheese-Burger dürfte angesichts der Basilisk-Küche zu Stein erstarren: «Echt gut von hier», heisst das Konzept, das die jungen Gastronomen im schmucken Restaurant in Kleinbasel umsetzen. «Bei uns gibt es Älpler Magronen statt Pizza, einheimische Forelle statt Red Snapper, Bündner Blauburgunder statt kalifornischen Chardonnay», sagt Nora Dilitz, die das Basilisk leitet. «Der Gast soll die altbewährten Schweizer Spezialitäten wieder entdecken und geniessen können.» Als die Besitzerfamilie des Hauses vor einigen Jahren einen Wettbewerb ausschrieb, reichten zahlreiche Gastronomen ihre Konzepte ein – darunter auch Nora Dilitz und ihr Team. «Für uns war von Anfang an klar: Das Basilisk soll keines dieser pseudotrendigen Designer-Restaurants werden, sondern eine moderne Beiz, frisch, innovativ und ganz auf Schweizer Produkte ausgerichtet. Und wir haben gewonnen!»

Echt gut von hier. Das Konzept überzeugt, selbst wenn man nur einen Kaffee trinkt. Denn erstens ist der hervorragend, zweitens gibt es frische Buttergipfeli dazu, und drittens wird man charmant bedient. Nora Dilitz, ein richtiger «Basler Beppi», führt ihr Team mit Bravour! Als Erstes überrascht uns Chefkoch Benno Emmenegger mit Kalbsmilken, hübsch serviert in einem Porzellantöpfchen mit einer Blätterteighaube oben drauf. Dann folgt eine Ikone aus dem kulinarischen Erbe Basels: Suurs Läberli (Saure Leber), serviert mit frischer Rösti und Gemüse vom Bauernhof der Familie Andrist in Nusshof. «Sauer» heisst das Gericht, weil der Saucenfond mit etwas Weinessig abgelöscht wird. Es folgt ein weiteres Traditionsgericht: Vogelheu. «Wir haben das Gericht modernisiert», erklärt Nora, «statt altem Brot verwenden wir Gipfeli und der Gast kann wählen: Entweder nimmt er die süsse Variante mit Äpfeln, Zucker und Zimt. Oder er entscheidet sich für die salzig-saure Version mit Speck und Zwiebeln.»

Gin aus dem Appenzell. Auch die Getränke sind im Basilik einheimisch: Der Gin kommt von der Brennerei Ebneter aus dem Appenzell, der Whisky von der Familie Bader aus Lauwil. Und selbstverständlich stehen ausschliesslich Schweizer Weine auf der Karte, darunter Riechemer Schlipfer, Tschäpperli oder Raritäten wie der Hypocras-Wein. Der süsse Rotwein fliesst in Basel jeweils am 1. Januar in Strömen aus dem Dreizackbrunnen in der Innenstadt, offeriert von der Zunft zum Goldenen Sternen. «Wir haben unglaublich spannende Produkte in der Schweiz», sagt Nora, die das Basilisk als Beiz versteht. «Eine ‹Beiz› ist für uns Basler kein Schimpfwort, sondern ein Ort, wo man gemütlich zusammensitzen und kommunizieren kann.» Wer sich im Basilisk umsieht, wird nirgends Gämse oder andere Insignien aus dem alpinen Gastrobarock entdecken: «Wir überlegen uns allerdings, ob wir nicht doch solche Elemente ins Dekor einbauen wollen», sagt Nora, «ich denke, das könnte witzig sein und wird von den Leuten sicher auch so verstanden.» Denke ich auch und geniesse zum Abschluss noch ein Läckerli-Parfait (das Läckerli aus Basel) begleitet von einer Rotweinbirne (aus dem Thurgau), gefolgt von einer Fotzelschnitte (aus einheimischem Brot) mit viel Zimt obendrauf. Der dürfte etwas weiter angereist sein, zum Beispiel aus Sri Lanka oder Peru, ist aber in der Basler Küche auch schon seit dem Mittelalter heimisch.

– Der grüne Basilisk, ein Fabelwesen aus dem Mittelalter.
– Nicht minder fabelhaft ist das, was die jungen Köche im Basilisk auf die Tische zaubern.
– Blick in das stilvolle Innenleben des Basilisk, in dem die «Beppis» schon am Morgen mit gutem Kaffee und ofenfrischen Gipfeli verwöhnt werden.

– Vogelheu (im Bild in der süssen Variante).
– Milkentöpfchen mit Blätterteighaube.
– Suurs Läberli (Saure Leber) mit Gemüse und Rösti.
– Fotzelschnitte.
– Läckerli-Parfait.

Rezepte von **Benno Emmenegger** im Anhang.

— Suurs Kalbsläberli, S. 414
— Vogelheu mit Speck, S. 414
— Läckerli-Parfait mit Rotweinbirne, S. 426

RESTAURANT **60**

Mühle
Allschwil, BL

RESTAURANT: **Mühle**

ADRESSE: **4123 Allschwil**

GASTGEBER: **Max und Maria Schmid**

TELEFON: **061 481 33 70**

INTERNET: **www.allschwil.ch/Gastro/Restaurant_Muehle.htm**

RUHETAGE: **So, Mo.**

BETRIEBSFERIEN: **2 Wochen im Sommer, 1 Woche Fasnacht**

WEGBESCHRIEB: **Allschwil im hinteren Dorfteil, Tram 6 ab Basel.**

SPEZIELL: **historische Mühle**

1613 wurde die Mühle erstmals urkundlich erwähnt. Bis 1953 wurde hier noch Korn gemahlen, dann stand das Haus jahrelang leer, bis es in den 80er-Jahren – schön renoviert und herausgeputzt – als Restaurant den Betrieb aufnahm. Maria und Max Schmid haben seit August 2000 das Haus gepachtet.

Die Familie, die Küche, das Dekor – alles filmreif!

Wenn Sie Drehbuchautor sind und eine sympathische Familie für eine neue TV-Serie suchen: In Allschwil, nahe der elsässischen Grenze, finden Sie eine perfekte Vorlage. Da ist Max, der Sammler und Geniesser, der gerne Bärlauch pflückt und Kirschen von den Bäumen liest. Dann haben wir Maria, seine Frau, die neben der Arbeit zweimal in der Woche hartes Bodyforming macht. Sohn Attila spielt leidenschaftlich gerne Schach, während Lara, die Jüngste im Quartett, jede freie Minute in der Pfadi verbringt. Das sind die Schmids, eine Familie, die – nicht ganz unwichtig für das «Drehbuch» – auch noch ein gemütliches Restaurant namens Mühle führt. Und zwar so erfolgreich, dass all die Hobbys oft etwas zu kurz kommen: «Ja, es läuft wirklich gut», sagt Max, der für die Kulinarik des Hauses zuständig ist und nicht nur Bärlauch und Kirschen sammelt: «Ich verbringe jede freie Minute in einem Weingebiet, das ist meine grosse Leidenschaft», sagt Max. Tief unten, im umgebauten Kartoffelkeller der ehemaligen Mühle, lagern denn auch erlesene Tropfen mit Schwerpunkt Schweiz: zum Beispiel der Syrah de Chamoson von Simon Maye aus dem Wallis. Oder der Conte di Luna, ein charaktervoller Merlot von Werner Stucky aus dem Luganese. «Viele Weine des Hauses werden bei uns auch offen ausgeschenkt», sagt Max, «wir wollen, dass die Gäste trotz 0,5-Promille-Grenze Spitzenweine geniessen können.»

Regionale Frischküche. Natürlich braucht unser Drehbuch auch eine perfekte Küche! «Ich koche das, was ich selber gerne esse und was der Gast saisonal nachvollziehen kann», sagt Max, der uns als Erstes mit badischen Spargeln und Schinken aus dem Schwarzwald überrascht: «Der Schinken aus dem Schwarzwald ist urchig und saftig – so liebe ich ihn! Und die Spargel ist eine Edelspargel, feiner und dezenter als etwa die Cavaillonspargel», erklärt Max. Als Nächstes kommt sein Lieblingsgericht: geschmorte Kalbskopfbäggli mit knackigem Gemüse und hausgemachten Nudeln. Die Kalbskopfbäggli – das Muskelfleisch vom Kopf – hat Max mit Syrah-Wein abgelöscht und dann langsam geschmort. Bereits jetzt wird klar, dass Fleisch die grosse Spezialität des Kochs darstellt.

Basler Lümmeli. Das zeigt sich vollends beim zweiten Hauptgang, einem Basler Klassiker: saftig gebratenes Mittelstück vom Rindsfilet, genannt Basler Lümmeli. «Jahrelange Zusammenarbeit mit der Metzgerei Jenzer aus Arlesheim haben mich gelernt, die Hochachtung vor dem Naturprodukt Fleisch zu wahren», erklärt Max, der jedoch auch die fleischlose Küche perfekt beherrscht: Zum Abschluss serviert er einen farblich brillant assortierten Dessertteller mit hausgemachtem Erdbeersorbet und Gebrannter Crème mit Waldmeisteraroma. Ein filmreifes Finale!

Innereien, Metzgete, Wild. Fleischliebhaber sind in der Mühle hervorragend aufgehoben. Nicht nur klassische Fleischgerichte, sondern auch Innereien wie Leberli, Nieren und Milke stehen regelmässig auf der Karte. Dazu kommt die Metzgete im Herbst, bis im November gibt es frisches Wild mit Leckerbissen wie Rehrücken, Hirschpfeffer und Wildschwein – das meiste aus den Revieren im Baselbiet. Dass man in der Mühle zudem in einem spannenden Dekor diniert (bei schönem Wetter auch draussen im lauschigen Garten), überdies charmant bedient wird und auch noch gute Tipps bekommt, wo man zum Beispiel sortenreinen Honig kaufen kann (siehe Einkaufstipps): All das macht unsere «TV-Familie» tatsächlich filmreif. Und falls Sie selber mal im Film sitzen möchten, fahren Sie nach Allschwil – gedreht wird in der Mühle täglich, ausser Sonntag und Montag.

– Hier hätte Novalis gerne gedichtet: Der lauschige Hinterhof, in dem ein Dorfbrunnen rauscht und man bei schönem Wetter im Freien tafeln kann.

– Max mit seinen liebsten Werkzeugen: Kochlöffel und Pfannen.

– Frische Spargeln aus dem Schwarzwald. Zahlreiche hervorragende Ausgangsprodukte kommen aus dem angrenzenden Elsass und dem süddeutschen Raum.

– Basler Lümmelibraten.
– Spargeln und Schinken aus dem Schwarzwald.
– Geschmortes Kalbskopfbäggli mit Gemüse und hausgemachten Nudeln.
– Lümmelibraten, aufgeschnitten.
– Dessertteller mit Erdbeeren, Erdbeersorbet und Gebrannter Crème mit Waldmeisteraroma.

Rezepte von **Max Schmid** im Anhang.

— **Basler Lümmelibraten,** S. 410
— **Allschwiler Crèmebrulée,** S. 423

RESTAURANT **61**

Farnsburg
Ormalingen, BL

RESTAURANT: **Farnsburg**
ADRESSE: **4466 Ormalingen, Farnsburgerstrasse 194**
GASTGEBER: **Andreas und Susann Putzi**
TELEFON: **061 985 90 30**
INTERNET: **www.farnsburg.ch**
RUHETAGE: **Mo., Di. sowie Mi.–Sa. über Mittag, So. ab 17 Uhr**
BETRIEBSFERIEN: **Mitte Juli–Anfang Aug.**
WEGBESCHRIEB: **in Ormalingen beim Dorfbrunnen links abbiegen und 3 km bergwärts. Bus ab Rheinfelden.**
SPEZIELL: **Produkte vom eigenen Hof**

Kulinarisches Herzstück des Betriebs bei der Farnsburg Ormalingen ist der Landgasthof. Dazu gehört die Vinothek mit über 2500 erlesenen Tropfen. Daneben gibt das kleinere Restaurant «Landhaus», das von Norbert Bachmann geführt wird und Saisongerichte, Tellermenüs und Fondue anbietet. Das dritte Unternehmen ist der landwirtschaftliche Betrieb von Theres und Markus Dettwiler. Sie produzieren das berühmte Farnsburger Fleisch und verkaufen es direkt ab Hofladen. Wenige Gehminuten entfernt befindet sich die Ruine Farnsburg, erbaut 1330 durch die Herren von Thierstein. Von hier aus zogen die späteren Besitzer, die Herren von Falkenstein, um 1440 in den Alten Zürichkrieg und setzten die Stadt Brugg in Brand.

Fleisch von glücklichen Tieren

Liegt es an der guten Luft, am Futter oder an der Weidehaltung? Das Fleisch, das hoch über dem Dörfchen Ormalingen produziert wird, gehört zum besten in der ganzen Schweiz. Vor allem die Jungschweine, die hier seit über einem Jahrzehnt gezüchtet werden, finden in der Spitzengastronomie reissenden Absatz: «Das ist eine spezielle Züchtung», erklärt Theres Dettwiler, die mit ihrem Mann Markus den Gutsbetrieb unterhalb der Farnsburg führt: «Das Geheimnis ist die freie Weidehaltung, gutes Futter und vor allem der Schlachtzeitpunkt», sagt Theres, die auch Galloway-Rinder und amerikanische Prärie-Bisons hält.

Die junge Züchterin engagiert sich für ihre Tiere. Besonders die Schweine werden ihrer Meinung nach völlig falsch eingestuft: «Natürlich suhlen sie gerne im feuchten Morast. Das hat damit zu tun, dass Schweine nicht schwitzen können. Sonst sind es aber ausgesprochen saubere Tiere, neugierig, verspielt und sehr intelligent. In vielem sind sie sogar ähnlich wie wir Menschen: Sie reagieren empfindlich auf Stress, brauchen Auslauf und Zuneigung.» Und Auslauf bekommen die Tiere auf der Farnsburg in hohem Masse: Die älteren Weideschweine laufen frei auf einem grossen Areal herum und verfügen sogar über ein Waldstück, in das sie sich zurückziehen können. «Deshalb sind unsere Tiere besonders fit und setzen saftiges, würziges Fleisch an», sagt Theres.

Landgasthof mit Schwerpunkt Fleisch. Von der Qualität der Farnsburger Hofprodukte kann man sich im Restaurant überzeugen. Geführt wird der gemütliche Landgasthof von Andreas Putzi und seiner Frau Susann. Alles, was auf den Tisch kommt, stammt vom eigenen Betrieb oder aus der Region. Die Flusskrebse, die wir zur Vorspeise mit einem Aspik-Sülzchen geniessen, stammen aus dem aargauischen Fricktal, der Salat kommt aus dem Garten einer Nachbarin, das rosa gebratene Milchlamm von Putzis Familie aus dem Bündnerland, und das Trio von Quitten-, Zwetschgen- und Kirschen-Sorbets ist eine originäre Putzi-Produktion: «Ich mache die Sorbets aus dem Mark unserer eigenen Früchte, saisonal und frisch», sagt Andreas, der seine kühlen Dessertkreationen so gut macht, dass der Vorrat an Spitzentagen kaum ausreicht. Der Landgasthof mit seiner grossen Sonnenterrasse ist ein beliebtes Ausflugsziel. Von hier aus geniesst man einen weiten Blick ins Ergolztal, in die Ausläufer des Jura und die Alpengipfel.

Das grösste Weinsortiment der Schweiz. In Putzis Landgasthof wählt man die Weine nicht von der Karte, sondern steigt in den Untergrund. In mehreren Gewölbekellern, auf einer Fläche so gross wie ein Tennisplatz, lagern gegen 2500 Provenienzen aus aller Welt. Die mehrfach ausgezeichnete Vinothek ist die grösste der Schweiz und beinhaltet auch erlesene Weine aus der Region. Täglich auf Voranmeldung ab 10 Uhr kann man Putzis Vinothek besuchen und die edlen Tropfen degustieren – begleitet von den Ausführungen des Hausherren, der jede Provenienz, jedes Weingut und jeden Winzer kennt. Ab Mitte November finden thematische Degustationen statt, an denen die Neuheiten vorgestellt werden. Für Önologen und solche, die es werden wollen, ist Putzis Vinothek ein Muss. Ein Muss sind auch die kulinarischen Spezialanlässe: die Bisonabende im Januar und Februar und die Edelmetzgete rund um das Jung- und Weideschwein Ende Januar. Es empfiehlt sich, vorher telefonisch zu reservieren.

– Ein glückliches Weideschwein.
– Theres Dettwiler, die Chefin des Farnsburger Hofladens.
– Eine kleine Auswahl aus der mehrfach ausgezeichneten Vinothek. Im Bild: regionale Spitzenweine, darunter Buusner Blauburgunder von der Leime und der Clos Martha aus Maispach, gekeltert von Matthias Gubler – ein besonders edler Tropfen.

– Milchlamm mit gartenfrischem Gemüse.
– Salat mit Flusskrebsen aus dem Fricktal und Aspik-Sülzchen.
– Kirschen-, Quitten- und Zwetschgen-Sorbets.

Rezept von **Andreas Putzi** im Anhang.

— Früchte-Sorbet, S. 426

RESTAURANT **62**

Zum alten Stephan
Solothurn

RESTAURANT: **Zum alten Stephan**

ADRESSE: **4500 Solothurn, Friedhofplatz 10**

GASTGEBER: **Andy Zaugg**

TELEFON: **032 622 11 09**

INTERNET: **www.alterstephan.ch**

RUHETAGE: **So., Mo.**

BETRIEBSFERIEN: **1.–10. Aug. und 1.–10. Okt.**

WEGBESCHRIEB: **Nähe Bieltor, in der Altstadt**

SPEZIELL: **16 GM, 1 M**

Das kulinarische Erbe Solothurns wurde stark von französischen Einflüssen geprägt. In der Barockstadt residierten über 250 Jahre lang französische Ambassadoren und reicherten die Küche mit raffinierten Speisen an. Im Alten Stephan lebt die Tradition in einigen Hausspezialitäten fort, freilich wesentlich leichter und bekömmlicher gekocht als in den barocken Zeiten.

Solothurner Wysuppe und Schweinshals im Apfelwein

Gepuderte Herren mit gelockten Perücken, die Klänge höfischer Musik, und auf den reich gedeckten Tafeln alles, was das Herz begehrt: In keiner anderen Stadt der Schweiz wurde ab 1530 derart fürstlich gegessen und getrunken wie in Solothurn. Damals erkoren die Franzosen die Stadt zum Sitz ihrer Botschaft in der Schweiz. Und die Herren Ambassadoren liessen es sich gut gehen. Erst 1792 zogen sie wieder von dannen und hinterliessen nicht nur eine der schönsten Barockstädte unseres Landes, sondern auch ein reiches kulinarisches Erbe. «Das ist der Grund, warum sich in Solothurn eine französisch inspirierte Küche entwickelt hat, mit weniger ländlichen Elementen als in anderen Regionen», sagt Andy Zaugg. Der sympathische Gastgeber und Chef einer jungen Brigade führt den Alten Stephan in der Solothurner Altstadt und weiss mit dem kulinarischen Erbe seiner Stadt umzugehen. Das zeigen die gebratenen Eglifilets mit Kräutern auf Blattsalaten vom Buechibärg, die wir als «Amuse-Bouche» geniessen: «Fisch gehört zu den Solothurner Traditionsgerichten», erklärt Andy, «vor allem Egli, aber auch Aal und Hecht werden bei uns in der Aare gefangen, im Spätsommer auch Flusskrebse.»

Solothurner Wysuppe. Dann folgt ein Gericht aus barocken Zeiten: die Solothurner Wysuppe. Zur Zeit der Ambassadoren schwamm gekochter Schinken im Weissweinfonds, heute sind es geräucherte «Swiss

Prim»-Pouletstücke. Sie geben der schaumigen Suppe den besonderen, rauchigen Geschmack. «Es gibt Gäste, die kommen nur wegen der Weinsuppe in den Alten Stephan», erklärt Andy, der sich intensiv mit dem historischen Hintergrund befasst hat: «Der Wein wurde früher auf dem Wasserweg aus den solothurnischen Rebgütern in Le Landeron, Schafis und Schernelz in die Ambassadorenstadt geschifft. ‹Chargé sur Soleure› war damals ein stehender Begriff, denn die Matrosen waren ordentlich verladen, als sie mit der weinseligen Fracht in die Stadt einfuhren.» Heute bringt edler Chasselas die Substanz in die Solothurner Wysuppe. Gekeltert wird er im waadtländischen Ollon von Bernard Gavé, einem der besten Winzer der Romandie.

Schweinshals im Apfelwein. Drei Tage lang hat der Schweinshals im sauren Most gelegen, vier Stunden durfte er im Backofen in der Kupferpfanne schmoren, dann kommt die Delikatesse mit ihrer charakteristischen, säuerlich-süssen Apfelnote auf den Tisch. Kein Wunder, gehörte der Schweinshals im Apfelwein zu den Favoriten der Ambassadoren! «Das Rezept stammt von Ursi und Peter Klaus vom Tiger in Solothurn, seit Generationen wurde es in der Familie weitervererbt», sagt Andy. Im Tiger hat er seine Kochlehre gemacht, dann ging er auf Reisen: Zuerst ins Welschland, dann in die Fischerzunft Schaffhausen, wo er neben André Jaeger am Herd stand und seine Frau Roberta kennen lernte. Gemeinsam gings weiter in die USA, nach Australien und schliesslich in Robertas Heimat, nach Irland. Seit 1992 führen die beiden den Alten Stephan und betreiben gleichzeitig einen gut gehenden Catering-Service: Am Vortag kochte Andy für 150 Personen an einem Bankett in Selzach. «Das ist unser zweites Standbein», sagt der Koch, der – wenn alles nach Programm läuft – 2006 zum Präsidenten der «Jeunes restaurateurs de Suisse» gewählt wird.

Solothurner Torte. Nur auf eines mussten die Herren Ambassadoren in den barocken Zeiten verzichten: Auf die luftige Haselnuss-Bisquit-Torte, die Andy zum Abschluss serviert. Die wurde nämlich erst 1915 erfunden und später sogar patentiert. Manfred Suter hat das Rezept gekauft und ist heute der einzige Konditor im ganzen Kanton, der sie nach dem Originalrezept herstellt und verkauft (siehe Einkaufstipps). Bei den barocken Partys der Herren Ambassadoren hätte die «Crème de la crème» ganz bestimmt Furore gemacht.

– Andy Zaugg bereitet den Schweinshals im sauren Most zu.
– Junge Gastgeberfamilie im Alten Stephan: Andy, Brian, Fabienne und Roberta Zaugg.
– Der Herr des Hauses, gemalt vom Künstler und Käser Kurt Sommer von der Schaukäserei Affoltern im Emmental.

– Schweinshals im suure Most in der Kupferpfanne …
– … und auf dem Teller mit Kartoffelstock und Gemüse.
– Solothurner Wysuppe.
– Gebackene Eglifilets mit Kräutern auf Blattsalaten vom Buechibärg.

Rezepte von **Andy Zaugg** im Anhang.

— **Solothurner Weissweinsuppe «Alter Stephan»,** S. 406
— **Solothurner Schweinshals im sauren Most,** S. 414

RESTAURANT **63**

Bärgwirtschaft Allerheiligenberg, SO

RESTAURANT: **Bärgwirtschaft Allerheiligenberg**

ADRESSE: **4615 Allerheiligenberg**

GASTGEBER: **Klara Kummer und Ruedi Spring**

TELEFON: **062 216 11 42**

INTERNET: **www.baergwirtschaft-ahb.ch**

RUHETAGE: **Di., Mi.**

BETRIEBSFERIEN: **Feb., Juli**

WEGBESCHRIEB: **von Hägendorf durch die Tüfelsschlucht (1 Std. zu Fuss), Postauto ab Hägendorf**

SPEZIELL: **alles vom Bauernhof**

Der schönste Weg auf den Berg aller Heiligen führt durch die Tüfelsschlucht. Sie hat ihren Namen, weil der Teufel hier eine geraubte Seele verstecken wollte. Doch es war ein derart heisser Tag, dass der Teufel samt der Seele zur Abkühlung in den Cholersbach sprang, worauf er verdampfte. Von Hägendorf aus führt eine rund einstündige Wanderung durch die Tüfelsschlucht auf den Allerheiligenberg. Ab und zu wird die Tüfelsschlucht im Sommer von regionalen Künstlern als Freilichtmuseum genutzt. Das Spiel zwischen Kunst und Natur, die oft witzigen und überraschenden Installationen, machen die Wanderung zum Erlebnis (mehr Informationen unter www.artig.ch).

Durch die Tüfelsschlucht zum Bröntsch bei allen Heiligen

Ein saftiges Rindssteak oder ein Hackfleischspiess, dazu goldgelbe Rösti: Auf dem Allerheiligenberg, hoch oben im Solothurner Jura, erlebt man Bauernhofkost wie zu Grosis Zeiten. Das Bauernbrot, der Zopf, die Konfitüren, Desserts, Saucen, Suppen, das Rindfleisch: Alles stammt aus eigener Produktion. «Nur das Gemüse und das Schweinefleisch kaufen wir von befreundeten Höfen dazu», erklärt Klara Kummer, die für den kulinarischen Teil zuständig ist. Die Rösti macht sie im Schweineschmalz. Die Eier holt sie am Morgen aus dem Stall. Das Rindfleisch stammt aus Mutterkuhhaltung, das heisst, die Kälber wachsen bei ihren Müttern in der Herde auf. Auch der stattliche Muni namens Hockey ist – wie es sich gehört – auf der gleichen Weide wie die Herde: «Man sieht es den Tieren an, dass sie in einer gesunden Umgebung aufwachsen», sagt Ruedi, der auf der Jurahöhe, 860 Meter über Meer, den Hof mit Kühen, Kälbern, Hühnern, Enten und Bienen bewirtschaftet. Im Herbst kommen auch die Pilze aus dem Jurawald frisch auf den Tisch.

Bauernfrühstück. Der Sonntagszmorge, neudeutsch Bröntsch, gehört zu den vom Aussterben bedrohten Grössen im kulinarischen Erbe der Schweiz. Nur wenige Restaurants pflegen diese einst hochgehaltene Tradition. Unter der Woche gibt es in den meisten Restaurants höchstens bis um 11 Uhr Frühstück. Die Gipfeli sind oft «furztrocken» (und stecken in genoppten Plas-

tikhüllen). Die Konfitüre ist industrielle Massenware in aluminiumüberzogenen Plastikbüchsen. Der Kaffee? Ein Kapitel für sich: Nicht selten wird er mit Kaffeebohnen zubereitet, die im Schnellverfahren mit Infrarot geröstet wurden, was die guten Aromastoffe zerstört. Ein frisches Ei? Führen wir nicht, erklärte mir kürzlich der Chef eines Zürcher Restaurants (beim Kunsthaus), sie hätten aus hygienischen Gründen nur noch Stangeneier. Na wunderbar! Jetzt werden die Nahrungsmittel auch noch in ihre Teile zerlegt, zerhackt und industriell wieder zusammengefügt. Das geschieht auch mit Pouletfleisch, das täuschend ähnlich wieder zusammengepappt wird. Und – noch zynischer – mit Fleisch, das mit einer künstlichen Maserung auf den Teller kommt …

Vergessen Sie es! Und gehen Sie auf den Allerheiligenberg. Hier ist ein Bröntsch noch ein Bröntsch. Bauernbrot und Zopf kommen knusprig frisch aus Klaras Backofen. Die Konfitüren macht die Bäuerin aus den hofeigenen Früchten. Der Käse kommt aus dem Jura und dem Berner Oberland, das Rindfleich vom eigenen Hof, Schinken, Speck, Fleischkäse – alles aus der Region. Ein Spiegelei? Die glückliche Hühnerschar, angeführt von Gockel Kasimir, liefert die frischen Freilandeier. Honig? Sechs fleissige Bienenvölker sammeln den Nektar, der als würziger Honig auf den Tisch kommt. Und wer auf guten Kaffee nicht verzichten will, wird auch in diesem Punkt nicht enttäuscht: Klara füllt die Maschine mit erstklassigen Bohnen, die frisch gemahlen werden und einen wunderbaren Duft entfalten. Schön auf dem Allerheiligen ist nicht nur der Blick auf den Tisch: Man geniesst einen weiten Blick in die Alpen und ins Tal. Da kann es durchaus sein, dass man länger bleiben möchte. Auf dem Bauernhof gibt es deshalb auch Übernachtungsmöglichkeiten, wahlweise in Zimmern oder im Matratzenlager.

– Einige glückliche Hühner vor ihrem eigenem Stöckli auf dem Allerheiligenberg.

– Skulptur «Help 2005» vom Härkinger Künstler Rolf C. Wyss in der Tüfelsschlucht.

– Ruedi und ein Kalb, das bei seiner Mutter in der freien Natur weiden darf.

– Das Buurebröntsch-Buffet auf dem Allerheiligenberg weckt Erinnerungen: In meiner Familie wurde am Sonntag immer ausgiebig gebröntscht. Sogar unter der Woche tischte meine Mutter am Abend gelegentlich «Kafi complet» auf. Mein kulinarisches Gedächtnis verbindet die wunderbarsten Dinge mit diesen Tafelrunden: Milchkaffee, Ovomaltine, goldgelben Zopf, süsse und saure Konfitüren, Bienenhonig, frische Butter, Ankeziger, Eier, Müesli. Genau so gibt es den Bröntsch auf dem Allerheiligenberg.
– Vorspeise: Klaras Älplermagronen (hindersi zubereitet) mit Apfelmus.
– Rindshackspiess mit frischer Rösti und Gemüse.
– Klaras Himbeer-Roulade.

Rezepte von **Klara Kummer** im Anhang.

— **Himbeer-Roulade,** S. 424
— **Holundergelee,** S. 429

Weltoffene Kochkunst

Auch wenn die Basler und Solothurner das Heu nicht immer auf der gleichen Bühne haben – ihre Küche hat eines gemeinsam: Sie ist ausgesprochen weltoffen. In Solothurn prägten die französischen Ambassadoren die Kochkunst entscheidend mit. Im Dreiländereck in Basel waren es die Einflüsse der badischen und der elsässischen Küche: «Es gibt genau genommen keine Basler Küche», sagt Peter Hammel, besser bekannt als Minu, Kolumnist und leidenschaftlicher Hobbykoch. «Wenn etwas typisch ist für die Basler Küche, dann ist es die weltoffene Note.»
Für die Solothurner ist das «Ennet dem Haag»-Essenschon geografisch Programm: Zwei Enklaven, die eine in Kleinlützel, die andere in Mariastein, liegen im Basler Gebiet und grenzen ans Elsass. Eine dritte, die Enklave Steinhof, haben die Solothurner im Kanton Bern platziert, dem sie auch den «Suure Mocke» streitig machen. Sicher ist, dass zumindest die Haselnuss-Bisquit-Torte ins kulinarische Erbe des rot-weiss gewappten Kantons gehört.

Basler Läckerli

Die Basler Läckerli sind vor dreihundert Jahren am Rheinknie entstanden. Zugewanderte Krämer aus Strassburg und Nürnberg brachten die Lebkuchenkunst in die Stadt, und die Basler lernten schnell: Bereits 1720 taucht der Begriff «Läckerli» in den Ratsbüchern auf. Der Herstellungsprozess war geheim und wurde in wenigen Familien weitervererbt: So kamen die alteingesessenen Basler zu ihrem Übernamen, dem Basler «Daig». Die heutige Läckerli-Hochburg ist das Läckerli-Huus, das längst auch neue Darreichungsformen entwickelt hat: Es gibt Läckerli-Liqueurstängeli, Läckerli-Schnaps und sogar ein Power-Läckerli für Sportler. Auch die Gastronomie hat sich dem knackigen Rechteck angenommen und bringt es als Läckerli-Parfait auf die Dessertteller. Seit August 2003 ist das Läckerli auch im *Guinness-Buch der Rekorde* eingetragen: Die Basler lieferten ein 4,5 x 1,4 Meter grosses Läckerli zur Eröffnung der Schweizer Botschaft nach Berlin – den grössten Läcker aller Zeiten!

Solothurner Torte

Bei den Torten waren wir Schweizer schon immer besonders einfallsreich: Mit der Zuger Kirschtorte und der Aargauer Rüeblitorte gehört auch die Solothurner Torte in die heilige Trias der einheimischen Konditorkunst. Die Grundidee stammt allerdings aus dem Bündnerland. Verfeinert und zur Vollendung gebracht wurde sie dann aber in Solothurn, wo sie 1915 als Marke patentiert wurde. Heute ist die Konditorei Suteria die einzige, die sie nach Originalrezept herstellt: mit zart schmelzender Haselnuss-Meringuage und einer leichten Crèmefüllung, deren Rezeptur geheim ist.

Der Duft der Fasnacht und des Rheins

Zu den verrücktesten Tagen des Jahres gehört für jeden richtigen «Basler Beppi» die Mehlsuppe, eine der bekanntesten kulinarischen Kreationen der Stadt. Erstaunlich! Denn erstens ist sie weder besonders aufwendig in der Zubereitung, sondern schon fast «Fast Food». Und

zweitens macht sie sich ausgesprochen rar: Aufgetischt wird sie ausschliesslich an der Fasnacht. «Da sind wir Basler strikt: Der Duft der Mehlsuppe ist für die wildesten Tage im Kalender reserviert», erklärt Benno Emmenegger, Chefkoch im Basilisk. Dort wird die Mehlsuppe an den Fasnachtstagen «comme il faut» zubereitet: mit geröstetem Mehl, Wasser und viel Käse obendrauf.

Rar machen sich auch andere traditionsreiche Basler Spezialitäten: Der Kalbskopf etwa, der im 15. Jahrhundert, in den grossen Zeiten der Basler Safranzunft, noch in einem festlichen Umzug durch die Stadt getragen wurde – vergoldet! Heute gibt es den Kalbskopf – ohne Gold – zum Beispiel im Restaurant Höfli in Pratteln, einer der besten Adressen in der Basler Landschaft. Auch «Monsieur Salm», einst eine der ganz grossen Spezialitäten am Rheinknie, ist in den Basler Kochtöpfen nur noch selten anzutreffen. Bis Mitte des 19. Jahrhunderts kamen die Lachse noch zu Tausenden den Rhein hinauf, um zu laichen. Mit Reusen und Netzen wurden die Fische aus dem Wasser gezogen. Heute kann man den «Salm nach Basler Art» nur noch in einigen wenigen Restaurants geniessen – mit ausländischen Lachsforellen, aber nicht minder gut.

Einkaufstipps Basel und Solothurn

Fleisch von glücklichen Tieren

Im Hofladen der Farnsburg wird herausragendes Biofleisch verkauft – vom saftigen Schinken bis zum Weideschweinskotelett, von der Currywurst bis zum Galloway-Steak. Der Hofladen ist geöffnet am Do. und Fr. von 14–18 Uhr und am Sa. von 9 bis 14 Uhr. Zudem kann man die Produkte auch jeden Freitagmorgen am Buuremärt in Sissach kaufen. *Hofladen Farnsburg, Markus und Theres Dettwiler, Farnsburg, 4466 Ormalingen, Tel. 061 983 10 15, hofgut@farnsburg.ch.*

Allschwiler Honig

Sortenreiner Honig in verschiedenen Varianten (Wald- und Wiesenhonig) sowie Honigwein (Met): *Imkerei zum Bienenvolk, M. Salade, Bettenstrasse 51b, 4123 Allschwil, www.bienenvolk.ch.*

Baselbieter Weine

Pinot noir Clos Martha aus Maisprach, gekeltert von Matthias Gubler. Erhältlich bei *Matthias Gubler, Rebweg 28, 4464 Maisprach, Tel. 079 641 01 32.*
Michael Schaffner, Kienberghof, 4451 Wintersingen, Tel. 061 971 55 89.

Basler Läckerli

Die bekannte Basler Spezialität gibt es in der klassischen reckteckigen Form, neu aber auch als Läckerli-Liqueurstängel, als Läckerli-Schnaps und als Power-Läckerli für Sportler. Erhältlich (auch Postversand) bei: *Läckerli-Huus, Gerbergasse 57, 4001 Basel, Tel. 061 264 23 23, www.laeckerli-huus.ch.*

Öufi-Bier

Die Solothurner haben eine Vorliebe für die Zahl 11: Als elfter Kanton ist Solothurn der Eidgenossenschaft beigetreten, die Stadt hat elf Kirchen, elf Kapellen, elf Brunnen, elf Türme, elf Altare und elf Glocken (in der Kathedrale), und das Foucault-Pendel, das im Naturmuseum die Erddrehung anzeigt, dreht sich um elf Grad pro Stunde. Für Bierliebhaber entscheidend: Die bekannteste Solothurner Brauerei heisst ebenfalls «Öufi» und braut das gleichnamige Öufi-Bier. Die Öufibeiz ist ab 16 Uhr offen. Besichtigungen der Brauerei auf Voranmeldung. *Brauerei Öufi-Bier, Alex Künzle, Fabrikstrasse 4, 4500 Solothurn, Tel. 032 621 49 11, www.oeufi-bier.ch.*

Solothurner Torte

Die luftige Haselnuss-Bisquit-Torte wird exklusiv in der Suteria in Solothurn und Olten verkauft. *Suteria Solothurn, Schmiedengasse 20 und Hauptgasse 65, Suteria Olten, Hauptgasse 11, www.suteria.ch.*

Hobler Buttenmost – Rarität aus Hochwald

Buttenmost nennen die Solothurner das Mark aus Hagebutten, das für Konfitüren verwendet wird. Nur noch zwei Frauen stellen diese Rarität nach alten Produktionsmethoden, das heisst nur durch Pressen und ohne Einkochen, her: Verena Ming und Luzia Müller im Solothurnischen Hochwald. Buttenmost kennt man auch im Elsass und im Schwarzwald als «Hiffenmark». Dass das Produkt nach Hochwald kam, verdankt das einst bitterarme Dorf einem Elsässer Pfarrer, der im 19. Jahrhundert die Idee importierte. Damit begann der Aufstieg zum Buttenmost-Dorf. In Spitzenzeiten stellten über dreissig Bauernhöfe Hagebuttenmark her. «Es ist anstrengend, man muss zupacken können», sagt Verena Ming, die den Buttenmost jeweils ab Ende September bis Anfang November produziert. Verkauf ab Hof (bis Ende Dezember auch in tiefgefrorener Form): *Verena Ming, Kirchrain 17, 4146 Hochwald, Tel. 061 751 47 41 und 061 751 48 21, verenami@bluewin.ch.*

Weitere Restaurants in Basel und Solothurn

SCHÖNE AUSSICHTEN

Blüemlismatt, SO

Das Restaurant Blüemlismatt, auf einer kleinen «Alp» hoch über Egerkingen, bietet nebst guter Küche einen Blick bis in die Berner Alpen. *Restaurant Blümlismatt, Markus Studer, 4622 Egerkingen, Ruhetage: Mo., Di., Tel. 062 398 14 68, www.bluemlismatt.ch.*

SICHERE WERTE

Höfli, Pratteln, BL

Barbara Nebiker und Benno Merz heissen die Gastgeber in einem der besten Restaurants der Basler Landschaft. Es gibt Gemüse aus der Region, Fleisch vom Jenzer, Basler Schmorbraten, Brännti Crème, an der Fasnacht Mehlsuppe und Zibele-Wähe und sporadisch auch mal Kalbskopf. *Restaurant Höfli, Barbara Nebiker und Benno Merz Schauenburgerstrasse 1, 4133 Pratteln, Ruhetag: Mo., Tel. 061 821 32 40, www.hoefli.ch.*

Rollerhof, Basel

Die Traditionsbeiz, die vor allem an der Fasnacht ihre grossen Tage hat: Gegen 200 Liter Mehlsuppe gehen dann über den Tisch. Fast das ganze Jahr gibt es hier auch Basler Salm. *Restaurant Rollerhof Münsterplatz 20, 4001 Basel, Tel. 061 263 04 84, www.rollerhof.ch.*

Sternen, Gossliwil, SO

200-jähriges Landgasthaus auf dem Buechiberg, typischer Bauernstubenstil, urchige Küche. Auf der Gartenterrasse aus Solothurnerstein spendet eine grosse Kastanie Schatten an heissen Tagen. *Susanne Paul, Beat Etter, Hauptstrasse 21, 4579 Gossliwil, Tel. 032 661 10 03, www.sternengossliwil.ch.vu.*

Restaurant Krebs, Grenchen, SO

Das «Krebs» mit Emilio und Alice Blümli ist Legende. Erstens isst man gut, zweitens ist der Weinkeller enorm, und drittens kann man hier die weltweit grösste Havanna-Sammlung bewundern – eingetragen im *Guinness-Buch der Rekorde. Hotel-Restaurant Krebs, Emilio und Alice Blümli, Bettlachstrasse 29, 2540 Grenchen, Ruhetage: Sa., So., Tel. 032 652 29 52, www.hotelkrebs.ch.*

Sternen, Matzendorf, SO

Hinter dem Berg, da wo sich der Jura von seiner schönsten Seite zeigt, kocht Rolf Blaser auf 14-GM-Niveau. Schon der Vater war Spitzenkoch, der Sohn führt die Tradition weiter vom Wurstsalat bis zum Rindsfilet, von der Bratwurst bis zu vegetarischen Gourmetgerichten. *Landgasthof Sternen, Rolf und Brigitte Blaser, Dorfstrasse 41, 4713 Matzendorf, Ruhetage: Di., Mi., Tel. 062 394 16 74, www.sternen-matzendorf.ch.*

ÜBERRASCHEND

Charon, Basel

Jugendstil-Lokal nahe beim Spalentor, bietet die beste Seezunge der Stadt in urgemütlichem Ambiente. Urs Weidmann kocht auf 16-GM-Niveau und gilt als Alleskönner, der mit unkoventionellen Ideen wie einer Kuttelnacht aufwartet. *Restaurant Charon, Urs Weidmann, Schützengraben 62, 4051 Basel, Ruhetage: Mai–Oktober Sa., So., Tel. 061 261 99 80.*

Brauerei Fischerstube, Basel

Hier wird das bekannte Ueli-Bier hergestellt – dunkel (aus Malz), gehopft, hell oder obergärig. Im Restaurant Fischerstube kann man essen und den Ueli-Brauern mit Blick auf das Sudhaus und den Gärkeller zusehen. *Brauerei Fischerstube, Rheingasse 45, 4058 Basel, Tel. 061 692 66 35.*

Hof Buchmatt, Nusshof, BL

Die Nusshof-Metzgete ist legendär. Serviert wird die Gourmet-Schlachtplatte im Spätherbst von Freitag bis Sonntag auf dem Heuboden. Da sich das längst herumgesprochen hat, ist eine Vorreservation zu empfehlen. Aber auch unter dem Jahr ist das Bauernhof-Restaurant einen Besuch wert. *Hof Buchmatt, Louise und Paul Andrist, Buchmattweg 1, 4453 Nusshof BL, Tel. 061 921 02 62.*

SPITZE

Martin, Flüh, SO

Topshot im kleinen Dörfchen Flüh: Hier kocht Werner Martin, während seine Frau Evelyne charmant die Gäste betreut. Michelin-Stern-Haus mit 17 GM-Punkten. *Restaurant Martin, Hauptstrasse 94, 4112 Flüh, Ruhetage: So., Mo., Tel. 061 731 10 02, www.restaurant-martin.ch.*

Stucki Bruderholz, Basel

Pierre Buess kocht auf dem Niveau von 18 GM-Punkten in einem gepflegten Ambiente mit schönem Garten. *Restaurant Stucki Bruderholz, Pierre Buess, Bruderholzallee 42, 4059 Basel, Ruhetage: So., Mo., Tel. 061 361 82 22, www.stucki-bruderholz.ch.*

FLUCHTWEGE FÜR GRENZGÄNGER

Die Basler Beppi sind keine Stubenhocker: Wer etwas auf sich hält, isst auch mal jenseits der Grenzen. Insbesondere zur Spargel- und Wildzeit warten im Schwarzwald und im Elsass wahre Leckerbissen auf die Geniesser.

Wistub Sommelier, Bergheim (F)

Im Elsass. Cuisine du terroir, fein und leicht zubereitet in wunderschönem, altem Gemäuer. *Wistub Sommelier. F-68750 Bergheim, Ruhetage: Di.-Abend, Mi., Tel. 0033 389 73 69 99.*

Gasthof Hirschen, Obereggenen (D)

Im Badischen. Rustikale Bauernbeiz mit Kalbsleber, Kuttelnsalat oder Kutteln an Weisswein. *Marktgräfler Land Hirschen, D-79418 Obereggenen, Ruhetag: Mo., Tel. 0049 7635 1372.*

Krone, Freiamt-Mussbach (D)

Die Gastrokritiker schwärmen von diesem Landgasthaus. *Restaurant Krone, D-79348 Freiamt-Mussbach, Ruhetage: Mo., Di., Do., Fr. mittags, Mi. ab 17 Uhr, Tel. 0049 7645 227.*

Bernerplatte, Suure Mocke und Meringue: In Sachen Essen macht den Bernern keiner etwas vor. Schliesslich haben sie einige der grossartigsten Inszenierungen bäuerlicher Esskultur erfunden. Und der Prozess ist immer noch im Gang. Schon mal von im Hanfrauch geräucherter Hamme, von Emmentaler Mozzarella oder von der Kandertaler Liebescrème gehört …?

BERN

Gut schlemmen im Kanton Bern

RESTAURANT **64**

Kemmeriboden-Bad Schangnau

RESTAURANT: **Kemmeriboden-Bad**

ADRESSE: **6197 Schangnau**

GASTGEBER: **Elisabeth und Heiner Invernizzi-Gerber**

TELEFON: **034 493 77 77**

INTERNET: **www.kemmeriboden.ch**

RUHETAGE: **Sommer: So. ab 18 Uhr, Winter: So. ab 18 Uhr, Mo.**

BETRIEBSFERIEN: **Dezember**

WEGBESCHRIEB: **Dorfmitte Schangnau nach Kemmeriboden. Bus ab Escholzmatt.**

SPEZIELL: **schöner Garten**

Unweit vom Quellgebiet der Emme, auf 1000 Metern Höhe, führen Elisabeth und Heiner Invernizzi das Hotel-Restaurant Kemmeriboden-Bad. 1882 wurde der Gebäudekomplex gebaut, der heute unter Heimatschutz steht. Dank eigener Mineralquelle war der Kemmeriboden früher ein beliebter Kur- und Badeort. Heute konzentrieren sich die Aktivitäten auf den Restaurant- und Hotelbetrieb (31 Zimmer, darunter einige mit Sprudelbad).

Büffelmozzarella, Bernerplatte und Meringues

Zuhinterst im Emmental, wo sich die Füchse und neuerdings auch die Wasserbüffel gute Nacht sagen, ist alles ein bisschen mächtiger: das stattliche Gasthaus mit Spycher und Stöckli, die altehrwürdigen Kastanien- und Lindenbäume und vor allem das kulinarische Angebot, das die Schätze der Region auf die Teller bringt. **Chlepfmoscht und Suppe im Bauernbrot.** Heiner Invernizzi, der Chef des Hauses, lässt uns aus der reich bestückten Karte einige Rosinen pflücken: Wir starten mit Schaumwein aus frischen Beeren, einer Hauskreation. Der Chlepfmost wird vom Küchenchef Hans Zaugg mit Früchten aus dem Emmental angesetzt – je nach Saison mit Erdbeer-, Himbeer- oder Johannisbeeren. Dann überrascht uns die Küche mit einer Erbsensuppe: Geräuchter Speck und kleine Stücke vom Schweinsschnörrli schwimmen in der sämigen Pracht. Wers lieber fleischlos will, wählt die Crèmesuppe mit Bergkräutern, serviert in knusprigem Bauernmutschli (Brot) oder löffelt die Holzrahmsuppe, zubereitet mit einem Fond aus jungem Tannenholz. «Nur zum Probieren», wie der Gastgeber sagt, tischt er noch zwei Emmentaler Klassiker auf: Chrugeli-Pastete, gefüllt mit Kalbfleischstückchen an weisser Sauce, und ein butterzartes Lammvoressen mit Rüebli und Kohlrabi. «Und jetzt müsste ich eigentlich in die Alphörner blasen», lacht Invernizzi, der als Krönung die bekannteste Spezialität des Kantons auffahren lässt.

Die Bernerplatte! Saftiger Speck, Rippli, Schnörrli, Knödli, Zunge, Zungenwurst, Siedfleisch, Salzspeck, frische Rindsleber, dazu Salzkartoffeln, Sauerkraut, Sauerrüben, grüne Bohnen aus dem Garten, Dörrbohnen – durchaus möglich, dass ich eine Zutat vergessen habe. Diese gewaltige Bernerplatte ist das Normalmass im Kemmeriboden-Bad: Alles wird frisch zubereitet, nur bestes Fleisch und Biogemüse aus der Region darf sich hier ein Stelldichein geben. Kenner bestellen die «Nationalspeise» im Voraus, inklusive Tisch unter den Bäumen vor dem Haus oder – noch schöner – hinten beim Spycher mit Blick auf die Wälder, wo sich die Füchse und eben auch die Urochsen gute Nacht sagen. **Emmentaler Mozzarella.** Unweit vom mächtigen Gasthof grasen asiatische Wasserbüffel. «Zu Beginn haben die Leute über die Bauern mit den Urochsen gelacht», sagt Invernizzi, «das Emmental ist schliesslich für den Käse mit Löchern bekannt und nicht für Büffelkäse. Heute ist der Mozzarella ein Klassiker.» Fritz Gfeller, einer der beiden Urochsen-Pioniere, nimmt für uns seinen mächtigsten Büffel aus dem Stall, «Struss» heisst er, 800 Kilogramm bringt er auf die Waage. «Die Milchleistung ist geringer als bei Milchkühen», erklärt Gfeller, «dafür ist der Fettgehalt der Milch viel höher.» Produziert wird der Emmentaler Mozzarella von der Käserei Wald in Schangnau, und serviert wird sie im Kemmeriboden jeweils ab April mit kaltgepresstem Olivenöl. Etwas früher ist Fisch das Saisonthema. Da der Kemmeriboden über eigene Fischgründe verfügt, gibt es nach der Laichzeit ab Mitte März frische Bachforellen und Saibling.

– Fritz Gfeller und der Urochse Struss. Von dieser Alp kommt der Büffelmozzarella, der im Kemmeriboden auf der Karte steht.
– Urwüchsige Emmentaler Baukunst: eine besonders schöne Ecke des Kemmeriboden-Bads.
– Die Emme, die unweit vom Gasthaus unter dem Brienzer Grat entspringt.
– Chlepfmost aus hauseigener Produktion.

– Die Bernerplatte vom Kemmeriboden-Bad: So reichhaltig ist sie nicht nur, wenn sie vor die Kamera darf!
– Büffelmozzarella, der neue «Klassiker» im hinteren Emmental.
– Crèmesuppe mit Bergkräuter im knusprigen Bauernmutschli.
– Emmentaler Lammvoressen mit Kartoffelstock und Gemüse.
– Die legendären Schangnauer Meringues.

Rezepte von **Hans Zaugg** im Anhang.

— **Emmentaler Holzrahmsuppe,** S. 405
— **Waldpilze in Blätterteighaus,** S. 403

RESTAURANT **65**

Löwen
Heimiswil

RESTAURANT: **Löwen**

ADRESSE: **3412 Heimiswil, Dorfstrasse 2**

GASTGEBER: **Daniel Lüdi**

TELEFON: **034 422 32 06**

INTERNET: **www.loewen-heimiswil.ch**

RUHETAGE: **Mo., Di.**

BETRIEBSFERIEN: **2 letzte Juli–1. Aug.-Woche**

WEGBESCHRIEB: **Bei Burgdorf. Bus ab Bahnhof Burgdorf.**

SPEZIELL: **ältester Löwe der Schweiz (seit 1340)**

Der Löwen in Heimiswil ist der älteste Löwe, vielleicht sogar die älteste Wirtschaft der Schweiz. Nur der Bären in Münsingen kommt dafür noch in Frage, endgültig haben dies die Historiker allerdings bis heute nicht klären können. Auch die Lüdis sind beständig: Seit 125 Jahren wirten sie im Löwen. Daniel hat den Kochlöffel 1993 von seinem Vater übernommen und repräsentiert die vierte Generation. Unweit vom Löwen, in Lützelflüh, ist die Gotthelf-Gedenkstätte, im Löwen wurden einige Szenen zum Film *Ueli der Knecht* gedreht.

Hier brüllt der älteste Löwe der Schweiz

Wo gibt es den besten «Mocken»? Kenner der sauren Materie nennen zwei Restaurants: den Brunnen in Fraubrunnen mit Alexander Rufibach am Herd. Und den Löwen in Heimiswil mit Daniel Lüdi. Für ihn haben wir uns entschieden. Zum einen wegen dem Löwen: Bereits 1340 wurde der Landgasthof urkundlich erwähnt und ist damit der älteste Löwen der Schweiz. Dann aber auch, weil hier schon einige «hohe Herren» gesessen haben. Stolz zeigt uns Daniel Lüdi die Stühle aus Kirschbaumholz: Rudolf Gnägi, Willi Ritschard, Adolf Ogi und andere Namen sind in den Lehnen eingeschnitzt. Lüdi huscht ab in die Küche. Ich setze mich auf den massivsten aller Promistühle, den Ritschard-Stuhl, und geniesse die Dinge, die da kommen: Zuerst ein luftiges Blätterteigpastetli, dann Grosis Zwiebelsuppe mit Fäden von Safran aus der Walliser Region Mund. Es sind Ouverturen, die den Star des Abends bestens vorbereiten.

Der Saure Mocken. Und dann kommt er, der legendäre, der saftige, im dunkelbraunen Fond schwimmende, von frischem Kartoffelstock und viel Gartengemüse begleitete Berner Suure Mocke! Grossmutter Marie Lüdi hat die nicht mehr verbesserbare Vorgabe für das Hausrezept geliefert – und es ist der feinste «Saure», den ich bisher auf dem Mund zergehen lassen durfte. Die Sauce ist so gut, dass ich sie bis auf den letzten Tropfen mit dem hausgemachten Zopf austunke. Da

bleibt kaum mehr Platz für den letzten Höhenflug: Gebrannte Rumschaum-Crème, serviert im Nideltopf beziehungsweise Mälchterli, wie es im Emmental heisst. «Da hats viel Eiweiss drin», sagt Daniel, der auf dem Ogi-Stuhl Platz nimmt und bei einem Glas Löwen-Stöckler aus der Schule plaudert.

«Als Kind habe ich die Berner Platte gehasst. Die gab es bei uns immer am Donnerstag. Jeden Donnerstag Bernerplatte mit Sauerkabis! Und alles musste aufgegessen werden! Heute habe ich sie gern und führe sie ebenfalls auf der Löwen-Karte.» Und was hält er von Fertig-Food? Lüdis Augen blitzen: «Hier, rund um Heimiswil, gibt es Dutzende von Bauern, die hervorragende Kartoffeln machen, Rüebli, die noch nach Rüebli schmecken, nicht dieses Sagexzeugs. Wir machen jede Sauce, sogar die Bouillon selber. Das ist für mich die Essenz der Küche, nicht diese ‹ranggigen› Fertigsaucen.» Sagt es und verschwindet, um mir kurz darauf noch einen wunderbar feinmundigen Emmentaler Träsch zu servieren, der selbstverständlich von einem Bauern aus der Umgebung stammt.

Gotthelf lässt grüssen. 1997, im Jubiläumsjahr des Emmentaler Schriftstellers, hat Daniel bewusst alte Rezepte nach vorne geholt, viele von seiner Grossmutter: «Diese Urgerichte sind ein Riesenerfolg, weil sie Erinnerungen wach rufen und nach etwas schmecken», erklärt der umtriebige Wirt, der auch mal einen Brunch mit Jazz anbietet oder seine Gäste selber kochen lässt. Eben stand der Heimiswiler Künstler Pierre Mettraux am Herd und kochte Piemonteser Variationen. «Kochen ist die schönste Kunst», sagt Mettraux, der 2005 die Grimsel-Staumauer bemalt hat. «Was mich besonders fasziniert, ist jedoch an Lüdis ‹Table de chef› stehen zu dürfen und zu kochen, was mir gefällt.» Falls Sie auch einmal zeigen möchten, was Sie können: Die Telefonnummer des Löwen steht links oben …

– Die Küchenbrigade im Löwen.

– Treppenhaus im Löwen – ein Ambiente wie zu Gotthelfs Zeiten. Der Bauernschriftsteller wurde nicht weit vom Löwen geboren. 1954 wurden hier auch einige Szenen des Films *Ueli der Knecht* gedreht.

– Das grosse Hobby des Löwen-Wirts sind selbst restaurierte Oldtimer: Im Bild sein Dodge Coronet, Jahrgang 1969.

– Das Stöckli neben dem Wirtshaus.

– Rumschaum-Crème, serviert im Nideltopf bzw. «Mälchterli».
– Knuspriges Apéro-Hausgebäck mit alter Eisenform zum Ausstechen.
– Blätterteig-Pastetli mit Kalbfleisch und Rahm-Bratensauce.
– Der Saure Mocken mit viel Sauce und Gemüse aus dem Löwen-Garten.

Rezepte von **Daniel Lüdi** im Anhang.

— Suure Mocke nach Löwen-Art, S. 414
— Grosis Zibelesuppe, S. 403

RESTAURANT **66**

Moospinte
Münchenbuchsee

RESTAURANT: **Moospinte**

ADRESSE: **3053 Münchenbuchsee**

GASTGEBER: **Oskar und Ursula Marti**

TELEFON: **031 869 01 13**

INTERNET: **www.moospinte.ch**

RUHETAGE: **So., Mo.**

BETRIEBSFERIEN: **keine**

WEGBESCHRIEB: **beim Golfplatz Münchenbuchsee**

SPEZIELL: **Oskis Kräutergarten**

In der Moospinte wird spürbar, dass ein guter Wirt auch Philosoph, Künstler, Ökologe, Ökonome, Designer, Religionsstifter, Werber, kurz: ein nachdenkender Allrounder, ist. Oskar Marti ist nicht nur Spitzenkoch. Ein halbes Dutzend Bücher hat der umtriebige Moospinte-Wirt über seine Kräuterküche und seine Essphilosophie geschrieben, darunter auch Kinderkochbücher mit dem Namen «Cocolino». Bereits wartet das neuste Oski-Projekt: Unter dem Label «Cocolino» will er den Kindern die Werte des Essens näher bringen, von der Sprache über das Kochen bis zur Ökologie. Geplant ist ein Baumhaus in Grindelwald und an weiteren Orten. Mehr dazu auf: www.cocolino.ch.

Der Schamane im Kräutergarten

Meine Geschmacksknospen müssen in der Moospinte auf die Schulbank: Denn die Nuancen in Oskar Martis Kräuterküche sind feiner, die Duftnoten ätherischer, die Farben pastelliger. Nichts knallt lautstark ins Gehirn und sagt: Ich schmecke nach Tomate. Nirgends ist ein Gewürz «einfach so» dabei. Alles hat Sinn, wird mit Verstand und profundem Wissen aufeinander abgestimmt. Es ist die hohe Schule des Kochens, ausgerichtet auf alle Sinne: «Bei meiner Küche muss man die Sensoren feiner stellen», sagt der Kochkünstler, Kommunikator und Kräuterexperte, den die ganze Schweiz als Chrüter-Oski kennt.

Essen mit Wissen. Als Erstes serviert uns Chrüter-Oski ein Mousse. Klar kann man sein Mousse einfach so geniessen – doch das ist im Universum des Kräuterküchengurus nur das halbe Mousse. Es braucht ihn, den kulinarischen Reiseführer, um zu verstehen, was man wirklich isst: «Das ist ein Mousse von im Hanfrauch geräuchertem Bauernschinken mit frischen Sommertrüffeln von der Aare, dazu gibt es im Rosenblütenwasser marinierte Melonen», erklärt Oski, der jedes Gericht und jeden Gast begleitet. Es braucht diese Information, damit das Hirn, abgestumpft von Geschmacksverstärkern und künstlichen Aromen, die feinen Nuancen überhaupt einordnen kann. Fünf Tage lang hat er die Blüten der Beckenrosen in Zuckerwasser eingelegt – ein alter Hausfrauentrick: «Frauen, die

Guetzli machen, kennen diese Technik seit langem», sagt Oski und präsentiert bereits die nächste Irritation.

Heusuppe. Die ist zwar grundsätzlich nicht neu, irritiert aber trotzdem: Denn serviert wird sie nicht heiss, sondern im Gazpacho-Stil. «Die Duftnoten des Frühlingsheus kommen kalt nur sehr verhalten zum Ausdruck», erklärt Oski, «aber man kann sie herausspüren, denn im Bergfrühling sind die Wiesen am kräftigsten, voll von aromatischen Wildkräutern wie Arnika, Salbei, Kamille und Frauenmantel. Das macht die Heusuppe zu einer kleinen Naturapotheke.» Das nächste Gericht nennt Oski «Überraschungskörbchen». Dekoriert ist das Körbchen mit Kapuzinerkresseblüten, darin sind Bohnen, geröstete Brotbrösmeli und Eierschwämme: «Die ersten Bohnen im Jahr hat meine Mutter immer mit Brösmeli zubereitet», erklärt Oski, der damit eine poetische Liebeserklärung an seine Mutter geschaffen hat. So wie der Kräuterguru ohnehin viel aus alten Zeiten und überliefertem Wissen schöpft: Das Mousse von Cassis mit einer Crème von weissen Johannisbeeren mit Parakresse ist bewusst «sauer» konzipiert, um die vorherigen, fetthaltigeren Hauptgänge zu neutralisieren. Auch das wurde früher intuitiv und mit einfacheren Mitteln praktiziert. Klassisch etwa der Käse, der nach einem süssen Dessert den ph-Wert ausbalanciert.

Optische Täuschung. Auch das Hinsehen muss man in der Moospinte wieder lernen. Nach dem sauren Zwischengang folgt ein knuspriges Lammkotelett an einer Safransauce mit Safranfäden. Doch der «Safran» besteht in Tat und Wahrheit aus getrockneten Ringelblumen, was Oski jedem Gast mit Genuss erklärt: «Aus den getrockneten Ringelblumen wird zuerst ein Pulver, dann eine Paste gemacht, und daraus werden die falschen Safranfäden gefertigt – eine ziemlich aufwendige Sache.» Ob echt oder falsch: Meine Sensoren entschlüsseln das rosa gebratene Lammkotelett schnell und klar als «sehr gut». Genau wie die grünen Nüsse, die der Küchenmagier zum Abschluss noch aus dem Zylinder zaubert – «nach dem Hagel gepflückt, mit Nadeln angestochen und im Wasser eingelegt». Mit einem Millefeuille mit Aprikosen, Heidelbeeren und Goldmelissen-Glace erreicht die Vorstellung im Garten der Moospinte das Finale. Meine Geschmacksknospen haben eine Menge dazugelernt.

– Der Garten mit Kastanienbäumen. Hier kann man, wie Oski auf Berndeutsch sagt, «den Herrgott es guets Mannli sii laa».
– Eingang zur Moospinte.
– «Jede Pflanze ist ein Universum», sagt Chrüter-Oski, «die Natur liefert den Taktfahrplan für meine Küche.»

- Mousse von im Hanfrauch geräuchtertem Bauernschinken mit Trüffelscheibe von der Aare und im Rosenwasser marinierten Melonen.
- Überraschungskörbchen (Hommage an Oskis Mutter) mit Bohnen, gerösteten Brotbrösmeli und Eierschwämmen, dekoriert mit Kapuzinerkresseblüten.
- Lammkoteletts an einer Safransauce mit falschen Safranfäden.
- Millefeuille mit Aprikosen-, Heidelbeer- und Goldmelissen-Glace.

Rezepte von **Oskar Marti** im Anhang.

— **Rosen-Panna-cotta mit frischen Walderdbeeren oder Himbeeren,** S. 427

— **Quark- und Sommerkräuter-Quiche mit Parakresse,** S. 428

RESTAURANT **67**

Drei Fische Lüscherz

Drei Fische vom Feinsten

RESTAURANT: **Drei Fische**

ADRESSE: **2576 Lüscherz, Hauptstrasse 29**

GASTGEBER: **Madeleine und Hans-Jörg Girsberger**

TELEFON: **032 338 12 21**

INTERNET: **www.3fische.ch**

RUHETAGE: **Mi., Do.**

BETRIEBSFERIEN: **2 Wochen im Sept. und 3 Wochen im Jan.**

WEGBESCHRIEB: **Lüscherz, Dorfmitte. Zug ab Biel.**

SPEZIELL: **Goldener Fisch**

Ein unübersehbarer Mittelpunkt im kleinen Bielerseedörfchen Lüscherz: das stattliche Restaurant Drei Fische mit Taverne und Garten. Das Haus, in dem Hans-Jörg Girsberger kocht, ist seit über drei Jahrzehnten auf hochstehende Fischgerichte spezialisiert – ausgezeichnet mit dem Goldenen Fisch.

Fisch, Fisch und nochmals Fisch – und das auf höchstem Niveau und seit Jahrzehnten: Im Restaurant Drei Fische in Lüscherz ist die Menükarte ganz auf die Schätze des Seelandes ausgerichtet. Im Rhythmus der Natur kommen Felchen, Egli, Trüschen und Zander, je nach Jahreszeit auch Seeforellen und Hecht fangfrisch auf den Teller. Einzig der Wels, im Murtensee vergleichsweise häufig zu finden, ist im Bielersee eine Rarität. Selbst Hans-Jörg Girsberger, der mit seiner Frau Madeleine das Fischrestaurant seit drei Jahrzehnten führt, hat in seiner Karriere nur zwei Welse zubereitet. Beim letzten war die Presse schnell zur Stelle: Das Resultat – eine farbige «Homestory» – lässt sich gerahmt im Gang des Restaurants bewundern.
Obwohl wir an einem regnerischen Sommerabend die Drei Fische besuchen, sind nicht nur die gemütlichen Gaststuben im Innern, sondern auch sämtliche Tische im Garten besetzt. Ein untrügliches Zeichen, dass man hier gut und zu fairen Preisen isst. Angefangen beim Sommersalat mit Felchen und Eierschwämmen, der zeigt, dass auch bei Grossandrang jedes Gericht als einzeln angefertigte Präzisionsarbeit verstanden wird. Der Hauptgang ist ein Gratin de perche «Jolimont», bei dem die Egli in einer leichten, fast «fruchtigen» Weisswein-Rahmsauce liegen. Ein Hügel hinter Lüscherz hat der Spezialität des Hauses den Namen gegeben. Abgerundet wird unsere «Seereise» fruchtig, mit einem er-

frischenden Aprikosen-Parfait, charmant serviert von Andrea, der älteren der beiden Girsberger Töchter.

Familienbetrieb. Die ganze Familie arbeitet im Betrieb mit: Vater Girsberger ist für die Küche zuständig, Mutter Madeleine Girsberger betreut die Gäste, während die jüngere Tochter Patrizia den administrativen Teil betreut. «Für mich ist die Gastronomie ein Traumberuf», sagt die hübsche junge Frau, die sich vorstellen kann, den Betrieb eines Tages zu übernehmen. «Vor allem der önologische Teil fasziniert mich. Ich besuche Weingüter, sammle Weingeschichten und bringe immer wieder Raritäten nach Hause, die in die Weinkarte aufgenommen werden.»

Obwohl Fisch seit über drei Jahrzehnten das Hauptthema des Hauses ist, überlässt Hans-Jörg Girsberger das Fischen lieber den Fischern: «Das ist nicht mein Ding», sagt der Kochprofi, der es sich nicht nehmen lässt, jeden Morgen den frischen Fang selber zu begutachten. «Das Ausgangsprodukt muss erstklassig sein», sagt er, «nur dann kommt auch hinten etwas Gutes heraus.»

– Die Drei Fische sind Gourmetrestaurant und Dorfbeiz zugleich.
– Die beiden Girsberger-Töchter, links Andrea, rechts Patrizia.
– Hinter dem Haus, abgeschirmt von der Strasse, wird auch auf der gedeckten Terrasse oder unter den grossen Bäumen aufgedeckt.

– Sommersalat mit Felchen und Eierschwämmen.
– Gratin de perche «Jolimont» mit Egli in einer Weisswein-Rahmsauce.
– Aprikosen-Parfait mit frischen Früchten aus dem Seeland.

Rezepte von **Hans-Jörg Girsberger** im Anhang.

— Felchen «Jean-Jacques Rousseau», S. 408
— Lüscherzer Fischsüppchen, S. 406

Der Fischer von Lüscherz

Remo Grimm gehört zu den Berufsfischern, die das Restaurant Drei Fische in Lüscherz seit Jahrzehnten beliefern. Um 5 Uhr früh, an einem kühlen Sommermorgen, fahren wir mit dem wind- und wettergestählten Fischer hinaus. Angelika, die 22-jährige Tochter seines Bruders, ist mit dabei. Die junge Universitätsstudentin weiss genau, wie das Einholen der Netze funktioniert: «Schon als Kind war ich mit Grossvater Grimm auf dem See und habe die Egli und Felchen aus dem Netz geklöppelt. Vor allem bei den Egli muss man aufpassen, denn die Gräte sind messerscharf», sagt Angelika, die kräftig zupackt. Routiniert und in hohem Tempo holt sie zusammen mit Remo die im Netz verhangene Beute heraus. Der Fang ist gross, denn die Wetterprognose steht auf Sturm: «Dann gehen die Fische in der Regel eher ins Netz», sagt Remo, «aber auch wenn der Fang kleiner ist, gibt es genug zu tun.» Nur vier bis fünf Stunden kommt der Berufsfischer in den Sommermonaten zum Schlafen. Um 7 Uhr abends fährt er hinaus, um die Netze zu legen. Um 5 Uhr früh geht es auf den See, dann filettiert er die Fische in seiner Hütte am Hafen und geht anschliessend mit seinem Mofa auf Beizentour. Mehrere Stammkunden bedient Remo im Bieler Seeland und verkauft den Fisch jeweils am Morgen auch am Hafen (siehe Einkaufstipps, S. 395).

Remo, von klein auf immer auf dem Bielersee.

RESTAURANT **68**

Bären
Reichenbach

RESTAURANT: **Bären**

ADRESSE: **3713 Reichenbach**

GASTGEBER: **Christian und Barbara Künzi**

TELEFON: **033 676 12 51**

INTERNET: **www.baeren-reichenbach.ch**

RUHETAGE: **Mo., Di.**

BETRIEBSFERIEN: **3 Wochen Juli**

WEGBESCHRIEB: **in Reichenbach, im oberen Dorfteil. Bus ab Spiez.**

SPEZIELL: **14 GM**

Bären gibt es im Kanton Bern einige hundert. Nebst dem Bären in Münsingen (dem ältesten der Schweiz) gehört der Bären in Reichenbach zu den traditionsreichsten. Hier wurde früher Gericht gehalten. Heute führen Barbara und Christian Künzi das über 500-jährige Haus in sechster Generation. Zum Betrieb gehören mehrere Hotelzimmer, darunter auch einige in kleinen Chalets, «Spycher» genannt, angrenzend an den Bären-Dorfplatz und das gemütliche Gartenrestaurant.

Buurehamme, Eierrösti und eine bärenstarke Crèmeschnitte

Er ist der jüngste Koch im Berner Oberland. Doch was Christian Künzi mit seiner Frau Barbara in diesem mächtigen Wirtshaus leistet, ist Urküche vom Feinsten! In einem grossen Topf setzt Christian zwei Mal pro Woche zehn Liter Fond an, damit er richtig kräftig wird: «Der Fond ist das Herzstück der Küche, obwohl er viel Arbeit gibt. Aber das ist schliesslich der Sinn des Kochens, dass man alles selber macht!» Die Qualität seines kulinarischen «Herzstücks» zeigt sich bereits bei der Vorspeise: sautierte Steinpilze vom Niesen, begleitet von einem Kalbsjus von der Sorte «Achtung-der-kann-süchtig-machen». Auch der Saure Mocken schwimmt im Bären in einer perfekt abgeschmeckten Sauce. Dann gibt es Buurehamme mit Eierrösti. Letztere – eine Art Rührei – wurde früher mit altem Brot gemacht. «Heute verwende ich unseren hausgemachten Zopf vom Vortag, der wird in Butter geröstet und mit Eiern, Milch, Rahm und Gewürzen vermischt», erklärt Christian.

Der Bären ist auch eine Konditorei. Nicht nur den goldgelben Zopf macht der Bären-Koch selber. Auch das Hausbrot und die Blätterteigbahnen für die Crèmeschnitten werden im holzgefeuerten Ofen jeden Tag frisch gebacken. Und die sind bärenstark: Dick und gross, gefüllt mit Vanillecrème werden die Crèmeschnitten aufgetischt. Das ist Barbaras Domäne. Im Bären ist sie aufgewachsen, von ihren Eltern haben sie und Christian am 1. August 2003 den Betrieb übernommen. Drei Kinder – Timon, Jonas und Jana – gehören mit zur Familien-Crew. Und alle, sogar der Hauskater Benji, haben blaue Augen. Dass Christian die besten Crèmeschnitten weit und breit macht, ist kein Zufall. Bei Jörg Möschberger hat er die Kochlehre absolviert und sich das Konditor-Flair geholt. «Ich habe ein halbes Jahr in der Patisserie gearbeitet. Das hat mich enorm fasziniert», sagt Christian, dessen Leistung auch den Gault-Millau-Testern nicht entgangen ist: Mit guten 14 Punkten wurde der jüngste Koch der Region bewertet. Zu sehen ist die rote Punktetafel jedoch nirgends: «Ich bin nicht dafür, diese Schildli rauszuhängen», sagt Christian, «zumal bei den Bewertungen nicht nur die Kochqualität zählt. Die haben zum Beispiel die Stühle in der Gaststube als zu unbequem kritisiert – schöne, historische Stühle! Ich denke ohnehin, dass der Trend weggeht vom Firlefanz wie Fisch mit Mangosauce. So etwas kann ich hier im Bären ohnehin nicht anbieten. Die Leute würden sich krümmen vor lachen.» Die «Leute», das sind im Bären die Bewohner des Dorfs, Handwerker, Bauern aus der Umgebung, die hier ihren Vinzel trinken. Oder einen Spiezer Blauburgunder. Im Keller des Hauses wartet so mancher erlesene Tropfen auf seine Erweckung. Barbara, die auch das Amt des Someliers innehat, kennt sie zwar noch nicht alle – «aber ich arbeite hart daran», lacht die junge Gastgeberin.

Vorbild Anton Mosimann. Der Schweizer Spitzenkoch, der im Dorchester in London kocht, gehört zu den Vorbildern Christians. «Der macht eine einfache, aber hochstehende Küche, genau wie ich sie anstrebe. Sehr viel habe ich auch im Bären in Gerzensee gelernt, im Gürbental: Da kocht Franz Marilley, ein urchiger Chaib, einfach, ehrlich, klar. Das denke ich, ist die Richtung.» Das denke auch ich und geniesse zum Abschluss noch den Hauskirsch, Jahrgang 1978, aus dem Oberländer Dorf Einigen. Eine gute Wegzehrung für eine Wanderung, zum Beispiel ins Kiental, das als Naturparadies gilt und in dem urgemütliche Bergbeizli wie das Golderli warten – mit einer weiteren Berner Oberländer «Ikone»: dem Hobelkäse (siehe weitere Restaurants, S. 396).

– Ein Ambiente wie aus Gotthelfs Zeiten: Der Bären in Reichenbach gilt als eine der schönsten Wirtschaften der Schweiz. Neben der Wirtschaft befinden sich mehrere «Stöckli», die zum Hotelbetrieb des Bären gehören.

– Wo immer man hinsieht: Die Künzis sind stolze Berner!

– Bärenstarke Crèmeschnitte.
– Grosis Zwiebelsuppe.
– Eierrösti mit Bauernhamme.
– Sautierte Steinpilze vom Niesen mit Kalbsjus.

Rezepte von **Christian Künzi** im Anhang.

— **Crème d'amour,** S. 426
— **Eierrösti,** S. 420

RESTAURANT **69**

Ruedihus
Kandersteg

RESTAURANT: **Ruedihus**

ADRESSE: **3718 Kandersteg, Hauptstrasse**

GASTGEBER: **Anne und René F. Maeder**

TELEFON: **033 675 81 82**

INTERNET: **www.doldenhorn-ruedihus.ch**

RUHETAGE: **Mi., in der Saison**

BETRIEBSFERIEN: **keine**

WEGBESCHRIEB: **am Dorfende von Kandersteg**

SPEZIELL: **Bib-Gourmand**

Das Ruedihus in Kandersteg ist eines der ältesten Holzhäuser im Berner Oberland. Dass das Haus noch steht, soll einer Pflanze zu verdanken sein: Als die Zimmerleute 1753 mit dem Bau fertig waren, legten sie Allermannsharnischkraut unter die Türschwelle. Und tatsächlich: Als 1908 ein Brand ausbrach, wurde nur die hintere Fassade zerstört. Die Frontseite mit all ihren Sprüchen, Segnungen und Bildern blieb vollständig erhalten. Zum Glück! Sie ist ein beliebtes Fotosujet für Touristen.

Härdöpfel-Terrine und Linas Visitenbrei

Dunkel gebeiztes Holz, Rundscheibenfenster, uralte Möbel: Das Ruedihus in Kandersteg ist fast zu schön, um wahr zu sein. Stattliche 250 Jahre trägt das Holzhaus auf dem Buckel. Es soll eines der ältesten im ganzen Berner Oberland sein. Ringsherum erheben sich nicht minder wuchtige Zeitzeugen: Der Fleck heisst «Vielgefallen», so mancher Felssturz hat hier seine Spuren hinterlassen. Nicht aber am Ruedihus! Das steht unverrückbar am Fuss des Firstmassivs – samt dem kleinen Stöckli, auch Liebeslaube genannt, das die Hotelgäste mieten können. Schon so manche schöne Nacht, behaupten die Kandersteger, sei hier abgehalten worden …

Oberländer Landküche. Per Handschlag ist der Hotelier René Maeder 1990 in den Besitz des ehrwürdigen Holzbaus gekommen. Er holte die alte Bausubstanz wieder nach vorn und machte eine Wirtschaft wie in den alten Zeiten. Entsprechend prominent ist etwa der Saure Mocken (Suure Mocke) auf der Menükarte. «Dafür sollte man mindestens vier Kilo Fleisch nehmen, sonst wird das nichts», sagt René und ergänzt: «Aufgewärmt schmeckt er sogar am besten!» Auch Fondue ist im Ruedihus auf Gourmetniveau zu haben – mit eigener, würziger Alpkäsemischung, selbst gebackenem Brot und urchigen Caquelons. «Die japanischen Touristen erwarten in einem solchen Haus halt eine Swiss Cheese Soup. Selbst bei 30 Grad im Schatten es-

sen die Raclette und Fondue», lacht René. Für die «Herren aus Zürich» steht der gelernte Koch selber an den Herd. Zur Vorspeise serviert er eine Härdöpfu-Terrine (Kartoffelterrine mit Kümmelschaum), dann gibt es Kutteln an Tomatensauce mit Gschwellte und Salat. Und zum Abschluss steht Linas Visitenbrei auf unserem Holztisch im Garten: Halbgefrorenes mit Williams. «Während des Kriegs sind viele solcher Gerichte entstanden», erklärt Maeder, «weil man damals mit wenig viel machen musste. Ich habe das Rezept von meiner Mutter übernommen und modernisiert.» Ein Unterfangen, das sich gelohnt hat!

René Maeder ist ein bescheidener Mann. Mit keinem Wort hat er erwähnt, dass er nicht nur stolzer Besitzer des Ruedihus, sondern auch des gegenüberliegenden Hotels Doldenhorn ist. Und dass er seit zwölf Jahren Gemeindepräsident von Kandersteg ist. Und noch als Obmann von der Schweizer Gilde guter Köche amtet. Nur eines hat er sofort verraten: Dass er in Kandersteg aufgewachsen ist, mit 15 die Lehre als Koch und anschliessend die Hotelfachschule Lausanne absolviert hat. In Lausanne hat er auch seine Frau Anne kennen gelernt, die uns bestens betreut. Nur Orangensaft will sie mir keinen servieren: «Das führen wir nicht im Ruedihus», lacht Anne, «Orangen wachsen ja schliesslich keine in der Schweiz!» Dafür empfiehlt sie uns Schweizer Most oder einen Riesling x Sylvaner, den wir unbedingt probieren sollen. Was wir auch tun: Es ist ein Spiezer 2001, gewachsen am Thunersee an bester Lage – kein Vergleich mit Orangensaft! Nur eines ist im Ruedihus nicht «hardcore Swiss»: Die Serviertochter. Die stammt – kein seltenes Phänomen in der einheimischen Gastroszene – aus Österreich. Und sie hat ihren Job bestens im Griff: Am Schluss serviert sie mir nämlich doch noch einen Orangensaft. Aber ich soll das doch bitte ja nicht der Chefin sagen …

– Blick in die urgemütliche Gaststube.
– Das Gärtli und die Fassade des Ruedihus, die wahrscheinlich schon einige hunderttausend Mal abgelichtet wurde.
– Die Liebeslaube gleich nebenan: Schon so manche schöne Nacht, behaupten die Kandersteger, sei hier abgehalten worden.
– Blick in den Kräutergarten.

– Kartoffelterrine mit Kümmelschaum.
– Kutteln an Tomatensauce mit Gschwellten aus dem Jutesack.
– Halbgefrorenes mit Williams, genannt «Linas Visitenbrei».

Rezepte von **René F. Maeder** im Anhang.

— **Kartoffelterrine mit Kümmelschaum,** S. 403
— **Linas Visitenbrei,** S. 427

RESTAURANT **70**

Bramisegg
Brienz

RESTAURANT: **Bramisegg**

ADRESSE: **3855 Brienz, Axalpstrasse**

GASTGEBER: **Margreth Eggenschwiler und Elsbeth Pieren**

TELEFON: **033 951 17 40, 079 714 34 88, 079 720 34 58 (Sandra, die Tochter)**

INTERNET: –

RUHETAGE: **Mo., Di.**

BETRIEBSFERIEN: **keine**

WEGBESCHRIEB: **Von Brienz Richtung Axalp. Bus von Brienz bis Station Bramisegg.**

SPEZIELL: **die Gastgeberin, die selber käst**

Mit einer kleinen Holzhütte hat die Geschichte der Bramisegg 1874 begonnen. Hier machten die englischen Touristen, deren Gepäck mit Eseln zum damaligen Kurhotel Axalp transportiert wurde, zum ersten Mal Halt. Es gab Suppe und Wurst, gekocht auf dem Holzfeuer. Später wurde die Hütte abgerissen und im Chalet-Stil neu erbaut. 1990 kam der Sturm «Lothar» und fegte den oberen Teil des Hauses weg. Dann wurde alles wieder rekonstruiert und ausgebaut.

Chäsbrätel, Cheleni und Charme

Die Bramisegg ist eine Urbeiz auf dem Weg von Brienz zur Axalp. Zwei Dinge sind «schuderbar bsunderig», wie es die Gastgeberin ausdrücken würde: Sie selber, Margreth, ein Sonnenschein von Mensch, stets guter Laune, stets in breitestem Bernerdialekt über Gott und die Welt parlierend, sodass ein Zürcher kein Wort versteht. Die zweite «Sensation» ist so gross wie ein Stück Brot. Leicht angebeizt in der Schmutzpfanne, «schlargget» Margreth viel Brienzer Mutschli-Käse drauf, und fertig ist die Käseschnitte. Die heisst hier «Chäsbrätel» und wird nach Wahl mit Schinken oder Zwiebeln oder Spiegelei oder allem zusammen serviert. Und das ist auch schon die halbe Menükarte. Sonst stehen noch Rösti, Salat, Käse und Trockenfleisch im Angebot. Auf Vorbestellung macht Margreth ihre legendäre Schwarzwälder- oder Erdbeer- oder Himbeer- oder Heidelbeertorte. Auch den Käse produziert sie selber: Jeden Morgen geht sie um 6 Uhr auf die Alp in der Nähe des Hinterburgsees und produziert die kleinen, runden Käselaibe aus Kuhfrischmilch, «Mutschli» genannt. Auf der Alp serviert sie auch ein Älplerzmorge: «Aber nur auf Vorbestellung. Dafür ist dann alles wirklich frisch!», sagt Margreth. Ihr Mann ist Holzschnitzer und ein kleiner Star in der Region: Seine Werke sind rund um den Hinterburgsee in der freien Natur zu bewundern und gehören zum Besten, was die Brienzer schon je aus dem Holz «geschnätzlet» haben.

Margreth weiss, dass ihr Dialekt viel Charme verströmt. Auf Wunsch liefert sie Übersetzungshilfe. «In der Tilli isch z'Höu», heisst: Auf dem Heuboden ist das Heu. «Dr Chääs ad Pfiirgruebe zuechi ghäbbet», heisst: Den Käse an die Feuergrube (die Glut) hinhalten. Und «Cheleni» ist ein Kafi-Schnaps, gemacht mit richtigem Bohnenkaffee, Wasser aus der eigenen Bramisegger Quelle und mit viel Zwetschgen- oder Apfelschnaps. Der gibt Saft und Kraft, um den steilen Waldweg entweder «obsi zu stiggeren» (Richtung Axalp), oder «nidsi» zu einer weiteren Sehenswürdigkeit: dem Hotel und Restaurant Giessbach mit dem berühmten Wasserfall.

– Margreths Käseschnitte mit Brienzer Mutschli-Käse aus eigener Produktion.
– Der «Cheleni» (Kafi fertig) und Margreths Schwarzwäldertorte.
– Die sympathische Gastgeberin, die einen wunderbar breiten Brienzerdialekt spricht.

Wie das Loch in den Käse und das Rippli auf die Platte kam

Bernerplatte. Nur wenige kulinarische Erfindungen können so genau datiert werden wie die der Bernerplatte: Am 5. März 1798, am Tag der Schlacht bei Neuenegg, wurde sie geboren. Die Berner – obwohl zahlenmässig weit unterlegen – warfen an diesem denkwürdigen Datum die Franzosen über den Röstigraben zurück. Zum Dank improvisierten die Helden noch am gleichen Tag ein Schlachtfest, und zwar im Kreuz in Wohlen. Jede Familie brachte mit, was sie gerade hatte: die eine ein Hammli, die andere Speck, Würste, Rindfleisch, Rippli, Zunge oder Gnagi. Auch Sauerkraut, Sauerrüben und Dörrbohnen waren dabei – und natürlich Kartoffeln, die im Kanton Bern bereits eine wichtige Rolle spielten. Dann wurde der ganze «Berg» gekocht, auf grosse Platten gelegt und ausgiebig genossen! So sehr sogar, dass es von diesem Tag an jeden Sonntag Bernerplatte gab – die gleiche, die es auch heute noch gibt.

Der verliebte Emmentaler. Nicht nur in fleischlichen Dingen waren die Berner erfindungsreich. Ihre wohl berühmteste Leistung bestand darin, Löcher in den Käse einzubauen. Auch um den weltberühmten Emmentaler rankt sich eine wilde Sage, in der – wie so oft bei Schweizer Käselegenden – die Liebe eine zentrale Rolle spielt …

«Ein armer Kuhhirte aus dem Emmental war in die Tochter eines reichen Bauern verliebt. Auch das Mädchen liebte den jungen, hübschen Hirten. Doch dem Vater des Mädchens war der junge Mann nicht gut genug. Er habe noch nichts vollbracht und sei seiner Tochter nicht würdig. Der liebeskranke Kuhhirt ging zurück zu seiner Alphütte und bereitete sein Abendessen zu, als plötzlich ein fürchterliches Gewitter über die Berge zog. In diesem Moment hämmerte es an die Türe, der junge Mann öffnete und sah den – von einem Blitz erleuchteten – hässlichsten Berggeist, den man sich nur vorstellen kann! Im Nu trat der Kerl ein, verschlang das Abendessen und verschwand – nicht ohne dem jungen Mann noch einen Zettel mit einem Rezept zuzustecken: Viel Milch stand da drauf und andere geheime Zutaten. Da der junge Senn neugierig war, wagte er das Experiment. Er goss Milch in einen grossen Kessel über dem Feuer, rührte sie, fügte die Zutaten bei und nach einigen Stunden Arbeit entstand aus der Masse ein grosser, runder Käselaib mit Löchern drin. Den präsentierte er am nächsten Tag dem reichen Bauern. Der Bauer war beeindruckt von diesem grossen, eigenartigen Produkt. So etwas hatte er noch nie gesehen! Als er schliesslich auch noch davon gegessen hatte, war er überzeugt, dass der junge Mann ein echter Gewinn für seine Familie sein würde. Und so kam es, dass die Verliebten bald darauf Hochzeit feierten und glücklich lebten bis an ihr Lebensende.»

Berner Alp- und Hobelkäse AOC

Entstanden ist dieser würzige Urkäse im 15. Jahrhundert auf den Alpen des Saanentals im Berner Oberland. Er gilt als eine der ältesten Hartkäsespezialitäten unseres Landes. In 560 Alpkäsereien im Berner Oberland wird er jeweils im Sommer aus Rohmilch produziert. In manchen Käsereien erfolgt die Herstellung noch in Kupferkesseln, die mit Holz befeuert werden, wie etwa in in der Käserei Steinenberg im hinteren Kiental. Hier käst Dorothee Luginbühl, eine junge Sennerin, die jeweils zwischen 11 und 12 Uhr den frischen Käse aus dem Kessi holt. Während mindestens 150 Tagen wird der Alpkäse in speziellen Kellern gelagert, damit er den vollen Geschmack entwickeln kann. Einige ausgewählte Alpkäselaibe erhalten eine Sonderbehandlung: Nach sechs bis sieben Monaten wird die Schmiere abgewaschen, anschliessend reifen sie nochmals für mindestens weitere 12 Monate in einem Gaden mit Naturklima oder in einem klimatisierten Raum. So entsteht der wunderbar würzige, extraharte Hobelkäse. Mehr zum Berner Alp- und Hobelkäse: www.casalp.ch.

Der Berner Alp- und Hobelkäse wurde im März 2004 mit dem AOC-Label ausgezeichnet. Die AOC-Marke ist eine geschützte Ursprungsbezeichnung und steht für originäre regionale Qualitätsprodukte mit Charakter und Geschichte. Rund 20 Schweizer Spezialitäten haben bis heute den Eintrag in das vom Bundesamt für Landwirtschaft geführte Register der AOC (Appellation d'origine contrôlée) und IGP (Indication geographique protégée) geschafft. Mehr zu AOC/IGP unter: www.aoc-igp.ch.

Einkaufstipps Kanton Bern

BUCHTIPP

Dem urchigen Alpkäse aus dem Berner Oberland und allen anderen Schweizer AOC-Käsen ist das AOC-Buch gewidmet; es bietet aussergewöhnliche Bilder und überraschende Einblicke in die Schweizer Käseproduktion. Didier Schmutz (Text), Hugues de Wurstemberger und Christian Lutz (Fotos): *AOC – Zurück zu den Ursprüngen,* Edition Infolio, Gollion 2005.

Zuschauen beim Käsen

In der Alpkäserei Steinenberg kann man Dorothee Luginbühl beim Käsen zuschauen. Sie verkauft den Alp- und Hobelkäse auch im Chäslädeli auf der Alp. *Alpkäserei Steinenberg, geöffnet Juni–Sept., Tel. 033 676 12 14.*

Büffel-Mozzarella

Der jüngste «Emmentaler», garantiert ohne Löcher, dafür ausgezeichnet mit dem Innovationspreis. *Käserei Wald, Christian Jaun, 6197 Schangnau, Tel. 034 493 31 44, www.kaeserei-schangnau.ch.*

Meringues

Erfunden wurden die Meringues zwar in Meiringen von einem italienischen Zuckerbäcker namens Gasparini. Doch in Schangnau wurden sie zur Spitzenkunst geformt: butterzart und knackig, wie sie die Familie Riedwil in Schangnau macht. Verkauf «frisch vom Ofen». *Bäckerei Stein, Elsbeth und Peter Riedwil-Oberli, 6197 Schangnau, Ruhetag: Do.-Nachmittag, Tel. 034 493 31 39.*

Treberwürste (Saucissons au marc)

Serviert werden die im Marc gekochten Saucissons in Ligerz am Bielersee ab Mitte Januar bis Februar, wenn der Marc gebrannt wird. Dazu gibts Brot und Kabissalat. Erfunden wurde die Treberwurst am Bielersee: Hier hatten die Noblen von Bern ihre Residenzen und verköstigten sich entsprechend gut und gern. Auch Friedrich Dürrenmatt soll hier etliche Treberwürste vertilgt haben … *Rebgut Schlössli, 2514 Schafis (ausgangs Ligerz), Heinz Teutsch und Romy Martin, Tel. 032 315 21 70 und 079 356 57 82, www.rebgut-schloessli.ch.*

Twanner Non filtré

Traditioneller Weinbauer mit modernem Auftritt: Der Johanniterkeller macht als Einziger am Bielersee den Twanner Non filtré, einen spritzigen, ungefilterten Chasselas «so wie früher». Die leichte Trübung ist sein Markenzeichen. *Johanniterkeller, Martin Hubacher, Dorfgasse 56, 2513 Twann, Tel. 032 315 11 06, www.johanniterkeller.ch.*

Bielersee-Fisch

Beim Berufsfischer, der das Restaurant Drei Fische in Lüscherz beliefert, gibt es saisonal Egli, Felchen, Trüschen, Zander, Seeforellen und Hecht. *Remo Grimms Fischlädeli, Seestrasse 46, 2576 Lüscherz, Tel. 032 338 23 64 und 079 311 78 49, www.goldenerfisch.ch.*

Weitere Restaurants im Kanton Bern

SCHÖNE AUSSICHT

Golderli, Bundalp im Kiental

Das Kiental mit seinen imposanten Wasserfällen, wilden Schluchten und hoch gelegenen Alpwiesen ist ein Naturparadies. Hier befindet sich auch das Bergasthaus Golderli, das eine hochstehende Alpenküche bietet, geführt von zwei sympathischen Gastgebern. Hier gibt es auch den Original Berner Alp- und Hobelkäse (siehe vordere Seite) und ein erlesenes Sortiment guter Weine. Beatrice Jost hat an den Lehrpfaden im Kiental mitgearbeitet und organisiert regelmässig Seminare auf der Alp.

Berggasthaus Golderli, Beatrice und Georges Jost, 3723 Kiental-Griesalp, geöffnet jeweils ab Mitte Mai, Tel. Sommer: 033 676 21 92, Winter: 033 676 31 32, www.golderli.ch.

Métairie de la Petite Douanne

Einzigartige Alpwirtschaften im Berner Jura, hinter dem Twannberg im Chasseral. 1302 Meter hoch gelegen. Es gibt hausgemachten Alpkäse, ein legendäres Fondue, Meringues, Alpfrühstück (auf Bestellung), guten Wein und Enzian. Erreichbar von Twann oder Cortébert aus. *Métairie de la Petite Douanne, Fam. Bühler, 2608 Courtelary, Ruhetage: 15. Nov–20. Mai, Tel. 032 944 12 37, www.jurabernois.ch.*

Alpenblick, Heiligenschwendi

Sicht auf Thunersee. Busverbindungen ab Bahnhof Thun. Garten und rustikale Schützenstube, Käseschnitte mit Speck und Spiegelei, Hobelkäse-Teller und zahlreiche Fleischspezialitäten. *Restaurant Alpenblick, Silvia und Paul Lüthi, 3625 Heiligenschwendi, Tel. 033 243 21 21.*

Panorama, Steffisburg

Rustikal-modern mit Weitsicht, auch kulinarisch: kreative Küche vom Jungtalent Karl Fuchs. *Restaurant Panorama, Karl Fuchs, Hartlisbergstrasse 29, 3612 Steffisburg, Ruhetage: Mo., Di., Tel. 033 437 43 44, www.panorama-hartlisberg.ch.*

SICHERE WERTE

Gasthof zum Brunnen, Fraubrunnen

Suure Mocke und Hardöpfelstock, zubereitet von Alexaner Rufibach, der auch mit Ämmitaler Gitzi (im Ofen gebraten), fangfrischen Hechtfilets aus dem Neuenburgersee und anderen Schlemmereien aufwartet. *Gasthof zum Brunnen, Bernstrasse 6, 3312 Fraubrunnen, Ruhetage: Mo., Di., Tel. 031 767 72 16, www.suuremocke.ch.*

Chez Meyers, Wengen

15-GM-Restaurant, das Beste am Platz. *Hotel-Restaurant Regina Chez Meyers, 3823 Wengen, Ruhetage: keine, Tel. 033 856 58 58, www.wengen.com/hotel/regina.*

Dampfschiff, Thun

Jugendstilhaus am See, schöne Lage, schöne Küche. *Restaurant Dampfschiff, Ruth und Michael Schürch, Hofstettenstr. 20, 3600 Thun, Ruhetage: Mo., Di., Tel. 033 221 49 49, www.dampfschiff-thun.ch.*

ÜBERRASCHEND

Schwellenmätteli, Bern

So überraschend und frisch, dass das Haus beim Kraftwerk an der Berner Riviera eine Woche vorher schon ausgebucht ist. Die Küche ist auf Fisch ausgerichtet. Man sitzt schliesslich an der Quelle. *Schwellenmätteli, Dalmaziquai 1, 3005 Bern, Ruhetage: keine, Tel. 031 350 50 01, www.schwellenmaetteli.ch.*

Schloss Hünigen, Konolfingen

Die ganz andere Überraschung: Ein Schloss, mächtig, stilvoll, und im Innern alles, was das Herz begehrt. *Schloss Hüningen, 3510 Konolfingen, Ruhetage: keine, Tel. 031 791 26 11, www.schlosshuenigen.com.*

SPITZE

Wein und Sein

«Der Gast geht dorthin, wo er sich daheim fühlt», sagt Beat Blum, der in seinem kleinen, feinen Lokal das kocht, was er und seine Gäste wollen. Täglich neu zusammengestelltes Menü, z.B. Gemüseterrine mit Melonen und Basilikum, Schweizer Kalbsvorrücken und Kartoffelstock, Marillenknödel mit Holunderblüten-Glace. Spitze! *Restaurant Wein und Sein, Blum, Münstergasse 50, 3000 Bern 8, Tel. 031 311 98 44, www.weinundsein.ch.*

Landgasthof Löwen, Thörigen

Hier kocht Starkoch Nik Gygax auf 18-GM-Punkten. *Landgasthof Löwen, Langenthalstrasse 1, 3367 Thörigen, Ruhetage: So., Mo., Tel. 062 961 21 07, www.grandestables.ch.*

Bild rechts: Kräutercrème-Suppe vom Restaurant Kemmeriboden-Bad im hinteren Emmental.

Rezepte

Die folgende Rezeptsammlung (rund 150 Rezepte) repräsentiert einen einmaligen Querschnitt aus dem kulinarischen Erbe der Schweiz. Viele Rezepte wurden seit Generationen in den Familien der vorgestellten Restaurants weitervererbt und oft besser gehütet als das Bankgeheimnis. Ausgewählte Rezepte finden Sie zum Ausdrucken auch auf: www.urchuchi.ch.

MAIENFELDER
S 88
2002
STÄ
GER

Vorspeisen

Steinpilzterrine im Hirschbinden-Mantel, Nüsslisalat-Bouquet mit Rüeblibrand

Von Martin Herrmann, Mühle, Fläsch, GR
Zutaten pro Person

500 g Hirschschnitzel (kalt), 5 dl Vollrahm (kalt), 17 g Salz, 5 cl Portwein, 2 g Pfeffer, weiss: Alles zusammen in einer Mulinex zu einer Farce verarbeiten. **100 g grob gehackte Pistazien, 100 g grob gehackte Kürbiskerne, 400 g gewaschene, abgetrocknete Steinpilze** vorbereiten. **80 g Hirschbindenfleisch** in dünne Tranchen schneiden und in einer mit Klarsichtfolie ausgekleideten Terrinenform auslegen. Etwas Farce einfüllen, die schönen Steinpilze hineindrücken und mit der restlichen Farce zudecken. Die überlappenden Hirschbindentranchen zuklappen und mit der Klarsichtfolie komplett verschliessen. Im Wasserbad bei 130 °C Ofentemperatur ca. 35 Min. garen (im Steamer bei 90 °C ca. 20 Min.) In der Form auskühlen lassen, in schön gleichmässig 1 cm dicke Tranchen schneiden und auf dem Teller mit dem **Nüsslisalat** anrichten. Den Nüsslisalat nur mit etwas **Salz** und **Pfeffer** würzen und mit **Rüeblibrand** bestäuben (ohne Öl).

Spargel-Bavaroise mit knusprigem Rohschinken

Von Patrick Zenklusen, Schlosshotel Adler, Reichenau, GR
Zutaten für 4 Personen

Vorbereitung: **500 g weisse Reichenauer Spargeln** schälen und aus den Schalen mit etwas Wasser einen Spargelfond herstellen (Verhältnis 1:1, 15 Min. kochen lassen). **300 g Rohschinken** (luftgetrocknet) auf der Maschine in 12 dünne Scheiben schneiden und zwischen 2 Lagen Backpapier bei 50 °C während 4–5 Std. trocknen. **5 Gelatineblätter** in kaltem Wasser einweichen. 4 Kaffeetassen oder Förmchen mit Klarsichtfolie auskleiden.
Bayerische Crème (Bavaroise): Zuerst **100 ml Rahm** steif schlagen. Dann die geschälten Spargeln in Scheiben schneiden und mit **10 g Butter** bei schwacher Hitze ca. 5 Min. farblos dünsten. Mit **Salz, Zucker** und **weissem Pfeffer** aus der Mühle würzen. Mit dem Mixstab oder im Küchenmixer alles pürieren und die gut ausgedrückte Gelatine in die noch heisse Masse geben und gut vermischen, bis sich die Gelatine aufgelöst hat. Alles durch ein Sieb streichen und abkühlen lassen. Sobald das Püree zu stocken beginnt, den Schlagrahm vorsichtig unterheben und alles rasch in die vorbereiteten Förmchen abfüllen. Mindestens 4–5 Std. kühl stellen.
Morchel-Vinaigrette: **20 g Morcheln** gut waschen und in Streifen schneiden. Mit **5 g fein gehackten Schalotten, 2 g fein gehacktem Knoblauch** in **etwas Butter** andünsten und mit dem vorproduzierten Spargelfond ablöschen. **10 ml Estragonessig, 20 ml Sonnenblumenöl, 20 ml Olivenöl extra vergine** durchmixen und mit den leicht abgekühlten Morcheln vermischen. Mit **Salz** und **Pfeffer** abschmecken.
Garnitur: Bavaroise vorsichtig aus der Form stürzen und in der Mitte des Tellers anrichten. **120 g Reichenauer Spargelspitzen** in einer Teflonpfanne rasch anbraten und mit wenig Vinaigrette marinieren. Gefällig um das Bavaroise auf dem Teller drapieren. **20 g Wildkräuter (Ampfer, Nessel, Rauke)** waschen, zupfen, mit Vinaigrette vermischen und auf dem Spargel-Bavaroise anrichten. Die getrockneten Rohschinkenscheiben noch lauwarm in die Bavaroise stecken. Mit Spargel-Morchel-Vinaigrette umgiessen und mit **20 g Radieschen** (in Stäbchen geschnitten), **10 g Rosenblüten** und **10 g Schnittlauch** ausgarnieren.

Spinat-Timbale

Von Sabina Bertin, Rössli, Mogelsberg, SG
Zutaten für 4 Personen

500 g Spinat im Salzwasser kochen, kalt abspülen, auspressen und grob hacken. **6 Eier, 1,2 dl Rahm, Meersalz, Muskatnuss,** frisch gerieben, mit Schwingbesen verrühren. Spinat dazugeben. **Weiche Butter** zum Einpinseln von kleinen Timbalförmchen. Masse einfüllen. Förmchen im Ofen bei 170 °C ca. 40 Min. im Wasserbad pochieren.
Wasserbad: Eine Gratinform mit Zeitungspapier auslegen, Förmchen reinstellen, bis zu ²/₃ mit sehr heissem Wasser füllen, in den vorgeheizten Ofen schieben.
Als Zwischen- oder Hauptgang wird die Timbale heiss serviert. Sie kann auch lauwarm mit einem Frühlingssalat als Vorspeise gegeben werden.

Gefüllte Beinwellblätter

Von Sabina Bertin, Rössli, Mogelsberg, SG
Zutaten für 4 Personen

8 Beinwellblätter mit **100 g Ziegenfrischkäse** bestreichen und mit einem zweiten Blatt bedecken. **2 Eier, 1 EL Rahm, 1 gestrichenen EL Parmesan, 1 Prise Meersalz** gut verrühren. **Butter** in einer Antihaft-Bratpfanne (Teflon oder Titan) erhitzen, bis sie schaumig ist.
Die gefüllten Beinwellblätter durch die Eiermasse ziehen, etwas abtropfen lassen und in der schaumigen Butter auf beiden Seiten goldgelb braten (wie Piccata).
Dazu passen frische Spargeln und junge Kartoffeln.
Tipp: Falls Sie nicht gerne Ziegenkäse essen, können Sie auch Quark oder einen zarten Kuhmilchkäse wie St. André nehmen. Falls Sie keinen Beinwell im Garten haben, können Sie auch Huflattich-, Borretsch- oder grosse Spinatblätter nehmen.

Carpaccio von der Bodenseeforelle mit Blüten-Kräutersalat

Von Thuri Maag, Thuri's Blumenau, Lömmenschwil, SG
Zutaten für 4 Personen

1 Bodenseeforelle oder **1 Lachsforelle** aus der heimischen Zucht von **mindestens 1,5 kg** filetieren, die Gräte zupfen, die Haut abziehen und das Tranige komplett wegschneiden. Mit Hilfe eines dicken Plastiksackes auf ca. 5–7 mm klopfen. Die Filets gegengleich auf eine grosse Plastikfolie legen und würzen mit **Salz, Zitronenpfeffer,** einem daumendicken geriebenen **Ingwerwurzelstück,** einem daumendicken geriebenen Stück **Meerrettich** und **2 EL Olivenöl.** Die Filets der Länge nach wie eine Wurst einrollen. Nochmals in Plastikfolie rollen, damit die «Wurst» stabil wird. Mindestens 12 Std. einfrieren!
Von der Plastikfolie befreien, leicht antauen lassen und auf der Aufschnittmaschine möglichst dünn aufschneiden.
Mit einem bunten Salat dekorativ anrichten. Mit **Olivenöl** und einem **Fruchtessig** beträufeln. Mit **Fleur de Sel** und frisch geriebenem **Peffer** würzen.
Dazu passt ein kleiner Salat (Eichblatt, Kopfsalat, Eisberg) mit Kräutern (Basilikum, Schnittlauch, Estragon, Pimpernelle, Kresse, rote Gartenmelde, Rucola), dekoriert mit gezupften Blüten (Borretsch, Kapuzinerkresse, Ringelblumen, gemeine Nachtkerze, Stockrosen).

Fenz

Von Charly Gmünder, Bären, Gonten, AI
Zutaten pro Person

1 Ohrentasse Milch, 1 Ei, 2 EL Mehl zu einem Teig verrühren. **60 g Butter** erhitzen, bis sie haselnussartig schmeckt. Den vorbereiteten Teig im Sturz dazugeben und auf kleinem Feuer gut abrühren. Leicht salzen und sofort servieren.

Säuliämtler Schwartenmagen auf Schweinszüngli-Carpaccio

Von Klaus Imhof, Reussbrücke, Ottenbach, ZH
Zutaten für 4 Personen

1 Wädli (gesalzen) und **3 Schweinszungen** (gesalzen), beides gut wässern. Danach ohne Salz in kochendem Wasser mit **Weisswein, Zwiebeln, Lauch, Nelken** und **Lorbeer** weich kochen. Das Wädli auskühlen lassen und die Zungen in noch heissem Zustand schälen. Die Schwarte am Wädli wegschneiden, das Wädlifleisch zusammen mit **2 Züngli** und mit **50 g Cornichons, 80 g Peperoni oder Gemüse** in kleine Würfeli schneiden.
2 dl Kalbsfond und **1 dl Portwein** zusammen aufkochen und abschmecken. **5 Gelatineblätter** in kaltem Wasser einweichen, ausdrücken und dem warmen Fond beigeben. Durch ein Sieb passieren und zum gewürfelten Fleisch resp. Gemüse dazugiessen. Gut vermischen und in beliebige Form abfüllen und einige Stunden kalt stellen.
10 g gehackte Schalotten mit **wenig Senf** und **Schnittlauch** verrühren. **1 dl kaltgepresstes Olivenöl** und etwas **Mangoessig** dazugeben, mit **Zucker, Salz** und **Pfeffer** aus der Mühle abschmecken. Das übrig gebliebene Züngli dünn aufschneiden und in der Mitte des Tellers anrichten. Mit der **Vinaigrette** beträufeln. Den Schwartenmagen aus der Form nehmen und auf das Carpaccio stellen, nach Belieben garnieren.

Zigerbrüüt

Von Markus Strässle, Gasthaus Richisau im Klöntal, GL
Zutaten für 6 Personen

30g Butter, Zimmertemperatur, **30g Ziger** fein raffeln und beides mit der Gabel mischen. **0,5 dl Rahm** schlagen und auch mit der Gabel dazumischen. **Getoastete Parisettescheiben** mit diesem Zigerschaum bestreichen und mit **fein gehackten Kräutern** und **Gemüsejulienne** dekorieren.

Wildkräuter-Salat mit mariniertem Geisskäse und Hauswürstchen

Von Robert Gisler, Kaiserstock, Riemenstalden, SZ
Zutaten für 4 Personen

150g Wildkräuter und **Blüten** (junge Bärlauchspitzen, Sauerklee, Sauerampfer, junge Triebe vom Erdbeerkraut, Löwenzahn, Schlüsselblumen, Gänseblumen und Fleischblumen) sammeln, kurz unter dem kalten Wasser abspülen und kühl stellen.
20g fein gehackte Zwiebeln, 1 g Knoblauch (gerieben), **etwas Senf, weisser Pfeffer** aus der Mühle, **Salz und Sonnenwirbelgelee** mit **30g Weissweinessig** (mild) mischen. Dann Sonnenblumen- und Olivenöl langsam unter ständigem Rühren beigeben. Getrocknete Sonnenwirbelblüten beigeben.
Geisskäse-Marinade: **Einige Blätter Bärlauch, Sauerklee** und **Sauerampfer** mit **10g Olivenöl** und **weissem Pfeffer** aus der Mühle mit dem Mörser zu einer Paste verarbeiten. **160g Geisskäse** in gleichmässige Scheiben schneiden, beidseitig marinieren und eine Stunde ziehen lassen. Dann Geiskäse im **Mehl** und **Ei** wenden, mit **Weissbrotbrösel** panieren, in der Pfanne oder Fritteuse frittieren und auf Küchenpapier absetzen. Geisskäse auf den Teller anrichten, Kräutersalat mit der Hälfte der Vinaigrette kurz mischen und auf die Teller verteilen. Mit in Scheiben geschnittenen **Hauswürstchen** garnieren und die restliche Vinaigrette separat servieren.

Gemüseterrine im Wildlachsmantel

Von Gret Sicher, Gotthard, Gurtnellen, UR
Zutaten für eine Terrinenform

Je 40g Sellerie, Karotten, Zucchini und Peperoni in kleine Würfel schneiden, knackig in etwas Olivenöl anziehen und mit **Noilly Prat** ablöschen. Mit **Salz** und **Pfeffer** würzen. **4 Gelatineblätter,** kurz im Wasser eingeweicht, in **Weisswein** auflösen und zum Gemüse geben. **100g Mascarpone** verrühren und zu dem leicht abgekühlten Gemüse geben. Ca. **4 dl Schlagrahm** vorsichtig unter die Mischung heben und wenn nötig nachwürzen. Eine Terrinenform mit Klarsichtfolie auskleiden, dann mit dem geschnittenen **Lachs** auslegen. Die Gemüsemischung einfüllen und mit Lachs verschliessen. Terrine kalt stellen, evtl. anfrosten. Mit einem Salatbouquet servieren.

Chäs-Chissi

Von Rolf della Torre, Rose, Kerns, OW
Zutaten für 10 Personen

1 l Wasser mit **200g Butter, Salz, Pfeffer, Worcester** und **3–4 Knoblauchzehen** aus der Presse aufkochen. **1 kg Mehl** im Sturz beifügen. **20 Eier dazugeben. 2 kg Greyerzer** (geraffelt) darunterziehen und die Masse im Kühler stehen lassen. Mit dem Glaceöffel kleine Kissen formen und mit **gehobelten Mandeln** panieren und in der Fritteuse backen.

Kaninchen-Terrine

Von Raphael Tuor, Adler, Nebikon, LU

100 g Schweinefleisch, 100 g Spickspeck, 450 g Kaninchenschenkelfleisch, 4 Kaninchenfilets, 100 g Kaninchenleber, Pökelsalz, Pfeffer, 2 dl Portwein, 2 dl Madeira, Salz, frischer Thymian und Rosmarin, 1 Lorbeerblatt und 1 Nelke: Alles 24 Std. marinieren. Nach dem Marinieren alles gut abtropfen und die Filets und die Leber ganz kurz heiss anbraten. Die restlichen Zutaten durch den Wolf (Scheibe Nr. 5) drehen und gut durchkühlen.
70 g Trüffelwürfel, 70 g Pistazienwürfel, ca. 2,5 dl Rahm, 300 g Kochspeck, in dünne Tranchen geschnitten, zum Auslegen der Form. Das Fleisch mit etwas Marinade mischen, den Rahm zufügen bis eine homogene Masse entsteht. Die restlichen Zutaten untermischen und gut abschmecken. Die Masse mit den Filets und der Leber in die ausgelegte Form einfüllen und noch für einige Stunden durchkühlen. Nun im Steamer bei 88°C ca. 50–60 Min. mit dem Deckel pochieren. Danach leicht beschweren und ca. 12 Std. kühlen.

Gefüllte Borretsch-Müüsli

Von Hans Gloor, Juraweid, Biberstein, AG
Zutaten für 4 Stück

2 grosse Eier verquirlen, **2 EL frischer Dill oder Wildfenchelkraut** hacken und unterrühren. Mit **Salz** und **Pfeffer** abschmecken. **8 junge, grössere Borretschblätter** waschen und abtropfen lassen. Blätter in einem Teller mit **Mehl** wenden, abklopfen und durch die verquirlten Eier ziehen. Mit **60 g Reibkäse** (Parmesan, Sbrinz) 4 der 8 Borretschblätter bestreuen. Die verblieben 4 zum Abdecken nehmen und alles im heissen **Olivenöl** goldgelb backen.

Waldpilze in Blätterteighaus

Von Hans Zaugg, Kemmeriboden-Bad, Schangnau, BE
Zutaten für 4 Personen

Waldpilze rüsten, gründlich waschen und trocknen. **600–700 g Blätterteig** etwa 4 mm dick ausrollen, zwei Rondellen ausstechen von ca. 15 cm Durchmesser. Die eine Rondelle auf ein feuchtes Backblech legen und mehrmals einstechen. **1 Semmel** mit Backpapier umwickeln, sodass eine kugelige Form entsteht. Diese in die Mitte der Rondelle auf das Backblech legen. Die zweite Rondelle darüberlegen und die Ränder fest aneinander drücken, sodass ein Pastetenhaus entsteht. **2 Eigelb** verquirlen und das Blätterteighaus bestreichen. Mit Teigresten dekorieren und ebenfalls mit Eigelb bestreichen. Im vorgeheizten Backofen bei 180 °C ca. 15 Min. backen, dann mit Alufolie abdecken und nochmals 25 Min. weiterbacken. Herausnehmen und 5 Min. stehen lassen. Mit dem Messer einen Deckel wegschneiden, das Semmeli mit Backpapier herausnehmen. Pasteten warm stellen.

Füllung: **Olivenöl** in Pfanne erhitzen, Pilze dazugeben und braten, bis sie den Saft verlieren, etwas gehackte **Zwiebeln** und **Knoblauch** zufügen, mit **Salz** und **Pfeffer** abschmecken. Mit **2 dl Weisswein** ablöschen, Kalbsfond auffüllen und reduzieren. Mit **Rahm** und **Butter** verfeinern. In Pastetenboden füllen, Haube aufsetzen mit **Rosmarinzweig** garnieren.

Kartoffelterrine mit Kümmelschaum

Von René F. Maeder, Ruedihus, Kandersteg, BE
Zutaten für 4 Personen

250 g Kartoffeln mit der Schale kochen, schälen und mit der Röstiraffel reiben. **150 g Schinken** in feine Würfel schneiden. Geriebene Kartoffeln mit den Schinkenwürfeln, **150 g Kalbsbrät** und **2,5 dl Rahm** vermischen. Mit **Peffer** und **wenig Salz** abschmecken. In Cakeform geben und 40 Min. im Ofen bei 200 °C garen. **1 dl Fleischsauce** mit **0,5 dl Rahm** verfeinern. Sauce auf Teller geben. **2 Scheiben Kartoffelterrine** darauf legen und mit **Schnittlauch** garnieren. Warm servieren.

Suppen

Prättigauer Hochzeitssuppe

Von Urs Vetter, Zum Platz, Fideris, GR
Zutaten für 6 Personen

50 g Karotten, 70 g Lauch, 50 g Sellerie kurz aufkochen. Zusammen mit **80 g Rohschinken** alles in feine Streifen schneiden und in **20 g Butter** andünsten, mit **Salz** und **Pfeffer** würzen.
1 l Rindskraftbrühe oder Bouillon aufgiessen und alles kurz aufkochen. **2 Eigelb und 2 dl Rahm** mit dem Schwingbesen verrühren und unter die Suppe ziehen, nicht mehr kochen lassen. Die Suppe mit **Salz** und **Pfeffer** abschmecken und in vorgewärmte Suppentassen abfüllen. **100 g Toastbrot** in Würfeli schneiden, in der Bratpfanne in etwas **Butter** anrösten.
30 g Petersilie waschen und fein hacken. Geröstete Brotwürfeli und Petersilien als Garnitur auf die Suppe geben.

Grosis Zibelesuppe

Von Daniel Lüdi, Löwen, Heimiswil, BE
Zutaten für 4 Personen

250 g Zwiebeln grob schneiden und glasig dünsten. Mit **1 dl Weisswein** ablöschen, dann mit **1 l Bouillon** und **1,5 dl Rahm** auffüllen. Suppe kochen lassen, bis die Zwiebeln schön weich sind. Mit **Salz** und **Pfeffer** abschmecken. Am Schluss einige **Safranfäden** dazugeben. Heiss servieren.

Heusuppe mit Linsenkeimlingen und Rauchlachsrollen

Von Peter Jörimann, Krone, Grüsch, GR
Zutaten für 4 Personen

100 g kleine grüne Linsen vier Tage vor Gebrauch 8–10 Std. einweichen, Wasser abgiessen, Linsen in einem flachen Gefäss verteilen und mit einer Klarsichtfolie abdecken (zwei bis drei Luftlöcher einstechen). Dann drei Tage lang abseits vom Licht keimen lassen. Pro Tag 2–3 Mal spülen und wieder zudecken. Nach drei Tagen sind die Keimlinge etwa 3 cm lang und können weiter verarbeitet werden.
100 g geräucherten Lachs (feine Tranchen) in 8 kleine Rouladen rollen und auf eine Länge von ca. 2 cm schneiden. **8 dl Gemüsebouillon oder Geflügelbrühe** in eine Kasserolle geben und erhitzen. **Bergheu,** auf die Grösse eines Fussballs zusammengedrückt, in die Bouillon geben und 10 Min. ziehen lassen. Je länger das Heu in der Bouillon bleibt, umso intensiver der Geschmack.
15 g Butter und **15 g Mehl** zu einer Paste (Beurre manié) verarbeiten. Danach Heu-Bouillon durch ein Tuch in eine Pfanne passieren, Beurre manié dazugeben und unter Rühren aufkochen. **1 EL Portwein** dazugeben und gut rühren. Suppenteller mit Linsen bestreichen, ca. 45 Stück pro Teller, Lachsrouladen in die Mitte legen. Teller in den Ofen stellen und gut vorwärmen.
20 g kalte Butter in die Suppe einrühren, mit **Meersalz** und **Pfeffer** abschmecken. **1 dl Rahm** steif schlagen und darunterziehen. Suppe schäumend über die Linsen giessen. Mit frischem **Kerbel** oder **Dill** garnieren. Sofort servieren.

Sauerampfersuppe

Von der Chesa Pool, Val Fex, GR
Zutaten für 4 Personen

2–3 Schalotten fein hacken, in **20 g Butter** anschwitzen und mit **0,6 dl Weisswein** ablöschen und etwas einkochen lassen.
5 dl Gemüsebrühe dazugiessen. Mit **40 g Sauerampferblättchen** und **3 EL Crème fraîche** ca. 10 Min. köcheln lassen. Die Suppe im Mixer fein pürieren und durch ein Sieb passieren.
0,5 dl geschlagenen Rahm unter die Suppe ziehen. Mit **Salz** und **frisch gemahlenem Pfeffer** abschmecken. Evtl. etwas **Zitronensaft** zugeben. Nicht mehr kochen lassen. Ca. **20 g Sauerampfer** in feine Streifen schneiden und über die Suppe streuen.

Riesling-Suppe «Schloss Weinstein»

Von Alfred Herzog, Schloss Weinstein, Marbach, SG
Zutaten für 1 Liter

20 g Olivenöl mit **20 g Zwiebeln,** feingeschnitten, und **20 g weissem Lauch,** geschnitten, andünsten. **3 dl Rindsbouillon** und **4 dl Riesling x Sylvaner** aufgiessen. **3 dl Gemüsebrühe** und **30 g Reismehl** anrühren und ebenfalls dazugiessen. Während ca. 40 Min. langsam köcheln lassen, ann abschmecken, mixen und passieren. In Suppentasse mit Rahmhaube aus **geschlagenem Rahm** und **Schnittlauch** anrichten.

Urnäscher Chümibrotsuppe

Von Hansueli Diesterbeck, Sonne, Urnäsch, AR
Zutaten für 10 Personen

300 g dunkles Bauernbrot (am besten 3 Tage alt) in kleine Würfel schneiden und mit **150 g Butter** goldbraun anrösten.
15 g Kümmel dazugeben und mitrösten. **250 g Zwiebeln** fein schneiden und **3 Knoblauchzehen** im Butter braun dünsten.
3 l Fleischbouillon in eine passende Pfanne geben, Zwiebeln, Knoblauch und die gerösteten Brotwürfel dazugeben und ca. 30 Min. köcheln lassen. Dann die Suppe mixen, mit **2 dl Vollrahm** verfeinern und mit **Salz, Pfeffer, Muskat** abschmecken.
100 g Bauernbrot in kleine Würfel schneiden (für die Einlage) und mit **150 g Butter** goldbraun anrösten. **2 dl Schlagrahm** steif schlagen. Nussgrosse Schlagrahmnockel in vorgewärmte Suppentassen geben, mit der Suppe auffüllen und mit den feinen Brotwürfeln und etwas **Kerbel** garnieren.

Spargelsuppe

Von Sonja Fisler, Obermühle, Flaach, ZH
Zutaten für 4 Personen

1 Knoblauch und ½ **Zwiebel (klein)** andünsten. **250 g geschälte Spargeln** schneiden und dazugeben. Mit **2 l Wasser** und etwas **Bouillon** ablöschen. **1 Lorbeerblatt** und **1 Prise Zucker** dazugeben und ca. 45 Min. köcheln lassen. **90 g Mehl** durch ein Sieb mit **300 g Milch** mischen und der Suppe durch Rühren beigeben. **1 Ei** mit **150 g Rahm** verrühren und in die nicht kochende Suppe geben. Mit **Pfeffer, Aromat, Salz** abschmecken.
Heiss servieren.

Zürcher Choschtsuppe

Von Hanna Tenüd, Lauf, Hittenberg bei Wald, ZH
Zutaten für 4 Personen

70 g weisse oder farbige Bohnen und **30 g Gerste** über Nacht oder einige Stunden einweichen. Dann die Bohnen in **1,3 l Wasser** mit **1 Kalbsfuss** und etwas **Thymian** und **Salbei** während 1,5–2,5 Std. weich kochen. Am Ende der Kochzeit **10–15 g Salz** zugeben. **50 g Speckwürfeli** glasig braten. **1 gehackte Zwiebel** und **1 gehackte Knoblauchzehe** und **150–200 g Saisongemüse** (z. B. Rüebli, Sellerie, Lauch, Wirz, Tomaten) sowie **1–2 Kartoffeln** klein gewürfelt, zugeben und alles andämpfen. Gemüse und Speck zur Suppe geben, alles weich kochen.
2 dl Milch dazugeben und nochmals kurz aufkochen. Mit **Muskat** und **Petersilie** abschmecken.

Weissweinsuppe

Von Anna Erb, Zur Post, Volken, ZH
Zutaten für 4 Personen

50 g Speck in Würfeli schneiden, **1/2 Stange Lauch** in Ringe schneiden und beides in **Butter** dämpfen, mit **Mehl** bestäuben und mit **1 l Riesling x Sylvaner** auffüllen. Rund drei Stunden auf ganz kleiner Flamme ziehen lassen. Dann passieren und nochmals kurz aufkochen. **2,5 dl Rahm** zugeben. Mit **Salz** und **Pfeffer** abschmecken. Heiss servieren.

Urner Käsesuppe

Von Gret Sicher, Gotthard, Gurtnellen, UR
Zutaten für 4 Personen

300 g altgebackenes Brot in dünne Scheiben schneiden und in einer Pfanne mit ca. **1,5 l leichter Bouillon** übergiessen und sehr weich werden lassen. **250 g reifen (!) geriebenen Urneralpkäse oder Greyerzer** und **einen Tropfen Zitrone** zugeben und unter ständigem Rühren kochen, bis aller Käse geschmolzen ist und eine dicke, sämige Konsistenz hat. Mit etwas **Pfeffer** aus der Mühle abschmecken.
Zwiebelschwitze: **2 grosse Zwiebeln** in Streifen schneiden und mit **2 Knoblauchzehen,** fein geschnitten, in **ca. 150 g Butter** goldbraun werden lassen. In sehr heissen Suppentellern anrichten und Zwiebelschwitze darübergeben.

Brennnesselcrème-Suppe

Von Toni Gisler, Rössli am See, Beckenried, NW
Zutaten für 4 Personen

250 g Brennnesselblätter mit Handschuhen pflücken! **1 kleine Zwiebel** und **1 Knoblauchzehe** schälen und fein hacken. **1 kleinen Knollensellerie, 1 kleine Karrotte und 1 grosse Kartoffel** schälen und in kleine Würfel schneiden. **1 EL Olivenöl extra nativ** in Pfanne geben und Zwiebeln, Knoblauch und Brennnesseln im Olivenöl andünsten. Das Gemüse beifügen und mitdünsten. Mit **0,5 dl trockenem Weisswein** ablöschen, **1 l Gemüsebrühe** dazugiessen, aufkochen und köcheln lassen, bis das Gemüse gar ist. Die Suppe pürieren und nochmals kurz aufkochen.
1 dl Rahm/süsse Sahne leicht steif schlagen und unterziehen. Mit **Meersalz, Pfeffer** aus der Mühle und wenig **Cayennepfeffer** abschmecken.

Stein-Moos-Suppe

Von Stefan Wiesner, Rössli, Escholzmatt, LU

500 g Bachkieselsteine (wenn möglich mit Algen bewachsen) in **5 dl Fischfond** (mit Forellengräten zubereitet) und **2,5 dl Vollrahm** aufkochen und 12 Std. stehen lassen. Die Steine aus der Suppe nehmen, **5 g gewaschenes Brunnenlebermoos** zugeben und nochmals aufkochen und 2 Std. stehen lassen. Danach die Suppe mixen. Die Bachkiesellsteine waschen und für die Garnitur bereithalten. Die Suppe durch ein feines Haarsieb giessen, mit **Salz** und **weissem Pfeffer** aus der Mühle abschmecken und mit **1 Spritzer Champagner oder Prosecco** vollenden.
Mit den Steinen garnieren und heiss servieren. (Rezept entnommen aus: *Gold, Holz, Stein,* Stefan Wiesner und Gisela Räber, AT-Verlag).

Emmentaler Holzrahmsuppe

Von Hans Zaugg, Kemmeriboden-Bad, Schangnau, BE
Zutaten für 4 Personen

Junge, frische Tannenzweige in **1 l Gemüsefond** auskochen. Fond durch ein Tuch abpassieren. Mit **Vollrahm** und **Milch** verfeinern, anschliessend mit **Roux oder Mehlbutter** abbinden und mit **Salz** und **Pfeffer** aus der Mühle abschmecken.
In tiefen Tellern servieren. Nach Bedarf mit Stücken von Tannenholz den Tellerrand garnieren.

Solothurner Weissweinsuppe «Alter Stephan»

Von Andy Zaugg, Zum alten Stephan, Solothurn
Zutaten für 4 Personen

Für die Einlage: **40 g Lauch** und **40 g Karotten** in Lasage abblanchieren, **80 g Poulet** geräuchert in brunnoise.
Für die Suppe: 4dl Weisswein, 4dl Hühnerbouillon, 4 dl Rahm, 1 El Glace de Viande, 1 El Basilikum-Pesto, wenig Sambal Ölek, 80 g Vollrahm geschlagen, **30 g Butter, 20 g Schnittlauch, Salz, Pfeffer** und **Paprika:** Alle Zutaten zusammen aufkochen. Anschliessend aufmixen. In Suppentassen abfüllen, Einlagen dazugeben und wärmen.
Am Schluss eine **Rahmhaube** anrichten und mit **Schnittlauch** und **Paprika** bestreuen. Garnieren mit je 1 Crissini aus Pizzateig umhüllt mit einer Tranche Swiss-Prim-Rohschinken.

Lüscherzer Fischsüppchen

Von Hans-Jörg Girsberger, Drei Fische, Lüscherz, BE
Zutaten für 4 Personen

½ Karotte, ¼ Zwiebel, ½ Fenchel, 1 kleinen Sellerie, ½ Lauchstängel (zarter Teil) rüsten, waschen, auf Küchenpapier trocknen und in sehr feine Streifen schneiden. In **1 EL Butter** kurz anziehen, mit **1 dl Weisswein** ablöschen, kurz aufkochen und **5 dl Fischfond** beifügen. Bei kleiner Hitze 10 Min. kochen. **1 Kartoffel** schälen, in feine Scheiben schneiden, zur Suppe geben und 5 Min. mitkochen. **200–300 g Süsswasserfische** (Felchen, Egli, Hecht, Trüsche), entgrätet, aber mit der Haut in Würfel schneiden, zur Suppe geben und das Ganze aufkochen. Mit **1 dl Rahm** verfeinern und mit **Salz** und **Pfeffer** abschmecken. In vorgewärmte Suppenteller verteilen und mit **1 EL fein geschnittenem Schnittlauch** bestreuen.
Tipp für den Fischfond: Fischgräte mit etwas gehackter **Zwiebel, Lauch** und **Karotte** in **1 l Wasser** 10–15 Min. auskochen, dann durch ein Sieb giessen, wieder in den Topf geben und auf 5 dl einkochen lassen.

Bündner Gerstensuppe

Von Anna Simmen-Luzi, Jenaz.
Zutaten für 4 Personen

120 g Gerste und **70 g weisse Bohnen** in **2 l Wasser** geben und über Nacht stehen lassen. **2 Lorbeerblätter, 1 Zwiebel, 5 Gewürznelken, 2 Knoblauchzehen, 1 Markknochen** zugeben und aufkochen. Im Abstand von je ca. 30 Min. zuerst **200 g Siedfleisch** (am Stück) sowie etwas **Salz** oder **Bouillon,** dann **300 g geräuchertes Schweinefleisch, 200 g Bündner Rohschinken, wenig Speck** und schliesslich miteinander **1 Lauch, ½ Sellerie, ¼ Kohl, 2 Rüebli, 2 Kartoffeln** (am Stück oder halbiert) beigeben. Kochzeit insgesamt: 2 ½ – 3 Std. Danach Fleisch und Gemüse herausnehmen und in einer gedeckten Schüssel im Ofen warmstellen. **1 EL Mehl** in **3 EL Rahm** anrühren und der Suppe beigeben. Mit Salz und Pfeffer abschmecken.
Beim Fleisch sind viele Varianten möglich; es muss aber etwas Geräuchertes dabei sein. (Vorsicht daher beim Salzen!)

Fisch

Gedämpfte Forelle

Von Hermann Spiess, Kundelfingerhof, Schlatt, TG
Zutaten für 4 Personen

Die **Fische** marinieren, eine **kleine Zwiebel** fein schneiden und in eine ausgebutterte feuerfeste Form verteilen, Forellen darauflegen. Kräuter **(Petersilie, wenig Majoran, Thymian und Estragon)** fein hacken und darüber verteilen. Mit **ca. 2 dl Weisswein** begiessen und mit einer bebutterten Folie zudecken. Im Ofen bei ca. 220 °C 15–20 Min. dämpfen lassen. Die Fische auf einer warmen Platte anrichten. **1 EL Mehl** mit gleich viel **Butter** verkneten und flockenweise unter die Sauce rühren, mit **Rahm** verfeinern und über die Fische giessen.

Forelle in der Sulz

Von Hermann Spiess, Kundelfingerhof, Schlatt, TG
Zutaten für 4 Personen

Die **Forellen** sollten mind. 6 Std. gelegen haben, damit sie beim Kochen nicht aufspringen. Zuerst wie Forelle blau zubereiten, das heisst: Auf **1 l Wasser 1 EL Salz, 2–3 Zitronenscheiben, Petersilie, einige Pfefferkörner, Weisswein** nach Belieben, **Zwiebelringe.** Evtl. fein geschnittene **Karotten, Lauch, Sellerie** als Garnitur mitkochen. Bei Forellen aus ganz frischem Wasser kann auch nur Salzwasser mit einigen **Zitronenscheiben** verwendet werden. Sud ca. 10–15 Min. kochen, Fische hineingeben, 5–10 Min. ziehen lassen, je nach Grösse der Forellen. Dann im Sud erkalten lassen, herausnehmen, abtropfen lassen und die kalten Fische mit der lauwarmen Sulzbrühe 2–3 Mal überpinseln, bis sie glänzen. Mit Tomaten, Eiern, Oliven, Sardellen usw. garnieren. Zutaten ebenfalls übersulzen.

Felchenfilet nach Höngger Art

Von Rico Nachtweih, Sonne, Küsnacht, ZH
Zutaten für 10 Personen

25 g Meersalz, 3 g Senfkörner, 15 g Kristallzucker, 5 g Pfefferkörner, bunt, **4 dl helles Bier, 1 dl Neuenburger Weisswein** (Chasselas) zu einer Marinade zusammenmischen und darin **700 g Felchenfilets mit Haut** einlegen. Das Ganze in einer Schüssel zugedeckt im Kühlschrank 24 Std. ziehen lassen. Die Felchen aus der Marinade nehmen, mit Haushaltpapier trockentupfen und auf einem Gitterrost auslegen. **50 g Räuchermehl** (kann man beim Metzger beziehen) auf ein Backblech geben und im Ofen erhitzen, bis Rauchentwicklung einsetzt. Danach die Felchenfilets auf dem Gitterrost für 3 Min. in den Ofen schieben. Als Alternative kann man auch Räucherfolie verwenden.
200 g Kochbutter in eine Pfanne geben und die ausgekühlten Felchenfilets goldgelb braten. **100 g Eiweiss** (pasteurisiert) steif schlagen und mit **200 g Mayonnaise, 50 g mildem Senf** vorsichtig zusammenrühren. Mit **Salz, Pfeffer** abschmecken. **2 dl Zitronensaft,** frisch gepresst, und **1 dl helles Bier** daruntermischen. Diese Marinade über die Felchenfilets giessen und ca. 12 Std. ziehen lassen.
300 g Linsen im Wasser weich kochen, abgiessen und auskühlen lassen, mit **500 g Wirz,** fein geschnitten, in **50 g Butter** andünsten. Danach den Wirz und die Linsen vermischen und mit **3 dl italienischer Salatsauce** mischen. Den Linsen-Wirz-Salat in der Mitte auf einem Teller anrichten, die Felchenfilets fächerförmig darauflegen und mit der Marinade beträufeln. **5 Grapefruit rosé** filettieren und zusammen mit **10 Pfefferminz-Blättern** ausgarnieren.

Egli im Bierteig

Von Rosa Tschudi, Wiesental, Winkel-Rüti, ZH
Zutaten für 4 Personen

300 g Weissmehl und **2,5 dl helles, lauwarmes Bier** zu einem glatten Teig verrühren und 1 Std. ruhen lassen. Dann **220 g weiche Butter** sorgfältig daruntermischen, mit je **1 Prise Salz und Pfeffer** abschmecken. **700–800 g Eglifilets** mit Küchenpapier trockentupfen. Mit Salz und Pfeffer würzen, leicht in etwas **Mehl** wenden und überschüssiges Mehl abschütteln. Einzeln die Eglifilets durch den Backteig ziehen. Im 180 °C heissen **Erdnussöl** in der Fritteuse ausbacken (oder in einer hohen Kasserolle 3 l Erdnussöl erhitzen und die Eglifilets darin bei grosser Hitze ausbacken). Mit dünn geschnittenen **Zitronenscheiben** und **grossblättriger Petersilie** anrichten.
Dazu passen Kartoffeln.

Zanderfilets mit Schabziger-Mandelkruste

Von Käthy Knobel, Landgasthaus Biäsche, Weesen/Mollis, GL
Zutaten für 4 Personen

500 g Zanderfilets ohne Haut mit **Salz** und **Pfeffer** leicht würzen und mit **Saft von 1 Zitrone** beträufeln. **50 g Mandelblättchen** fein hacken, trocken rösten und abkühlen lassen. **50 g fein geriebener Schabziger, 1 Schalotte** fein gehackt, **1 EL Petersilie** und **Dill,** gehackt, **2 EL helles Paniermehl,** abgeriebene **Zitronenschale** – alles mit den Mandeln mischen. Fischfilets in dieser Panade wenden und mit **30 g Butter** und **2 EL Erdnussöl** goldbraun braten. Mit **Zitronenscheibe, gehackter Petersilie** und **gehacktem Dill** garnieren.
Dazu Salzkartoffeln, Rösti oder Trockenreis servieren.

Felchen- oder Eglifilets nach Gersauer Art

Von Andreas Schmid, Tübli, Gersau, SZ

Zutaten für 4 Personen

600 g fangfrische Fischfilets – Kleinfelchen (Albeli) oder Egli – mit **Meersalz** und **Pfeffer** würzen. **100 g frische Petersilie** mit **200 g Zwiebeln** fein hacken. **100 g Butter** in einer kleinen Pfanne zergehen lassen und davon die Hälfte in eine feuerfeste Gratinform (mit Deckel) geben. Die Hälfte der Petersilien-Zwiebel-Mischung in der Form verteilen, mit Pfeffer und Salz würzen und die gewürzten Fischfilets darauf verteilen. Mit **1 Prise Muskatnuss** bestreuen und die restliche Petersilien-Zwiebel-Mischung darüber geben. Wieder mit Salz und Pfeffer würzen, ein **Lorbeerblatt** und wenig, wenn möglich **frischen Majoran** dazugeben. Mit der restlichen Butter sowie **2,5 dl trockenem Weisswein** übergiessen und das Ganze zugedeckt im vorgeheizten Ofen bei 200 °C ca. 10 Min. garen lassen. Danach sofort servieren. Wichtig: Deckel erst am Tisch öffnen.
Beilage: Salzkartoffeln oder Trockenreis und Salat.

Felchenfilets mit Süssmost-Sauce «Beckenried»

Von Toni Gisler, Rössli am See, Beckenried, NW

Zutaten für 10 Personen

1,8 kg Felchenfilet mit **Salz** und **Pfeffer** würzen, im **Mehl** wenden und goldbraun braten. **1 l Beckenrieder Süssmost** und **2 dl Rahm** zusammen aufkochen und zur Veloute verarbeiten, mit **Salz, Pfeffer** und **Zitronensaft** abschmecken. **3 frische Äpfel** als Einlage in Würfel schneiden und am Schluss der Sauce beifügen.

Zugersee-Röteli, im Dampf gegart

Von Stefan Meier, Rathauskeller, Zug

Zutaten für 4 Personen

80 g Karotten in Stäbchen schneiden, **80 g Wirsing** blättrig schneiden, **80 g Bohnen** entfädeln und **80 g Broccoli** rüsten – und ein Gemüse nach dem anderen im Salzwasser knackig kochen. Abschütten und in **4 dl Gemüsebouillon** geben. Mit **Salz** und **Pfeffer** abschmecken. Bereithalten. **4 ganze Rötel** (Seiblinge) aus dem Zugersee, je 200 g, im Dampf 6–7 Min. garen. Auf ein Schneidebrett legen und filettieren. Die Fischfilets auf einen Suppenteller legen und das Gemüse mit der Bouillon anrichten.

Felchen «Jean-Jacques Rousseau»

Von Hans-Jörg Girsberger, Drei Fische, Lüscherz, BE

Zutaten für 4 Personen

2 grosse Zwiebeln in feine Streifen schneiden und in **2 EL Butter** dünsten, ohne Farbe annehmen zu lassen. Mit **2 dl Weisswein** ablöschen und **1 Knoblauchzehe,** fein gehackt, zugeben. Den Wein etwas verdampfen lassen, dann **2 dl Rahm** zufügen und 20 Min. auf kleinem Feuer kochen lassen. Vor dem Anrichten **1 TL gehackter Dill, 2 EL gehackte Petersilie, 1 EL fein geschnittener Schnittlauch** unter die Sauce ziehen und nach Bedarf mit **Salz** und **Pfeffer** würzen. **8–12 Felchenfilets** mit Salz und Peffer würzen und in **1 EL Mehl** wenden. Das überschüssige Mehl abschütteln. Beidseitig in **2 EL eingesottener Butter** anbraten und auf einer vorgewärmten Platte anrichten. Die Sauce über die Felchenfilets verteilen.

Fleisch/ Geflügel

Hirsch-Roulade mit Topinambur-Lasagne

Von Martin Herrmann, Mühle, Fläsch, GR

Zutaten pro Person

Hirsch-Roulade: 120 g Hirschschnitzel schneiden, dünn ausklopfen, mit etwas **Salz** und **Pfeffer** würzen. **Wirsingblätter (Wirz)** auf 2 cm grosse Quadrate zuschneiden und knackig blanchiert auf die Hirschschnitzel legen. Vorsichtig und eng zusammenrollen und mit einem Zahnstocher befestigen. Rund herum kurz in **Olivenöl** anbraten, für ca. 8 Min. bei 150 °C in den Ofen, danach nochmals für 5 Min. ruhen lassen. **Topinambur** schälen und in gleichmässig dicke Scheiben schneiden. In **leicht gesalzenem Wasser** kurz kochen, abschütten und ausdampfen lassen. Noch warm durch die Kartoffelpresse drücken, etwas **kalte Butter** unterrühren, mit **Muskat, Pfeffer, Salz** und **etwas Kartoffelbrand** abschmecken und an einen warmen Platz stellen.
Topinambur-Lasagne: Lasagneblätter ca. 3 Min. in siedendem Wasser blanchieren, abschrecken und aus einem Blatt zwei ovale Blätter ausstechen. Gratinförmchen mit einem Pinsel ausbuttern, ein Lasagneblatt einlegen, mit Tobinamburmasse be-

legen und mit einem Lasagneblatt zudecken. Das Ganze zweimal wiederholen. Am Schluss mit **Bündner Bergkäse** belegen und für 10 Min. bei 180 °C in den Ofen. Fügt man zusätzlich **Speck** und **Baumnusswürfel** in die Topinamburmasse, ist die Lasagne auch eine wunderbare Vorspeise.

Kastanien nach Bergeller Art

Von Valeria Tognetti, Piz Cam, Vicosoprano, GR
Zutaten für 4 Personen

400 g Dörrkastanien, 150 g geräuchten Speck, 1/2 EL Salz mit kaltem Wasser zudecken und so lange köcheln lassen, bis das Wasser aufgesaugt ist. Mit spitzem Messer die braunen Häutchen entfernen. Die enthäuteten Kastanien wieder mit Wasser zudecken. **1,4 dl Rotwein** zugeben und etwa 1,5 Std. auf kleinem Feuer köcheln lassen. Nicht zu fest rühren. **1 EL Butter** zum Abschmecken.
Servieren mit **Schlagrahm** und **grünem Salat.**

Prättigauer Fleisch-Chnödli

Von Urs Vetter, Zum Platz, Fideris, GR
Zutaten für 8 Personen

250 g Schweinefleisch, 600 g Rindfleisch, 150 g Speck durch den Fleischwolf treiben und mit **1 Zwiebel,** gehackt, **1 Bund Petersilie,** gehackt, **1 TL Oregano, 10 Eiern, etwas Salz** und **Pfeffer** zusammenkneten. Aus der Masse etwa 20 g schwere Bällchen (Knödli) im Handballen formen und mit **wenig Mehl** leicht bestäuben. **Fett** in die Bratpfanne geben und die Knödli anbraten, bis sie gar sind. Knödli aus der Pfanne nehmen. Den Bratensatz mit etwas **Rotwein, Bouillon** und **Bratensauce** aufgiessen. Der Sauce angedünstete **fein gehackte Zwiebeln** und **geröstete Speckwürfeli** beigeben. Die Knödli in der Sauce kurz aufkochen und anrichten.

Rindsschmorbraten mit Bratensauce

Von Christian Birchmeier, Mühle, Oberschan, SG
Zutaten für 5 Personen

1 Rüebli, 1 Zwiebel, 3 Knoblauchzehen und etwas **Knollensellerie** in grobe Würfel schneiden. **800–1000 g Rindshuftdeckel** ohne Fett mit **1 l Rotwein** und den Gemüsewürfeln marinieren und im Kühlschrank 4–5 Tage ruhen lassen. Danach Fleisch aus der Marinade nehmen, abtrocknen, mit **Salz** und **Pfeffer** im heissen **Öl** anbraten. Marinade mit dem Gemüse aufkochen, mit **Rosmarin, Thymian, Pfefferkörnern** abschmecken. Fleisch in den Brattopf legen, die Marinade dazusieben und **5 dl braunen Kalbsfond** dazugiessen. 2–2,5 Std. im Ofen schmoren. Dann Fleisch aus der Sauce nehmen, warm stellen und die Sauce bis zur richtigen Dicke einreduzieren und mit **Balsamico** verfeinern. Braten aufschneiden und kurz in der Sauce ziehen lassen.

Geschmortes Kalbskopfbäggli mit Kartoffelstock

Von Silvia Manser, Traube, Gais, AR
Zutaten für 4 Personen

4 Kalbskopfbäggli, 200 g Röstgemüse (Sellerie, Rüebli, Zwiebeln), 1 EL Tomatenpüree, 2 dl dunkler Rotwein, 5 dl Kalbsfond, Gewürze, Kräuter, 700 g mehlige Kartoffeln, 1 TL Salz, 40 g Butter, 2 dl Milch/Rahm, Muskatnuss, Salz, Pfeffer.
Die Kalbskopfbäggli allseits gut anbraten, dann in Schmortopf geben. Die in Würfel geschnittenen Röstgemüse ebenfalls in der Pfanne anbraten, mit Tomatenpüree tomatieren, kurz weiterrösten, mit Rotwein ablöschen und mit dem Kalbsfond auffüllen. Die Kräuter dazugeben und dann im Ofen zugedeckt ca. 1 1/2 Std. weich schmoren.
Für den Kartoffelstock die Kartoffeln schälen, schneiden und in gesalzenem Wasser weich kochen. In der Zwischenzeit das Milch-Rahm-Butter-Gemisch kurz aufkochen, würzen. Dann die Kartoffeln abschütten und durchs Passiergerät direkt in die Milch drehen. Nochmals abschmecken, in einen Dressiersack geben und auf dem Teller einen schönen Kreis dressieren. Das Bäggli mit Schmorsauce in die Mitte anrichten und mit den separat gekochten und in wenig Butter geschwenkten Gemüsen fertig anrichten.

Appenzeller Siedwurst mit Chäshörnli

Von Hansueli Schrepfer, Brauerei, Stein, AR

Zutaten für 4 Personen

4–8 Siedwürste, frisch vom Metzger, in kochendes Wasser geben, Deckel auf die Pfanne geben und sofort von der Platte wegziehen. Die Würste 8 Min. im Wasser ziehen lassen (auf keinen Fall kochen!).
240 g Hörnli in Salzwasser kochen und abschütten. **4 Zwiebeln** hacken und in **80 g Butter** goldgelb andünsten.
Die Hörnli dazugeben. **2 dl Rahm** und **1 dl Wasser** dazugeben, mit **Salz, Pfeffer** und **wenig Muskatnuss** würzen. **40 g Appenzeller, 20 g Tilsiter, 20 g Vacherin, 20 g rässen Appenzeller, 20 g Emmentaler** – alles fein geraffelt – unter die Hörnli geben und gut umrühren. Mit frischem Schnittlauch garnieren und servieren.

Poulet-Leberli

Von Walter Meier, Schiff, Mammern, TG

Frische Pouletleberli fein schneiden, einmehlen, mit **etwas Salz** und **Pfeffer** würzen, dann in heissem **Öl** leicht andünsten – ohne Zwiebeln! Dazu passt am besten ein Nüsslisalat.

Kaninchen-Voressen

Von Beny Knechtle, Aescher-Wildkirchi, Weissbad, AI

1 Kaninchen samt Knochen und Schenkeln, in grosse Ragoutstücke geschnitten, mit **wenig Mehl** bestäuben und rundherum im Schmortopf gut anbraten. **1 geschälte Zwiebel** (halbiert) mitbraten und dann mit **2 dl Rotwein** und **3 dl Fleischfond oder Bouillon** ablöschen. Gewürze **(Salz, Pfeffer, 4 Nelken, 1 Lorbeerblatt, Thymian), 1 kleine Sellerie** (geschält, in 4 Teilen), **4 Karotten** (ganz oder in grössere Stücke geschnitten) dazugeben. **Etwas Butter** beifügen. Ca. 30–45 Min. zugedeckt schmoren lassen, mit **2 dl Rahm** verfeinern.
Dazu Polenta oder Rösti servieren.

Basler Lümmelibraten

Von Max Schmid, Mühle, Allschwil, BL

Zutaten für 4 Personen

2 kg Rindsfilet (Mittelstück vom Rind) mit **Salz** und **Pfeffer** einreiben und in einem offenen Bräter mit **50 g Erdnussöl** anbraten. **50 g Zwiebeln** (geschält), **50 g Lauch, 50 g Sellerie, 50 g Karotten** dazulegen und alles im Ofen bei 120 °C ca. 30 Min. ziehen lassen. Den Bratensatz mit **2 dl Weisswein** und **2 dl Fleischbrühe** ablöschen, nochmals aufkochen, dann absieben und ev. nachwürzen. Das Rindsfilet in Tranchen schneiden (es sollte rosa sein).
Mit Gemüse, Pilzen und gebratenen Frühkartoffeln servieren.

Geschnetzeltes nach Zürcher Art

Von Georg Ruis, Münsterhof, Zürich

Zutaten für 4 Personen

1 Zwiebel und **1 Knoblauchzehe** hacken und in der Pfanne mit **20 g Butter** kurz anbraten. **200 g weisse Champignons** dazugeben und das Ganze mit **1 dl Weisswein** ablöschen. **1 dl Kalbsjus** und **3 dl Vollrahm** zufügen und 10 Min. köcheln lassen. Mit etwas **Maizena** abbinden und mit **Salz** und **Pfeffer** aus der Mühle würzen. **400 g Kalbsgeschnetzeltes** in einer Bratpfanne in **1 EL Erdnussöl** kurz scharf anbraten und sofort zur Sauce geben.

Rehrücken «Bad Osterfingen»

Von Michael Meyer, Bad Osterfingen, Osterfingen, SH

Zutaten für 4 Personen

1 Rehrücken von ca. 1 kg, sauber pariert, mit **Salz** und **Pfeffer** kräftig würzen. In einer Gusseisenkasserolle im **Erdnussöl** rundum anbraten. Im auf 220 °C vorgeheitzten Ofen ca. 5 Min. weiterbraten. Herausnehmen, die Rückenfilets auslösen und die Karkasse im Backofen warm stellen. Die Schnittflächen der Rückenfilets im **Öl** kurz bräunen und warm stellen. **120 g Speck,** in feine Streifchen geschnitten, in der Pfanne ohne Öl anbraten. **80 g Champignons,** in Scheiben geschnitten, dazugeben. Kurz vor dem Anrichten die Filets in ca. 2 cm dicke Scheiben schneiden und wieder an die Karkasse legen. Speckstreifchen und Champignonscheiben darauflegen.
Dazu passen frische Spätzli, Rotkraut und Äpfel.

Zürcher Chatzegschrei

Von Tine Giacobbo, Alpenrose, Zürich
Zutaten für 4 Personen

2 gelbe Peperoni, 2 rote Peperoni in kleine Würfelchen schneiden. **2 Zwiebeln** fein hacken, **800 g gehacktes Zweierlei (Kalb/Schwein),** wenn möglich Bio-Qualität in **Bratöl** gut anbraten bis es die rote Farbe verloren hat. Peperoni- und Zwiebel-Würfelchen zufügen und mit **Salz, Pfeffer, Paprika,** etwas **scharfem Paprikagewürz** ein paar Min. dünsten. Mit **4 dl Fleischbrühe** ablöschen und ca. ¼ Std. köcheln lassen.
2 dl Sauerrahm dazugeben und noch etwas weiterkochen. Dann nach eigenem Wunsch noch nachwürzen.
600 g Hörnli al dente kochen, absieben, in Butter mit gehackten **Petersilien** schwenken, in Teller verteilen und Chatzegschrei darübergeben.

Hackbraten

Von Georg Ruis, Münsterhof, Zürich
Zutaten für 4 Personen

2 Zwiebeln und **Knoblauchzehen** hacken, kurz anbraten und mit **300 g Rindshackfleisch, 150 g Schweinehackfleisch, 100 g Kalbsbrät, 8 Scheiben Toastbrot** ohne Rinde und **1 dl Milch** vermischen. Anschliessend **80 g Petersilie,** gehackt, **10 g Thymian,** gehackt, **4 Eier, 50 g Paniermehl, 3 EL Ketchup, 2 EL Worcestershire-Sauce, 2 EL Senf, 1 EL Paprikapulver** und **1 TL Currypulver** dazugeben und mit **Salz** und **Pfeffer** abschmecken. Wenn die Hackbratenmasse noch zu feucht ist, kann man etwas mehr Paniermehl zufügen. Zu einem Braten formen und im Ofen ca. 1 Std. bei 180 °C garen. In Tranchen schneiden und servieren.

Spanische Suppe (Olla podrida)

Von Rico Nachtweih, Sonne, Küsnacht, ZH

Traditionellerweise wurde das Gericht im Bronzetopf zubereitet. Als Alternative kann ein Gusseisentopf verwendet werden. Die Mengen sind individuell zu bestimmen.
Kalbfleisch-Plätzli, Rindfleisch-Plätzli, Schweinefleisch-Plätzli, Kalbs-Chipolata, Schweine-Chipolata, Marroni, Weisskohl, geräucherter Speck in Tranchen, Salz, Pfeffer, 2 Zweige Rosmarin, 5 Zweige Thymian, Gemüsefond.

Den Topf mit den Specktranchen auslegen. Das Fleisch würzen und zusammen mit den Marronis und dem in quadratische Würfel (ca. 3 x 3 cm) geschnittenen Weisskohl schichtweise einfüllen. Bei der Hälfte des Topfes den gehackten Rosmarin und Thymian beigeben. Mit den Specktranchen am Schluss alles zudecken. Etwas Gemüsefond zugeben. Den Topf mit Deckel in den vorgewärmten Ofen schieben, 45 Min. bei 220 °C, danach 75 Min. bei 200 °C garen lassen. Zwischendurch die Flüssigkeit kontrollieren und nach Bedarf nachgiessen.
Am Ende der Garzeit sollte nur ca. 2 cm Flüssigkeit im Topf sein.

Kutteln nach Zürcher Art (weiss)

Von Rolf Egli, Blumental, Meilen, ZH
Zutaten für 4 Personen

1 grosse Zwiebel und **1 Bund Petersilie** fein hacken, etwas **Olivenöl** erwärmen und auf kleinem Feuer dünsten. Dann **2 grosse Karotten** (geschält, in Scheiben geschnitten), **Lauch** (in Streifen geschnitten), **100 g frische Champignons,** blättrig geschnitten, zugeben und 5 Min. dünsten. **800 g Kutteln,** in Streifen geschnitten und gut weich gekocht, zufügen, kurz mitdünsten und mit **1 EL Mehl** bestäuben. Mit **1 dl trockenem Weisswein** (Räuschling) ablöschen, **2,5 dl kräftige Bouillon** zufügen und mit **Salz** und **Pfeffer** aus der Mühle würzen. Auf kleiner Hitze ca. 30 Min. schön weich kochen. **3 EL Vollrahm** mit **1 TL Senf** und ein paar Tropfen **Zitronensaft** verrühren und die Kutteln damit verfeinern. Etwas **Muskatnuss, 1 Prise Cayennepfeffer, 1 TL Kümmel** zugeben und evtl. nochmals mit **Salz** und **Pfeffer** aus der Mühle würzen. Kurz aufkochen lassen und sofort servieren.
Dazu passen Salzkartoffeln und Salat.
Tipp: Obwohl die Kutteln vom Metzger vorgekocht sind, kann man sie vorgängig ca. 30–40 Min. in leicht gesalzenem Wasser noch weicher kochen.

Sauerbraten nach Grossmutter-Art

Von Rosa Tschudi, Wiesental, Winkel-Rüti, ZH
Zutaten für 4 Personen

Marinade: **½ Stange Lauch, 1 Karotte, 1 Zwiebel,** klein geschnitten, **15–20 Pfefferkörner,** zerdrückt, **1 l Rotwein, ½ l Rotweinessig, 15 g Backpulver, 1 Lorbeerblatt, 2 Nelken.** Sämtliche Zutaten vermischen und **1,2 kg Rindshuft,** gut gelagert (mit wenig Fett), in die Marinade legen und während 10 Tagen im Kühlschrank ziehen lassen.
Zubereitung: Das Fleisch aus der Marinade nehmen, mit Küchenpapier trockentupfen und in **Erdnussöl** beidseitig anbraten. Marinade aufkochen, abschäumen, durch ein Tuch sieben. Gesiebte Marinade zusammen mit **½ l Kalbsfond** braun zum Fleisch geben. Auf kleinem Feuer 1½–2 Std. leicht köcheln lassen, bis der Braten schön weich ist. **1,2 l Rotwein** und **40 g Zucker** zur Hälfte einkochen, zum Fond hinzugiessen und mit **120 g Maizena,** dunkel, zur gewünschten Konsistenz binden. Für die Garnitur **150 g Speckwürfel** leicht anbraten und einige Brotwürfelchen goldbraun backen. Auf dem Braten verteilen.
Mit Sauce und Kartoffelstock servieren.

Kutteln an Räuschling-Sauce

Von Anna Erb, Zur Post, Volken, ZH
Zutaten für 4 Personen

½ Zwiebel hacken und in **Bratbutter** dämpfen. Mit **Mehl** bestäuben. **5 dl Räuschling** und **1 Bouillonwürfel** dazugeben und aufkochen. **800 g gekochte Kutteln** und **Kümmel** dazugeben. Auf kleiner Flamme rund eineinhalb Stunden ziehen lassen.
1 dl Rahm dazugeben. Mit **Salz** und **Pfeffer** abschmecken.
Mit Rösti oder Kartoffeln servieren.

Glarner Chalberwurst

Von Giorgio Bernard, Gasthaus Bergli, Klausenpass, GL
Zutaten für 4 Personen

200 g Zwiebeln in feine Würfel schneiden und mit **40 g Butter** ganz langsam dünsten (ca. 20 Min.). Mit **Salz** und **Pfeffer** würzen und mit **2 dl Weisswein** ablöschen und langsam sirupartig einkochen. In separater Pfanne **100 g Butter** und **100 g Mehl** ohne Farbe abrühren, mit **8 dl Milch** auffüllen und ca. 20 Min. unter ständigem Rühren langsam kochen. Diese Sauce nun zu den Zwiebeln geben und nochmals kurz aufkochen, nachwürzen. Die **4 rohen Kalberwürste à 180 g** in die Sauce legen und ca. 35 Min. ziehen lassen (nicht kochen, Würste könnten platzen). Danach die Würste mit hausgemachten **Kartoffelstock** und **Dörrzwetgschen-Kompott** (mit Rotwein, Zimt und Nelken) servieren.

Wurst-Käse-Salat

Von Giorgio Bernard, Gasthaus Bergli, Klausenpass, GL
Zutaten für 4 Personen

40 cl Balsamico weiss, 30 cl feinstes Olivenöl, 50 g Senf, Salz, Pfeffer, Paprika zu einer Salatsauce mixen. **500 g Cervelat** in Rädli schneiden, **300 g Glarner Alpkäse** in feine Blättli schneiden, **200 g Zwiebeln** in feine Streifen schneiden. Den Käse, die Cervelats und die Zwiebel in eine Schüssel geben und mit der Hälfte der Salatsauce mischen und etwas ziehen lassen.
16 kleine Kopfsalatblätter, 16 kleine Eichblattblätter, 20 Bouquets Nüsslisalat, 16 kleine Eisbergblätter, 16 kleine Lolloblätter (rot) – die Salatblätter einzeln durch die restliche Salatsauce ziehen und auf Glasteller anrichten.
In die Mitte den Wurst-Käse-Salat geben und die übrig gebliebene Salatsauce darübergeben.
Mit **2 Tomaten,** geschnitten, **4 Radiesli, Kräutern** garnieren und servieren.

Kalbsgeschnetzeltes Nidwaldner Art mit Birnenwürfeli und Baumnusskernen

Von Toni Gisler, Rössli am See, Beckenried, NW
Zutaten für 10 Personen

1,3 kg Kalbsgeschnetzeltes (Bäggli) bei starker Hitze in **1 dl Öl** anbraten, aus der Pfanne nehmen und warm stellen. **50 g Butter** in die Pfanne geben. **100 g Zwiebeln,** gehackt, andünsten.
500 g frische Champignons, in Scheiben geschnitten, beigeben, mit **1,5 dl Weisswein** ablöschen. **5 dl Demiglace** und **5 dl Vollrahm** beigeben und auf gewünschte Dicke einkochen lassen.
5 Birnen, entkernt, geschält und in Würfel geschnitten, und **1 dl Nidwaldner Birnenträsch** zugeben. Mit **Salz** und **Pfeffer** abschmecken. **20 Baumnusskerne** als Garnitur dazulegen.
Dazu passen Bohnenbündeli mit Speck und Gemüserösti.

Kalbsfilet mit Junglauch-Ravioli

Von René Lampart, Pinte, Schötz, LU
Zutaten für 4 Personen

600 g Kalbsfilet würzen und auf allen Seiten heiss anbraten und im Ofen bei kleiner Temparatur fertig garen. **2 Stück Junglauch** schneiden und waschen, in **Butter** leicht andünsten und auskühlen lassen. **1 dl Doppelrahm** mit dem Lauch mischen und mit **Salz, Pfeffer** und **Zitronensaft** abschmecken, Masse kühl stellen. **100 g Ravioliteig** mit der Nudelmaschine sehr dünn ausrollen, rund ausstechen und mit Wasser bestreichen. Lauchmasse in die Mitte geben und den Teig zu einem Tortelloni einschlagen. **100 g Eierschwämmli** putzen und gut waschen, im **Butter** kurz schwenken und abschmecken. Die Tortelloni im Salzwasser kochen. Das Kalbsfilet aufschneiden, mit den Tortelloni, den sautierten Eierschwämmli und dem **Wachtelspiegelei** garnieren.

Chügelipastete

Von Saemi Honegger, Taube, Luzern
Zutaten für 4 Personen

1 l Gemüsebouillon aufkochen, **2 Lorbeerblätter** beifügen und **400 g Kalbsschulter** am Stück darin während 1½ Std. gar kochen und auskühlen lassen. Fleisch in 1 cm grosse Würfel schneiden. Bouillon beiseite stellen.
1 Zwiebel fein hacken und in **Butter** dünsten. **300 g Champignons** vierteln, zu den Zwiebeln geben und 5 Min. mitdünsten. In einer Pfanne **3 EL Mehl** und **3 EL Butter** andünsten, kalte Bouillon dazugeben und unter stetem Rühren aufkochen lassen.
2 dl Rotweinjus und **1 dl Rahm** beigeben und 10 Min. köcheln lassen.
Die Kalbsschulterwürfeli sowie **400 g Kalbsbrätkügeli,** die Champignons mit **2 EL Rosinen, 3 EL Petersilie,** gehackt, in **2 dl beseite gestellte Bouillon** (kalt) geben, kurz aufkochen, mit **Salz** und **Pfeffer** abschmecken und in die Fritschipastete abfüllen. Trockenreis und gedämpfte Rüebli dazu servieren.
Tipp: Eine frische «Fritschipastete» können Sie beim Bäcker bestellen (siehe Einkaufstipps Luzern).

Grick, Grik, Grig

Von Max Eichenberger, Bären, Birrwil, AG
Zutaten für 4 Personen

Vorbereiten der Sauce: **Bouillon** aufkochen und **Röstmehl** beifügen. Die Flüssigkeit sollte die Konsistenz einer Mehlsuppe haben. Nach Ermessen **Weisswein** zufügen sowie **2 Lorbeerblätter, 3 Gewürznelken** und **Pfefferschoten.** Die Sauce soll pikant werden. **Fleisch:** Pro Person **ca. 300 g Grick** (Herz und Lunge vom Kalb) in Würfel schneiden, von der Lunge etwa doppelt so gross (4 cm) wie vom Herz. Die Fleischwürfel einige Min. lang in leicht gesalzenem, kochendem Wasser blanchieren und dann gut abtropfen lassen. Danach ähnlich zubereiten wie ein braunes Ragout, das heisst, das Fleisch in wenig **Bratbutter** anbraten. Wenn es Farbe annimmt, **geschnittene Zwiebeln** beifügen und weiterbraten, bis diese ebenfalls bräunen. Das Ganze in einen Schmortopf geben, die heisse Saucenflüssigkeit beifügen und auf kleinem Feuer mindestens 2 Std. schmoren. Die Sauce soll das Fleisch bedecken. Die Lungenwürfel schwimmen obenauf und sinken ab, wenn sie gar sind. **Gemüse:** **Wurzelgemüse, Knollengemüse, Zucchetti** und **Peperoni** in mundgerechte Stücke schneiden und in leicht gesalzenem Wasser knapp weich kochen. Eventuell je nach Gemüsesorte separat kochen wegen der unterschiedlichen Garzeiten. Das knackige Gemüse zum Fleisch geben und heiss werden lassen, aber nicht mehr kochen. Mit Beilagen nach Wahl servieren. Zum Beispiel Spätzli mit gerösteten Zwiebelringen oder Kartoffelstock.
Variante: Für einen Eintopf ca. 15 Min. vor Ende der Garzeit gewürfelte, festkochende Kartoffeln beifügen und erst kurz vor dem Servieren das Mischgemüse beigeben.

Suure Mocke nach Löwen-Art

Von Daniel Lüdi, Löwen, Heimiswil, BE
Zutaten für 4 Personen

Beize: **1,5 kg Rindsschmorbraten** (Schulter), **200g Röstgemüse** (Zwiebeln, Rüebli, Sellerie), in Würfel geschnitten, **1 Gewürzsäcklein** mit schwarzem Pfeffer, Nelken, Lorbeer: Alle Zutaten in ein hohes Gefäss geben und mit kräftigem **Rotwein und Rotweinessig** im Verhältniss 1:10 aufgiessen, bis Fleisch zugedeckt ist. Die Beize mindestens eine Woche ziehen lassen.
Zubereitung: Das Fleisch aus der Marinade nehmen, gut abtropfen lassen. Die Marinade ohne Gemüse unter stetem Rühren aufkochen und abschäumen. Das Fleisch mit **Salz** und **Pfeffer** würzen und in Fettstoff anbraten. Anschliessend in eine Schale geben. Das Gemüse in der gleichen Pfanne anbraten. **1 TL Tomatenpüree** dazugeben und etwas rösten. Mit der geklärten Marinade kellenweise ablöschen. Nun alle Zutaten in ein Schmortopf geben, mit etwas **braunem Kalbsfond** auffüllen und zugedeckt im Ofen bei ca. 200 °C weich schmoren (mind. 1,5–2 Std.).
Sauce: Den restlichen Bratfond durch ein feines Sieb giessen und evtl. noch mehr einkochen. Mit **Maizena** leicht abbinden und abschmecken.

Suurs Kalbsläberli

Von Benno Emmenegger, Basilisk, Basel
Zutaten für 4 Personen

20 g Butter in einer Pfanne schmelzen, **600 g geschnetzelte Kalbsleber** in die lauwarme Pfanne geben und sachte anbraten. Die Kalbsleber erst aus der Pfanne nehmen, wenn sie goldbraun angebraten ist – man schüttet sie in ein Sieb oder auf einen Teller.
100 g gehackte Zwiebeln andünsten, mit **1,5 dl Weissweinessig** die Zwiebeln ablöschen. **3 dl Demiglace** dazugeben, aufkochen und mit **Salz** und **Pfeffer** abschmecken. Die Kalbsleber in die Sauce geben und ziehen lassen und servieren. **30 g gehackte Petersilie** drüberstreuen.
Wichtig: Die Kalbsleber nicht in der Sauce kochen lassen – und: schnell servieren.

Vogelheu mit Speck

Von Benno Emmenegger, Basilisk, Basel
Zutaten für 8 Personen

50 g Bratbutter in einer Pfanne schmelzen, **300 g geschnittenen Speck** dazugeben und mitbraten, **150 g gehackte Zwiebeln** dazugeben und mitdünsten. **12 Buttergipfeli,** geschnitten, in die Pfanne dazugeben und mitbraten. **2 dl Milch** in die Pfanne geben und in die Buttergipfeli einziehen lassen. **9 Eier** in einer Schüssel verrühren, **1,5 dl Milch** zu den Eiern geben und verrühren. Den Guss in die Pfanne geben und unter ständigem Rühren zum Stocken bringen. Mit **Salz** und **Pfeffer** abschmecken. **50 g gehackte Petersilie** auf den angerichteten Tellern drüberstreuen.
Das Vogelheu kann man auch süss servieren, zum Beispiel mit Apfel oder Rhabarber. Mit dem passenden Kompott servieren.

Solothurner Schweinshals im sauren Most

Von Andy Zaugg, Zum Alten Stephan, Solothurn
Zutaten für 4 Personen

Pfanne erhitzen, **1 EL Erdnussöl** in Pfanne geben und **800 g Schweinshals Swiss Prime** rundum knusprig, goldfarben anbraten. Öl abschütten. **50 g Butter** in Pfanne geben, Gemüsematignon **(100 g Stangensellerie, 100 g Karotten, 200 g Weisse Zwiebeln, 3 Knoblauchzehen)** andünsten. Mit **50 g Weissmehl** bestäuben und caramelfarbig anschwitzen. Mit **2 dl Weisswein, 1 dl Kalbsjus** und **½ l Saurem Most** ablöschen und aufkochen. **1 Loorbeerblatt** und **1 Gewürznelke** dazugeben. Den Schweinshals bei ca. 160–170 °C zugedeckt im Ofen braisieren, zuletzt Deckel entnehmen und glacieren. Schweinshals in der Wärme abstehen lassen, Sauce abpassieren und einreduzieren, abschmecken und mit Butter aufmontieren, Gemüse in Sauce geben. Schweinshalsbraten aufschneiden und mit Sauce übergiessen. Dazu einen Kartoffelstock servieren.

Teigwaren, Mais, Reis etc.

Capuns da Sagogn

Von Klaus Ziegler, Da Veraguth Carnetg, Sagogn, GR
Zutaten für 4 Personen

Mit **350 g Mehl, 1,5 dl Wasser, 200 g Quark, 2 Salsiz,** in feine Würfel geschnitten, gehackter **Petersilie, Schnittlauch** und **Mangoldblättern** einen Teig herstellen. Den Teig in Mangoldblätter einwickeln und in **kochendem Salzwasser** blanchieren. Mit **Schalottenwürfeln, Bouillon und Rahm** eine Schaumsuppe herstellen und mit den Capuns anrichten. Zum Schluss **angebratene Speckstreifen** darüberstreuen.

Arviuls (Ravioli mit Rösti)

Von Klaus Ziegler, Da Veraguth Carnetg, Sagogn, GR

Mit **gekochten Kartoffeln, Schalottenwürfeln** und **Speckstreifen** eine dünne Rösti herstellen. Rondellen ausstechen und auf einen **dünn ausgewallten Nudelteig** legen. Mit Wasser ringsherum einstreichen und mit Nudelteig zudecken. Ravioli ausstechen und im kochenden Salzwasser gar kochen. Auf Teller anrichten mit **Parmesan** bestreuen und braune **Salbeibutter** darübergeben.

Capuns sursilvans

Von Toni Darms, Stiva Veglia, Schnaus, GR
Zutaten für 4 Personen, je 5 Capuns

20 grössere Mangoldblätter sauber waschen und ganz kurz in **kochendem Salzwasser** blanchieren. Sofort in kaltem Wasser abschrecken und zum Abtropfen in eine Lochschale geben.
250 g Mehl (Gran-Alpin) in eine Schüssel geben. **2 Eier, 1 dl Wasser, Salz, Pfeffer, Muskatnuss** verrühren und zum Mehl geben. Den Teig nur kurz bearbeiten. **80 g Zwiebeln** hacken und mit **30 g Butter** goldgelb dünsten und auskühlen lassen. **1 Landjäger, 1 Salsiz (80–100 g), 1 Hauswurst,** gekocht (100 g), fein würfeln. **5 g Petersilie, 10 g Schnittlauch, 3 g Krauseminze** fein hacken und mit den gedünsteten Zwiebeln und den fein gewürfelten Wurstwaren zum Teig geben. Alles gut vermengen und die Masse bei Bedarf mit etwas **Salz** und **Pfeffer** vorsichtig würzen. Danach die Blattstiele des Mangolds wegschneiden, pro Blatt ca. 40 g Füllung hineingeben, Blatt beidseitig leicht einschlagen und zu schönen gleichmässigen Rollen formen.
1 l Milch mit **1 Bouillonwürfel** zusammen aufkochen, die Capuns hineingeben und aufkochen.
Anrichten: Anschliessend **etwas Käse** darüberstreuen, gratinieren. Zum Schluss etwas **fein geschnittenen Landjäger** über die Capuns geben.

Pizokels Gran Alpin

Von Toni Darms, Stiva Veglia, Schnaus, GR
Zutaten für 4 Personen

200 g Gran-Alpin-Mehl in eine Schüssel sieben. **2 Eier, 0,6 dl Milch, 0,6 dl Wasser** vermischen und durch ein Spitzsieb passieren. **Salz** und **Pfeffer** beigeben und alles gut mit dem Mehl vermischen. Den Teig von einem Brett in daumengrossen Stücken in siedendes Salzwasser schaben, aufkochen lassen und im kalten Wasser abschrecken. **1 Bouilonwürfel** dazugeben, wieder erwärmen und abschmecken. **1 Zwiebel** fein geschnitten in **30 g Butter** glasig schwenken und über die Pizochels geben. Mit **50 g Käse** (gerieben) bestreuen.

Wilde Capuns mit Gäms- und Hirschwurst

Von Martin Sialm, Alpsu, Disentis, GR
Zutaten für 8–10 Personen

100 g Gämswurst, 100 g Hirschwurst, 200 g Rohschinken fein schneiden. **Petersilie, Schnittlauch, Minze** fein hacken.
15 g Salz, 2 Prisen Pfeffer, 720 g Halbweissmehl zusammen in eine Schüssel geben und gut mischen. **2 dl Milch, 1 dl Wasser, 4 Eier, 1 Eigelb** dazugeben und zu einem Teig kneten. 1 Std. ruhen lassen. Dann den Teig löffelweise in gewaschene **Mangoldblätter** einwickeln.
Bouillon: Die Capuns in einer starken Bouillon 15 Min. köcheln lassen, anschliessend mit **geriebenem Sbrinz** überbacken und heiss servieren.

Tatsch mit Dörrobst-Kompott

Von Toni Darms, Stiva Veglia, Schnaus, GR
Zutaten für 4 Personen

100 g gedörrte Äpfel, 100 g gedörrte Zwetschgen abspülen und mit Wasser bedeckt über Nacht einweichen.
Am nächsten Tag abgiessen. **1 dl Riesling & Sylvaner** (Weisswein) beigeben und auf kleinem Feuer ca. 10–15 Min. weich dünsten. Nach Bedarf **Zucker** zugeben. **150 g Gran-Alpin-Mehl** und **1 TL Zucker** in einer Schüssel mischen. **3 Eier aus Bodenhaltung** und **¼ l Milch** miteinander verquirlen und mit dem Mehl zu einem Teig verrühren. **1 EL Butter** in einer beschichteten Bratpfanne warm werden lassen, den Teig hineingiessen und langsam fest werden lassen (wie bei einem Eierkuchen). Erst dann mit einer Holzbratschaufel in mundgerechte Stücke zerteilen und rundum etwas anbraten. Tatsch als Hauptgang mit **Staubzucker** bestreuen und mit Dörrobst-Kompott servieren. Dazu trinkt man Milchkaffee. Tatsch schmeckt auch als Beilage zu Fleischgerichten oder Salat. Nur nimmt man dann Salz statt Zucker.

Amplius (Maisknödel)

Von Lorenza Caminada, Vrin, GR
Zutaten für 4–6 Personen

200 g Maismehl Bramata mit heissem Wasser übergiessen und 30 Min. quellen lassen. **2 dl Milchwasser, 2 Eier, 30 g flüssige Butter** gut miteinander verrühren. **400 g Halbweissmehl** mit der Bramata vermischen. **1 TL Salz** dazugeben, das Milchwasser mit den Eiern und der Butter beifügen und alles gut verrühren. **100 g Korinthen** daruntermischen. Dann alles zu einem festen Teig verarbeiten, faustgrosse Knödel formen und diese ca. 1–2 Std. im Salzwasser leicht köcheln lassen. Die Amplius werden oft in einer Gerstensuppe gegart. **1 Kochspeck, 2 Siedwürste** werden in der Suppe mitgegart. Anschliessend die gekochten Amplius und das Fleisch in Scheiben schneiden, auf einer vorgewärmten Platte anrichten und warm stellen. **400 g Sauerkraut** (vorgekocht) wärmen und anrichten. **50 g Reibkäse** über die Amplius streuen, **30 g heisse Butter** überschmelzen.
Die Amplius können auch mit Zuckerwasser übergossen werden.

Chäs-Getschäder

Von Karl Flury, Veltlinerstübli, Monstein-Davos, GR
Zutaten pro Person

10 g Butter in der Teflonpfanne erhitzen, **10 Würfel etwas härteres Brot** dazugeben und rösten, **5 dl Milch** dazugeben und mit **1 Prise Pfeffer, 1 Prise Muskat, 2 Knoblauchzehen** abschmecken. **100 g geriebenen Käse** hinzufügen und unter stetigem Rühren einkochen lassen. Am Schluss **1 Schuss Cognac** dazugeben.

Rollgersten-Risotto

Von Rudolf Wanninger, Piz Umbrail, Santa Maria, GR
Zutaten pro Person

40 g Rollgerste einweichen und ohne Salz weich kochen. Gut mit fliessendem kaltem Wasser wässern, damit die ganze Stärke rausgeht. Auf ein Sieb abtropfen. **10 g Lauch, 10 g Stangensellerie, 10 g Karotten, 5 g Bündnerfleisch** in kleine Würfel schneiden, in **10 g Butter** mit **5 g gehackten Schalotten** und wenig frisch gehacktem **Knoblauch** andünsten und die Gerste hinzugeben. Mit **0,5 dl Weisswein** ablöschen und mit **1 dl Geflügelfond** und **1 dl Sahne** – knapp bedeckt – aufgiessen.
Ca. 15 Min. einkochen lassen, bis eine sämige, dicke Masse entsteht. Mit **10 g geriebenem Parmesan** und **10 g frischer Butter** binden. Mit **Salz** und **Pfeffer** gut abschmecken.
Vorsicht: Parmesan ist auch salzig! Sollte es zu dick sein, mit etwas Geflügelbouillon verdünnen. Das Risotto lässt sich als eigenständiges Gericht sowie als Beilage zu Fisch, Schalen- und Krustentieren verwenden.

Taroz a la malenca

Von Valeria Tognetti, Piz Cam, Vicosoprano, GR
Zutaten für 4 Personen

800 g Kartoffeln schälen und kochen. **200–300 g grüne Bohnen** rüsten und in Salzwasser blanchieren. Gekochte Kartoffeln in einem Topf mit ein wenig erhitzter **Milch** verrühren, bis ein Prüee entsteht. **300 g Bergkäse** in Würfel schneiden und unter die Bohnen mischen. **½ Zwiebel** fein hacken und in **150 g Butter** hellgelb anschwitzen. Mit dem Prüee vermischen, bis alle Butter aufgesogen ist. Auf heissen Tellern servieren.

Plain in pigna (Ofenrösti)

Von Rudolf Wanninger, Piz Umbrail, Santa Maria, GR
Zutaten pro Person

100 g geschälte rohe Kartoffeln mit der Röstiraffel reiben. **30 g Äpfel** mitraffeln. Am besten eignen sich Boskop oder sonstige Kochäpfel. Das Verhältnis Kartoffel-Apfel sollte ungefähr 3 zu 1 sein. **2 EL grobe Polenta** mit den Kartoffeln und Äpfeln mischen und mit **Salz, Pfeffer, Muskat** würzen. Das Ganze kommt auf ein gebuttertes Backblech und wird mit **wenig Milch** angegossen. Die Milch sollte nicht mehr als $^2/_3$ der Höhe ausmachen. Etwas **flüssige Butter** darübergiessen und im Ofen bei ca. 200 °C knusprig backen.

Caponetti a la pusc'ciavina

Von Xavier Christen, Dorta, Zuoz, GR
Zutaten für 4 Personen

40 g Butter in einer Pfanne erhitzen, **100 g Brösel von Holzofenbrot** darin leich anrösten. Danach auskühlen lassen. **180 g Mehl, 1 dl Milch, 3 Eier, 1 dl Wasser** sowie **Salz, Pfeffer, 100 g Spinat** (am besten fein gehackten Blattspinat), **10 g fein geschnittenen Schnittlauch** beigeben und damit einen Teig herstellen. Bröselmasse dazugeben und gut mischen. Mindestens 1 Std. ruhen lassen. Masse mit einem Spachtel von einem Brett ins siedende Wasser streichen und blanchieren. Man kann sie auch mittels Spritzsack ins Wasser geben. Sofort servieren.
Anrichten: Die heissen Caponetti in einem Suppenteller auf **3 dl Tomatensauce** setzen. Mit **80 g Reibkäse** bestreuen. **50 g Butter** mit **5–6 Salbeiblättern** und **1 Knoblauchzehe** (in Scheiben) in einer Pfanne aufschäumen lassen, etwas rösten, bis die Butter schön braun wird. Dann über die Caponetti geben. Mit **frischen Kräutern** verzieren.

Hexenpolenta (Polenta taragna) mit Weinbeeren

Von Xavier Christen, Dorta, Zuoz, GR
Zutaten für 4 Personen

3,5 dl Milch und **3,5 dl Wasser** zusammen mit **1 Prise Muskatnuss** und **10 g Salz** und etwas geriebenem Pfeffer aufkochen lassen. **120 g Buchweizenmehl** mit **120 g Maisgriess** mischen und in die heisse Flüssigkeit einrieseln lassen. Alles sehr gut vermischen. Zugedeckt im 150 °C heissen Ofen etwa 1–1,5 Std. ziehen lassen.
80 g Butter und **80 g Reibkäse** sowie (auf Wunsch) **50 g Sultaninen** langsam unter die Masse mischen. Die Masse muss dick sein. Frisch geniessen. Als Beilage zu Brasato oder Lammhäxli oder auch als eigenständiges Gericht mit Gorgonzola oder Dörrbirnen und Apfelmus o. Ä. Da die Mehle nicht immer die gleiche Qualität aufweisen, können Abweichungen bei den benötigten Flüssigkeitsmengen möglich sein.

Törgge-Bramata

Von Alfred Herzog, Schloss Weinstein, Marbach, SG
Zutaten für 4 Personen

$^1/_2$ l Bouillon mit etwas **Muskat** und **30 g Butter** aufkochen. **150 g Ribelmehl** grob (Bramata) dazugeben und gut verrühren. Während ca. 1 Std. bei kleiner Flamme kochen wie Polenta. Am Schluss mit **30 g Sbrinz** und **1 dl Vollrahm** abrühren. Auf ein Blech streichen und erkalten lassen, ausstechen und im Olivenöl goldbraun braten. Heiss servieren. Dazu passt Wild.
Bezugsquelle Ribelmehl (griessartig) und Ribel-Bramata (sehr grob, wie Polenta-Bramata): Meyerhans Hotz, AG, 9424 Rheineck, Tel. 071 888 27 27.

Spätzli «Gastlicher Adler»

Von Thomas Frei, Gastlicher Adler, Unterstammheim, ZH
Zutaten für 8 Personen

1 kg Mehl, 8 Eier, 6 dl Wasser und etwas **Gewürzsalz** sorgfältig vermengen und nachher mit einem Kochlöffel gut schlagen, bis sich Bläschen bilden. Wasser zum Kochen bringen, leicht salzen und die Hälfte der Masse durch ein Spätzli-Sieb in die Pfanne treiben. Warten, bis das Wasser aufkocht, die Spätzli herausfischen und im kalten Wasser abschrecken. Danach abtropfen und in einem flachen Geschirr trocknen lassen. In **Butter** leicht anbraten, würzen und sofort servieren.

Süsses Törggeribel-Chöpfli mit Kirschensuppe

Von Alfred Herzog, Schloss Weinstein, Marbach, SG
Zutaten für 4–5 Stück

250 g Milch mit **1 Vanillestängel,** aufgeschnitten, und **Zitronenschale,** gerieben, aufkochen und durch ein Sieb passieren.
30 g Törggeribel-Mehl in die kochende Milch einrühren und bei schwacher Hitze ca. 10 Min. ziehen lassen. Vom Feuer nehmen und **8 g eingeweichte Gelatine** unterrühren. **60 g Eigelb** und **60 g Zucker** schaumig rühren und ebenfalls unter die noch heisse Masse ziehen. In einem Wasserbad oder im Kühlschrank unter gelegentlichem Rühren abkühlen lassen. Wenn die Masse leicht zu stocken beginnt **2,5 dl Rahm,** geschlagen, unterziehen und in passende Timbalförmchen abfüllen. Während 2 Std. im Kühlschrank fest werden lassen. Förmchen kurz in heisses Wasser tauchen und vorsichtig auf einen passenden Teller stürzen. Mit einer der Saison angepassten Früchtesuppe (Kirschen, Erdbeeren, Pepino usw.) servieren.
Kirschensuppe: 300 g Rheintaler Blauburgunder, 120 g Zucker, Zimtstängel, 30 g Erdbeergelee. Alle Zutaten ausser den Kirschen aufkochen und ca. 10 Min. ziehen lassen. **300 g entsteinte Kirschen** beigeben und im Sud pochieren. Evtl. mit ganz wenig Maizena abbinden. Mit den noch lauwarmen Kirschen einen Spiegel herstellen und das gestürzte Ribelköpfchen darauf anrichten und mit **Pfefferminze** ausgarnieren.

Käseknöpfli mit saurem Käse

Von Siegfried Biedermann, Löwen, Schellenberg FL
Zutaten für 8 Personen

600 g Mehl, 8 Eier, 1 dl frisches Wasser, 1 Prise Pfeffer, 1 Prise Muskat in eine Schüssel geben und einen Teig herstellen. Ca. 10–20 Min. ruhen lassen. Dann wird der Teig durch den Knöpflihobel ins kochende Salzwasser (2 gehäufte TL Salz) getrieben. Die Knöpfli gut aufwallen lassen, zusammen mit **200 g Appenzeller** (gerieben) und **300 g Sauerkäse** (gerieben) in eine Schüssel geben und gut mischen. Zwiebelringe in **Butter** goldgelb rösten und auf das Gericht geben und servieren. Dazu reicht man Blattsalat, Kartoffelsalat oder Apfelmus.
Tipp: Dem Salzwasser **1 EL Öl** beigeben. Sollten die Käseknöpfli zu trocken sein, etwas Brühwasser dazugeben, bevor sie mit dem Käse vermischt werden.

Ofenmus aus Türkenmehl

Von Siegfried Biedermann, Löwen, Schellenberg FL
Zutaten für 4 Personen

Eine feuerfeste Schüssel nehmen, **150 g Ribelmehl** (fein), **150 g zerlassene Butter, 100 g Zucker, 1 gestrichenen TL Salz, 2 Eier** und **1 EL Weissmehl** zusammen mit etwas **Milch** anrühren. **1 l Milch** zum Kochen bringen, in die Schüssel geben und mit dem Schneebesen alles mischen. Dann in den auf 250 °C vorgeheizten Ofen schieben und bei 200 °C 1/2 Std. backen. Sauerkraut und Apfelmus dazu servieren.

Original Rheintaler Ribel

Von Hanspeter Trachsel, Schiff, Thal, SG
Zutaten für 4 Personen

500 g Rheintaler Ribelmais in eine Schüssel geben. Separat **3 dl Milch, 3 dl Wasser** mit **1 gestrichenen EL Salz** aufkochen und anschliessend den Ribelmais damit anbrühen. Mindestens 3 Std. zugedeckt quellen lassen.
30 g eingekochte Butter in einer Bratpfanne erhitzen. Darin die Ribelmasse bei nicht zu grosser Hitze langsam rösten. Nach ca. 20 Min. **5 EL Rahm oder Milch** zugeben und alles nochmals ganz kurz rösten. So beibt der Ribel schön feucht. Dazu passen Milchkaffee oder Kompott. Gut dazu ist auch gehacktes Rindfleisch oder Apfelmus.

Gebratene Ribelspitzen

Von Hanspeter Trachsel, Schiff, Thal, SG
Zutaten für 4 Personen

1 dl Milch, 1 dl Wasser, 1 Prise Salz aufkochen. **150 g Rheintaler Ribelmais** einrühren und bis zu 15 Min. zugedeckt stehen lassen. **50 g Butter** schmelzen und den Ribel zerkleinern und leicht knusprig braten, bis er «ribelt».
Danach **3 dl Milch** mit **20 g Butter, etwas Muskat** und **80 g Rheintaler Ribelmais** gut durchkochen. **20 g trockenen Reibkäse** und **1 Eigelb** dazumischen. Beide Massen in warmem Zustand grob vermischen, sodass eine Marmorierung bleibt. Nach Belieben zu Spitzen formen, (z. B. in Dreieckformen füllen), erkalten lassen und schneiden. Passt zu Saucenfleisch. Kann auch vorbereitet und bei Bedarf im Ofen bei niedriger Temperatur erhitzt werden.

Rösti im Schweineschmalz

Von Heidi Dätwiler, Weinstube zum Sternen, Elfingen, AG
Zutaten pro Person

3 grosse, rohe Kartoffeln raffeln. In Gusspfanne **2 EL Schweinefett** (Schmalz) erhitzen, danach die geraffelten Kartoffeln dazugeben, nach Bedarf salzen. Von Zeit zu Zeit umrühren. Nach 15–20 Min. alles zu einem Röstikuchen formen und auf jeder Seite goldgelb braten.

Chäs-Schoope

Von Charly Gmünder, Bären, Gonten, AI
Zutaten für 4 Personen

400 g altes, dunkles Bauernbrot in Würfel schneiden (wie fürs Fondue) und in viel Butter goldgelb anrösten. Für die Käsemasse **200 g fetten Appenzeller** und **200 g Rässkäse** raffeln und mit **Pfeffer** aus der Mühle und einer **Prise Muskatnuss** würzen. Mit **1 dl Rahm** zu einem festen Brei mischen. Die Käsemasse in einer Pfanne über die heissen Brotwürfel geben und so lange schwenken, bis die Brotwürfel schön vom Käse überzogen sind. Den Chäs-Schoope anrichten und mit viel fein geschnittenem **Schnittlauch** bestreuen. Heiss servieren.

Ziger-Soufflé

Von Markus Strässle, Gasthaus Richisau im Klöntal, GL
Zutaten für 6 Personen

50 g Butter schmelzen, **50 g Mehl** beigeben, erhitzen und rühren, bis ein leichter Glanz entsteht. Mit **2,5 dl Milch** ablöschen und zu einer dicken Béchamel rühren. **100–150 g Ziger** (je nach Geschmack) fein raffeln und dazumischen. **4 Eigelb** einzeln einrühren, **4 Eiweiss** mit einer **Messerspitze Maizena** schaumig schlagen und in Etappen daruntermischen, mit **Salz** und **Pfeffer** abschmecken. Die Masse in die mit Butter ausgestrichenen und mit Mehl bestäubten Förmchen geben (nur zu ²/₃ füllen), Backofen auf 160 °C vorheizen. Die Förmchen in den Backofen geben und die Temperatur auf 200 °C erhöhen. Nach 20 Min. ist das Soufflé schön aufgegangen und gebräunt.
Mit Salat oder Tomatensauce servieren.

Ziger-Höreli

Von Markus Strässle, Gasthaus Richisau im Klöntal, GL
Zutaten für 4 Personen

200 g Ziger, fein geraffelt, **50 g geriebener Sbrinz** oder **Parmesan, 1 dl Rahm, 300 g gekochte Hörnli** – alles gut vermengen und in einer beschichteten Bratpfanne erwärmen, auf einem Suppenteller anrichten.
1 Zwiebel hacken und mit **20 g Butter** goldgelb bis dunkelbraun dünsten und über die Hörnli verteilen, dazu frisches Apfelmus aus **Boskop-Äpfeln** servieren.

Rys und Boohr (Risotto mit Lauch)

Von Gret Sicher, Gotthard, Gurtnellen, UR
Zutaten für 4 Personen

400 g Risotto-Reis in **Butter** glasig anschwitzen, **ca. 400 g Lauch** dazugeben und mitdämpfen. Mit **wenig Bouillon** ablöschen, dann nachgiessen und mit **150 g Reibkäse** bei schwacher Hitze und öfterem Rühren gar kochen. Wenn nötig Bouillon nachgiessen.
Zwiebelschwitze: 2 grosse Zwiebeln in Streifen schneiden und mit **2 Knoblauchzehen**, fein geschnitten, in **ca. 150 g Butter** goldbraun werden lassen. Den Lauchrisotto in tiefe Teller anrichten, **Käse** darüberstreuen und die Zwiebelschwitze darüber verteilen.

Älplermagronen Kernser Art

Von Rolf della Torre, Rose, Kerns, OW
Zutaten für 4 Personen

500 g Kartoffeln schälen und in Würfel schneiden. Zusammen mit **250 g grossen Hörnli** oder «Magronen» in leicht gesalzenem Wasser weich kochen. Abtropfen und in ofenfeste Form geben. Dazwischen **50 g geriebenen Käse** verteilen. **1 dl Rahm** und **0,5 dl Milch** aufkochen und darübergiessen. 10 Min. in den auf 160 °C vorgeheizten Ofen geben, bis der Käse schmilzt. Inzwischen **2 grosse Zwiebeln** in Ringe schneiden, **Mehl** darüberstäuben, mit **1–2 gehackten Knoblauchzehen** zusammen in der **Butter oder Margarine** braten, dann über die fertigen Magronen verteilen. Dazu wird **Apfelmus** serviert.

Gold-Risotto

Von Stefan Wiesner, Rössli, Escholzmatt, LU
Zutaten für 4 Personen

20g getrocknete Steinpilze in **1 dl warmem Geflügel- oder Gemüsefond** einweichen, anschliessend in feine Streifen schneiden. **40g gehackte Schalotten** in **Olivenöl** andünsten, **240g Risottoreis (Carnaroli)** beigeben und glasig werden lassen. Mit **1,5 dl Barbera** oder anderem Rotwein ablöschen und diesen leicht einkochen lassen. Die Steinpilzstreifen, **1 Lorbeerblatt, 1 Messerspitze Safran** von Mund (gemahlen und nach Belieben auch einige Safranfäden) sowie etwas **Salz** und **Pfeffer** beigeben. Nach und nach ca. **4 dl Geflügel- oder Gemüsefond** aufgiessen und den Risotto unter häufigem Rühren bissfest kochen. **1 dl flüssigen Vollrahm** beigeben und alles etwas ziehen lassen. Mit **Salz** und **Pfeffer** nochmals abschmecken und **2 EL geschlagenen Rahm** darunterziehen. Der Reis sollte eine crèmige Konsistenz haben, ansonsten noch etwas Fond beifügen. In einem vorgewärmten, tiefen Teller anrichten und mit **Blattgold** (Orangegold, erhältlich im Fachhandel) dekorieren.

Rüebli-Lasagne mit Röstgemüse

Von René Hofmann, Aarehof, Wildegg, AG
Zutaten für 5 Personen

Gratinform mit **25g Butter** ausbuttern. **2,5 dl Bechamelsauce** herstellen. Dann **150g Weisse Rüebli** (Küttiger), **100g Gelbe Rüebli** (Pfälzer), **100g Rote Rüebli** schälen und der Länge nach halbieren. Rüebli weich dämpfen, auskühlen und mit **Salz** und **Pfeffer** abschmecken. **250g Lasagneblätter,** vorgekocht, mit dreierlei Rüebli und Bechamelsauce abwechslungsweise in Gratinform einschichten. Mit **Butterflocken** und **Parmesan** bestreuen. Im Ofen bei 180 °C ca. 50 Min. backen. Am Schluss gratinieren. **40g Pilze** und **30g Rüeblijulienne** anrösten und abschmecken.
Röstgemüse über die Lasagne verteilen.

Rüebli-Pesto

Von Bernhard Bühlmann, Pinte, Baden-Dättwil, AG
Zutaten für 10 Personen

1 kg Küttiger- oder normale Karotten schälen und in Würfel schneiden. **100 g Schalotten** und **50 g Ingwer** schälen und emincieren (in Streifen schneiden). **100 g Zucker** karamellisieren. Schalotten, Ingwer und Karotten zum karamellisierten Zucker dazugeben und dünsten. Ablöschen mit **1,5 dl Weisswein- oder Apfelessig** und **2 dl Weisswein. Schwarzen Pfeffer** aus der Mühle zugeben. **2 dl Wasser** dazuschütten und zugedeckt dünsten, bis die Karotten ganz weich sind. Alles im Mixer fein pürieren und durchs Sieb streichen. Mit **2 dl Geflügelbouillon** (oder Gemüse- oder Rindsbouillon) zur gewünschten Konsistenz verdünnen.

Eierrösti

Von Christian Künzi, Bären, Reichenbach, BE
Zutaten für 4 Personen

500–600g Butterzopf vom Vortag in 5 cm grosse und 5 mm dicke Stücke schneiden. In etwas **Butter** in einer Bratpfanne auf kleinem Feuer unter stetigem Wenden rösten, bis der Zopf schön dunkelbraun ist. **4 Eier** aufschlagen und mit **1 dl Milch** und **1 dl Rahm** mischen. Mit **Salz** und **Pfeffer** würzen. Zum Zopf geben und mischen, bis es leicht gebunden ist (fast wie ein Rührei, noch leicht flüssig).
Zur Eierrösti passt Buurehamme oder Salat.

Dessert

Giavalets cun cua (Teufelsschwänzchen)

Von Lorenza Caminada, Vrin, GR

Zutaten für 4–6 Personen

18–20 Dörrbirnen 10–15 Min. weich kochen und gut abtropfen lassen. Stiel nicht wegschneiden. **250 g Weissmehl, 3 dl Milch, 3 Eier, 1 Prise Salz** zu einem Ausbackteig verarbeiten und 30 Min. ruhen lassen. **1 l Frittieröl** in der Fritteuse auf 180 °C erhitzen. Die Dörrbirnen in den Ausbackteig tauchen und sie goldgelb frittieren. Diesen Vorgang mit jeder Dörrbirne 3–4 Mal wiederholen. Der Stiel der «Teufelsschwänzchen» muss immer gut sichtbar bleiben!
5–6 dl Rotwein, 150 g Zucker, 1 Zimtstange zusammen aufkochen. Die frittierten Dörrbirnen der Länge nach halbieren, anrichten und mit der Weinsauce übergiessen. Mit **Schlagrahm** garnieren.

Rahmput

Von Ottavia Fasser, Chasa Chalavaina, Müstair, GR

Zutaten pro Person

4 Tassen frischer Rahm, 4 Tassen Mehl, etwas Salz zu einem Teig rühren. Er sollte etwa wie ein dicker Pfannkuchenteig sein. Dann wird der Teig ganz langsam in einer Gusseisenpfanne unter stetigem Verrühren in frischer Butter gebraten. Zum Schluss lässt man beide Seiten schön braun werden. Wichtig ist, dass man sich Zeit lässt, damit die Masse nicht verbrennt und schön aufgeht.

Brotpudding mit Apfelkompott

Von der Chesa Pool, Fextal, GR

Zutaten für 4 Personen

100 g altes Weissbrot in kleine Stücke schneiden. **1 dl Milch** aufkochen und darübergiessen. **40 g Rosinen, abgeriebene Zitronenschale, 1 Msp. Zimtpulver, 1 Prise Nelkenpulver, 75 g grob gehackte Nüsse** gut zusammenmischen.
80 g Butter, 40 g Berghonig miteinander schaumig rühren.
2 Eigelb und **1 EL Kirsch** unter die Buttermischung rühren.
2 Eiweiss mit **1 Prise Salz** zu Schnee schlagen und sie vorsichtig unter die ganze Masse ziehen. In vier ausgebutterte Auflaufformen füllen und diese in eine Gratinform stellen, die mit Papier ausgelegt ist. Kochendes Wasser um die Förmchen giessen und bei 200 °C ca. 20 Min. garen.
Den Brotauflauf noch lauwarm mit Apfelkompott servieren.

Löwenzahnhonig

Von Giulia Maurizio aus Maloja, GR

Löwenzahnblüten im Sonnenschein (dann sind sie voll geöffnet) von den Stängeln zupfen und gründlich waschen. **1 kg Blüten** in eine Pfanne geben und **1 l Wasser** dazugiessen. **½ Zitrone,** in Scheiben geschnitten, zugeben, aufkochen und zugedeckt 30 Min. ziehen lassen. Flüssigkeit durch ein Tuch giessen. **1 kg Zucker** zur Flüssigkeit geben und melasseartig einkochen, was gut 2 Std. dauern kann.
Tipp: Nicht zu stark einkochen, da sich der Honig beim Abkühlen noch weiter verdickt.

Löwenzahn-Parfait

Von Giulia Maurizio aus Maloja, GR

Zutaten für 4–6 Personen

3 Eigelb in eine grosse Schüssel geben und verrühren.
125 g Löwenzahnhonig mit **25 g Bienenhonig** aufkochen, dann unter kräftigem Rühren zum Eigelb geben. So lange rühren, bis die Masse erkaltet und dickflüssig ist. **250 g Rahm** flaumig schlagen. **3 Eiweiss** nicht ganz steif schlagen und **75 g Zucker** zufügen und weiter schlagen, bis die Masse glänzt. Zuerst den Schlagrahm unter die Eigelb-Masse ziehen, dann den Eiweiss-Schnee. Die Masse in eine gekühlte Terrineform füllen und im Tiefkühler einige Stunden fest werden lassen. Die Form kurz in heisses Wasser tauchen, das Parfait stürzen und portionieren. Mit Rhabarber-Kompott oder Erdbeeren servieren.

Thuris Rosenblütenbowle

Von Thuri Maag, Thuri's Blumenau, Lömmenschwil, SG

1 Zitrone in Scheiben schneiden und die Scheiben zerdrückt mit **5 dl Weisswein** und **75 g Zucker** in eine Schüssel geben und gut verrühren. Wenn sich der Zucker aufgelöst hat, **75 g Rosenblüten** (wilde Hundsrosen, wenn möglich bei Sonnenschein gepflückt) beigeben und 2–3 Tage zugedeckt im Kühlschrank ziehen lassen. Durch ein feines Sieb oder Tuch passieren und in Flaschen abfüllen. Dieses Konzentrat ist im Kühlschrank den ganzen Sommer haltbar.

Etwa 1/3 eines Champagnerglases damit füllen, mit **Champagner, Sekt oder Cava** auffüllen.

Variante: Mit **grünem oder rotem Basilikum** – überraschend!

Gebrannte Crème

Von Christian Birchmeier, Mühle, Oberschan, SG

Zutaten für 1 Liter

250 g Zucker in der Pfanne karamellisieren. Mit **5 dl Milch** und **5 dl Rahm** ablöschen. **1 Vanillestängel** dazugeben und alles 10 Min. köcheln lassen. **50 g Crèmepulver** mit **2 dl Rahm** anrühren und zur Caramel-Milch geben. Unter ständigem Rühren abbinden und nachher im Kühlschrank abkühlen. Die abgekühlte Crème sieben und mit **Schlagrahm** verfeinern.

Biberfladen-Parfait mit warmen Zwetschgen

Von Hansueli Diesterbeck, Sonne, Urnäsch, AR

Zutaten für 10 Personen

Parfait: **3 Eier, 1 Eigelb, 125 g Zucker** zusammen im Wasserbad auf ca. 40 °C cremig aufschlagen. Die Masse im Rührwerk 15 Min. kalt schlagen. **120 g Biberfladen,** getrockneten und geriebenen, und **500 g geschlagenen Rahm** darunterziehen. Die Masse in eine passende Form geben und einfrieren.

Warme Zwetschgen: **800 g Zwetschgen** waschen, entsteinen und in kleine Schnitze schneiden. **80 g Butter** in einer Pfanne erhitzen, Zwetschgen dazugeben und andünsten und mit **Staubzucker** und **1 Prise Zimt** abschmecken. Veille Prune dazugeben und flambieren.

Holdere-Zonne

Von Hansueli Schrepfer, Brauerei, Stein, AR

700 g Holunderbeeren mit **30 g Butter** in einer Pfanne schmelzen, **30 g Mehl** dazugeben und hell rösten. Pfanne vom Herd nehmen, **1,5 dl Rahm** und **1,5 dl Milch** dazugiessen und glatt rühren. Pfanne wieder auf den Herd stellen. **100–150 g Zucker** und **etwas Zimt** dazugeben und unter leichtem Rühren aufkochen. Etwa 10 Min. leicht köcheln lassen. Holundermus heiss servieren, evtl. mit gerösteten Brotwürfeli dazu oder mit etwas Vanilleglace.

Vanilleköpfli «Schwanen»

Von Renate Fischer, Schwanen, Niederneunforn, TG

Zutaten für 20 Köpfli

1 l Milch, 2 Vanilleschoten, aufgeschnitten, **180 g Zucker, 80 g Vanillezucker** und **1 EL Vanillesirup** miteinander aufkochen, dann Vanilleschoten abstreifen. **7 Blatt Gelatine** einweichen, **7 Eier** in Schüssel aufschlagen, kochende Milch dazugiessen, in Pfanne zurückgeben und bis vors Kochen schlagen. Mit Gelatine verrühren und in kaltes Wasser stellen. **1 l Rahm** in lauwarme Crème geben. In Förmli giessen und kalt stellen. Ergibt ca. 20 Förmli.

Mit **gemischten Früchten** servieren.

Zürcher Öpfelchüechli

Von Tine Giacobbo, Alpenrose, Zürich

Zutaten für 4 Personen

4 Äpfel, geschält, in 1 cm grosse Ringe geschnitten, in **3 EL Zucker** und **etwas Süssmost** einlegen. **150 g Mehl, 1 Prise Salz, 1,5 dl Süssmost, 1 EL Öl, 2 Eigelb** gut vermischen und zu einem Teig kneten. **2 Eiweiss** schlagen und kurz vor dem Frittieren darunterziehen. Apfelringli in den Teig geben und in **heissem Öl** frittieren, dann herausnehmen, auf Küchenpapier abtupfen und mit **Zimt** und **Zucker** bestreuen.

Gut schmecken **frische Beeren** (mit Vanillezucker und Zitronensaft gemischt) und eine Süssmost-Vanillesauce dazu.

Pudding da nonna

Von Tine Giacobbo, Alpenrose, Zürich
Zutaten für 4 Personen

2.5 dl Sauerrahm, 1 dl Vollrahm, 75 g Zucker, 1 EL Kastanienhonig, etwas Zitronensaft mischen. **4 Blätter Gelatine** in kaltem Wasser einweichen, **1 dl Schlagrahm** wärmen, Gelatine auflösen und in die Masse einrühren. **2 dl Schlagrahm** schlagen und unter die leicht gefestigte Masse ziehen. In Puddingförmchen abfüllen und eine Zeit lang kalt stellen. Pudding kurz in warmes Wasser halten und auf den Teller stürzen.
Beerensauce darübergiessen und mit Beeren ausgarnieren.
Zum Pudding passen auch Aprikosen- oder Zwetschgen-Kompott.

Sommerbeeren im Prosecco-Gelee

Von Georg Ruis, Münsterhof, Zürich

100 g Zucker und **4 Blätter Gelatine** in **etwas Prosecco** auflösen. **500 g Sommerbeeren** (Brombeeren, Himbeeren, Johannisbeeren, Blaubeeren) waschen und gut trocknen. Die Beeren auf die Förmchen verteilen, **550 ml Prosecco** mit der Zucker-Gelatine-Prosecco-Flüssigkeit vorsichtig vermischen und damit die Förmchen auffüllen. Mehrere Stunden kühl stellen.

Zürcher Nideltörtchen

Von Rico Nachtweih, Sonne, Küsnacht, ZH

Teig: **5g Hefe, 2 Prisen Zucker** vermengen und stehen lassen. **1,5 dl Milch** auf ca. 60 °C erwärmen und **50 g Butter** dazugeben und etwas auskühlen lassen. **250 g Mehl, 50 g Ei, 2 EL Öl** im Sturz beigeben und alles gut miteinander verrühren.
Hefe beigeben und den Teig mit einer Prise **Salz** abschmecken. Den Teig mit einem feuchten Tuch bedecken und ca. 30 Min. in der Wärme stehen lassen. Den Teig ausrollen und in die ausgebutterten Tartelettes-Förmchen (Durchmesser ca. 8 cm) auslegen. Als Alternative zum selbst gemachten Teig kann auch fertiger Kuchenteig verwendet werden.
Füllmasse: **30 g Butter** schmelzen, **40 g Mehl** zugeben, kurz anschwitzen, danach mit **3 dl Milch** ablöschen und aufkochen, bis es bindet und **1 Prise Salz** dazugeben. Diese Masse auskühlen lassen und danach **3 dl Sauerrahm** zusammen mit **150 g Ei, 1 Prise Muskat, 60 g Zucker** unter die Masse rühren.
Die Füllmasse in die ausgelegten Förmchen füllen und 10 Min. bei 180 °C im vorgeheizten Ofen backen. Nach 10 Min. die Törtchen aus dem Ofen nehmen und 3 Min. abstehen lassen. Danach die Törtchen für weitere 10 Min. im Ofen bei 180 °C fertig ausbacken.
Zum Zürcher Nideltörtchen kann als Variante eine Kugel Vanilleglace serviert werden.

Öpfelstückli nach Zürcher Oberländer Art

Von Hanna Tenüd, Lauf, Hittenberg bei Wald, ZH
Zutaten für 4 Personen

10 g Butter und **100 g Zucker** unter stetem Rühren hellbraun karamellisieren. **750 g Apfelstückli,** ungeschält, vom Kerngehäuse befreit, zum Caramel geben, unter Rütteln auf kleinem Feuer dünsten, bis der braune Zucker daran hängen bleibt.
2 dl Süssmost, 1 Zimtstängel, 2 dünne Zitronenscheiben, 50 g Sultaninen oder Rosinen beigeben, zugedeckt auf kleinem Feuer langsam gar schmoren.

Mascarpone-Beerenterrine

Von Klaus Imhof, Reussbrücke, Ottenbach, ZH
Zutaten für ca. 8 Terrinen

1 Eigelb und **50 g Zucker** zusammen verrühren, etwas **Zitronenzesten, 160 g Mascarpone** und **70 g Joghurt nature** dazugeben.
5 Gelatineblätter einweichen, auflösen und unterrühren.
70 g Rahm steif schlagen und unterrühren. **250 g frische Beeren** beigeben. Kalt stellen.

Allschwiler Crèmebrulée

Von Max Schmid, Mühle, Allschwil, BL
Zutaten für 8–10 Personen

1 l Doppelrahm mit **120 g Waldmeister** und **280 g Zucker** aufkochen und über Nacht kalt stellen. Dann passieren. Mit **7 Eigelb** und dem Mark von **1 Vanillestängel** verrühren. Im Ofen bei 90 °C ca. 2 Std. garen. Wieder kühl stellen. Mit **100 g Rohrzucker** bestreuen und mit einem Bunsenbrenner karamellisieren.
Mit frischen **Erdbeeren** und **Erdbeersorbet** servieren.

Himbeer-Roulade

Von Klara Kummer, Bärgwirtschaft Allerheiligenberg, SO
Zutaten für 6–8 Personen

4 Eigelb, 2 EL heisses Wasser, 120 g Zucker schaumigrühren. Dann **4 Eiweiss** steif schlagen, **120 g Mehl, 1 Prise Salz** sorgfältig daruntermischen. Kuchenblech (den Rücken!) mit Butter bestreichen, Backpapier drauflegen (klebt!) und Masse darauf verteilen. Bei guter Mittelhitze (200 °C) ca. 10 Min. backen.
Wichtig: Nach dem Backen unter dem Blech auskühlen lassen.
Füllung: **300 g Himbeeren** mit **2 EL Wasser** in der Pfanne erhitzen, durch ein Sieb streichen (Gummischaber benutzen), beiseite stellen. **150 g Crème fraîche, 300 g Nature Joghurt** und **75 g Puderzucker** verrühren. **6 Blatt Gelatine** einweichen, in **2 El Wasser** in einer Pfanne auflösen und in **2 EL Crème** unterrühren. Diese Mischung unter restliche Crème rühren. Erkaltetes Purree dazurühren. **250 ml Rahm** steif schlagen, unterheben. Masse kalt stellen bis sie zu Gelieren beginnt. Masse auf dem Bisquit verteilen, restlichen Himbeeren drauf geben. Mit Hilfe des Backpapiers von der Länge her aufrollen. Mit der Naht nach unten abgedeckt über Nacht kalt stellen. Stücke schneiden und mit **Puderzucker** bestäuben, Rahmtupfer darufgeben.

Ahorn-Parfait

Von Markus Strässle, Gasthaus Richisau im Klöntal, GL
Zutaten für 10 Personen

6 Eigelb in eine Schüssel geben, **1,5 dl Ahornsirup, 40 g Zucker** dazugeben und schaumig schlagen bis die Masse fest wird.
3 dl Rahm steif schlagen und sorgfältig darunterziehen,
½ cl Baccardi-Rum dazumischen (vermindert die Bildung von Eiskristallen). Die Masse in eine Terrinenform füllen und im Tiefkühler gefrieren. Mit frischem **Fruchtsalat** oder im Nachsommer mit **Heidelbeeren** garnieren.

Muotataler Chriesibrägel

Von Daniel Jann, Adler, Ried, SZ
Zutaten für 4 Personen

1 EL Mehl in einer Pfanne leicht anbräunen, dann **1,5 dl Rotwein, 60 g Zucker, ½ Vanillestängel** (längs halbiert) und **1 Prise Zimtpulver** beigeben. Alles bei kleiner Hitze 10 Min. lang kochen.
500 g entsteinte Kirschen zur Rotweinsauce geben. Noch einmal rasch aufkochen und lauwarm servieren.

Flambierte Schabziger-Bananen

(Aus: Kochen im Glarnerland, Seite 122)

Von Käthy Knobel, Landgasthaus Biäsche, Weesen/Mollis, GL
Zutaten für 4 Personen

4 Bananen schälen und der Länge nach halbieren. Mit **2 EL Butter** flüssig bestreichen und in **60 g fein geriebenem Schabziger** wenden. Anschliessend in heisser **Butter** goldgelb knusprig backen und warm stellen.
Für die Sauce: **1 EL Rohzucker** in einer Pfanne karamellisieren. Mit **1 EL Orangensaft** ablöschen und kurz aufkochen lassen. Mit **4 cl Cointreau** flambieren. Bananen auf Teller anrichten, die Sauce drumherum verteilen.
Mit je einer Kugel **Vanilleglace** und **Schlagrahm** servieren.

Holunderblüten-Glace

Von Daniel Jann, Adler, Ried, SZ
Zutaten für 1 Liter

6 Eigelb mit **60 g Zucker** gut verrühren. **4,5 dl Milch** mit **60 g Zucker** aufkochen. Die heisse Milch zum Zucker-Eigelb giessen. Zurück in die Pfanne geben und bei schwacher Hitze unter ständigem Rühren vorsichtig zur Rose (= 80 °C) erhitzen und anschliessend absieben. **120 g Vollrahm** und **1340 g Holunderblütensirup** dazugeben. Sofort im Eiswasser abkühlen und anschliessend in einer Eismaschine gefrieren. Die Holunderblüten-Glace schön anrichten.

Lauwarmes Schokoladenküchlein mit Kirschen

Von René Lampart, Pinte, Schötz, LU
Zutaten für 4 Personen

60g Butter mit **30g Zucker** schaumig rühren. **90g geschmolzene Grand-Cru-Schokolade** beigeben, dabei nach und nach **4 Eigelb** beigeben. **Je 40g geriebene Mandeln und Haselnüsse** unterheben, **Eiweiss** mit **30g Zucker** zu Schnee schlagen und vorsichtig beigeben, die Masse in gefettete und mit Zucker ausgestreute Formen geben. Formen in ein hohes Wasserbad geben und aufkochen lassen, mit einem Tuch zudecken und einen Deckel daraufgeben. Im Ofen bei 165 °C 25 Min. garen.
Je 1 dl Portwein und Rotwein auf die Hälfte einkochen lassen, die entsteinten **Kirschen** beigeben und leicht köcheln lassen.
1,5 dl Buttermilch, 1,25 dl Sauerrahm, 1 dl flüssigen Rahm, 70g Zucker, Saft von 1 Zitrone und **ca. 0,8 dl Holunderblütensirup** zusammen mischen und in der Glacemaschine gefrieren. Die lauwarmen Kirschen auf dem Teller anrichten, das Küchlein stürzen und auf die Kirschen geben und mit der Glace und dem Süsskraut servieren.

Fotzelschnitte

Von Raphael Tuor, Adler, Nebikon, LU

2 Eier mit **1 EL Zucker** gut zerquirlen. **8 kleine Scheiben Brioche** kurz im Ei einlegen und wenden, danach in der Pfanne mit **1 EL Butter** goldgelb braten, rausnehmen und anschliessend im **Zimtzucker** wenden. Mit einem Früchtekompott oder Glace, abgestimmt auf die Saison, servieren.

Willisauer-Ringli-Parfait mit Himbeersauce

Von Saemi Honegger, Taube, Luzern
Zutaten für 4 Personen

4 Eigelb, 2 EL Zucker im warmen Wasserbad (50 °C) warm schlagen und anschliessend kalt schlagen. **300g Willisauer Ringli** fein raffeln und unter die Masse mengen. **4 Eiweiss** mit wenig **Salz** zu Schnee schlagen, **3 dl Rahm** steif schlagen und beides vorsichtig unter die Eimasse heben. Eine Cakeform mit Klarsichtfolie auslegen und die Parfaitmasse einfüllen. Parfait mindestens 6 Std. im Tiefkühlfach gefrieren lassen.

Für die Himbeersauce: 400g Himbeeren, 1/2 dl Wasser, wenig Zitronensaft, 100g Zucker: Alle Zutaten mischen und aufkochen lassen. Mit einem Mixer fein pürieren und durch ein Sieb giessen und erkalten lassen. Parfait auf Teller anrichten und mit Himbeersauce und nach Belieben mit Rahm und Minzeblättern ausgarnieren.

Geröstete Einback mit Rhabarber und Erdbeeren

Von Max Eichenberger, Bären, Birrwil, AG

Rhabarber würfeln und in kochendes, **stark gesüsstes Wasser** geben. Von der Hitze nehmen und vollständig auskühlen lassen (kein Metallgefäss verwenden). Kurz vor Gebrauch **Erdbeeren** schneiden und wenn nötig zuckern.
Für ein grosses Dessert pro Person **2 Scheiben Einback** von ca. 1,5 cm Dicke im **Butter** hellbraun rösten. Die heissen Einbackscheiben auf einen vorgewärmten Teller legen. Eine Scheibe mit dem Rhabarberkompott und die andere Scheibe mit den Erdbeeren bedecken und mit **Schlagrahm** garnieren. Sofort servieren.

Caramelchöpfli

Von Heidi Dätwiler, Weinstube zum Sternen, Elfingen, AG
Zutaten für 6 Förmli

5 dl Milch und **2 Vanillestängel** aufkochen. **3 Eier, 3 Eigelb, 75g Zucker** und **1 TL Vanillezucker** verrühren und die aufgekochte Milch dazuschwingen. Alles in die Förmchen verteilen. Ca. 50 Min. im heissen, nicht kochenden Wasserbad in den Backofen stellen (bei ca. 120 °C). Danach herausnehmen und mind. 3 Std. kühl stellen, damit die Köpfli fest werden.

Rüebli-Gugelhöpfli

Von René Hofmann, Aarehof, Wildegg, AG

300 g Rüebli waschen, schälen und fein raffeln. **5 Eigelb** und **250 g Zucker** zusammen schaumig rühren. Geraffelte Rüebli, **250 g Haselnüsse, 70 g Mehl, je 1 Msp. Zimt und Salz,** etwas **Zitronensaft** und **Zesten** sowie **1 Schuss Rüebligeist** zur Eimasse geben und mischen. Das verbliebene Eiweiss mit einer **Prise Salz** steif schlagen und vorsichtig unter die Masse geben. Die fertige Masse in ausgebutterte Guggelhopfförmli abfüllen und im vorgeheizten Backofen bei 180 °C 30 Min. backen.
1 dl Orangensaft, 200 g Puderzucker und **1 Schuss Rüebligeist** zu einer Glasur verrühren. Die gebackenen Guggelhöpfli mit Glasur beträufeln.

Rüebli-Parfait (Schaumgefrorenes)

Von Bernhard Bühlmann, Pinte, Baden-Dättwil, AG
Zutaten für 10 Personen

600 g Karotten geschält, davon 150 g in feine Würfel, 450 g in feine Scheiben schneiden. **5 dl Vollrahm** steif schlagen.
1 Vanillestängel auskratzen und mit **200 g Zucker** und **150 g Eigelb** warm und kalt schlagen. Karottenscheiben in **3 dl Zuckersirup** (= 1,5 dl Wasser und 200 g Zucker, gekocht) weich kochen und pürieren. Feine Karottenwürfel in Zuckerwasser weich kochen. Eigelbmasse und Karottenpüree mischen. Feine Karottenwürfel unterziehen. **Schlagrahm** unterziehen und gut mischen. Alles in eine Terrinenform oder in Portionenförmchen abfüllen und 24 Std. gefrieren.

Läckerli-Parfait mit Rotweinbirne

Von Benno Emmenegger, Basilisk, Basel

4 dl Rotwein in eine Pfanne geben, **200 g Zucker** dazugeben, **1 Vanilleschote** halbieren, auskratzen und in Rotwein geben und aufkochen. **2 Birnen** schälen, halbieren, den Kern herausnehmen und in den kochenden Rotweinsud hineinlegen. Ca. 5 Min. sieden lassen, auf die Seite stellen und ziehen lassen. Am schönsten rot werden die Birnen, wenn man sie einen Tag vorher pochiert.
250 g Läckerli mit einer Röstiraffel raffeln, **50 g Eiweiss** in eine Schüssel geben, **4 cl Läckerlischnaps oder Rum, 25 g Zucker** in die Schüssel dazugeben und auf einem Wasserbad warm schlagen, bis sich der Zucker auflöst. Vorsicht, nicht zu lange wärmen, sonst fängt das Eiweiss zu stocken an. Wenn der Zucker aufgelöst ist, schlägt man das Eiweiss steif (wie eine Meringuegage).**2 dl Vollrahm** schlagen, bis er fest ist. Meringuegage unter den Schlagrahm ziehen, die geraffelten Läckerli dazugeben und auch darunterziehen. Eine Form mit Klarsichtfolie auslegen und die Masse hineingeben. Im Tiefkühler ca. 12 Std. hart werden lassen.

Früchte-Sorbet

Von Andreas Putzi, Farnsburg, Ormalingen, BL
Zutaten für 40 Kugeln = 20 Portionen

Für den Zuckersirup: 340 g Zucker und **1,6 dl Wasser** gut umrühren und einmal aufkochen.
Für das Quittenpulpe: 1 kg Quitten mit einem Lappen putzen (den haarigen Belag vollständig wegrubbeln), in vier Teile schneiden und das Kerngehäuse säuberlich entfernen. Durch die Rösti-Raffel reiben und mit **1 dl Wasser** (keinen Zucker beigeben!) aufkochen. Das Ganze leicht am Siedepunkt zugedeckt ca. eine Stunde köcheln lassen und öfters mal umrühren. Über Nacht stehen lassen und am anderen Tag nochmals aufkochen. Gut mit dem Mixstab pürieren. So erhalten Sie ca 500 g Fruchtmark.
Sorbet: Zu 500 g Quittenpulpe fügt man **5 dl Wasser, 5 dl Zuckersirup** und **0,8 dl Farnsburger Quittenschnaps.** Alles gut umrühren und in die Glace/Sorbetmaschine einfüllen Wenn Sie keine Sorbetmaschine zur Hand haben, so geben Sie die Masse in einer tiefen Schüssel in das Gefrierfach. Die Masse muss nun jede Viertelstunde mit dem Schwingbesen kräftig umgerührt werden bis das Sorbet durchgefroren ist.

Crème d'amour

Von Christian Künzi, Bären, Reichenbach, BE
Zutaten für 4 Personen

40 g Butter in einer grossen Pfanne schmelzen, **60 g Mehl** dazugeben und mit dem Schwingbesen rühren, bis ein geschmeidiger Teig entsteht. Mit **1 dl Weisswein** ablöschen und mit **1 l hellem Gemüsefond** auffüllen. **1 Zwiebel, 1 Lauchstängel, 1 Loorbeerblatt** und **2–3 Nelken** mitkochen. Ca. ½ Std. kochen lassen. Gelegentlich rühren, mit **Salz** und **Pfeffer** würzen. Suppe durch ein feines Sieb passieren. Mit **2 dl Schlagrahm** verfeinern. Suppeneinlagen nach Belieben.

Rosen-Panna-cotta mit frischen Walderdbeeren oder Himbeeren

Von Oskar Marti (Chrüter-Oski), Moospinte, Münchenbuchsee, BE

2 kg Zucker in **1 l Wasser** aufkochen und den Sirup abkühlen lassen. Die Blätter von **3–5 Rosenblüten** (wohlriechend, ungespritzt) dazugeben und ca. 2 Tage in einem Einmachglas an der Kühle ausmaserieren lassen.
Dann das Rosenwasser abseihen und 2 dl für das Rosen-Panna-cotta beiseite stellen. **250g Milch, 5,5 dl Rahm, 150g geriebene Mandeln** und **80g Zucker** aufkochen und vom Feuer nehmen. **5 Gelatineblätter** in kaltem Wasser einweichen, gut ausdrücken und in die Masse geben. Danach das Rosenwasser zugeben. Nach ca. 2 Std. – kurz vor dem Stocken – die Masse in Formen füllen und im Kühlschrank ca. 5–6 Std. stocken lassen.
Hüppen: 100g Puderzucker, 100g weiche Butter, 70g Eiweiss, 100g Mehl zu einem glatten Teig verarbeiten, dünn auf ein Backblech streichen und im auf 220 °C vorgeheizten Backofen goldgelb backen. Zu Fächern schneiden.
Vor dem Servieren die Blätter **1 Rose** in feine Streifen schneiden, auf dem Teller verteilen und mit **2 EL Puderzucker** bestreuen. Rosen-Panna-cotta stürzen und anrichten. Mit **250g Walderdbeeren oder Himbeeren** garnieren. Mit Hüppen ausgarnieren.

Linas Visitenbrei

Von René F. Maeder, Ruedihus, Kandersteg, BE
Zutaten für 4 Personen

3 Eiweiss steif schlagen, **5 dl Vollrahm** steif schlagen.
150g Zucker und **3 Eigelb** schaumig rühren und **0,5 dl Williams** beifügen. Das geschlagene Eiweiss und den geschlagenen Rahm sorgfältig darunterziehen. In vorgekühlte Glasschüssel geben und im Tiefkühler über Nacht gefrieren lassen. Vor dem Servieren mit **50g gehackten Baumnüssen** und **Schokoladepulver** bestreuen. Aus der Schüssel abstechen und nach Wunsch noch etwas Williams darübergiessen.

Kuchen

Fideriser Torte

Von Urs Vetter, Zum Platz, Fideris, GR
Zutaten für 1 Torte

4 Eigelb, 250 g Zucker, 250 g Butter zusammen schaumig rühren. **Zitronenschale, 2–3 Tropfen Rosenöl** und **200 g Mandeln,** gerieben, beifügen. **375 g Mehl** über die Masse sieben und **Eischnee von 4 Eiern** sorgfältig darunterziehen. Die Hälfte des Teiges in eine vorbereitete Kuchenform geben (Boden der Torte). **1 Tasse Johannis- oder Himbeerkonfitüre** darüber verteilen. Die zweite Hälfte des Teiges als Deckel darauf geben. Bei Mittelhitze backen.

Heidelbeerkuchen «Monstein»

Von Karl Flury, Veltlinerstübli, Monstein-Davos, GR

700 g Heidelbeeren (tiefgefroren), bereitstellen. **4 Eier, 1 EL Vanillepulver, 2 EL Zucker, 3,6 dl Rahm** zusammenrühren und den Guss herstellen. **500 g Kuchenteig ausrollen,** etwas **gemahlene Haselnüsse** oder **Brotbrösel** darüberstreuen, tiefgefrorene Beeren hinzufügen, Guss beigeben und bei 180 °C ca. 70 Min. backen.

Engadiner Nusstorte «Elisabeth»

Von Elisabeth Christen, Dorta, Zuoz, GR

100 g Zucker karamellisieren, **4 cl Zitronensaft** zugeben (Vorsicht Verbrennungsgefahr!). **1 dl Vollrahm, 10 g Bienenhonig** zusammen erhitzen und zum Zucker dazugeben, dann aufkochen und kurz etwas reduzieren lassen. **120 g Baumnüsse:** die Caramelmasse darübergeben und auskühlen lassen. **400 g süsser Mürbteig:** Eine Kuchenform, 18 cm Durchmesser, mit 5 mm dickem Teig auslegen. Masse einfüllen und mit einem Teigdeckel gut verschliessen. Nach Belieben dekorieren. Bei 180 °C ca. 40 Min. backen.

Apfeltörtchen

Von Silvia Manser, Traube, Gais, AR

Zutaten für 4 Personen

Förmli mit 10 cm Durchmesser, Höhe ca. 1,5 cm.
4–6 säuerliche Äpfel, je nach Grösse, 60 g Butter, 80 g Zucker, 1 Prise Zimt, 1 dl Weisswein, Blätterteig.
Den Boden der Förmli mit Backpapier auslegen und den Rand mit Butter gut bestreichen. Die Äpfel schälen, vierteln, entkernen und dann in dünne Scheibchen schneiden. In einer Teflonpfanne die Butter zergehen lassen, die Apfelscheibchen dazugeben, Zimt und Zucker dazugeben, kurz weiterdünsten und dann mit Weisswein ablöschen. Unter zeitweisem Schwenken so lange weiter dünsten, bis die Flüssigkeit einreduziert ist. Nun die Apfelscheibchen schön regelmässig ins Förmchen einschichten und etwas andrücken. Zu guter Letzt noch den Blätterteig oben aufs Förmchen geben und leicht andrücken. Im vorgeheizten Ofen während ca. 10 Min. bei 200° C backen, bis der Blätterteig schön knusprig ist.
Auf Teller stürzen, ausgarnieren und mit einer Kugel Vanilleglace servieren.

Apfel-Tünne «Mutter Frei»

Von Frau Frei, Gastlicher Adler, Unterstammheim, ZH

6–8 Äpfel schälen, jeden Apfel in 8–10 Schnitze schneiden, rüsten und mit **Zitronensaft** beträufeln. Eine runde Backform leicht fetten. **250 g Kuchenteig** rund auswallen und in die Kuchenform legen, über den Rand hinaus. Den Teig stupfen und **150 g gemahlene Mandeln** darauf verteilen. Die Apfelschnitze rundherum zur Mitte anordnen. **2 Eier, 2,5 dl Rahm, Rohzucker** verquirlen und daraufgiessen. Im vorgeheizten Ofen bei 180–200 °C goldgelb backen.

Gersauer Käsekuchen

Von Andreas Schmid, Tübli, Gersau, SZ

Zutaten für ein grosses rechteckiges Kuchenblech

0,5 dl Wasser, 700 g Halbweissmehl, 15 g Salz und **30 g Hefe** zu einem Teig verkneten, eine halbe Stunde gehen lassen, durchkneten und nochmals eine halbe Stunde gehen lassen. Den Teig auswallen und in das gefettete Kuchenblech hineinlegen.
Füllung: 40 g Mehl, 700 g geriebener Käse (verschiedene Sorten z. B. Emmentaler, Greyerzer, Sbrinz), **7 dl Milch, 5 g Salz, 3 g Pfeffer, 2 g Muskatnuss, 100 g fein gehackte Zwiebeln** gut vermengen und auf dem Teig verteilen. Im vorgeheizten Backofen bei 230 °C mit starker Oberhitze ca. 20–25 Min. backen und sofort servieren. Dazu passt ein gartenfrischer Salat.

Quark- und Sommerkräuter-Quiche mit Parakresse

Von Oskar Marti (Chrüter-Oski), Moospinte, Münchenbuchsee, BE

200 g feines Dinkelmehl sieben, **100 g kalte Butter** in Stücke schneiden und beides miteinander verkneten, bis Krumen entstehen. **1 kleines Ei** mit **3 EL eiskaltem Wasser** verquirlen, zum Mehl-Butter-Gemisch geben und zu einem glatten Teig verarbeiten. 30 Min. kalt stellen. Dann den Teig ausrollen und in eine ausgefettete Springform von 20 cm Durchmesser legen. Mit Kirschkernen oder Linsen beschweren und 15 Min. im vorgeheizten Backofen bei 180 °C blind backen. In der Zwischenzeit **300 g Quark** abtropfen lassen. **3 Eier** trennen. Die Eigelb mit dem Quark, **1,5 dl Crème fraîche, 2 EL Maizena, Meersalz** und **Pfeffer** aus der Mühle mischen. **2 Schalotten,** fein gehackt, **1 kleinen Bund Basilikum, 4 Pfefferminzblätter, 1 Liebstöckelblatt, 2 Salbeiblätter, 1 Sträusschen Zitronenthymian, 1 Bund Schnittlauch** (alles fein geschnitten) unter die Quarkmischung rühren.
Vorgebackenen Teig mit der Quarkmischung füllen. **2–3 fleischige Tomaten** in Scheiben schneiden und satt darauf ausleben. Leicht salzen und pfeffern.**150 g gerapselten Sbrinz oder Parmesan** darüberstreuen und bei 180 °C ca. 60 Min. backen. Am Schluss **6–8 fein geschnittene Parakresseblättchen** darüberstreuen – gibt den letzten Pfiff! Sofort servieren.

Lebkuchen «Blasenberg»

Von Beatrice Limacher, Blasenberg, Zug

500g Weissmehl, 500g Zucker. 15g Backpulver, 3 EL Schoggipulver, 3 EL Lebkuchengewürz: Alles gut mischen. Dann **5 dl Mich** und **3 EL flüssige Butter** (oder Sonnenblumenöl) dazugeben, alles gut rühren, bis der Teig Luftblasen macht. Backblech mit Papier belegen, mit Öl einreiben und den Teig gleichmässig darauf verteilen. Backen auf der zweituntersten Rille auf 180 °C, ca. 30 Min. Den warmen Kuchen mit **flüssiger Butter** bepinseln.

Diverses

Höhlenkaffee mit Böschelibockbenzin

Von Claudia Knechtle, Aescher-Wildkirchi, Weissbad, AI
Pro Glas

2 cl Pflümli, Zwetschgen oder Williams, 2 Würfelzucker in Kaffeeglas geben, mit heissem **Kaffee** auffüllen, mit grosser **Rahmhaube** dekorieren.

Holundergelee

Von Klara Kummer, Bärgwirtschaft Allerheiligenberg, SO
Zutaten für 3–5 Gläser

1200g Holunderbeeren waschen, entstielen und knapp mit Wasser bedeckt aufkochen. Unter Rühren so lange weiterkochen, bis die Beeren platzen. Den Saft ablaufen lassen und davon 8 dl Fruchtsaft abmessen. Achtung: Beeren nicht ausdrücken, der Saft wird bitter! **1 Päckli Gelfix 2+1 Gelierpulver** mit wenig **Zucker** mischen und mit dem Saft verrühren. Unter Rühren aufkochen. **400–500g Zucker,** und Saft einer **halben Zitrone** beifügen. Sobald die Masse kocht, ca. 3 Minuten sprudelnd kochen lassen. Sofort in vorbereitete, warme Gläser füllen und verschliessen.
Tipp: Ich mache immer nur 3–4 Gläser, und immer mit Geliermittel. Vorteil von Geliermittel: Weniger Zucker und mehr Aroma! Die restlichen Beeren oder Saft halte ich im Tiefkühler.

Weiterführende Links

www.slowfood.ch
Das Portal von Slow Food. Mit aktuellen Informationen über die Anlässe der verschiedenen regionalen Conivien. Und mit der Möglichkeit, sich online als Mitglied im Club der Geniesser und der authentischen Produkte einzuschreiben. Slow Food organisiert auch die grosse internationale Käseausstellung «Cheese», die jeweils im September im piemonteischen Bra stattfindet, mit Genussmenüs und Geschmacks-Workshops. Siehe auch: www.cheese.slowfood.com.

www.culinarium.com
Regional schmeckts besser! Im Culinarium-Portal sind hochwertige regionale Erzeugnisse aus den Kantonen St. Gallen, Appenzell, Thurgau, Glarus und weiteren Regionen aufgeführt. Mit dabei ist ein Führer der Restaurants, die das Culinarium-Konzept kulinarisch umsetzen, sowie ein Online-Kochbuch mit Rezepten.

www.gout-mieux.ch
Die Homepage des WWF mit einem Gastroführer, in dem alle Gout-Mieux-Restaurants aufgeführt sind. Dazu gibt es einen Einkaufsführer für Bio-Produkte, Rezepte und einen Shop, in dem u.a. auch die WWF-Bücher «Alpenküche» und «Wasserküche» bestellt werden können.

www.gout.ch
Die Webseite der «Woche der Genüsse» (Semaine du Goût), die jeweils im September stattfinden. Unter anderem ist hier auch die Juraweid in Biberstein mit dem Thema «Cucina povera» dabei. Suchtipp: Unter «Veranstaltungen» den gewünschten Kanton eingeben, dann sieht man die regionalen Events im Überblick.

www.aoc-igp.ch
Die Homepage der Vereinigung zur Förderung der AOC-IGP-Produkte in der Schweiz. Bis heute wurden rund 20 originäre, regionale Spezialitäten mit der Ursprungsbezeichnung ausgezeichnet. Eine aktuelle Karte mit allen in der Schweiz zertifizierten Produkten finden Sie in unserer *Urchuchi* im Kapitel Bern (Thema «Hobelkäse») oder auf: www.laitier.ch/main.html.

www.psrara.org
Der Internet-Marktplatz von ProSpecieRara.

www.bio-suisse.ch
Auf biologisch prouzierte Nahrungsmittel ausgerichtete Betriebe, die regelmässig kontrolliert werden. Das Knospe-Konzept ist ein Erfolgskonzept, das derzeit einige tausend landwirtschaftlcihe Betriebe und Bio-Restaurants umfasst.

www.regioprodukt.ch
Ökologischer Konsumführer für die Region Nordostschweiz (Basel, Solothurn und Teile des Aargaus).

www.echtlokal.ch
Hervorragender Konsumführer des WWF für den Kanton Aargau mit interaktivem Suchprogramm. Zur Nachahmung in anderen Kantonen empfohlen!

www.restaurant-express.ch
Ein Portal mit Links zu regionalen Gastronomieverzeichnissen. Ein Klick auf den entsprechenden Ortsnamen auf der Schweizerkarte führt zum gewünschten Unterverzeichnis der Region.

www.schweizerkueche.ch
Einige hundert Restaurants, die traditionelle Schweizer Gerichte im Angebote führen. «Lust auf die Schweizer Küche» pflegt und fördert die traditionelle Schweizer Spezialitätenküche mit Verarbeitung frischer Naturprodukte und der Beibehaltung der Saisonalität. Dahinter stehen federführend die Schweizer Milchproduzenten (SMP) und weitere Produzentenvereinigungen aus den Bereichen Wein, Käse, Fleisch, Kartoffeln.

Bildnachweis

Die meisten Bilder im Buch stammen vom Autor, Martin Weiss. In den Kapiteln Graubünden, St. Gallen, Appenzell und Bern stammen die Bilder auch von Pablo Gmür. Bilder zur Verfügung gestellt haben: Ratskeller Zug, Restaurant Taube Luzern, Rainer von Arx, Hägendorf (S. 355), sowie touristische Organisationen u.a. Appenzell und Werdenberg.

Fotos Kapitelaufschlagseiten

S. 14/15, Graubünden: Silsersee, Oberengadin. (Foto Paul Gmür)
S. 86/87, St. Gallen: Blick vom Stoss ins Rheintal. (Foto Paul Gmür)
S. 122/123, Appenzell: Kind in Appenzeller Tracht beim Alpabzug in Urnäsch. (Foto Appenzell Tourismus)
S. 148/149, Thurgau und Schaffhausen: Birnenernte im Hof Stocken bei Egnach. (Foto Martin Weiss)
S. 170/171, Zürich: Mohn in einem Kornfeld bei Flaach. (Foto Martin Weiss)
S. 226/227, Glarus: Fenz-Essen auf der Alp Erbs bei Elm: Susann Niederberger (Aushilfe) und Zigersenn Werner Elmer. (Foto Martin Weiss)
S. 245/246, Uri, Schwyz und Unterwalden: Bauernhaus auf der Alp Steini bei Kerns. (Foto Martin Weiss)
S. 276/277, Zug und Luzern: Kirschen auf dem Zugerberg. (Foto Martin Weiss)
S. 310/311, Aargau: Biobauer Christian Gamp vom Mattenhof in Kölliken. (Foto Martin Weiss)
S. 336/337, Basel und Solothurn: Weide auf dem Allerheiligenberg, Solothurner Jura. (Foto Martin Weiss)
S. 362/363, Bern: Blick von der Axalp-Strasse auf den Brienzersee. (Foto Paul Gmür)

Autor

Martin Weiss, geb. 1948 in Zürich. Journalist, Dokumentarfilmer, Dozent an der Schule für Angewandte Linguistik (SAL). Er lebt in Zürich, ist Mitglied bei Slow Food und macht in der Qualitätskommission «Woche der Genüsse» (Culinarium Ostschweiz) mit. Buchveröffentlichungen «Quartierverbesserer» (Ex Libris, 1980), «Utopien» (1991). Zur Zeit arbeitet er an einem Lehrmittel für literarisches Schreiben. Bekannte Dokumentarfilme von Martin Weiss sind «Tutankhamun – das Goldene Jenseits» und «Zurück in die Wildnis» (SFDRS, ARTE), ausgezeichnet mit dem Prix Epona (2002).

Dank

Gedankt sei allen, die mich mit Rat und Tat unterstützt haben. Es waren dies Barbara und Rolf Willi, mein Vater, meine Frau Mariangela und Pablo Gmür, die mich ermutigt haben, dieses Buch zu realisieren. In der Entstehungsphase versorgten mich Thomas und Ursula Kern, sowie die Gastrojournalisten Monique Rijks, Martin Jenni, Peter Hammel (-minu), Marianne Kaltenbach, Yvonne Reck und Simon Bühler (Salz und Pfeffer) mit wertvollen inhaltlichen Tipps. Paul Imhof hat mir mit seinem Buch «Culinarium» (Werd-Verlag) zu Inspirationen verholfen. Für wissenschaftliche Unterstützung danke ich Francois de Capitani (Kurator des Schweizerischen Landesmuseums), Giorgio Girardet (Historiker), Catherine Meystre (Passion for Zurich) und vor allem Christoph Landolt, dem unermüdlichem Archäologen beim Idiotikon (Schweizerdeutsches Wörterbuch).
Dank für Hintergrundinformationen, Adressen und zum Teil auch für Bilder gebührt den Organisationen Culinarium (Andreas Allenspach), AOC (Roger Furrer), Slow Food, Goût-Mieux (WWF), ProSpecieRara, Gran Alpin, Bio-Knospe, Verband Schweizer Milchproduzenten (SMP) sowie Piotr Caviezel und Judith Koller von Appenzell Tourismus. Besonderer Dank gebührt Barbara Willi, die das Grundlayout gestaltet hat und mich zum richtigen Verlag führte – zum Rotpunktverlag, mit Andreas Simmen und Thomas Heilmann, die nie die Nerven verloren haben, obwohl die *Urchuchi* immer dicker wurde. Vor allem sei Patrizia Grab gedankt: Die junge, engagierte Herstellerin des Rotpunktverlags hat einige Wochen ihrer Freizeit geopfert, um das Werk zur Druckreife zu bringen. Last but not least danke ich Robert Weiss, meinem «Padre», der 84-jährig als kritischer Restauranttester für mich unterwegs war.
Ihm – und all den sympathischen Gastgebern, die für die *Urchuchi* gekocht und ihre Rezepte herausgerückt haben – sei dieses Buch gewidmet!

Martin Weiss
Urchuchi Schweizer Restaurants mit Geschichten und Gerichten
Band 2: Tessin
Ca. 200 Fotos, durchgehend vierfarbig, Ca. 250 Seiten, gebunden,
Format 24 x 17 cm, Ca. Fr. 54.–/Euro 36,–, ISBN 3-85869-308-1

Urchuchi 2: Tessin

Kennen Sie Zincarlin, den gepfefferten Frischmilchkäse aus dem Valle di Muggio? Oder Cicitt, die Ziegenwurst aus dem Maggiatal? Wissen Sie, wer die beste Polenta Nera kocht? Wo das Gitzi am zartesten, die Kastaniensuppe am sämigsten und der Merlot am fruchtigsten ist? In zweiten Band der *Urchuchi* durchforscht Martin Weiss die Sonnenstube der Schweiz und stellt gemütliche Tessiner Restaurants, lauschige Grotti und authentische Tessiner Produkte vor – ein lebendiges Schaufenster der farbenfrohen, genussreichen Esskultur des Tessins.

40 Restaurants mit typischer Tessiner Küche werden in ausführlichen Reportagen vorgestellt – von der urchigen Osteria bis zum hochdotierten Gourmetrestaurant. Dazu kommt ein aktueller Grotto-Führer mit den schönsten Grotti der Südschweiz. Rund 200 Einkaufstipps für bekannte und unbekannte kulinarische Spezialitäten, sowie Hintergrundberichte zu Käse, Wein, Fleisch und Raritäten wie dem roten Mais oder dem eingesalzenen Ricotta runden das 4-farbige Buch ab.

Natürlich sind auch in der Tessiner *Urchuchi* wieder gegen 100 authentische Rezepte enthalten, die zum Nachkochen und Geniessen einladen.